이야기로 풀어가는

성경
파노라마

평신도를 위한 성경길잡이

이야기로 풀어가는

성경
파노라마

가풍현 지음

『이야기로 풀어가는 성경파노라마』는 하나님의 관점에서 성경 66권을 이야기식으로 쉽게 압축·요약한 성경파노라마입니다. 성경을 알아야 하나님을 알 수 있고, 하나님을 알아야 바른 신앙생활을 할 수 있습니다. 이 책은 하나님을 바르고 깊게 알아가도록 도와줍니다.

지식공감

추천사

    말씀하시는 하나님의 사랑 이야기, 가풍현 목사님의 『이야기로 풀어가는 성경파노라마』의 출간을 진심으로 축하합니다. 영혼을 살리고, 사람을 세우는 가장 소중한 방법은 진리의 말씀밖에 없습니다. 예수님의 마음으로 성경을 풀어쓴 이 책이 '생명 살림의 마중물'이 될 것을 기대하며 기도로 응원합니다. 하나님께서 기뻐하시는 일을 위해 전심전력을 다하는 가풍현 목사님의 수고와 결실에 소망 교우 모두와 함께 감사의 박수를 보냅니다.

- 장현승목사(과천소망교회 담임목사, 연세대 조직신학박사(Ph.D))

    성경을 읽고, 묵상하고, 배우기 때문에 교회가 어둠의 문화 속에서도 빛과 소금의 역할을 감당하고 있습니다. 가풍현 목사님께서 오랜 세월동안 말씀을 사모하는 이들과 함께해온 강의가 책으로 정리되어 나오게 된 것은 큰 축복입니다. 『이야기로 풀어가는 성경파노라마』는 단순히 성경지식을 가르치는 것이 아니라, 하나님의 뜻과 마음을 깊이 이해하고 느끼도록 도와줍니다. 이 책을 통하여 영생의 길로 인도하시는 하나님의 은혜가 더 많은 사람들에게 전달될 수 있기를 기도하며 적극적으로 추천합니다.

- 김한수목사(한국NCD대표)

『이야기로 풀어가는 성경파노라마』는 성도들이 성경을 쉽게 이해할 수 있도록 이야기로 풀어낸 신구약 성경 길잡이입니다. 저자인 가풍현 목사님은 해마다 성인들을 위한 여름성경캠프를 통해 말씀으로 사람을 세워왔습니다. 다양한 성격 해석이 있지만, 이 책은 신구약 성경을 구속사적이며 성서신학적 안목으로 하나님의 관점에서 바르게 읽도록 안내합니다. 성경을 바르게 읽어야 믿음이 바르게 세워집니다. 성경과 이 책을 읽는다면 독자는 마치 여름성경캠프의 뜨거운 현장에 앉아있는 듯한 은혜를 체험하게 될 것이며, 바른 믿음이 세워지게 될 것입니다.

– 이근배목사(한국NCD본부장)

신앙의 성장과 성화의 삶을 살아가도록 돕는 많은 성경공부(양육훈련, 제자훈련, 주제별, 인물별, 교리...)를 접해왔습니다. 각 과정을 통하여 믿음의 삶을 살아가도록 힘을 주는 은혜와 감동을 받습니다. 성경은 하나님의 말씀이며, 하나님의 뜻대로 살도록 가르치는 가르침이기 때문입니다. 나무와 정원을 보는 시간을 가졌었다면, 숲을 직접 대해보는 것은 어떨까요?『이야기로 풀어쓴 성경파노라마』는 숲을 바라보는 것처럼 성경 전체를 대하는 경험을 줍니다. 성경의 포괄적인 개념, 각 책을 공부하면서 각각에 담겨있는 하나님의 의도와 역사하심을 발견하게 됩니다. 이때의 느낌은 숲을 대할 때의 감동이라 할 수 있을 것입니다. 이 책을 서재에 꽂아두어 여행할 때에 필요한 지도처럼 성경을 읽을 때마다 사용할 것을 권합니다. 또한, 저자의 "성경캠프"에 참여하면 깊이 있는 강의와 함께 열정을 경험하게 될 것입니다.

– 이인호목사(Ph.D, 한국NCD 다음세대사역원 대표)

하나님의 은혜로 이번 저서가 완성되고 출판하게 된 것은 참으로 감사한 일입니다. 보통 지도자들에게서 볼 수 없는 깊은 영감과 성경을 꿰뚫는 가풍현 목사님의 영적 통찰력에 큰 감동과 은혜를 받습니다. 바쁘고 힘든 사역 중에도 불구하고 본서를 집필하시고 출판하신 그 열정에 진심으로 경의를 표합니다. 이 저서는 21세기 지식이 난무하는 사역의 현장에서 바른 믿음의 푯대로 바른 신앙의 키로 사용될 것입니다.

– 이윤기목사(한국성서대 교수, 한국NCD코치)

가풍현 목사님의「이야기로 풀어가는 성경파노라마」는 오랜 시간 동안 평신도들에게 성경을 가르쳤던 경험과 성경의 시대적 배경을 토대로 성경 66권의 핵심을 모아 쉽게 풀어놓은 귀중한 저서입니다.

신앙생활을 오래 하신 분들과 간혹 이야기를 나누다 보면 의외로 성경에 대해서 모르는 분들이 많습니다. 그 이유를 물어보면 성경이 어려워서 읽어도 이해가 쉽지 않아 잘 안 읽게 된다고 합니다. 그런 분들에게 이 책은 성경을 쉽게 읽고, 성경의 맥을 잡을 수 있도록 돕는 길잡이 역할을 해줄 것입니다.

– 전상후목사(하늘빛교회 담임목사, 호서대 구약학박사)

『이야기로 풀어가는 성경파노라마』는 가풍현 목사님의 달란트가 잘 반영되어 누구나 쉽게 이해할 수 있도록 잘 정리한 수고와 노력이 엿보입니다. 많은 교재가 있지만, 본서는 이해하기 쉬우면서도 논리적으로 잘 정리된 파노라마요, 내러티브(Story)입니다. 어려운 신학적인 내용이 아니라 성경 66권을 하나님의 관점에서 굵직한 흐름을 이야기식으로 간략하게 잘 정리하여 성경지식이 부족한 성도들에게 복음의 본질을 포괄적으로 이해하는데 큰 도움이 될 것으로 믿고, 이 책을 통하여 성경이 어렵다는 부담감에서 벗어날 수 있기를 기대해 봅니다.

진리의 본질이 흐려져 가는 이 시대에 본 저서를 통해 진리를 알아가기에 아주 유익한 성경공부의 좋은 길잡이가 되리라 확신하며, 가풍현 목사님께서 성경을 가르치는 소명의 길을 더욱 뜨거운 열정으로 전진 하시기를 기원합니다.

– 박상헌목사(Ph.D 백석대 설교학박사)

하나님의 신실한 말씀의 종이신 가풍현 목사님께서 매년 여름에 만들어 주시는 2박 3일 성경캠프는 늘 행복한 휴가입니다. 창세기부터 요한계시록까지 긴 시간 강의지만, 온 인류를 향하신 하나님의 사랑을 너무 쉽게 풀어 주는 최고의 시간입니다. 성경을 쉽고 재미있게 이야기로 풀어가는 강의를 책으로 엮어내신 것은 더없는 하나님의 은혜입니다. 『이야기로 풀어가는 성경파노라마』는 목사님의 기도와 성서 연구의 결정체입니다. 많은 분들이 읽고 성경을 깊이 알아가기를 소망합니다.

– 배수문장로(경기도의원, 사회복지학박사)

성경은 불순종으로 죄 아래 갇혀 죄와 사망의 종노릇하는 인간을 어떻게 하면 구원하고 회복시킬까를 고민하는 하나님의 사랑과 축복을 기록한 언약의 책입니다.

하나님께서 그 언약의 말씀을 택하신 사람들을 통하여 성령의 감동으로 계시하시고 기록해 주셨기 때문에 성경은 구원받은 그리스도인들이 반드시 읽어야 하고 알아야 하는 책입니다. 누구든지 하나님을 알려면 반드시 성경을 알아야 합니다. 만물 중에도 하나님을 알만한 것을 계시해 주셨지만, 구체적인 하나님의 정체성과 우리를 향하신 하나님의 뜻은 성경에만 담겨져 있기 때문입니다.

성경과 기독교의 역사를 살펴보면 성경에 집중하고 그 말씀의 가르침으로 살던 시기에는 하나님께서 함께하셔서 복을 주시고 부흥케 하셨지만, 성경을 떠나서 자기 소견에 좋을 대로 살아가던 시대는 암흑시대가 되었다는 것을 알 수 있습니다. 우리가 살고 있는 이 시대도 암흑시대에 빠지지 않으려면 성경으로 돌아가서 성경을 읽고 배워서 하나님의 말씀으로 살아야 합니다.

21세기 고학력의 시대, 지식정보화 시대에 사람들의 지식과 정보가 많아지고 자기 주관과 철학이 강해지다 보니 성경을 하나님의 말씀으로 믿지 않고, 자기 소견에 좋을 대로 목소리만 높이는 시대가 되었습니다. 그래서 많은 그리스도인들이 약속의 말씀을 믿고, 믿음으로 사는 것이 아니라 인본주의를 좇아 이방 종교와 다를 바 없는 단순한 종교생활로 변질되어 가고 있습니다. 결국, 교회는 능력을 상실하고, 신뢰를 잃고, 시들어갈 수밖에 없습니다. 교회가 다시 살아나는 유일한 방법은 다시 성경으로 돌아가는 것입니다.

가장 큰 문제는 성경을 가르쳐야 할 지도자들이 성경을 제대로 모르고, 성경을 제대로 가르치지 않는다는데 있습니다. 사사기 2장에 타락의 원인은 하나님도 하나님께서 하신 일도 몰랐기 때문이라고 강조하였습니다. 실제 엘리 제사장의 아들들이 말씀을 가르쳐야 할 제사장임에도 불구하고 하나님을 몰랐기 때문에 백성들 앞에서 부끄러운 일을 했다고 말하고, 사무엘이 말씀을 회복하기까지 말씀이 희귀했다고 말하고 있습니다.

마지막 때에 교회가 집중해야 하는 일은 처음부터 끝까지 하나님의 말씀을 믿음으로 행하도록 가르치는 일입니다. 요한계시록 1장과 22장에서 강조한 것처럼 성경을 읽고, 듣고, 그 말씀을 지켜 행하는 자가 복이 있습니다.

대부분의 성도들이 어려서부터 성경을 제대로 가르침 받지 못해서 성경이 너무 어렵다고 포기하고 성경을 가까이하지 않습니다. 그러나 성경은 어려운 것이 아니라 익숙하지 않은 것입니다. 1년에 한 번도 안 읽는데, 잘 알면 이상한 것이지요. 요즘 성인들은 바빠서 성경을 못 읽고, 아이들은 성경보다 학원과 입시공부, 스펙을 쌓는 일을 우선시하기 때문에 성경을 읽고 가르침을 받을 시간이 없습니다. 하나님보다 학원을 더 믿으니 신앙의 뿌리가 없는 아이들의 미래가 걱정됩니다. 결국, 어린이,

청소년, 청년들이 교회에서 사라지고, 대부분의 성도와 아이들은 주일 예배만 잠깐 참여하는 것으로 신앙의 의무를 다한 것처럼 착각하며 살고 있습니다. 오히려 잘못된 이단들은 성경을 열심히 연구하고 성도들을 미혹하고 있는 실정입니다.

성경을 가르치고 배우는 것이 신앙의 기초가 되도록 해야 합니다. 요즘은 신학을 전공하는 젊은이들도 성경의 기초가 없는 상태에서 학문부터 배우다 보니 성경을 순수한 하나님의 말씀으로 믿지 않고, 그 영향력이 교회에 그대로 전달되고 있습니다.

필자가 20년이 넘게 성경을 연구하고 가르치면서 깨달은 사실은 다양한 프로그램과 이벤트는 일시적으로 도움은 되었지만, 성도들을 변화시키거나 성숙시키지는 못했습니다. 그러나 꾸준하게 성경을 가르침 받은 성도들은 놀랍게 변화되고, 치유될 뿐 아니라 훌륭한 그리스도의 제자로 세움 받는 것을 경험했습니다. 그래서 지금도 매주 성경을 가르치는 일에 집중하고 있습니다.

주께서 다시 오실 때까지, 성경 말씀대로 살도록 가르치는 것이 교회의 사명이며 필자의 사명으로 여기고, 그동안의 성경교육 경험을 토대로 성경 이야기를 파노라마식으로 요약 정리해 보았습니다.

성경의 맥이나 뼈대를 다루는 파노라마 교재, 성경 통독 교재들은 많이 나와 있지만, 성경 본문 이야기를 직접 다루는 책은 많지 않습니다. 그래서 필자는 파노라마나 통독 교재가 다루지 못하는 각 권별 성경 본문내용의 흐름을 역사 문화적 상황과 성서 지리 자료를 첨부하여 하나님의 관점에서 쉽게 이해할 수 있도록 핵심 이야기를 요약정리 해보았습니다.

부족하지만 많은 성도들이 성경을 쉽게 접근하는데 도움을 주고자 성도들의 눈높이에 맞춰서 쓰려고 노력했습니다. 한국 교회 성도들이 어려운 성경을 쉽게 접근하는데 조금이나마 도움이 될 수 있기를 소망합니다.

바쁘신 중에도 기도해 주시고, 추천의 글을 정성스럽게 써주신 장현승 담임목사님, 김한수 목사님, 이근배 목사님, 이인호 목사님, 전상후 목사님, 박상헌 목사님, 배수문 장로님께 진심으로 감사드리며, 특별히 지도와 그림을 사랑으로 섬겨주신 김두진 집사님과 글 교정을 섬겨주신 윤영진간사님께 감사드립니다.

2016년 7월 로고스센터 연구실에서
가풍현 목사(Th.D, 성서와 평신도교육연구소 소장)

이야기로 풀어가는 성경파노라마
: 구약성경 본문 이야기 :

성경이란 무엇인가?

그리스도인들에게 성경이 매우 중요하지만, 성경이 무엇인지, 성경이 어떻게 기록이 되었고, 어떻게 경전이 되었고, 어떤 번역과정을 거쳤는지, 어떤 관점에서 보아야하는지, 성경의 깊은 내용을 아는 그리스도인들은 많지 않다.

그래서 성경 본문을 다루기에 앞서서 먼저 성경이란 무엇인지, 성경이 어떻게 성경이 되었는지, 성경이 우리에게 전해져 온 과정, 성경의 중요성과 공부해야 하는 이유, 어떻게 해야 성경을 쉽게 읽을 수 있는지와 성경을 보는 관점이해, 성경의 핵심 줄거리에 대하여 알아본 후 성경 본문 이야기를 다룰 것이며, 이 책에서는 학문적이야기가 아니라 신앙으로써의 성경 이야기를 다루고자 한다.

1 성경(Bible)이란?

성경이란 우리말로 '거룩한 책' '거룩한 경전'이란 뜻으로 교회가 공적으로 인정하고 사용하는 신구약 성경 66권을 말한다. 성서라는 단어도 사용하지만, 성서는 정경(政經) 외의 외경, 위경, 그리고 성경을 해석하여 쓴 글에도 사용하는 경우가 있기 때문에 성서라는 단어보다는 정경화 된 경전의 명칭인 성경이라는 단어를 사용하는 것이 바람직하다.

구약성경에는 성경이라는 단어가 없고, '책'이라는 단어로 등장한다. "책에 기록한" "율법 책에"(신28:58, 61, 29:20-21,27, 30:9, 31:24, 수1:8, 8:31, 34, 24:26, 왕하22:11), "모세가 이 율법의 말씀을 다 책에 써서 마친 후에"(신31:24, 26)... 등에 등장하는 '책'이라는 단어는 히브리말로 세페르(ספר)라고 한다. 성경이 여러 권이기 때문에 세페르(ספר)의 복수형인 '스파림(ספרים)'에 관사 '하(ה)'를 붙여서 '하 스파림'(הספרים) 곧 '그 책들'이라고 부르기 시작하였다.

'그 책들'이란 구별된 언약의 책들을 말한다. 헬라어로 '책'은 '비블리온'(βιβλιον, Biblion)이라고 하는데, 비블리온은 파피루스의 내피를 뜻하는 비블로스(βιβλος, biblos)의 축소형에서 나온 말이다. 진흙 판, 가죽 양피지에도 사용되었지만, 주로 '두루마리 책'에 사용되었다.

우리말 구약성경에는 '성경'이라는 단어가 나오지 않는다. 신약성경에는 '성경'이라는 단어가 53회 정도 나오는데, 주로 헬라어로 '그라페'(γραφή, Writing)로 기록하였다. 그것을 영어로 번역된 성경에서는 'the scriptures'로 번역하였고, 우리말로는 '성경(聖經)'이라고 번역하였다. 그 말은 '거룩한 기록물'을 의미한다. 그래서 히브리인들이나 그리스도인들은 '책'을 뜻하는 헬라어 '비블리아'(Biblia:비블리온의 복수형)에 형용사 '싸크라'(sacra-거룩한)를 덧붙여 '비블리아 싸크라'(Biblia Sacra) 곧 '거룩한 책'이라고 불렀다. 영어권에서는 'Holy Bible'이라는 고유명사로 부르기 시작하였는데, 'Bible'이라는 고유명사는 주후 12세기부터 공식화된 말이다.

성경은 그리스도인들에게 무엇을 의미하는가?

1) 성경은 하나님의 의도와 목적을 기록한 말씀이다.

성경은 하나님의 말씀이지만 하나님께서 직접 기록했다는 의미는 아니다. 인류에 대한 하나님의 사랑과 계획을 성령의 감동과 계시를 통해 말씀하시되, 그 시대 사람들이 그 시대의 언어와 문화의 특성, 그리고 그들이 처한 상황 속에서 기록한 말씀이다.

"모든 성경은 하나님의 감동으로 된 것으로 교훈과 책망과 바르게 함과 의로 교육하기에 유익하니, 이는 하나님의 사람으로 온전하게 하며 모든 선한 일을 행할 능력을 갖추게 하려 함이라."(딤후3:16-17)

"예언은 언제든지 사람의 뜻으로 낸 것이 아니요 오직 성령의 감동하심을 받은 사람들이 하나님께 받아 말한 것임이라."(벧후1:21)

성경은 만물의 모든 정보나 인류의 역사를 낱낱이 기록한 책이 아니다. 오직 성경은 인류를 구원하고자 하는 하나님의 의도와 목적을 일방적으로 선포하고 기록한 책이다(요20:31, 요21:25, 신31:9-13).

그러므로 성경을 통해서 알 수 있는 것은 우리를 향하신 하나님의 목적과 의도이다. 하나님의 목적과 의도를 바르게 알려면 성경을 바르게 알아야 하는데, 성경은 다양한 언어로 번역되어 왔기 때문에 문자에 매여 임의로 해석해서는 안 되는 책이다. 문자는 그 당시의 문화와 정서가 담겨져 있기 때문에 문자에 얽매이지 말고 무엇을 말씀하시려고 하셨는지 그 기록 의도를 파악하는데 중점을 두어야 한다.

구약성경 출애굽기에 이스라엘 백성이 출애굽하여 시내산에 머물면서 1년간 말씀의 가르침을 받았는데, 그 기록 내용이 가장 많고 길다. 무려 59장이나 된다(출19:3-민수기10:10). 신명기도 광야생활 40년을 마치고 가나안 땅에 들어가기 직전에 모압 평지에서 모세가 권고한 설교 내용으로 34장이나 된다. 그러나 구약성경 어떤 부분에서는 1500년이 넘는 역사를 한 장의 족보만 남기고 지나갔고(창5장), 80년 역사를 한 장에 기록하기도 하였다(출2장). 어떤 때는 아무런 기록도 없이 긴 세월을 훌쩍 뛰어 넘기기도 하였다. 성경내용 속에서 하나님께서 어떤 의도와 목적을 가지고, 어디에 관심을 두고 계신 지를 살펴볼 수 있는 대목이다.

최초의 성경인 모세오경은 출애굽 한 이스라엘 백성들이 1차 독자이기 때문에 그들의 시대에 그들이 알아들을 수 있는 언어와 문화, 우주관과 세계관을 가지고 기록하였다는 것을 알아야 한다.

성경은 성경을 기록하던 자들이 살았던 시대의 종교, 정치, 경제, 사회문화적 상황 속에서 그들의 언어와 표현방식으로 성령의 감동과 계시를 통하여 하나님의 의도와 목적을 기록한 것이다.

2) 성경은 하나님만이 창조주요, 유일하신 하나님이심을 선포하는 말씀이다.

성경은 하나님만이 태초에 천지를 창조하신 창조주이심과 역사를 주관하시는 유일하신 하나님이심을 선포한 책이다(창1:1). 구약성경 전체에서 유일신 여호와 하나님만이 창조주요, 참 신(神)이며, 사람이 만들어낸 우상과 피조물은 신이 아니라는 것을 선포하고 있다. 성경에서는 만물을 창조하시고 말씀하시고, 말씀으로 경영하시는 하나님만이 신이시다.

하나님은 이스라엘 백성을 출애굽 시키면서 열 가지 재앙과 홍해를 가르는 기적을 통해서 당시에 그들이 신으로 알고 섬겼던 물과 땅과 하늘에 속한 모든 피조물들과 바로(파라오)왕은 신이 아니라 하나님께서 다스리는 피조물에 불과하며, 오직 만물을 주관하시는 신은 여호와 하나님 한 분뿐임을 그들 모두가 보는 앞에서 말씀과 능력으로 증명해 주셨다. 모든 애굽 백성과 모든 이스라엘 백성들이 그 시대, 그 사건의 목격자요, 증인들이 되었다.

모세오경의 1차 독자는 출애굽 한 이스라엘 백성들이기 때문에 그들의 세계관과 경험 그리고 그들의 문화와 언어를 바탕으로 그들의 눈높이에서 말씀해 주셨고, 그 사실을 증명해 주신 것이다.

하나님께서 이스라엘 백성 가운데 강림하셔서 가장 먼저 선포하신 말씀이 출애굽 당시에 10가지 재앙과 홍해를 가르는 기적과 광야생활에서 증명하였듯이 창조주 하나님 외에는 신이 없다는 것이었다. 하나님은 말씀하시고 그 말씀을 이루시는 살아계신 신임을 출애굽을 통하여 가르쳐 주셨고, 돌이나 나무나 쇠붙이로 만든 생명이 없는 신은 신이 아니라는 것을 구약성경 전체에서 강조하고 있다(출19:5, 20:2-3, 신:4:1-49, 32:39, 사41:4, 44:6, 45:5, 7, 12, 18, 렘10:3-16, 호13:4).

성경에서 선지자들을 통하여 생명이 없는 피조물이나 인간의 상상으로 꾸며낸 신화 속에 등장하는 신은 절대 신이 될 수 없음을 선포하고, 오직 말씀하시고 그 말씀을 이루시는 여호와 하나님만이 신이라고 선포하였다(신4:33, 사48:3, 55:10-11, 호12:10).

3) 성경은 역사의 시작과 과정과 끝을 다루는 약속의 말씀이다.

성경의 역사는 아담과 하와가 하나님의 말씀을 불순종하여 세상으로 쫓겨난 이후, 타락한 인간을 회복시키시고자 하시는 하나님의 거룩한 구원의 계획과 경영의 섭리를 기록한 거룩한 책이다.

회복을 위한 본격적인 하나님의 언약의 역사는 노아를 통한 물 심판 이후부터 시작되었다.

하나님께서 아브라함 한 사람을 택하시고 부르셔서 언약하시고, 언약하신 대로 약속의 씨 이삭과 야곱의 12지파를 예비하셨다. 그리고 그 작은 부족을 애굽에서 큰 민족으로 준비시킨 후, 모세를 통하여 출애굽 시켜서 율법을 주시고, 가나안 땅에 정착시켰고, 그곳에서 하나님의 아들 예수그리스도께서 이 땅에 오시기까지 율법과 선지자들을 통하여 역사의 과정을 인도하셨다. 그 과정을 기록한 옛 언약의 역사를 구약이라고 하고, 구약의 예언대로 하나님의 아들 예수그리스도께서 육신을 입고 오셔서 가르치시고 성경대로 십자가에서 죽으셨다가 성경대로 사흘 만에 부활하신 후, 약속대로 성령을 보내셔서 그의 제자들을 통해 땅 끝까지 복음을 전파하게 하신 십자가의 역사를 새 언약 곧 신약이라고 한다.

성경은 만물의 창조와 인류의 타락, 그리고 역사의 과정과 결말을 다룬 약속의 말씀이다(롬11:36, 창3:15, 22-24, 사44:6, 사48:12, 계22:13).

4) 성경은 인간이 죄인임을 깨닫게 하는 말씀이다.

구약성경은 모세의 율법을 통하여 언약 백성들을 구속의 십자가 역사 가운데로 이끌어 가는 과정의 기록이다(갈3:23-27). 하나님은 이스라엘 백성을 보호하시기 위해 율법의 울타리를 주셨고, 그 율법의 말씀을 통해서 인간은 스스로 구원할 수 없는 무능한 죄인임을 깨닫게 해주셨다. 율법은 죄를 깨닫게 할 뿐, 죄를 온전히 해결하지는 못했다. 그래서 율법과 제사의 불완전성을 깨닫고 온전한 새 언약을 기다리게 하신 것이다(렘31:31-33). 사도 바울은 로마서와 갈라디아서, 히브리서에서 율법과 성전 제사를 예수그리스도의 십자가 사역과 비교하면서 구체적으로 해석해 주었다

(롬3~7장, 갈3~4장, 히5~10장).

바울의 가르침대로 율법의 말씀은 사람들이 죄인임을 깨닫게 하고, 그 죄를 해결해 줄 그리스도께로 나아가도록 인도하는 유치원 선생 역할을 할 뿐 죄를 해결해주지는 못한다(갈3:23~27).

성경은 인간 스스로 절대 의롭게 될 수 없고, 죄에서 벗어 날 수 없는 존재임을 깨닫고, 그 죄를 해결하기 위해 하나님의 아들 예수그리스도에게로 나가서 그의 십자가의 복음을 믿음으로 죄를 해결하고 구원받도록 안내하는 하나님의 말씀이다.

5) 성경은 하나님의 뜻대로 살도록 가르치는 가르침이다.

성경은 아브라함의 자손인 이스라엘 백성들이 출애굽하여 약속의 땅에 들어가서 어떻게 살아야 하는지 가르쳐 주신 가르침의 말씀이며, 예수그리스도를 믿어 구속받은 하나님의 자녀들이 어떻게 살아야 하고, 무엇을 위해 살아야 하는지를 가르쳐 주신 가르침이다.

성경은 하나님께서 구약의 이스라엘 백성들과 1세기 당시에 성도들에게 하신 말씀이기도 하고, 오늘을 살고 있는 우리에게 다시 말씀하시는 말씀의 가르침이며, 앞으로 우리와 미래 세대들에게 하셔야 할 예언의 말씀이요, 가르침이다.

성경은 하나님의 자녀들이 하나님의 뜻대로 살도록 가르치는 말씀의 약속이다(요6:38~40, 마6:10). 예수께서 부활하신 후에 약속하신 대로 보혜사 진리의 성령을 보내셔서 주님의 가르침을 생각나게 하고 진리이신 예수께로 인도하도록 가르치는 가르침이다(요14~16장).

예수께서 마지막으로 당부하신 말씀도 모든 족속을 제자로 삼고, 부탁하신 모든 것을 가르쳐 지키게 하라는 명령의 말씀이다(마28:18~20). 요한계시록에도 말씀을 지키는 자가 복이 있고, 구원 받게 된다고 가르치듯이, 성경의 핵심은 가르쳐 지키게 하는 것이다.

6) 성경은 말씀을 순종하면 복을 받고, 구원받고, 영생에 이르게 하며, 의로 교육
하여 하나님의 사람으로 온전케 하는 말씀이다.

성경은 하나님을 떠나 타락함으로 죄와 사망과 저주 아래 갇힌 무능한 인간을 구
원하시고, 지켜주시고, 복 주시고, 은혜 베푸시기 위해 주신 최고의 지혜요, 방법이
다. 하나님의 말씀은 그 가르침을 순종하면 은혜받고, 복을 받고, 보호받고, 구원받
아서 평안하고 형통하게 하시는 말씀이다(신6:4-9, 수1:5-9, 마28:18-20, 계1:3, 22:7).

성경은 예수께서 그리스도이시며 하나님의 아들이심을 믿어 구원을 받게 하고, 구
원받은 자들에게는 영생이 있다는 사실을 알게 하시기 위해 기록된 책이다(요20:31,
요일5:13).

성경은 성도를 온전케 하며, 거룩하게 하고, 그리스도의 장성한 분량에까지 이르
도록 돕고, 새롭게 하고, 의롭게 하며, 선한 일을 행할 능력을 갖추게 하는 하나님의
말씀이다(딤후3:16-17, 엡4:17-24).

2 성경은 어떻게 성경이 되었는가?

구약 39권, 신약 27권을 합해서 66권을 정경이라고 한다. 정경을 '캐논'(Cannon)이
라고 하는데, 히브리어로 칸나(קנה)에서 파생된 말이다. 이 말은 '갈대' 또는 '지팡이'
를 의미하지만, '자'(규격을 재는 자), '기준'(옳고 그름을 판단하는 기준), '표준, 규범'이란
뜻으로 사용되었다. 신구약 66권은 그리스도인들의 신앙의 표준이 되고, 우리 신앙
을 점검하는 도구이며, 그리스도인들의 신앙생활 규범이 되는 책이라는 말이다.

1) 구약성경 39권의 정경화 과정

최초의 성경은 모세오경이다. 그 이후에 역사의 흐름을 따라 업데이트가 되어 성
경을 사용하고 있었다. 구약의 역사가 끝난 후, 신구약 중간시대였던 BC 250-200년
경에 유대인들이 이집트의 알렉산드리아에서 집단생활을 하였는데, 그 땅을 다스리
던 프톨레미가 유일신 하나님만 고집하는 유대인들을 다스리기 위해 유대 학자들을

세워 히브리어 성경을 헬라어로 번역하였는데, 그 성경을 70인역 성경이라고 한다.

구약 히브리 성경 39권이 정경으로 확정된 것은 AD 90년경이다. AD 70년 예루살렘 성전이 로마제국의 티토장군에 의해 파괴될 때 성전에서 봉사하던 제사장과 레위인들은 역사 속으로 사라지고, 당시에 율법을 연구하던 바리새인들과 서기관들 곧 유대교 지도자들은 서쪽 지중해변 근처의 얌니아(야브네)라고 하는 곳으로 이주하여 정착하였다. 성전을 잃어버린 유대인 율법학자들은 그곳에서 자신들의 신앙을 지키기 위해 성경을 연구하여 구약성경 39권을 정경으로 확정하였는데, 그때가 AD 90년이다.

AD 70년 성전파괴 당시 예루살렘을 떠난 기독교인들은 요단강 동편 데가볼리라고 하는 펠라 지역으로 이주하였고, 주로 북쪽과 서쪽으로 이동하면서 복음을 전파하였다. 당시에 기독교인들은 히브리어 지식이 있는 사람들이 많지 않았기 때문에 주로 헬라어 성경인 70인역 성경을 주로 사용하였다.

그 이후 유대교 지도자들은 70인역 성경의 몇몇 오역을 문제 삼아 기독교인들을 공격하다가 AD 85년경부터는 회당 예배 때마다 암송하는 18축복기도문에 "나사렛 예수와 그 도당들에게 저주를 내리소서"라는 저주문을 삽입하여 기독교를 공식적으로 이단으로 정죄하고 저주하기 시작하였다. 그때부터 기독교인들은 회당에서 함께 예배할 수 없게 되었고, 기독교와 유대교는 공식적으로 갈라서게 되어 오늘에 이르게 되었다.

그 후 유대인들은 2차 반란(132~135)기에 로마에 의해 얌니아(야브네)가 파괴되자, 유대인 공동체의 중심을 갈릴리 티베리아스 지역으로 옮겼고, 5세기 초에 기독교가 로마제국의 국교가 되면서 유대 총주교직이 폐지되어 유대교인들은 전 세계에서 떠돌이 생활을 하게 되었다.

기독교는 70인역을 사용해오다가 16세기 종교개혁자들이 외경을 거부하고 AD 90년 유대인 종교지도자들이 얌니아 회의에서 결정한 성경 39권을 구약정경으로 인정하면서부터 오늘날까지 그 39권을 구약성경으로 인정하고 있다.

1세기 예수님 때와 사도시대에 '구약성경'이라는 단어는 존재하지 않았다. 1세기에 언급하는 '성경'이라는 단어는 '구약성경'을 말했고, 신약성경에서 언급하는 '성경'이라는 단어도 구약성경을 말한다. '구약성경', '신약성경'이라는 단어는 신약 정경화 작업이 이루어진 이후에 사용하였다.

구약성경을 정경으로 삼기 위해 기준을 뒀는데, 첫째로 그 책의 언어가 히브리어로 기록되어야 하고, 둘째 율법서이어야 하며, 셋째 예언자적인 영감에 의해 쓰여야 했다. 이 세 가지 기준에 맞는 책이 39권이었다.

2) 신약성경의 정경화 과정

1세기에 예수께서 성경대로 십자가에서 죽으시고 부활 승천하신 후에 예수님에 대한 기록은 많았지만, 신약 27권만이 정경이 되었다.

신약성경 27권이 정경으로 확정된 것은 AD 397년 카르타고 공의회이다. 신약성경은 정경화 되기 전에 이미 예수님의 어록과 사도들의 글이 정경처럼 1세기 초대교회 때부터 사용되고 있었다. 그러나 유대 율법주의와 잘못된 철학사상과 영은 선하고 육은 악하다는 영지주의 이단들이 이원론적 신앙을 내세워 교회를 혼란스럽게 하고, 위경들이 난무하고, 예수께서 육체로 오신 것을 부인하는 자들이 있어서 복음과 예수그리스도에 대한 정체성 확립을 위해 신약성경 정경화 작업을 하게 되었다.

오리겐(185-254)과 교회사학자 유세비우스(270~340)가 이미 사용되고 있는 자료들을 조사하였고, 367년 애굽의 알렉산드리아 감독이었던 아타나시우스(Athanasius)가 27권을 채택하였는데, AD 397년 아프리카의 카르타고 공의회에서 그것을 공인하면서 27권이 공식적인 신약성경이 되었다.

신약성경의 정경화를 위해서 기준을 뒀는데, 첫째는 예수 그리스도를 증거하고 있는가? 둘째는 사도들이 직접 썼는가? 아니면 사도들을 통하여 쓴 것인가? 셋째는 성령의 증거가 있는가? 넷째는 그 당시에 교회에서 보편적으로 사용하고 있는가를 기준으로 삼았다. 그 기준에 맞는 책이 27권이었다. 신앙공동체에서 썼다고 해서 모든 글을 성경으로 인정하지는 않았다. 하나님의 말씀으로서 계시가 있다는 확고한 믿음과 함께 기독교 공동체에서 권위를 인정받아야만 했다.

예수님과 제자들, 사도바울, 그리고 초대교회 성도들이 주로 사용했던 성경은 70인역 헬라어 구약성경이었다. 신약성경도 헬라어로 기록되었다.

누가복음 1장 서론에 나오는 말씀처럼 여러 사람들이 예수님과 관련된 책들을 쓰기 시작하였지만, 그중에는 권위와 진실성이 의심되는 책들도 많았기 때문에 외경과 위경으로 구별하였다.

3) 개신교의 성경, 천주교의 성경의 차이

16세기에 종교개혁자 루터는 외경을 배제하고 **AD 90년** 얌니아 회의에서 채택한 구약 39권을 정경으로 받아들여서 개신교는 구약 39권을 구약정경으로 사용하고 있다.

천주교는 '토비트서', '유딧서', '지혜서', '집회서', '바룩서', '마카베오상·하' 등 7권의 외경을 포함하기 때문에 개신교(66권)와 성경 권수가 다르다.

4) 정경화는 하나님의 작품

결론적으로 기록 과정과 정경 채택 과정을 간섭하신 분은 하나님이시다. 하나님께서 애굽, 앗수르, 바벨론, 바사(페르시아), 헬라, 로마를 통하여 역사를 간섭하셨듯이, 성경의 정경화 작업도 성령의 감동으로 만드신 하나님의 작품이다.

최초의 성경은 구전성경이었다. 성경의 최초의 기록은 하나님께서 시내산에서 두 돌 판에 친필로 써주신 열 마디 말씀(십계명)이었다. 그리고 모세에 의해 쓰인 모세오경은 오랫동안 유일한 경전이 되었다. 그 후에 역사서와 예언서와 성문서가 첨가된 것이다.

성경은 양의 가죽으로 된 두루마리나 파피루스 종이 위에 기록되었고, 이후에 원본이 오랫동안 보존될 수 없었기 때문에 많이 복사해서 사본으로 전해져 왔다. 사본은 발견된 지역에 따라서 시내사본, 사해사본, 바티칸 사본, 알렉산드리아 사본

등 다양한 사본이 존재한다.

5) 히브리어 구약성경의 구분

성경의 구분은 번역본에 따라 차이가 있다. 히브리 사본은 크게 율법서와 선지서와 성문서로 분류하고, 역사를 성문서에 포함시켰다. 히브리 성경은 토라, 느비임, 케투빔의 앞에 약자를 사용하여 '타나크'라고 한다.

(1) 율법서
 - 모세오경(토라 5권 - 가르침): 창세기, 출애굽기, 레위기, 민수기, 신명기

(2) 선지서(느비임 8권 - 예언)
 - 전기예언서: 여호수아, 사사기, 사무엘상·하, 열왕기상·하
 - 후기예언서: 이사야, 예레미야, 에스겔, 소예언서(호세아 후 12권)

(3) 성문서(케투빔 12권 - 체험)
 - 시가서: 욥기, 시편, 잠언
 - 다섯 두루마리: 아가(유월절에 낭독), 룻기(칠칠절, 오순절, 맥추감사절에 낭독), 전도서(초막절 또는 장막절, 수장절에 낭독), 예레미야애가(성전멸망 일에 낭독), 에스더(부림절에 낭독)
 - 역사서: 다니엘, 에스라, 느헤미야, 역대상·하

6) 우리가 사용하는 성경의 구분
(1) 구약성경
 - 율법서: 창세기, 출애굽기, 레위기, 민수기, 신명기
 - 역사서: 여호수아, 사사기, 룻기, 사무엘상·하, 열왕기상·하, 역대기상·하, 에스라, 느헤미야, 에스더

- 시가서: 욥기, 시편, 잠언, 전도서, 아가서
- 대예언서: 이사야, 예레미야, 예레미야 애가, 에스겔, 다니엘
- 소예언서: 호세아, 요엘, 아모스, 오바댜, 요나, 미가, 나훔, 하박국, 스바냐, 학
  개, 스가랴, 말라기

(2) 신약성경
- 복음서: 마태복음, 마가복음, 누가복음, 요한복음
- 역사서: 사도행전
- 서신서: 로마서, 고린도전서·후서, 갈라디아서, 에베소서, 빌립보서, 골로새서,
  데살로니가전서·후서, 디모데전서·후서, 디도서, 빌레몬, 히브리서, 야고보서,
  베드로전서·후서, 요한1서, 요한2서, 요한3서, 유다서
- 예언서: 요한계시록

(3)서신서 구분
- 바울서신(13권)
  ○ 옥중서신: 에베소서, 빌립보서, 골로새서, 빌레몬서
  ○ 목회서신: 디모데전서·후서, 디도서
  ○ 일반서신: 로마서, 고린도전서·후서, 갈라디아서, 데살로니가전서·후서
- 공동서신(8권): 히브리서, 야고보서, 베드로전서·후서, 요한1서, 요한2서, 요한
  3서, 유다서

7) 성경의 기록 기간과 규모

성경 66권은 BC 1406년경 모세가 출애굽 후 창세기부터 신명기까지 기록한 모세오경부터 예수님 이후 100년경까지 약 40명의 저자에 의해 약 1600여 년에 걸쳐 기록되었다. 비록 저자가 다르고, 저자의 직업이 다르고(20여 가지의 직업), 시대와 상황과 언어가 달라도 일관되게 한 줄기의 구원의 계시가 기록된 것은 한 하나님과 한 주님과 한 성령의 감동으로 기록되었기 때문이다(딤후 3:16).

성경 66권(구약 39권, 신약 27권)은 1,189장(구약 929장, 신약260장), 31,173절(구약 23,214절, 신약 7,959절)로 구성되어 있고, 2,930명의 인물과 1,551개의 지명이 등장하며, 3가지 언어(히브리어, 아람어, 헬라어)로 기록되었다.

성경의 저자는 하나님이시다. 성경은 하나님께서 택하신 사람들을 통하여 성령의 감동으로 기록하셨기 때문에 시대도 다르고, 직업도 다른 사람들이 다양한 장르와 방식으로 기록했지만, 한 가지 주제와 목적을 가지고 통일성을 유지하고 있는 신비한 계시의 책이다.

최초의 성경은 모세오경이다. 가나안 땅에 들어간 후 시대가 흘러가면서 계속 첨가되었고, 에스라 느헤미야 때에 바벨론 포로에서 귀환한 후 말라기 때에 이르러 구약의 역사가 마무리되었다.

신약은 예수님의 탄생과 공생애 사역, 십자가와 부활 승천, 성령강림과 사도들의 활동, 그리고 지역 교회에 대한 권고와 가르침이 기록되었다.

8) 성경의 장, 절 구분

성경의 장, 절이 처음부터 구분되어 있었던 것은 아니다. 현재의 모습으로 장을 구분한 사람은 영국교회의 켄터베리 대주교였던 랭튼(Stephen Langton)이라고 한다. 1555년 스위스 제네바 인쇄업자였던 스테파누스가 라틴어 성경인 '불가타'(Vulgata & Vulgate) 성경을 출판하면서 공식적으로 사용하기 시작하였고, 오늘날 우리가 사용하고 있는 성경의 장, 절 구분은 1560년판 제네바에서 사용하던 성경의 장, 절 구분을 그대로 받아들여 사용하고 있다.

9) 신약과 구약 구분

성경을 구약, 신약으로 분류하여 부르기 시작한 것은 2세기 말부터이다. 신구약의 구분은 하나님과 그의 백성들 사이에서 맺었던 언약인 모세의 언약(출24:8)과 새 언약(렘31:31-33, 눅22:20)에서 비롯되었다.

예수 그리스도께서 이 땅에 오시기 전의 옛 언약을 '구약'이라고 말하고, 예수그리스도께서 오신 이후의 역사를 '신약'이라고 말한다.

인류 역사도 예수 그리스도를 기준으로 삼아서 BC(주전 Before Christ)와 AD(주후, 주의 해 Anno Domini)를 사용하여 구분하였다.

1세기 초기 기독교인들과 로마제국 사람들의 역사 기원표기는 로마제국의 건국 기원을 사용하여(A.U.C.– anno urbis conditae), "황제 재위 몇 년"이라는 년도 표기를 사용하였다. 누가복음에 "디베료(티베리우스) 황제가 통치한 지 열다섯 해"(누가복음 3:1)라는 내용을 보면 알 수 있다. 그러나 313년 기독교가 공인된 후에는 자신들을 핍박하던 황제가 재위하던 시기를 기준으로 년도를 사용하는 것을 꺼려했다.

AD 525년경까지 로마제국의 황제였던 디오클레시아누스 황제 즉위연대기를 사용하고 있었다. 그 당시의 교황이었던 요한 1세의 요청으로 부활절을 계산하기 위해 디오니시우스 엑시구스라는 수도사가 예수님의 탄생 연대기를 연구하여 탄생하신 해를 AD 1년으로 정하였다. 디오니시우스 엑시구우스는 신약 복음서에 등장하는 황제 연대 자료를 근거로 삼아 로마력으로 A.U.C 753년에 태어난 것으로 계산한 것이다.

그러나 8세기에 그 연대기가 잘못 계산되었다는 것을 확인하였다. 예수께서 헤롯 대왕이 죽기 직전에 태어나셨는데, 헤롯은 BC 4년에 죽었기 때문에 예수님은 주전 4년이나 5년에 태어난 것이 되는 것이다. 계산 착오라는 것을 알았지만, 그때까지 확산된 수많은 기록을 바로잡는 것은 불가능했다. 그래서 어쩔 수 없이 예수님의 탄생 연대를 뒤로 미룰 수밖에 없었다. 그래서 예수님의 탄생 시기가 BC 4년이 되고, 26세에 공생애를 시작하여 30세에 부활 승천하신 것이 되었다.

3 성경이 우리에게까지 전해진 과정(번역과정)

성경은 처음부터 문자로 기록되지 않았다. 출애굽 이전까지는 하나님과의 약속이 구전으로 전해져 왔지만, 이스라엘 백성들이 출애굽하여 시내산에서 언약의 말씀을 받은 이후부터 문자로 기록하기 시작하였다(출17:14, 24:4,12, 34:27, 민33:2, 신28:58,

29:20-21, 30:9, 31:24),

그 당시에 모세를 통하여 기록한 모세오경이 최초의 성문성경이 되었고, 이스라엘 백성들이 가나안 땅에 정착한 이후에 하나님과의 관계 이야기와 이스라엘 백성들의 삶의 이야기가 성경이 되었다.

1) 시대에 따른 성경 번역과정

구약은 대부분 히브리어로 쓰였고, 히브리 구약성경을 "타나크"(모세오경, 선지서, 성문서의 첫 글자를 따서 지은 말)라고 한다.

BC 5-6세기경에는 바벨론에서 포로생활을 하던 디아스포라 유대인들이 그 당시에 국제어였던 아람어로 사용하면서 자연스럽게 아람어 성경 '탈굼'이 번역되었다.

페르시아가 무너지고 헬라의 알렉산더대왕이 죽은 후에 제국이 4개의 나라로 갈라졌는데, 프톨레미가 이집트 지역의 왕이 되었다. 그 프톨레미 왕조시대에 많은 유대인들이 애굽의 알렉산드리아에 강제로 이주해서 살고 있었다. 그들을 다스리기 위해서는 성경이 필요했는데, 이민세대들은 모국어인 히브리어를 잘못했기 때문에 이스라엘의 12지파 중에서 6명씩 72명의 율법학자들을 동원하여 모세오경을 번역하게 하였다. 이 번역본을 '칠십인 역본' '70인 역'이라고 불렀고, 이후에 다른 구약성경들도 모두 번역하였다.

제롬은 베들레헴에서 AD 382년경에 로마제국의 언어였던 라틴어로 성경을 번역하였는데 그 성경을 '불가타'라고 한다. '불가타' 성경이 공식적으로 인정받은 것은 8세기경이다.

시리아어 성경 "페시타"가 번역되었고, 위클리프가 영어 성경을 번역하면서부터(1400), 틴데일 번역(1525), 영국에서 제임스 왕(King James)이 번역한 KJV성경(1611), 이후에 RV(1881), ASV(1901), RSV(1952), NAB(1970), TEV(1976), NIV(1978년), LB 등 다양한 영어 성경이 번역되었다.

현재 지구상에 72억 인구가 살고 있고, 6901개의 언어가 존재한다고 한다. 2014년 기준으로 근현대에 2,886개 이상의 언어로 번역되었고, 지금도 새로운 언어로 계속 번역이 이루어지고 있다고 한다.[1]

독일의 구텐베르그가 인쇄술을 발명한 후부터(1450) 성경 번역이 전 세계적으로 급속도로 확산되기 시작하였다. 그렇게 다양한 언어로 성경이 번역된 것은 땅 끝까지 복음을 전하고자 하시는 하나님의 섭리이다.

2) 한글 성경의 번역과정

최초의 한글 성경은 1882년에 만주에서 스코틀랜드 선교사였던 존 로스와 매킨타이어로부터 한문 성경을 전수받은 서상륜, 백홍준이 한글로 번역한 '예수성교누가복음젼셔'이다. 그리고 1883년 일본 수신사로 건너갔던 이수정이 세례를 받고 '마가복음'을 번역하였다. 언더우드와 아펜젤러가 이수정이 번역한 성경을 들고 1885년에 한국에 들어왔다.

1885년 선교사들로 구성된 '성경번역위원회'는 1900년에 신약성경을. 그리고 1910년에는 구약성경을 완전히 번역하였다. 그리고 그 이듬해인 1911년에 한글판 고어체로 된 '신구약성경' 「셩경젼셔」를 출간하는데, 이 번역 성경을 「옛 번역」 또는 「구역」이라고 부른다.

구역을 두 차례에 걸쳐 '한글 맞춤법 통일안'에 따라 다듬어서 구약은 1911년부터 1937년까지 26년 동안 개역 작업을 하였고, 신약은 1926년에 시작하여 1937년에 끝마쳐 12년 만에 마무리되었다. 1952년에 「성경전서 개역한글」을 완성한 후, 1961년에 정식으로 출판하였다.

1967년에는 새번역 성경을 내놓았고, 1968년에 대한성서공회는 히브리어 원문(BHK)을 초본으로 해서 천주교와 함께 공동번역 작업에 착수하여, 1971년에는 신약

---

1) UN세계인구보고, 세계성서공회연합회 2014년12월31일 기준, 세계성서번역 현황 보고 결과

을, 그리고 1977년 부활절에는 구약과 외경을 완역하여 '공동번역성경'을 출판하였지만, 개신교는 외경을 정경으로 인정하지 않기 때문에 '공동번역성경'을 사용하지 않았다.

1985년 생명의말씀사에서 『현대인의 성경』을 번역해서 내놓았고, 대한성서공회는 개신교 단독으로 원문에 근거한 충실한 번역 작업을 거쳐 1993년에 『표준새번역 성경』을 발간하였다.

그리고 그 후에도 계속해서 원문에 충실한 번역 작업을 하여 2000년에 대한성서공회는 『개역성경』을 개정하는 작업에 들어갔고, 2006년 『개역개정 4판』 완결판을 내놓게 되었다.

2001년에는 표준 새번역 개정판과 누구나 쉽게 읽을 수 있도록 『쉬운 성경』을 내놓았다. 두란노서원에서는 11년간의 연구 끝에 2004년 12월 우리말 성경을 내놓았다. 2005년에는 천주교에서 공동번역을 개정한 '성경'을 내놓았다.

2008년에는 보수교단에서 한국성경공회를 만들고 표준새번역에 반대하여 '바른성경'을 내놓지만, 일부만 사용하고 있다. 성경은 시대에 따라 거듭 번역이 이루어지고 있다. 번역은 곧 해석이기 때문에 여러 번역 성경을 참조해서 읽는 것이 바람직하다.

4 성경의 중요성과 공부해야 하는 이유

성경이 중요한 것은 성경을 통해서만 하나님의 목적과 뜻을 깨달을 수 있기 때문이다. 성경은 하나님을 떠나 타락한 인생을 향하신 하나님의 계획과 뜻을 말씀이라고 하는 언어의 도구를 통해서 표현한 하나님의 약속이요, 계시이기 때문에 성경은 반드시 배우고 알아야 한다.

1) 인류를 향하신 하나님의 구원의 프로젝트가 성경이기 때문이다.

성경은 하나님에 대한 모든 것과 하나님께서 하시는 모든 일을 다 기록한 것이 아니다. 역사를 목적으로 기록한 것도 아니다. 지식이나 정보를 전달하기 위한 것도 아니다. 성경은 학문을 위한 책도 아니다. 오직 인류를 향하신 하나님의 계획과 뜻, 구원의 프로젝트만을 기록하였다. 때문에 성경을 통해서 알 수 있는 것은 우리를 향하신 하나님의 뜻과 구원의 프로젝트뿐이다.

성경은 기록 목적 외에 사람들의 궁금증을 해소시켜 주는 책이 아니다. 사람들은 만물을 다 보고, 다 듣고, 다 느끼고, 다 알고 싶어 하지만, 그것은 욕심일 뿐. 사람은 한계 속에 갇힌 존재라는 것을 기억해야 한다. 성경은 모든 것을 기록하지 않았기 때문에 성경을 통해서 모든 것을 알 수는 없다. 하지만 누구든지 믿음만 있으면 다 깨달을 수 있도록 성령을 부어 주신다.[2] 하나님은 약속하시고 그 약속을 반드시 이루시는 분이시기 때문에 복잡한 설득이나 설명보다는 믿음을 선택하셨다. 이미 우리가 살고 있는 세상도 하나님의 섭리를 따라 약속과 믿음으로 형성되어져 있고, 약속과 믿음으로 살아가고 유지되고 있다는 것을 알 수 있다.

그래서 사도 요한도 복음서를 기록하면서 만일 예수께서 하신 모든 일을 낱낱이 다 기록한다면 그 책의 분량이 너무 많기 때문에(요21:25) 오직 구원의 목적만을 기록했다고 강조하였다(요3;30-31). 성경은 그 대상자들에게 전달하고자 하는 목적만을 기록한 믿음의 책이다.

2) 성경을 공부해야 하나님의 뜻과 목적을 깨달을 수 있다.

성경을 읽지도 않고, 듣지도 않고, 배우지도 않고 하나님을 알 수는 없다. 하나님을 알고자 한다면 먼저 성경을 제대로 읽고 배워야 한다. 성경은 성령의 감동으로 기록되었기 때문에 성령의 도움을 받아야 한다(고전2:6-16). 성경이 이성과 지식, 경

---

2) 우리는 우리 시대의 역사나 학문을 배우는 것도 힘들어하는데, 모든 것을 사람들이 이해할 수 있을 만큼 낱낱이 기록한다면 누가 성경을 읽을 수 있겠는가? 고대 사람들인 1차 독자들은 21세기와 같은 고도의 지식과 학문도 없었고, 세계관도 미개하였기 때문에 짐승이나 해, 달 별 같은 피조물들을 숭배했던 것이다. 고대에 기록된 성경은 그 시대의 세계관으로 그 시대의 사람들이 알아듣고 이해할 수 있는 정도의 수준으로 기록한 것들이다. 우리는 우리가 살아왔고, 살고 있는 이 시대조차도 제대로 이해하지 못하는 부족한 존재라는 것을 알아야 한다.

험을 토대로 이해할 수 있는 것이었다면 철학자들이나 문학자, 언어학자들이 가장 먼저 깨달았을 것이다. 성경은 학문과 지식으로 알 수 있는 책이 아니다(사29;9-14).

성도들이 급변하는 세상에 얽매여 모이고 배우는 시간도 점점 줄어들고, 교회도 외적 성장에 집착하여 예배와 행사, 프로그램 중심으로 바뀌어서 성경을 제대로 깊이 있게 가르치지 못하고 있다. 그래서 성경을 읽지 않는 성도들이 많아지고, 성경 공부도 초보적인 교리수준을 벗어나지 못하고 있어서 잘못된 성경 지식을 가르치는 이단종파들에게 휘둘리고 있다. 그리스도인들은 하나님의 말씀을 깊이 깨달을 수 있도록 성경을 많이 읽고, 바르게 배우되, 평생학습이 되어야 한다. 성경을 멀리하면 영적 암흑기가 온다는 것을 성경과 역사가 증명하고 있다.

성경을 열심히 읽고 연구해도 성경과 하나님을 알기 어려운데, 성경을 읽지도 않고, 배우지도 않는데, 어떻게 하나님을 알 수 있겠는가?

3) 성경기록 당시와 우리의 세계관은 다르고, 낯설다.

평신도들에게 성경이 어렵게 느껴지는 것은 성경이 우리 시대에 쓰인 것도 아니고, 우리가 살아왔던 유교적, 불교적, 샤머니즘적 세계관으로 기록한 것이 아니기 때문이다. 그리고 성경이 어렵게 느껴지는 것은 막연하게 '어렵다'는 생각 때문이다. 성경 1독도 제대로 못 하고, 성경을 제대로 배우지 못했는데 성경이 낯설고 어렵게 느껴지는 것은 너무나도 당연한 일이다.

성경은 자주 접하고 익숙해져야 하고, 기록 당시의 세계관을 배우고 이해해야 한다. 성경은 어려운 것이 아니라 낯설고 익숙하지 않은 것이다.

4) 하나의 주제와 맥락, 큰 줄기와 핵심을 발견해야 한다.

성경을 바르고 깊이 이해하기 위해서는 먼저 성령의 지혜를 의지하여 성경 전체를 하나의 주제와 맥락 속에서 통으로 보고, 큰 줄기와 핵심을 이해하고 읽어야 한다. 성경은 보는 각도에 따라 다를 수 있기 때문에 성경에 흐르는 큰 줄기를 먼저 보고, 그 안에서 세부적인 가지를 찾아가야 그 안에 계시된 하나님의 참뜻을 알 수 있다.

그렇지 않으면 자기가 읽고 싶은 대로 읽고, 주제를 벗어나서 성경 구절을 짜깁기해서 소설 쓰듯이 마음대로 해석하는 이단의 함정에 빠질 위험이 있다.

숲속에서 땅바닥을 돋보기로 살피듯 세밀하게 살피면 숲은 결코, 보이지 않는다. 먼저 큰 산맥을 보고, 각 봉우리와 골짜기를 살피고, 구체적으로 그 숲의 구성요소들과 토양을 연구할 때 비로소 그 숲에 대하여 깊이 알 수 있듯이, 성경도 큰 줄기와 작은 줄기와 구조, 기록 당시의 사회 문화적 토양을 이해할 때, 깊이 알 수 있고 그 속에 담겨진 하나님의 목적과 의도를 발견할 수 있다.

5) 성경의 주제와 주인공, 확실한 언약을 알아야 한다.

성경은 하나님께서 성령의 감동으로 기록한 것이기 때문에 분명한 주제와 주인공이 등장한다. 그 주제는 처음부터 끝까지 변하지 않는다. 그리고 성경은 언약의 책으로 첫째 언약(아브라함의 언약과 모세의 율법)과 둘째 언약(십자가 언약)으로 이루어져 있다.

성경의 언약은 하나님과 택하심을 받은 사람들과의 약속을 말한다. 하나님은 사람들에게 말씀으로 약속하시고, 그 약속을 지키시는 분이시다.

성경의 주제는 구원이고, 그 구원을 위해 약속대로 예수그리스도께서 오셨다. 우리 인간은 그 구원의 대상이고, 주님과 우리 사람 사이에 계약한 언약이 성경이다.

6) 창조주 하나님, 말씀하시고 이루시는 하나님을 발견해야 한다.

사람들이 흔히 말하는 하나님과 성경에서 말하는 하나님은 다르다. 고대에는 사람들이 다듬어 만든 우상들을 하나님으로 잘못 알고 믿었고, 오늘날도 하나님을 도덕이나 윤리적 선을 기준으로 상상하여 그려내려고 한다. 하지만 성경에서 말하는 하나님은 만물의 창조자이시며, 주관자이신 여호와 하나님, 말씀으로 약속하시고 그 약속의 말씀을 이루시는 말씀하시는 하나님, 죄인인 우리를 위해 독생자 아들까지 저주의 십자가에 내어 주시는 사랑의 하나님이시다.

하나님은 오직 한 분이시며, 다른 신은 없다. 만일 다른 신이 있다면 만물을 창조했어야 하고, 모든 만물과 역사를 말씀으로 주관했어야 한다는 것이다. 그리고 다른 신이 있다면 말하고, 움직여서 그 말을 이루고 경영할 수 있어야 한다는 것이다(사 41-48장, 렘10:1-16).

성경에서 창조자와 경영자 되시는 신은 오직 여호와 하나님 한 분뿐이시다. 다른 신은 없다는 것이 성경의 기초이다. 그리고 사람들이 말하는 다른 신들은 우상, 악한 영, 더러운 영, 타락한 마귀(사탄)로 소개하고 있고, 그런 신들은 이미 피조 된 피조물에 붙어사는 조잡하고 열등한 영적 존재이지 신이 아니라는 것이다.

5 성경을 쉽게 읽는 방법

1) 통합적으로 산과 숲을 본 후에 나무를 보아야 하듯이, 성경도 파노라마식으로 전체의 맥락 속에서 부분을 봐야 그 의미를 이해할 수 있다.

(1) 통합적 접근 후에 세부적인 접근이 필요하다.(하늘에서 땅을 한눈에 내려다보듯이 파노라마식으로 큰 그림을 먼저 보고 숲으로 들어가야 한다. 성경 전체와 단어는 연결되어 있다.)

성경전체 ⇒ 구약 또는 신약 ⇒ 각 권 ⇒ 장 ⇒ 단락 ⇒ 절 ⇒ 단어

(2) 세부적인 부분에서 통합적 접근이 가능하다(하늘에서 보지 못하는 세부적인 광경을 볼 수 있다. 단어와 성경 전체는 연결되어 있다.).

단어 ⇒ 절 ⇒ 단락 ⇒ 장 ⇒ 각 권 ⇒ 신약 또는 구약 ⇒ 성경전체

■ 예 ⇒ 과천대공원 찾기

통합적으로 접근할 때는 성경의 역사적 순서와 상황을 잘 이해해야 하고 주제를 벗어나지 말아야 한다. 그리고 산속에 나무가 있듯이 모든 성경은 처음과 끝이 연관성을 가지고 있다는 것을 알고 읽어야 한다.

2) 성경은 하나님과 사람 사이의 언약 관계, 사람과 사람의 관계를 다룬 책이다.

그러므로 하나님의 약속과 관계, 사람과의 관계 속에 존재했던 역사적 삶의 정황과 그 배경을 이해하고, 그 속에 존재했던 하나님의 사람들 삶과 관계를 이해해야 성경을 쉽게 깨달을 수 있다.

3) 성경 속의 인물들이 살아왔던 그 당시의 정치, 경제, 사회 문화적 배경과 지리 지형적 특성을 이해한 후에 역사 속에서 계획하시고 일하시는 하나님의 의도와 목적을 찾아야 한다.

성경 기록 당시에 살고 있었던 사람들은 그 시대의 사회 문화적 환경을 미리 다 아는 것을 전제로 그 당시의 사람들이 알아들을 수 있는 언어와 표현방식으로 기록했다는 것을 기억해야 한다.

성경은 그 시대에 살고 있던 사람들의 세계관과 언어로 기록했기 때문에 오늘날의 세계관과 언어로 이해하기 어려운 부분이 많을 수밖에 없다. 그래서 해석이 필요하고 가르침이 필요한 것이다.

4) 말씀의 본질적 의미 파악을 위해서는 하나의 성경보다 다양한 번역 성경을 참조해야 한다.

성경은 번역본이기 때문에 문자적 해석에 매이는 것은 매우 위험하다. 사도바울처럼 문자보다 문맥의 흐름과 함께 무엇을 말씀하시고자 하셨는지 그 의도와 그 당시의 정황과 역사의 흐름을 따라 통합적으로 성경을 이해해야 한다.

이단들의 특징이 개역이나 흠정역(KJV)만을 문자적으로 해석하는 것이다. 그들은 성경 구절을 자기들 상황에 맞춰서 신비롭게 짜깁기하여 복음의 본질을 왜곡시키고, 자신들의 이야기를 만들었는데, 기성교회 성도들은 성경을 잘 모르기 때문에 신비로운 성경 구절 짜깁기에 아주 쉽게 미혹되어 타락하게 되는 것이다. 번역은 해석이기 때문에 문자에 매이면 안 된다.

5) 성경의 용어와 시대적 배경을 이해하기 위해서는 성경 용어사전과 성서의 배경 역사, 성경지도 등을 활용하면 좋다.
   요즘은 좋은 지도책도 많고, 인터넷에도 자료가 풍부하다.

6) 성경은 해석이 필요한 책이다.
   혼자서는 어렵기 때문에 검증된 교회와 목회자들로부터 잘 가르침을 받아야 한다. 잘못 가르침 받으면 이단의 미혹을 받을 수 있기 때문이다.

7) 성경은 예수 그리스도와 그의 십자가와 부활, 곧 생명을 살리는 구원의 역사가 그 핵심 주제이기 때문에 그 주제를 벗어나지 말아야 한다.
   십자가를 지시고 부활하셨던 주님 외에 또 다른 예수는 존재하지 않으며, 만물을 창조하신 전능하신 하나님 외에 또 다른 하나님은 존재하지 않는다. 사람이 신이 될 수 없고, 또 다른 복음은 존재하지 않는다.

6 성경의 관점 이해하기

성경을 바르게 알려면 성경을 어떤 관점에서 접근할 것인지를 알아야 한다. 대부분의 사람들이 준비와 이해 없이 성경을 접하다 보니 벽에 부딪히게 되는 것이다.

1) 성경은 사람의 관점에서 역사를 다룬 책이 아니다.
   전적으로 하나님의 관점에서 다룬 믿음의 역사이기 때문에 하나님의 관점에서 보지 않으면 깨달을 수 없는 비밀의 경륜이다(롬16:25, 고전2:6-14, 엡3:9, 골1:26, 2:3). 성경은 인간의 관점에서 인간을 설득하거나 이해시키기 위한 책이 아니라 오직 하나님의 관점에서 죄와 사망으로부터 인류를 구원하시고자 하는 일방적인 구원의 선포이다. 그래서 성경은 인간의 관점과 타협이 불가능한 책이다. 토기장이가 자신이 원하는 그릇을 만들 듯이 전적으로 하나님의 관점에서만 기록한 책이다.

2) 성경은 모든 것을 설명하고 설득하기 위해 기록한 것도 아니다.

하나님께서 하시는 일들의 핵심을 잘 압축한 압축 파일과 같다. 우리에게 꼭 필요한 중요한 주제만 압축해서 다루었다.

이 세상의 모든 역사와 지식을 다 설명할 만큼 기록한다면 수억만 권의 책으로도 설명이 부족하고, 그 모든 것을 알 수 있는 사람도 존재하지 않는다. 특히 고대 시대에는 그런 것들을 다 기록할 수 있는 환경도, 읽고 이해할 수 있는 학문적 지식도 극히 제한적이었다.

성경은 중요한 핵심만을 압축해서 기록되었다는 사실을 알아야 한다. 세상의 역사도 극히 제한적인 기록만을 가지고 있듯이, 성경의 역사도 세밀하게 모든 역사를 다 이해할 수 있도록 낱낱이 기록한 것이 아니고, 극히 일부분, 꼭 필요한 말씀만 최대로 압축 요약해서 기록한 것이다.

3) 세상의 모든 것이 약속과 믿음의 섭리로 이루어져 있듯이, 성경도 오직 약속에 대한 믿음으로만 접근이 가능하다.

그래서 성경은 믿음으로 보고, 믿음으로 듣고, 믿음으로 배우고 믿음으로 순종하여 지켜 행할 때, 그 약속대로 신기한 능력을 경험할 수 있게 하셨다. 세상에 존재하는 모든 것들도 학문적으로 다 알고, 이해가 돼서 믿는 것이 아니다. 그냥 남들이 그렇다고 하니까 그냥 믿을 뿐이다. 인간이 100% 학문적으로 알고 이해가 되어서 믿는 것은 많지 않다.

사람들은 모든 것을 다 보고, 다 알고 싶은 욕심이 있지만, 각종 전자파, 공기, 모든 빛을 다 본다면 인간은 아무것도 보지 못하고, 모든 소리를 다 듣는다면 아무 소리도 듣지 못한다. 그래서 하나님께서 인간의 한계 밖에 있는 것들을 보고, 듣고, 알 수 있도록 약속과 믿음이라는 특수한 기능을 선물로 주셨다.

4) 성경은 기록 목적이 분명하다.

사도 요한은 요한복음을 기록할 때, 오직 하나님과 그의 보내신 자 예수그리스도를 알고, 그를 믿어 구원받게 하기 위해 기록했다고 기록 목적을 밝혔다(요17:3, 20:30-31, 21:25). 성경 66권 모두 분명한 기록목적이 있다. 그 기록 목적을 알고 이해하는 것이 중요하다.

5) 성경은 다양한 장르와 은유적 언어로 기록되었다.

하나님의 마음과 뜻을 그 당시에 사람들이 이해할 수 있는 다양한 언어 형태로 표현했기 때문에 각 장르와 사용된 은유적 언어에 대한 이해가 있어야 한다.

6) 성경은 나의 유익이 아닌 남의 유익과 하나님의 영광을 기준으로만 이해되고 해석 된다(고전10:31-33, 엡5:1-21, 빌2:1-11, 4:4-9).

하나님께서 말씀하신 것이 하나님을 위한 것이 아니라 전적으로 우리 인간을 위한 것이기 때문이다. 이 땅에서 하나님께 영광이란 우리가 하나님의 수고와 목적대로 구원받고, 주 안에서 하나님 보시기에 아름답고, 좋은 열매를 많이 맺고 부활의 영광에 이르는 것을 말한다. 성경은 사람을 살리고 회복시켜서 하나님의 영광을 드러내기 위해 기록되었다.

7) 성경은 구속적 목적을 위하여 기록되었다.

성경은 하나님의 구속적 목적을 위해 죄와 속죄, 속됨과 거룩함, 의와 불의, 순종과 불순종, 사망과 십자가를 통한 부활, 이 세상 나라와 하나님의 나라, 구원과 심판 등을 다룬 책이다(레11:44-45, 19:2, 요3:16, 12:44-50, 롬6:6, 고전1:17-18, 23, 2:2, 15:1-11, 고후13:4-5, 갈2:20, 6:14, 엡2:15-18, 골1:18-20, 딤후3:14-17, 히6:4-6, 12:1-2).

8) 성경은 성경으로 해석되도록 기록되었다.

성경은 하나님과 사람 사이의 언약의 말씀이다. 처음과 끝이 맞닿는 구속을 위한 이야기와 가르침의 연속성, 그리고 하나의 이야기이기 때문에 성경으로 성경을 이해해야 한다. 성경은 사람이 인위적으로 더하거나 뺄 수 없는 말씀으로 처음과 끝을 다룬 책이다(창3:15, 신4:2, 12:32, 계22:10-13, 18-19).

9) 성경은 성령의 감동으로 기록되었다.

성경은 오직 성령의 감동으로 기록되었기 때문에 사람의 학문과 지식으로 이해되는 것이 아니라 오직 성령의 감동으로만 해석되는 책이기 때문에 성령의 도움을 받아야 한다(사29:9-14, 고전2:6-16, 딤후3:16-17, 벧후1:21).

10) 당시의 1차 독자들의 삶의 정황 속에서 기록되었다.

하나님께서 누구를 통해서? 누구에게? 무엇을? 왜? 어떻게? 말씀하셨는지 그 당시의 1차 독자들의 삶의 정황을 이해하고, 그것을 통해 우리에게 말씀하시고자 하는 것이 무엇인지를 깨달아야 한다. 하나님은 1차 독자들의 삶의 정황을 통해서 우리에게 다시 말씀하시기 때문이다.

성경은 기록 당시의 언어와 표현 방식, 그리고 그 당시의 우주관과 세계관을 가지고 기록했기 때문에 우리가 살고 있는 이 시대의 언어와 표현방식으로 그 의미를 재해석해야 하는 책이다.

7 성경의 핵심 줄거리 요약

창세기: 창조주 하나님, 언약의 하나님

- 천지 창조, 인간의 창조와 축복, 인간의 타락과 심판(불순종과 타락, 노아의 물 심판) (창1-9장)
- 물 심판 후 노아와 세 아들을 통한 새로운 인류의 출발
- 바벨탑의 교만과 흩어진 인류(창10-11장)
- 아브라함의 부르심과 언약의 출발
- 언약의 씨 이삭으로부터 출발하는 언약의 역사 시작(12-27장)
- 야곱의 인내, 요셉의 꿈(아브라함의 언약 성취, 출애굽 준비)(28-50장)

출애굽, 레위기, 민수기, 신명기: 언약을 이루시는 하나님

- 야곱(이스라엘)의 12지파 공동체와 출애굽, 광야생활(출1-40장)
- 성막공동체: 하나님 중심, 하나님 말씀 중심, 성막 중심 공동체
- 시내산에서의 가르침과 언약, 이스라엘 언약 공동체(출19:3-민10:10)
- 거룩하신 하나님, 거룩한 제사, 거룩한 몸, 거룩한 환경, 거룩한 관계, 거룩한 위치, 거룩한 역할과 기능, 거룩한 마음과 정신, 거룩한 삶으로 거룩한 공동체 세우기(레위기-민수기)
- 광야의 시험과 연단을 통한 말씀의 체질화, 약속의 땅 입성 준비(민10:11-민36장)
- 약속의 땅에 들어가서 지켜야 할 거룩한 언약의 말씀과 가르침, 순종의 축복의 불순종의 저주, 타락과 회복의 예언, 12지파의 축복과 모세의 죽음(신명기1-34장)

여호수아, 사사기: 순종과 불순종의 결과

- 여호수아와 함께 말씀을 순종하여 가나안 땅 입성, 가나안 땅 정복, 말씀을 따라 순종하여 평탄하고 형통함, 실로 정착 성막시대(수1-24장),
- 여호수아 이후 세대들이 하나님과 하나님께서 하신 일을 알지 못하여 하나님과의 언약을 어기고 우상을 숭배함,
- 불순종함으로 타락 - 12사사 등장(신앙의 암흑기)

여호수아 이후 세대들은 자녀들에게 언약의 말씀을 가르치지 않았기 때문에 하나님을 알지 못하였다. 하나님을 모르니까 세속적 환경에 영향을 받아 그 지역 토속신을 숭배할 수밖에 없었다.

이스라엘 백성들이 말씀이 없으므로 하나님을 떠나 자기 소견에 좋을 대로 행하여 타락하였고, 말씀의 약속대로 하나님께서 징계를 내리셨다. 그들이 징계를 당하여 회개하였고, 하나님은 사사들을 보내셔서 구원해 주셨다. 그들은 얼마 지나지 않아 또다시 타락하는 일이 반복되었다.

타락(우상숭배) ⇒ 하나님의 징계 ⇒ 회개 ⇒ 사사들을 통한 구원

타락과 구원의 사이클이 12번 반복되었다.

> 타락의 근본적인 원인과 그 결과 ⇒ 교육의 부재, 하나님을 잊음(사2:10)
> 타락의 배경 ⇒ 지도자들의 타락으로 백성들이 타락함(사17장-21장)

사무엘, 열왕기 – 회복을 위한 하나님의 사랑

- 타락한 이스라엘 언약 공동체를 회복시키기 위한 하나님의 사랑(사무엘을 통한 말씀의 회복)

- 하나님을 거부하고 왕을 요구함, 은혜로 세워진 사울 왕, 불순종으로 버려진 사울 왕, 사울 대신 택함 받은 다윗 왕, 사울의 위협으로부터 도피생활을 하는 다윗, 사울 왕의 몰락

- 하나님과 다윗의 언약, 다윗왕조의 출발

- 솔로몬의 기도와 성전건축, 솔로몬의 타락, 왕국의 분열(남유다, 북이스라엘)과 타락, 타락으로 인한 선지자의 파송과 권고의 말씀(엘리야, 엘리사, 오바댜, 요엘, 요나, 호세아, 아모스, 이사야, 미가 등)

- 북이스라엘의 멸망, 유다 왕국의 타락과 성전파괴, 바벨론 포로

- 타락으로 인한 선지자 파송, 권고의 말씀(나훔, 하박국, 스바냐, 예레미야, 예레미야애가, 에스겔, 다니엘)

성문서: 사무엘과 열왕 시대에... 쓰여진 성문서들

- ○ 타락과 징계, 구원과 돌봄의 축복을 몸으로 경험한 신앙의 고백과 지켜야 할 지혜들 (잠언, 전도서)
- ○ 아픔 속에서 탄식한 탄식 시와 기도, 도우심을 바라는 간구의 시, 돌봄에 대한 감사와 찬양의 시(시편)
- ○ 고난 속에서도 함께 하셔서 회복시켜 주시는 하나님의 사랑(욥기 – 창세기 족장 시대로 보기도 함)
- ○ 타락한 백성들을 향한 하나님의 사랑 이야기(아가)

에스라, 느헤미야, 에스더

- ○ 회복을 위한 하나님의 사랑 – 언약의 말씀을 신실하게 지키는 하나님(바벨론 포로기– 말씀 회복을 위한 회당 공동체 형성)
- ○ 말씀대로 회복의 약속을 지키시기 위해 바벨론으로부터의 귀환(바벨론 포로에서의 1, 2, 3차 귀환)
- ○ 1차 귀환(BC 538년): 스룹바벨을 통한 귀환과 성전회복(학개, 스가랴)
  - ⇒ 포로 생활 중에도 함께 하시고 지켜 주시는 하나님의 은혜(에스더)
- ○ 2차 귀환(BC 458년): 에스라를 통한 귀환, 말씀의 개혁과 회복
- ○ 3차 귀환(BC 444년): 느헤미야를 통한 귀환, 성벽건축과 개혁(말라기)

스룹바벨에 의한 성전 건축과 에스라와 느헤미야의 강력한 개혁에도 불구하고 또 다시 타락하여 회복과 개혁의 역사가 실패함으로 완전한 회복의 역사를 실현시키기 위해 약속대로 이 땅에 하나님의 독생자 아들 메시아(그리스도)를 보내시는 새 언약(신약)의 역사를 준비하셨다.

느헤미야, 말라기 이후, 구약과 신약 사이의 중간기 시대

- ○ 페르시아(바사) 제국 멸망(헬라의 알렉산더 대왕에 의해 정복당함)
- ○ 헬라제국의 등장 – 헬레니즘(동양문화+서양문화) 문화 등장(언어, 문화)

- 지중해를 중심으로 한 로마제국 등장과 지배(법, 건축, 도로, 하나의 세계)
- "때가 차매" 메시아(그리스도)의 탄생

복음서

- 말씀의 약속대로 오신 하나님의 아들 예수님의 탄생, 예수님의 공생애 사역, 가르침과 제자양육, 십자가의 죽음과 부활, 승천

사도행전

- 예수께서 약속하신 성령강림, 제자들을 통한 회복의 복음 전파와 성령의 사역(예루살렘 ⇒ 온 유대 ⇒ 사마리아 ⇒ 땅 끝) 초대교회의 형성
- 사도 베드로를 통한 초기 선교 사역(행1-12장)
- 사도 바울을 통한 이방 선교 사역(행13-28장 1차, 2차, 3차, 로마 선교)

바울의 서신

- 로마서, 고린도전서, 고린도후서, 갈라디아서, 에베소서, 빌립보서. 골로새서, 데살로니가전서, 데살로니가후서, 디모데전서, 디모데후서, 디도서, 빌레몬서
- 바울이 세운 교회를 위한 위로와 권고, 문제와 해답, 교회 공동체의 성화(물주고 가꾸기)
- 축복 공동체인 교회 바로 세우기, 양육과 성장, 변화와 복음전파

일반서신

- 히브리서, 야고보서, 베드로전서, 베드로후서, 요한1서, 요한2서, 요한3서, 유다서
- 고난받는 공동체의 위로와 권고, 문제와 해답, 이단들의 가르침으로부터의 보호와 산 소망을 위한 준비, 주의 강림을 기다림

요한계시록

  ○종말의 신앙, 밧모 섬에서 요한이 받은 예수그리스도의 계시, 7교회의 모델, 하늘 보좌
   에서 펼쳐지는 구원의 사역, 사탄의 훼방, 성도들의 정절 있는 믿음과 인내, 준비된 그리
   스도의 신부, 그리스도의 다시 오심, 거룩한 추수와 심판, 사탄의 멸망과 새 하늘 새 땅
  ○ 회복을 위한 복음의 꿈 완성

8 성경의 역사와 시대를 따른 구분

1) 구약성경

(1) 구약성경 시대에 따른 구분
  ○ 모든 역사의 기원, 족장시대 – 창세기, 욥기
  ○ 출애굽과 광야시대 – 출애굽기, 레위기, 민수기, 신명기
  ○ 가나안 땅의 정복과 정착시대, 사사시대 –여호수아, 사사기, 룻기
  ○ 왕정시대, 바벨론 포로시대 – 사무엘상·하, 열왕기상·하, 역대기상·하, 시편, 잠언,
   전도서, 아가서, 요엘, 오바댜, 요나, 호세아, 아모스, 미가, 이사야, 예레미야, 예레
   미야 애가, 에스겔, 다니엘, 나훔, 하박국, 스바냐
  ○ 페르시아 시대, 포로귀환과 성전재건시대 – 에스더, 에스라, 느헤미야, 학개, 스가
   랴, 말라기

(2) 구약역사의 흐름에 따른 구약성경 구분
  괄호( )는 그 당시 같은 역사 속에 포함되어 있다는 뜻이다.

  창세기(욥기– 열왕기 초기시대로 보는 학자들도 있다.) ⇒ 출애굽기(레위기) ⇒ 민수기(신
명기) ⇒ 여호수아 ⇒ 사사기(룻기) ⇒ 사무엘상·하(시편, 역대상) ⇒ 열왕기상(역대 하,
잠언, 전도서, 아가서) ⇒ 열왕기하(역대하, 오바댜, 요엘, 요나, 아모스, 호세아, 미가, 이사야,
나훔, 하박국, 스바냐, 예레미야, 예레미야 애가, 에스겔, 다니엘) ⇒ 에스라(에스더, 학개, 스가
랴) ⇒ 느헤미야(말라기)

구약성경을 살펴보면, 모세오경과 열왕기(상, 하) 부분이 3분의 2 이상을 차지한다. 그만큼 그 부분이 중요하고 강조점이 많다는 뜻이다. 어떤 부분은 수백 년 동안 침묵하기도 하고, 수십 년을 침묵하기도 하지만, 어느 부분은 단 1년 동안의 기간에 58장의 분량을 기록한 경우도 있다(시내산에서, 출애굽기 19장–민수기10장 10절).

다른 것보다 유독 그 부분에 집중하고 강조한 것은 그 부분에 하실 말씀의 비중이 크다는 것을 의미한다.

구 약	성경 구분	신 약
17권	역사	5권
5권	체험	21권
17권	예언	1권
총 39권		총 27권
신구약 총 66권		

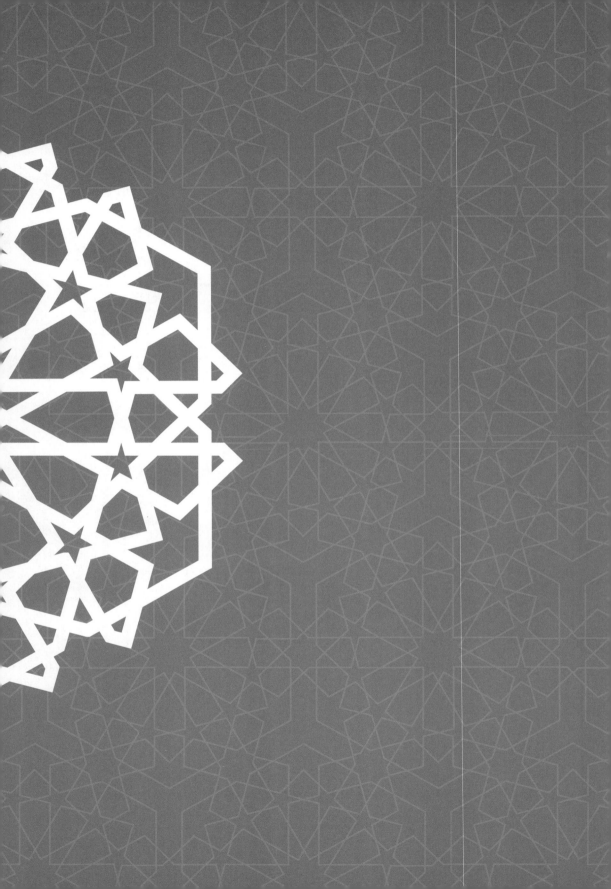

이야기로 풀어가는 성경파노라마

구약성경
본문 이야기

창세기

　창세기부터 신명기까지를 모세오경이라고 한다. 모세오경이 현재는 5권으로 분리되어 있지만, 한 권의 책이었다.

　모세오경 중에 첫 번째 성경인 창세기는 기원에 관한 책이다. 만물의 기원, 인간의 창조와 타락, 죄와 사망의 기원, 그리고 회복을 위한 언약의 기원에 관한 책으로, 1차 독자인 출애굽 한 이스라엘 백성들이 알아들을 수 있는 언어와 표현방식, 그 시대의 세계관을 바탕으로 기록되었다. 그러므로 창세기를 이해하려면 출애굽 당시의 이스라엘 백성들의 삶과 문화, 그리고 그들의 세계관에 대한 기본적인 이해가 있어야 한다.

　창세기는 이스라엘 백성들에게 모든 것을 설명하고, 설득시키고, 이해시키기 위해 기록한 것이 아니라, 하나님의 일방적인 언약의 섭리를 기록한 책이다. 그 섭리를 일방적으로 기록한 이유는 타락하여 죄에 갇혀서 하나님께서 하시는 일은 보아도 보지 못하고, 들어도 깨닫지 못하고 마음으로 생각조차도 못하기 때문이다. 타락한 인간을 회복시킬 수 있는 방법은 오직 창조주이신 하나님의 마음속에 있기 때문에 하나님께서 그 마음의 계획을 택하신 사람들을 통하여 말씀으로 계시해 주시지 않으면 인간의 지혜로는 아무도 알 수가 없다(사6:9-10, 사29:11-12, 고전1:18-2:16).

　창조의 섭리와 구원의 섭리는 너무 광대하여 사람의 지식으로 다 기록 할 수도 없고 알 수도 없다. 사람들은 하나님과 성경에 대하여 논리적 증명을 요구하지만, 이미 논리적으로 증명된 학문도 제대로 이해하지 못하는데 어떻게 광대한 창조의 섭리와 이론을 말로 다 설명하고, 깨달을 수 있겠는가? 아직도 과학으로 설명할 수 있는 것들보다 설명할 수 없는 것들이 무한대로 많고, 우리가 이해할 수 있는 것들보다 이해할 수 없는 것들이 더 많다는 것을 깨달아야 한다.

우리의 한계와 약점을 너무 잘 아시는 하나님께서 우리를 구원하시기 위해 가장 쉽고 빠른 방법을 택하셨는데, 그 신비한 방법이 말씀의 약속과 믿음이다. 누구든지 그 말씀의 약속을 믿고 순종하는 자들은 약속대로 구원하시고 축복하셨고, 현재도 미래도 그렇게 하신다는 것이다.

창세기는 바로 그런 하나님의 섭리를 따라 천지 창조와 타락, 아브라함과 이삭과 야곱을 통한 언약의 섭리와 과정을 기록한 책이다.

• 만물과 인류역사의 기원

1-2장: 창조(만물의 시작)

하나님께서 말씀으로 만물을 창조하시되, 하나님의 영광을 위해 하나님의 형상을 닮은 인간 중심으로 6일간 만물을 창조하셨고, 하나님의 뜻과 섭리에 순응하도록 만드셨다. 그리고 제7일에 안식하셨다. 여기서 6일은 지구가 자전하는 오늘날의 24시간의 개념으로 이해하면 안 된다.

성경 몇 구절 가지고 만물의 창조 섭리를 설명하는 것은 불가능하다. 모세가 목격한 것도 아니고, 본 사람도 없다. 설명할 수도 없고, 알 수도 없는 것을 가지고 변론하는 것은 어리석은 일이다(딤전1:4, 딤후2:23, 딛3:9). 하나님은 만물의 창조자가 하나님이시며, 그 중심에 하나님의 형상대로 창조된 인간을 두었다는 것을 선포하셨다. 그리고 그 증거로 이루시는 말씀을 주신 것이다. 하나님께서 창조자라는 것은 하나님의 말씀이 증거가 되고, 만물의 섭리가 증거이다. 그것은 말씀을 믿는 믿음의 눈으로만 알 수 있다.

이 천지 창조와 창세기의 역사는 사실을 보고 쓴 것이 아니라, 모세를 통하여 말씀하시고, 말씀대로 열 가지 재앙과 홍해를 마른 길로 인도하신 사건과 아무것도 없는 광야를 지나면서 물과 만나와 메추라기를 주시고, 낮에는 구름과 밤에는 불기둥으로 인도하시는 말씀의 능력을 실제 경험한 사람들에게 하시는 말씀이다. 그래서 우리는 잘 이해가 되지 않아도, 엄청난 말씀의 능력을 현장에서 경험한 이스라엘 백성들은 모세를 통하여 말씀하시는 창조의 섭리를 의심의 여지 없이 받아들일 수 있었던 것이다.

그리고 모든 창조의 꽃은 하나님의 형상대로 창조된 인간이었다. 하나님은 인간에게 땅에 충만하고 모든 것을 다스리고 누리라고 축복하였다.

창조된 만물은 하나님의 마음속에 있던 정보가 말씀을 통해 세상에 능력으로 표현된 것이다. 천지 창조의 정보는 엄청난 창조의 과정과 시간을 한마디로 요약해 놓은 압축파일과 같다.

창조 일	창조내용	창조 일	창조 내용
첫째 날	빛	넷째 날	해, 달, 별
둘째 날	위에 궁창, 아래 궁창	다섯째 날	위로 나는 새, 아래로 물고기
셋째 날	바다와 육지, 풀, 채소, 나무	여섯째 날	짐승, 육축, 사람
일곱째 날 안식하심			

3-4장: 하나님을 섬기며 그 음성을 듣고 그 뜻에 순종하여 축복을 누려야 할 인간이 하나님의 말씀을 불순종하고 사악한 뱀의 말을 들으므로 저주받아 에덴동산에서 추방당하였고, 고통 가운데 살다가 사망에 이르게 되었다(아담과 하와 사탄의 유혹, 선악과).

선악과를 볼 때 "보기에 좋았다"고 한 말은 하나님께서 창조하시고 "보시기에 좋았다"는 말과 본질이 다르다. 타락한 눈에 보기에 "좋았다"는 것은 선을 쫓는 지혜가 아니라 악을 탐닉하는 악한 지혜를 말하였다.

하나님은 아담과 하와가 타락한 직후부터 하나님의 형상대로 지어진 인간의 회복을 위해 여자의 후손이 뱀을 심판하게 되고, 뱀은 여자의 후손을 핍박하게 될 것을 예언하였는데, 이것을 '원 복음'이라고 말한다.

타락의 결과를 아벨과 가인의 제사를 통하여 증명해 주셨고, 하나님은 악한 마음으로 드리는 예배는 받지 않으신다는 것을 가르쳐 주셨다.

5장: 족보 이야기

아담부터 노아까지 10대(장자만 내세움 – 아담이 셋을 낳고 800년 동안 낳은 수많은 자식들은 기록하지 않았다)만을 기록했다. 모든 역사는 다 생략하고 하나님과 동행하여 들림 받았던 에녹과 타락한 세상을 물로 심판하기 위해 의인 노아의 가정을 선택하신 이야기만 기록했다. 고대 시대에 족보는 그 후손들의 정체성을 말해주기 때문에 매우 중요했다.

6-9장: 타락한 사람들이 죄의 본능을 좇아 죄악만을 탐닉하여 온 세상이 죄악으로 가득 찼고, 하나님께서는 사람 만드신 것을 후회하시고 그들을 물로 심판하시기로 작정하셨다. 그래서 하나님께 은혜를 입은 사람, 당대에 의인이요 완전한 자였던 믿음의 사람 노아를 부르셔서 심판을 말씀하시고 방주를 지을 것을 명령하셨다 (6:9).[3] 의인 노아는 하나님께서 명하신 말씀대로 다 준행하여 방주를 예비함으로 구원받았고, 온 세상은 물의 넘침으로 심판을 받았다. 당시에 물 심판은 40일간 비와 샘이 터져서 5,000m가 넘는 아라랏산이 잠길 정도니까 하루에 1만mm(10m)이상 상상을 초월하는 엄청난 심판의 비가 내린 것이다. 그 정도면 몇 걸음 걷지도 못하고 온 세상이 순식간에 물에 덮일 뿐 아니라, 폭풍과 해일과 갑자기 불어난 무서운 물살로 심판이 이루어졌을 것이다. 물 심판으로 방주에 탄 동물들과 노아의 가족 외에는 모두 심판을 받았다.

. . . .

3) 의인은 하나님과 하나님의 말씀, 하나님께서 하시는 일을 온전히 믿는 자를 말하였고, 하나님의 말씀을 순종하고 그 명령을 준행함으로 하나님의 뜻과 목적을 온전히 이룰 수 있는 자를 완전한 자로 말하였다.

10-11장: 5장에 이어 여기서도 족보 이야기가 이어진다. 노아의 세 아들(셈, 함, 야벳)의 족보가 기록되었는데, "이들은 그 백성들의 족보에 따르면 노아 자손의 족속들이요 홍수 후에 이들에게서 그 땅의 백성들이 나뉘었더라."고 말한 10장 32절 말씀대로 족보에 등장하는 노아의 세 아들들의 족보는 이후에 그 부족국가들의 조상이 되고, 이후에 그 이름이 그 민족의 이름이 되었다.

11장에서 하나님을 떠나 동쪽 시날 땅에 모인 사람들은 언어가 하나였기 때문에 "온 땅에서 생육하고 번성하여 충만하라."(창1:28)는 명령을 어기고 흩어짐을 면하기 위해 자신들의 이름을 내세우고자 교만하게 바벨탑을 쌓기 시작했다. 그들의 교만하고 악한 생각을 아신 하나님께서 언어를 혼잡하게 하여 땅 사방으로 흩으신 것이다. 그래서 지구상에 언어가 많진 것이다.

그리고 바벨탑 사건 후에 온 땅에 흩어진 사람들 가운데 경건한 혈통을 이어가기 위해 노아의 세 아들 중에 셈의 족속을 선택하셨다. 아담 이후에 노아를 통하여 경건한 혈통을 이어가고, 다시 노아의 경건한 혈통을 이어가기 위해 아브라함을 선택하신 것이다.[4]

인류를 향하신 언약의 기원

12장-25:11: 여기서부터 믿음의 조상 아브라함 이야기가 시작된다. 12장에서 하나님께서 아브라함을 선택하시고 부르셔서 "너는 너의 고향과 친척과 아버지의 집을 떠나 내가 네게 보여 줄 땅으로 가라. 내가 너로 큰 민족을 이루고 네게 복을 주어 네 이름을 창대하게 하리니 너는 복이 될지라. 너를 축복하는 자에게는 내가 복을 내리고 너를 저주하는 자에게는 내가 저주하리니 땅의 모든 족속이 너로 말미암아 복을 얻을 것이라."(창12:1-3)고 언약하심으로 노아 이후에 이 땅에 하나님과의 새

. . . .

4) 고대 사회에서 족보가 강조된 것은 그들의 정체성을 말해주는 가장 소중한 자료가 되기 때문이었다. 고대 사람들은 부족 공동체에서 추방당하는 것을 가장 두려워했다. 근·현대까지도 족보가 없는 사람들은 근본이 없는 사람으로 인식되어 인정받지 못했고, 족보에서 제외되는 것을 가장 두려워했다. 특히 유대인들은 선민의식이 강해서 족보를 더 중시하였고 오늘날도 어려서부터 족보를 암송시키고 있다.

로운 언약의 역사가 시작되었다.

아브라함은 부르심을 받을 때, 하나님을 온전히 믿었고, 그 말씀에 순종함으로 믿음의 조상이요, 언약백성들의 믿음의 뿌리가 되었다. 하나님은 그의 믿음을 의로 여기셨다(창15:6, 롬4:1-3, 17-23).

아브라함은 부르심을 받을 때 자신의 모든 것을 버리고 약속의 말씀을 따라 가나안 땅에 이르렀다. 말씀에 순종했을 때 당장 어떤 일이 일어나지는 않았다. 오히려 기근으로 말미암아 애굽 땅까지 내려가야 했고, 거기서 아내 사라까지 빼앗기는 위기에 처하지만, 하나님께서 약속을 믿는 아브라함을 저버리지 않으시고, 약속대로 구원해 주셨고, 위기를 기회로 만들어 주셔서 가축과 은금이 풍부하게 하셨다(12장).

풍성해진 아브라함과 조카 롯은 벧엘에서 함께 동거할 수 없어서 갈라서야 했다. 그때에도 아브라함은 조카에게 모든 것을 양보할 뿐 아니라, 조카가 전쟁포로로 잡혀가는 위기에 처했을 때에도 목숨을 걸고 도와주는 의인이었다. 전쟁에서 얻은 재물도 아브라함이 남의 것을 빼앗아 치부했다는 오해를 받을까 염려해서 제사장 멜기세덱을 만나 십일조를 드리고 나머지는 전쟁에 동참한 자들에게 모두 나누어주었다(13-14장).

힘들 때에 하나님께서 아브라함에게 나타셔서 아브라함의 상급은 세상이 아니라 하나님이 상급임을 확인해 주시고, 반드시 약속대로 복을 주시고, 그 약속대로 그 자손이 이방에서 객이 되어 400년 동안 종노릇하다가 능력으로 큰 재물을 이끌고 나오게 될 것(출애굽)을 예고하셨다(15장).

자녀가 없던 사라가 하나님을 믿지 못하고 아브라함에게 하녀 하갈을 줘서 이스마엘을 얻게 되지만(16장), 하나님은 육신으로 말미암아 탄생한 이스마엘을 언약의 자손으로 인정하지 않으셨다.

하나님은 아브라함을 부르실 때 약속하셨던 그 약속을 지키시기 위해 99세에 할례의 피 언약을 하시고, 많은 민족의 조상이 될 언약의 새 이름 곧 아브람에서 아브라함으로, 그의 아내 사래도 사라로 바꾸어 주셨다(17장). 그리고 약속대로 다음 해에 아들이 있을 것을 예고하셨다(18장).

하나님은 의인 아브라함에게 소돔과 고모라의 심판을 예고해 주셨고, 의인 아브라함의 믿음으로 말미암아 조카 롯을 불 심판에서 구원해 주셨다. 하지만 롯이 말씀을 따르지 않고 소알 성으로 피신했다가 산으로 도피하여 두 딸을 통해 아들 둘을 낳았는데, 그들이 이후에 모압과 암몬자손의 조상이 되었다.

하나님께서 약속대로 25년 만에 100세에 희망이 없을 때, 전적인 하나님의 은혜로 이삭이라고 하는 약속의 씨를 주셨다. 이삭이 성장하면서 육체의 자녀 이스마엘이 약속의 자손 이삭을 핍박하다가 하갈과 함께 쫓겨나고 말았다. 그도 약속은 없지만 큰 민족을 이루도록 축복 하셨다(21장).

아브라함은 하나님께서 100세에 얻은 독자 이삭을 번제로 드리라고 시험하실 때, 조금도 주저하지 않고 순종할 만큼 하나님을 신뢰하는 믿음의 조상이었다. 하나님은 노년에 얻은 귀한 독자까지도 아끼지 않는 위대한 믿음을 보시고 벗이라고까지 칭해주셨다(22장, 사41:8, 약2:23).

약속의 씨, 이삭으로 말미암아 구체적인 약속의 역사가 시작되었는데, 그 언약의 역사가 구약성경에서 택하신 이스라엘의 뿌리가 되었다.

사라가 헤브론에서 죽었고, 아브라함은 헷 족속 에브론으로부터 밭을 사서 그 밭 막벨라 굴에 장사하였다. 이후에 그 막벨라 굴이 아브라함과 이삭과 야곱 등 이스라엘 조상의 무덤이 되었다(23장).

■ 벽화 – 막벨라 굴을 사는 아브라함　　■ 막벨라 사원

이삭이 어머니를 잃은 후, 하란에 살고 있는 아브라함의 동생 나홀의 아내 밀가의 아들 부두엘의 소생인 리브가를 아내로 맞이하였다(24장).

아브라함과 이삭의 이야기는 신약에서 예수님의 십자가 구속의 섭리를 가르치는 소중한 자료가 되었다(롬3-4장, 갈4:22-31, 히6:13-15).

■ 아브라함의 이동경로

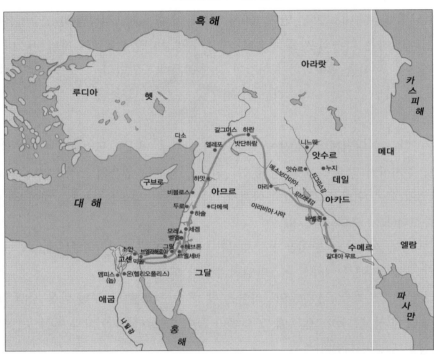

25:12-27장: 아브라함에게 이삭과 이스마엘 외에 그두라를 통하여 낳은 6명의 아들이 있었다. 아브라함은 175세에 죽었고, 모든 소유를 75세 된 이삭에게 주었고, 서자들에게도 나누어 주었다. 서자들은 동쪽으로 이동하여 정착하였고, 그들은 아랍사람들의 조상이 되었다(25장).

이삭은 40세에 리브가와 결혼하여 자식이 없었지만, 60세가 되어 20년 만에 기도로 쌍둥이 형제 야곱과 에서를 얻었다. 아브라함은 야곱과 에서가 15세 될 때까지 살았다. 이삭은 온유한 자로서 블레셋 사람들의 훼방 가운데서도 오직 하나님만을 의지하여 마침내 거부가 되었다(26장).

혈기가 많고 세상을 사랑하여 놀기를 좋아하는 에서는 하나님의 축복권인 장자의 명분을 팥죽 한 그릇에 팔정도로 어리석은 자였다(25장). 야곱은 하나님의 축복권을 소중하게 여겼을 뿐 아니라, 부모님께 효도하고, 부모님의 말씀에 순종하는 온유하고 성실한 성품의 소유자였다.

에서로부터 팥죽 한 그릇에 장자의 명분을 산 야곱은 아버지 이삭을 속이고, 형, 에서 대신에 장자의 축복을 받을 것을 어머니로부터 강력하게 권고받았다. 야곱은 속임수를 쓸 경우 저주받을까 두렵다고 거절했으나, 저주는 자신이 대신 받겠다는 어머니 리브가의 강력한 권유에 순종하여 아버지 이삭을 속이고 장자에게만 주어지는 축복을 받게 되었다.

하나님께서 어머니 리브가를 통하여 하나님의 축복의 가치를 팥죽 한 그릇보다 못하게 여기는 에서에게서 축복권을 빼앗아 그것을 사모하는 야곱에게 주신 것이다.

축복을 받은 야곱은 에서의 분노를 피하여 하란 땅 외삼촌 라반의 집으로 가야 했다. 야곱이 의도적으로 속인 것은 아니다. 어머니의 강력한 권유가 있었고, 팥죽도 형이 먼저 거래 요청을 한 것이다. 팥죽과 장자의 명분은 팔아도 형이 동생이 된 것은 아니었다. 다만 명분뿐이었다. 이삭으로부터 축복을 받았지만, 당장 이삭으로부터 모든 재산을 상속받은 것도 아니다. 오히려 양 한 마리, 땅 한 평, 집 한 채도 상속받지 않았다. 다만 눈으로 보이지 않는 하나님의 축복과 언약의 말씀만 상속받았을 뿐이었다. 오히려 이삭의 재산은 모두 에서가 물려받았다. 야곱은 육신의 것보다 하나님의 언약과 축복을 더 소중하게 여겼기 때문에 육신의 것을 포기하고 하나님의 언약과 축복을 선택했던 것이다(27장).

28-35장: 야곱이 약속과 축복을 받았지만 손에 쥔 것은 아무것도 없었다. 오직 말씀의 축복과 약속뿐이었다. 그는 에서를 피하여 부모님을 떠나 하란 땅 외삼촌 라반의 집으로 가다가 벧엘에서 처량하게 돌베개 베고 자다가 하나님을 만났고, 하나님은 어디를 가든지 함께 하신다는 사실을 깨달았다. 그리고 하나님께로부터 돌아올 때까지 함께 하시고 지켜 주신다는 말씀의 약속을 받았고, 돌아올 때까지 그 약속을 지켜 주시면 돌베개가 하나님의 집이 될 것이며, 십일조를 드릴 것이며, 하나님이 자신의 하나님이 되실 것이라고 서원기도를 하였다(28장).

잠시 며칠만 피하러 갔던 야곱은 그곳에서 라반의 둘째 딸 라헬을 사랑해서 그곳에 정착하게 되고, 라반의 계략에 속아 두 딸 라헬과 레아를 아내로 맞이하지만, 결혼지참금이 없어서 14년간 무료로 봉사해야 했다. 야곱에게 14년은 무의미한 시간은 아니었다. 그 기간 중에 두 아내를 통하여 11명의 아들을 얻었고, 돌아와서 베냐민을 낳아서 12명의 아들을 얻었는데, 그 12아들이 이스라엘의 12지파 공동체가 되었다. 우여곡절 속에 살아온 야곱의 세월은 결코 헛되지 않았고, 하나님의 뜻을 이루셨다. 야곱의 삶을 통해 하나님의 약속이 있는 자들의 삶은 고난과 위기조차도 헛되지 않다는 것을 보여 주신 것이다(29:~30:24).

야곱이 에서의 진노를 피하여 외롭게 몇 날만 머물고자 했던 일이 언약을 이루기 위한 인내의 과정이었다는 것을 하나님 외에는 아는 자가 없었다. 야곱은 나중에야 깨달았을 뿐이다. 이렇게 하나님은 아브라함도 이삭도 야곱도 자신들의 의지와는 아무 상관없이 갈 수밖에 없게 하셨고, 하나님께서 목적하신 대로 될 수밖에 없도록 홀연하게, 우연처럼 하나님의 뜻 가운데로 인도해 주셨다.

● 야곱 곧 이스라엘의 12아들

○ 레아가 낳은 자녀: 르우벤, 시므온, 레위, 유다, 잇사갈, 스블론
○ 빌하(라헬의 하녀)가 낳은 자녀: 단, 납달리
○ 실바(레아의 하녀)가 낳은 자녀: 갓, 아셀
○ 라헬이 낳은 자녀: 요셉, 베냐민

라반은 하나님과 동행하는 야곱으로 인하여 거부가 되었다. 그래서 라반은 야곱을 붙들어 두려고 했지만, 하나님께서는 욕심 많은 라반의 계략을 역으로 이용하셔서 6년의 추가 계약기간을 통해 야곱에게 놀랍도록 복을 주셨다. 야곱에게 꿈을 통하여 검은 것, 어룽진 것, 점 있는 것만 야곱의 것이 되게 하는 생물학적으로 말도 안 되는 황당한 조건을 보여주신 후에 라반이 아주 쉽게 비웃으며 계약하게 하셨다. 그리고 라반이 방법을 바꿔서 10번이나 야곱을 속여도 하나님은 라반의 소유를 빼앗아 야곱에게 주셨다(30:25–31:13). 그래서 마침내 말씀의 언약만을 믿고 순종했던 야곱이 거부가 되어 고향으로 돌아갈 준비가 다 되었다.

하나님께서 때가 되어 야곱에게 고향으로 돌아갈 것을 말씀하셔서 28장 10–22절에 언약하신 말씀대로 돌아오게 되었다. 라반 몰래 도망하다시피 떠났기 때문에 라반이 뒤쫓아 왔지만, 하나님께서 라반의 위협으로부터 지켜 주셨다.

이제 돌아오는 야곱에게 에서의 위협이 기다리고 있었다. 야곱은 에서의 위협을 극복하기 위해 최선의 방법을 총동원해야 했다. 무리를 두 떼로 나누고, 에서의 마음을 사기 위해 양, 염소, 소, 낙타 등의 선물을 미리 준비하여 차례대로 보냈고, 본인은 얍복 강에 홀로 남아서 하나님의 사람과 밤새도록 씨름하며 환도 뼈가 위골

될 때까지 목숨을 걸고 기도하였다. 그때 하나님께서 야곱에게 축복하며 주신 새 이름이 '이스라엘'이다. 이후에 '이스라엘'은 12지파 언약백성의 나라 이름이 되었다.

야곱은 기도만 한 것이 아니라, 온 맘 다해 자신이 해야 할 일을 다 했고, 나머지는 하나님께 맡겼다. 하나님께서 야곱의 기도를 들어 주셔서 위협적으로 군사를 이끌고 오던 에서의 마음이 눈 녹듯이 녹게 해 주셨고, 에서는 야곱과 그 가족들을 기쁨으로 환영해 주었다(31:17-33:17).

야곱은 매사에 기도에 충실하고 자신에게 주어진 일에 최선을 다하고 철저하게 준비하는 성실하고 인내가 많은 사람이었다(31:38-42).

34장: 야곱의 딸 디나가 하몰의 아들 세겜에게 강간을 당한 사건이 삽입되었다. 세겜이 디나를 강간한 후 그를 사랑해서 청혼을 해오는데, 시므온과 레위가 할례 없는 족속들과는 사돈을 맺을 수 없다며, 할례를 받게 한 후 고통이 심할 때, 그들을 속이고 몰살시키는 사건이 벌어졌다. 하나님과 야곱의 허락 없이 혈기로 사건을 일으켜서 야곱의 12지파를 위기로 내모는 위험하고 어리석은 일이었다. 이 사건 때문에 시므온과 레위는 장자 르우벤 다음에 얻을 수 있었던 장자의 특권을 박탈당하였다.

35장: 야곱이 떠날 때, 하나님과 약속했던 벧엘에 돌아와서 서원한 대로 그곳에서 하나님 앞에 제단을 쌓았다. 그리고 야곱의 아내 라헬이 막내아들 베냐민을 낳고 베들레헴 근처에서 죽는 사건이 등장한다.

그리고 장자 르우벤이 서모 빌하와 간통하여 장자권을 박탈당하였고, 시므온과 레위도 혈기를 부려 장자권을 박탈당함으로 이후부터는 넷째 아들 유다가 장자의 역할을 하였다. 역대기에서는 주권자가 유다지파에서 나오지만, 장자의 명분은 요셉에게 있다고 하였다(역대상5:1-2).

36장: 에서의 족보 삽입 - 에서도 야곱의 형제이지만 약속과 축복을 받은 야곱의 후손들과 약속과 축복이 없는 에서의 후손들을 족보를 통해 대비시켰다. 에서의 후손은 하나님의 말씀의 약속이 없었기 때문에 우상을 숭배하고 육신의 뜻을 따라 교만하게 살았다. 그래서 에서(에돔)의 후손들이 어떻게 되었는지를 보여 주신 것이다. 선지자들의 글에 에돔의 심판에 대하여 기록하고 있다(렘49:7-22, 겔25:12-14).

38장: 유다이야기 – 하나님의 약속을 유업으로 이어갈 유다가 며느리 다말을 통하여 족보를 이어가는 삽입장이다. 유다가 불의하여도 신실한 다말의 믿음과 언약의 섭리를 따라 약속의 계보를 이어가셨다.

그래서 여기서부터 유다가 두각을 드러낸다. 유다지파가 중심으로 등장하는 것은 다윗 때부터였고, 솔로몬이 죽은 후, 르호보암 때에 남유다왕국과 북이스라엘로 나뉘면서 본격적으로 유다지파 이야기가 등장한다. 하나님께서 모세를 통하여 창세기에 이렇게 장래 일을 예고하셨던 것이다. 유대인들은 역대기에서 요셉을 장자지파로 보았지만, 하나님은 약속의 섭리를 따라 유다지파를 택하셨다(역대상5:1-2).

• 37, 39-47장 출애굽을 준비한 요셉 이야기

37장: 하나님께서 아브라함에게 창15:12-16에 약속한 대로 그 언약을 이루시기 위해 야곱이 가장 사랑하는 아들 요셉을 택하셨고, 요셉에게 형제들이 자신에게 절하는 꿈을 주셨다. 그리고 그 꿈을 이루시기 위해 자신의 의지와 야곱의 의지와는 전혀 상관없이 형제들의 시기심과 질투심을 이용하여 애굽에 노예로 팔려가게 하셨다. 이 사건은 아브라함에게 약속한 대로 이스라엘의 12지파를 애굽 땅에 미리 보내셔서 출애굽을 준비시키신 하나님의 준비였다.

하나님께서 하시는 일의 시종은 사람들이 측량할 수 없게 하셨다. 요셉이 형들에게 간 거리와 시간(헤브론에서 직선거리로도 100km가 넘는다), 형들이 세겜에서 상인들이 지나가는 도단으로 이동한 일, 애굽으로 내려가는 상인들이 지나가는 시간(당시 상인들은 아무 때나 수시로 다니지 않았다), 그리고 형들이 죽이려고 하다가 팔게 된 일, 애굽의 엄청난 노예시장에서 요셉이 바로 황제의 친위대장(경호대장) 보디발의 집에 선택되어 팔려가게 된 일들은 우연 같지만, 하나님의 계획이요, 섭리였다.

39장: 하나님께서 요셉을 애굽의 황제 바로(파라오-황제칭호) 앞에 세우기 위해 친위대장 보디발의 집에 노예로 팔려가게 하셨다. 요셉은 비록 억울한 노예 신세가 되었지만, 그곳에서도 꿈을 잃지 않았고, 하나님께서 함께 하심을 보여줄 만큼 성실해서 보디발에게 인정받아 그 집안의 총무가 되었다. 그러나 또다시 억울하게 보디발의 아내의 유혹과 모함으로 인하여 감옥에 가야 했다. 그 감옥은 보디발의 집에 있는 감옥으로 왕의 신하들이 죄를 지으면 갇히는 곳이었다. 요셉은 이방인이었고, 노예였기 때문에 그 감옥에 갇힐 수 없는 신분이었지만, 보디발에 의해 그곳에 들어갈 수 있었다. 이것 또한 하나님의 준비였다. 감옥에서도 하나님께서 요셉과 함께하셔서 간수장에게 은혜를 받게 하셔서 간수장이 모든 죄수를 요셉에게 맡겼고, 제반 사무를 처리하는 자가 되었다.

요셉이 하나님의 뜻을 이루기 위해 애굽에 갈 수밖에 없었고, 감옥에 갈 수밖에 없었다. 그 길은 사람들이 알지 못하는 하나님께서 예비하신 길이었다.

40장: 때마침 약속이나 한 듯이 바로 황제의 술 관원장과 떡 관원장이 죄를 짓고 왕의 신하들만이 갇히는 그 감옥에 들어오게 되었다. 보디발은 요셉으로 하여금 그들을 섬기게 하였다. 어느 날 하나님께서 술 관원장과 떡 관원장에게 꿈을 주셨고, 그 꿈을 요셉을 통하여 풀어 주셨는데, 요셉의 해석대로 떡 관원장은 3일 후에 죽고, 술 관원장은 3일 후에 복직하였다. 이 또한 하나님의 준비였다.

요셉은 술 관원장이 나가면 자신의 억울함을 기억해 달라고 부탁했으나 술 관원장은 그 부탁을 2년 동안 잊고 살았다. 술 관원장이 요셉을 기억하지 못하게 하신 것도 바로 앞에 세우기 위한 하나님의 섭리였다.

41장: 어느 날 하나님께서 바로 황제에게 강력한 애굽 신의 꿈을 주셨다. 나일 강가에서 아름답고 살진 일곱 암소가 풀을 뜯고 있었는데, 흉측하고 파리한 일곱 암소가 나타나서 살찐 소를 잡아먹는 꿈이었다. 또다시 무성하고 충실한 일곱 이삭을 쇠약하고 동풍에 마른 일곱 이삭이 삼키는 신비한 꿈을 주셨는데, 바로는 그 꿈 때문에 아무것도 할 수 없었다. 그 꿈은 당시 황제가 살던 도시의 우상인 소에 관한 꿈이었기 때문이다. 그 꿈은 하나님께서 주신 꿈이기 때문에 현인이나 점술가가 해석할 수 없었다. 이것은 요셉을 바로 앞에 세우고자 하신 하나님의 방법이었다.

현인들과 점술가들이 쩔쩔매고 있을 때, 하나님께서 술 관원장의 2년 전 기억을 찾아 주셨고, 그것이 계기가 되어 요셉이 바로 앞에 서게 되었다. 요셉이 이해할 수 없었던 고난의 세월이 바로 이 순간을 위한 일이었지만, 야곱도 요셉도 아무도 알지 못했다. 오직 이 일을 준비하신 하나님만이 아는 사실이었다.

요셉은 그 꿈이 하나님께서 주신 꿈으로 7년 풍년과 7년 흉년을 예고한 것이며, 두 번 거듭 보여주신 것은 그 일이 급히 이루어질 것이기 때문임을 해석해 주었다. 그리고 지혜로운 자를 세워서 7년 풍년 때에 대비하지 않으면 7년 흉년에 삼키어 나라가 망하게 된다는 것을 가르쳐 주었다. 이에 감동 받은 바로가 모든 대신들 앞에서 요셉을 애굽의 총리로 세웠다.

요셉은 총리가 된 후에 애굽을 순찰하여 나라의 상황을 분석하고 꿈대로 7년 풍년 기간에 철저하게 흉년을 대비하였다. 꿈과 같이 극심한 기근이 시작되어 각국에서 양식을 사기 위해 애굽을 찾아오게 되었다.

요셉에게는 고난의 시간이었지만, 하나님은 아브라함의 꿈을 이루시기 위해 우연 같은 사건들을 통해 바로의 턱밑까지 이끌고 가신 것이다. 그렇게 하지 않고는 바로 황제 앞에 설 수 있는 길이 전혀 없었기 때문이다. 하나님은 약속을 이루시기 위해 사람이 알 수 없는 길을 예비하신다.

요셉은 이방인이면서 노예출신이었고, 강간미수범이었기 때문에 총리가 될 수 있는 자격은 전혀 없었다. 하지만 하나님께서는 바로 황제 앞에 설 수밖에 없도록 하셨고, 바로의 신하들 앞에서 총리가 될 수밖에 없도록 인도하셨다. 하나님은 이렇게 아브라함과의 언약을 신실하게 이행하셨다.

42-44장: 요셉이 총리가 된 후 바로 황제의 꿈대로 7년간 풍년이 지난 후 흉년이

시작되었다. 2년이 지난 후에 애굽은 물론 주변 나라들까지 양식을 사기 위해 요셉을 찾아왔다. 그때에 야곱의 아들들도 애굽에 양식을 구하러 와서 요셉 앞에 무릎을 꿇었다. 그들은 요셉을 몰라봤지만, 요셉은 형들을 알아볼 수 있었다. 하나님께서 요셉에게 어린 시절에 주셨던 꿈이 이렇게 이루어진 것이다.

요셉이 17세에 팔려가서 30세에 총리가 되었고, 7년 풍년이 지나고, 2년간의 흉년이 지났으니까, 그 꿈이 39세에 이루어진 것이다. 요셉이 그 꿈의 의미를 깨닫기까지 22년이라는 긴 시간이 필요하였다.

45-46장: 요셉은 형들에게 자신을 알리고, 형님들이 자신을 미워하여 노예로 팔았지만, 하나님께서 그것을 선으로 바꾸셔서 가족의 생명을 구원하시기 위해 애굽 땅에 자신을 먼저 보내신 것이니 염려하지 말라고 격려하고, 형제들을 환영하였다. 요셉은 아버지 야곱을 비롯한 가족 70명을 애굽의 가장 풍요로운 땅 고센으로 이주시켰다.

47장: 요셉은 가나안 땅에서 내려온 야곱의 가족들과 상봉하였고, 그 이후에 5년이라는 극심한 기근이 더 남아 있었다. 요셉은 그 기근 시기에 7년 풍년 기간에 모아 두었던 곡식으로 장사하여 애굽의 전 재산 곧, 돈, 짐승과 가축, 집과 토지, 백성들의 몸을 모두 바로의 것이 되게 하였고, 그 후에 토지법을 개혁하여 모든 애굽 백성들에게 골고루 나눠줌으로 애굽의 모든 백성들이 요셉에게 큰 은혜를 입게 하여 온 애굽에 전설적인 인물이 되게 하셨다. 그래서 요셉의 명성과 은혜로 야곱의 가족 70명이 애굽의 가장 풍요로운 고센 땅에 정착하여 특혜를 누릴 수 있게 되었다. 아브라함의 언약대로 그곳에서 크게 창성하고 번성하여 큰 민족을 이루게 하셨고, 이러한 과정들은 장차 언약대로 출애굽하기 위한 하나님의 은밀한 준비과정이었다. 그 언약은 400년 후에 이루어졌다.

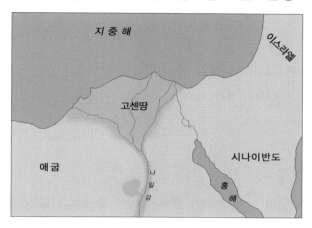

■ 애굽의 나일강 삼각주 – 물이 많고 풍요로운 고센 땅

48장: 야곱은 죽은 줄로 알았던 아들 요셉을 만났다. 너무 감격한 나머지 요셉에게 두 배로 축복하기 위해 요셉의 두 아들 에브라임과 므낫세를 양자로 삼고 축복하되 차자 에브라임의 머리에 오른손을 얹고 축복하였다. 그래서 에브라임이 차자지만 장자가 되어 이후에 북이스라엘 대표 지파가 되었다. 그리고 출애굽 이후부터 이두 아들 에브라임과 므낫세가 레위와 요셉을 대신해서 열두지파로 등장하게 된다.

49장: 12지파의 축복

야곱은 12아들의 믿음의 분량대로 축복하였고[5] 그 축복이 그들의 미래가 되었다. 특히 르우벤은 장자이지만 서모 빌하와 통간함으로 장자 권을 박탈당할 것을 예언하였고, 둘째 셋째 아들인 시므온과 레위는 혈기 때문에 르우벤 다음에 주어지는 장자 권을 잃고, 땅의 축복도 다 잃게 될 것을 예고하였는데, 실제 그렇게 되었다. 역대기에는 요셉에게 장자의 명분이 돌아간 것으로 기록하지만[6] 주권자는 유다지파

. . . .

5) "그들 각 사람의 분량대로 축복하였더라."(창49:28)

6) "르우벤은 장자라도 그 아비의 침상을 더럽게 하였으므로 장자의 명분이 이스라엘의 아들 요셉의 자손에게로 돌아갔으나 족보에는 장자의 명분대로 기록할 것이 아니니라. 유다는 형제보다 뛰어나고 주권자가 유다로 말미암아 났을지라도 장자의 명분은 요셉에게 있으니라"(대상5:1–2)

로 말미암는다는 것을 예고하였다. 요셉의 우월함이 드러나는 듯하지만, 결국은 출애굽 때부터 유다지파가 매사에 선두에 서서 장자의 역할을 하게 되고, 유다지파를 통해 다윗 왕조와 메시야가 등장하게 될 것을 예고하였다.[7]

그 외에 지파들은 그들의 이름을 따라 간결하게 번영과 승리에 대하여 축복하였다. 그 이유는 성경 이야기 속에 등장하는 족보 이야기가 하나님의 역사를 이어갈 핵심인물, 곧 장자와 주권자의 등장에 초점을 맞췄기 때문이다.

50장: 야곱의 장례식

야곱은 요셉으로부터 그 조상들과 함께 약속의 땅에 매장해 줄 것을 약속받았다. 그 조상의 무덤은 창세기 23장에서 아브라함이 사라를 매장하기 위해 구입한 헤브론 땅의 막벨라 굴을 말한다.

요셉의 명성과 권세로 야곱의 장례는 애굽의 국장으로 치러졌다. 야곱은 수종의 사들에 의해 40일간의 미라 작업이 이루어졌고, 70일간 애곡하였다. 애곡하는 기간이 끝난 후 바로의 허락을 받고 조상들의 무덤이 있는 헤브론 땅 막벨라 굴에 장례를 치렀다. 그 장례행렬에는 바로의 모든 신하와 바로 궁의 원로들과 애굽 땅의 모든 원로와 요셉의 온 집과 그의 형제들, 병거와 기병까지 총동원되었다. 야곱의 엄청난 장례 규모가 그 당시 총리 요셉이 얼마나 대단한 존재였는지를 증명하고 있다. 그 위세로 말미암아 풍요로운 고센 땅에서 출애굽을 위한 준비가 차근차근 이루어질 수 있었던 것이다.

요셉도 생을 마감하고 같은 방법으로 장례를 치렀다. 창세기는 요셉이 생을 마감하고, 아브라함에게 언약한 출애굽 준비가 다 끝난 것으로 마무리된다.

모세오경(창, 출, 레, 민, 신)은 '토라'라고 하는 한 권의 책이었지만, 번역하면서 편리상 5권으로 분리해 놓았다.

. . . .

7) "요셉의 장막을 버리시며 에브라임 지파를 택하지 아니하시고, 오직 유다 지파와 그가 사랑하시는 시온 산을 택하시며, 그의 성소를 산의 높음 같이, 영원히 두신 땅 같이 지으셨도다. 또 그의 종 다윗을 택하시되 양의 우리에서 취하시며, 젖양을 지키는 중에서 그들을 이끌어 내사 그의 백성인 야곱, 그의 소유인 이스라엘을 기르게 하셨더니, 이에 그가 그들을 자기 마음의 완전함으로 기르고 그의 손의 능숙함으로 그들을 지도하였도다.(시편78:67-72)

출애굽기

　말 그대로 애굽(이집트) 탈출기를 출애굽기라고 한다. 창세기에 이어 아브라함에게 언약했던 언약의 말씀을 이루시기 위해 이삭과 야곱과 요셉의 삶을 통하여 한 부족으로 출발해서 12지파 부족이 모여 큰 민족을 이루게 하셨고, 하나님에 의해 훈련되고 준비된 지도자 모세를 통하여 출애굽을 실현시키셨다. 출애굽을 통해 본격적으로 이스라엘 신앙공동체가 형성되어지고, 출애굽은 그 공동체의 구체적인 역사적 출발점이 된다.

　출애굽기는 1장부터 4장까지 출애굽을 위한 준비, 5장부터 13장까지는 모세를 바로 황제 앞에 세우셔서 10가지 재앙으로 애굽의 신들을 벌하시고 오직 하나님만이 만물을 창조하시고 다스리시는 유일신임을 일깨워주셨다. 14장부터 19장 2절까지는 모세가 처음 하나님의 부르심을 받았던 호렙 산에까지 이르는 과정을 기록했다. 출애굽기 19장 3절부터 민수기 10장 10절까지는 호렙 산(시내산)에서 이스라엘 백성들이 십계명과 율법의 언약을 받고, 성막 중심의 거룩한 공동체를 형성하는 과정을 기록했다.

　특히 성막 이야기를 살펴보면 출애굽기 25장–31장까지는 말씀으로 성막 설계도를 주셔서 "하여라."는 명령형, 미래형으로 이루어져 있고, 35장–39장까지는 말씀의 설계도대로 "하였다."라는 현재 완료형으로 이루어져 있다. 그리고 모세는 39장 끝에서 말씀의 명령대로 지어졌는지 검열하고 축복하였다. 40장에서는 성막을 봉헌하는데,

이것 또한 같은 구조로 이루어져 있다. 우리도 말씀의 설계도를 따라 "하여라." 하신 말씀을 "하였다."라는 완료형 신앙으로 바꾸어야 한다.

출애굽기의 10가지 재앙과 홍해를 건너는 출애굽 사건, 그리고 광야생활은 성경에서 매우 중요한 위치를 차지한다. 이스라엘 백성들이 이 사건 이전에는 하나님에 대하여 잘 알지 못했고, 애굽의 문화에 물들어 있었다. 그 당시에 성경 기록도 없었고, 특별한 가르침이나 제사장도 선지자도 없었기 때문에 이 사건을 통하여 시내산에서 모세를 통하여 하나님의 정체성과 이스라엘의 정체성에 대하여 명확하게 가르치고 확인하는 계기가 되었고, 성경 기록의 기초가 되었다. 모세오경은 바로 이 출애굽의 관점에서 기록했기 때문에 출애굽 당시의 눈으로 보아야 풀려진다. 이 사건은 몇몇 사람의 추측이나 경험이 아니라 온 이스라엘과 애굽 사람들의 실제 경험이기 때문에 그 사건과 동시에 유월절과 무교절 절기를 만들어서 그 증거를 잊지 말라고 전승으로 후손들에게 전하게 하였다.

그리고 이 사건을 통하여 하나님은 피조물에 속한 우상과 전혀 다르게 피조물을 말씀으로 주관하시는 창조주 하나님이시며, 모든 것을 선지자를 통하여 미리 말씀하시고, 하신 말씀을 이루시는 말씀하시는 하나님이심을 일깨워 주셨다.

이 사건은 전무후무한 사건이기 때문에 성경에서 처음부터 끝까지 하나님의 사랑과 능력을 강조할 때, 인용하였고 예수님의 구속사역을 설명하는 모형이 되었다.

1장-2장: 출애굽을 위한 하나님의 준비

첫 번째 준비는 언약의 성취를 위해 애굽의 총리가 된 요셉의 초청으로 야곱의 가족 70명이 애굽 고센 땅으로 이동하여 그곳에서 큰 민족을 준비하셨다.

두 번째 준비는 애굽의 힉소스 왕조로 정권을 바꾸셔서 전설적인 영웅 요셉의 공로는 잊게 하셨고, 히브리 민족이 강성해져 가는 것에 대한 불안감 때문에 요셉에게 주었던 특혜를 박탈시켰다. 그리고 그들을 노예로 전락시켜 강제노역을 시킴으로 하나님을 찾도록 신앙을 준비하셨다. 편안하고 풍성할 때는 하나님을 찾지 않기 때문에 떠날 수밖에 없도록 환경을 준비하신 것이다. 하나님께서 은밀한 가운데 출애굽 환경을 준비하시지만 그 어느 누구도 그 사실을 알지 못했고, 알 수도 없었다.

세 번째는 그들을 이끌고 나갈 지도자 모세를 준비하셨다. 모세는 죽음의 위기 속에서 바로의 공주를 통하여 바로의 궁으로 들어가게 하시고, 그곳에서 모세의 누나 미리암을 통하여 모친이 유모가 되어 어려서부터 히브리민족의 언약 정신을 배우게 하셨고, 황실에서 40년간 황실지도자 교육을 받게 하셨다.[8]

40년간 지도자 교육이 끝난 후에는 본인의 의지와는 아무 상관없이 살인사건으로 인하여 어쩔 수 없이 애굽을 떠나서 미디안 광야로 도피하여 40년간의 광야생활 교육을 받게 하셨다. 이렇게 모세는 이스라엘 백성을 출애굽 시키기 위한 지도자로서의 준비가 끝났다.

3-6장: 준비된 지도자 모세를 부르심

출애굽 환경을 준비하시고, 40년 지도자 교육, 40년 광야생활 교육, 총 80년간 모세를 준비시키신 하나님은 시내산(호렙 산)에서 모세를 부르셨다.[9] 그러나 이 핑계 저 핑계로 5번을 거절하지만, 강권하시는 하나님의 은혜가 결국 모세와 아론을 바로 앞에 서게 하셨다. 당시에 모세가 거절한 것은 자신이 애굽과 자신의 처지를 너무 잘 알기 때문이었을 것이다. 애굽은 당시 최강국이었다. 이를 잘 아는 모세가 지팡이 하나 들고 바로 황제에게 가서 이스라엘 백성을 이끌어 낸다는 것이 얼마나 무모하고 어리석은 일이었는지 잘 알았을 것이기 때문이다, 그것은 누가 봐도 우스꽝스럽고 말이 안 되는 일이었다.

그러나 하나님은 모세에게 지팡이가 뱀이 되는 이적, 나병치유 이적, 물이 피가 되

---

8) "그때에 모세가 났는데 하나님 보시기에 아름다운지라 그의 아버지의 집에서 석 달 동안 길리더니, 버려진 후에 바로의 딸이 그를 데려다가 자기 아들로 기르매, 모세가 애굽 사람의 모든 지혜를 배워 그의 말과 하는 일들이 능하더라."(행7:20–22)

9) "사십 년이 차매 천사가 시내산 광야 가시나무 떨기 불꽃 가운데서 그에게 보이거늘"(행7:30)

게 하는 이적을 보여 주시고 모세와 아론을 바로 앞에 세우셨다. 하지만 하나님께서 바로의 마음을 강퍅케 하셔서 출애굽을 허락하기는커녕 오히려 더 강퍅해져서 이스라엘 백성들이 더 심한 노역을 해야 했다. 하나님은 아브라함에게 말씀하셨던 대로 그들의 마음을 강퍅하게 하신 것은 그들을 여러 번 징계함으로 여호와 하나님만이 하나님 되심을 드러내실 수 있도록 더 극적인 장면으로 이끌어 가신 것이다.

7-12장: 애굽의 10가지 재앙과 유월절

하나님은 창세기 15장에서 아브라함에게 언약하신 대로 바로를 여러 번(10번) 징계할 때 이스라엘 백성을 보내게 하셨다.[10] 하나님은 모세를 통하여 바로와 그 술사들 앞에서 모든 권세자와 주관자는 하나님뿐이라는 사실을 능력으로 분명히 증명하셨다. 특히 10가지 재앙 곧 물(3종류)과 땅(3종류)과 하늘(3종류)에 속한 모든 것들은 숭배대상이 아니라 하나님께서 창조하신 피조물에 불과하며, 그것을 주관하시고 심판하시는 분은 오직 여호와 하나님 한 분 뿐임을 일깨워 주셨다.[11] 10번째 바로의 장자와 애굽의 장자를 치심으로 바로도 살아 있는 신이 아니라 피조물에 불과하다는 것을 증명하셨다(당시에 바로는 살아있는 신으로 여겼다).

이스라엘 백성들은 애굽에서 400년이 넘도록 정착하고 살아왔기 때문에 이미 애굽의 문화(고대 시대에 문화의 핵심은 종교였다.)와 정서에 길들여져 있었고, 종살이로 인해 노예근성이 몸에 익어 있었다. 그래서 하나님께서 가장 먼저 하신 일이 그들의 생각과 의식을 바꾸는 일이었다. 피조물에 불과한 세상의 우상과는 달리 참 신은 창조주 하나님 여호와 한 분 뿐이시며, 그 하나님은 말씀하시고 그 말씀의 언약을 이루시는 말씀하시는 하나님이심을 인식시키고자 10가지 재앙으로 일깨워 주신 것

. . . .

10) "여호와께서 아브람에게 이르시되 너는 반드시 알라 네 자손이 이방에서 객이 되어 그들을 섬기겠고 그들은 사백 년 동안 네 자손을 괴롭히리니. 그들이 섬기는 나라를 내가 징벌할지며 그 후에 네 자손이 큰 재물을 이끌고 나오리라"(창15:13-14)

11) 이 사건들은 일부가 아니라. 애굽 전 백성과 이스라엘 전 백성이 목격한 전무후무한 아무도 부인할 수 없는 확실한 증거였다.

이다.

열 번째 재앙으로 애굽 땅에 사람이나 가축의 처음 낳은 것을 죽이는 가운데, 이 스라엘 백성은 구원하셨다. 이스라엘 백성들에게는 문설주와 인방에 어린 양의 피를 바르게 하셨고, 어린양의 피가 있는 집은 죽음의 사자들이 뛰어넘게 하셨다. 그 죽음의 사자가 그 집을 유월(逾越 −passover)했다고 해서 하나님께서 이스라엘 백성을 구원하신 그 날을 절기로 삼아 유월절(천주교에서는 과월절(過越節)이라고 번역하였다.) 절기로 지키라고 명령하셨다.

〈애굽의 신들〉

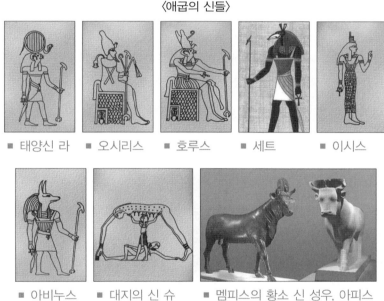

■ 태양신 라   ■ 오시리스   ■ 호루스   ■ 세트   ■ 이시스

■ 아비누스   ■ 대지의 신 슈   ■ 멤피스의 황소 신 성우, 아피스

13장: 무교절

무교절(無酵節)은 유월절(첫 달 14일) 다음날부터 1주일간(15일−21일까지) 발효시키지 않은 떡(무교병)과 쓴 나물을 먹으면서 하나님께서 그들을 어떻게 구속하셨는지 기억하고, 이스라엘의 생명을 구원하신 유월절의 사랑을 잊지 말라고 가르쳐 주신 절기이다.

출애굽을 하면서 이스라엘을 구원하신 유월절 절기는 성경에 등장하는 최초의 종교절기였다. 이 최초의 절기가 정해지면서 그 해를 출애굽 원년으로 삼았고, 그 달로 해의 첫 달이 되게 하심으로 종교력의 시발점이 되었다. 그 이후부터 출애굽 제 몇 년으로 표기하게 된다.

하나님 백성에게 절기를 주신 목적은 창조주 하나님께서 그들을 얼마나 사랑하셨고 그들을 어떻게 구원하셨는지 그 은혜를 잊지 않도록 일깨워주고 후손들에게 가르치는데 목적이 있었다. 고대 사회는 책이 없었고 글이 많이 사용되지 않았기 때문에 이야기로 전해주는 구전이 최고의 학습 도구였고, 구전기술이 매우 뛰어났다. 그래서 자녀들에게 하나님을 가르칠 수 있는 가장 좋은 방법이 절기축제와 절기에 대한 이야기였다.

14-15장: 열 가지 재앙을 통하여 드디어 아브라함과 모세의 언약대로 출애굽을 하였다. 그러나 출애굽 후에, 바알스본 맞은편 홍해 서쪽 바닷가에 장막을 치고 있을 때, 하나님께서 바로의 마음을 강퍅하게 하심으로 선발된 병거 육백 대와 애굽의 모든 병거를 동원하여 뒤쫓아 가게 하셨다. 이스라엘 백성들은 앞에는 홍해요, 뒤에는 애굽의 군대가 위협을 하고 있는 진퇴양난의 위기에 처하였다. 하지만 하나님은 그 가운데서도 이스라엘 백성을 보호하셨고, 밤새 동풍으로 바닷물을 물러나게 하셔서 이스라엘 백성들이 마른 땅으로 건너가게 하셨다. 그러나 뒤따르는 애굽의 모든 병거와 군대들은 모두 수장되고 말았다.

하나님은 사람들이 도저히 상상할 수 없는 새로운 길을 이스라엘 백성들에게 만들어 주심으로 하나님은 어떤 분이신지, 또한 그들을 얼마나 사랑하시는지를 친히 보여주신 것이다.

그 놀라운 구원의 능력을 체험한 후, 미리암과 여인들은 구원의 기쁨을 주신 하나님께 소고를 치고 춤추며 기쁨으로 감사 찬양을 하였다. 이것이 온몸으로 찬양하는 최초의 워십 댄스였고, 그때 사용한 '소고'라는 악기는 하나님을 예배하기 위해 사용한 최초의 악기였다.

10가지 재앙과 홍해를 가르셔서 출애굽을 시킨 사건은 애굽 백성들이 모두 경험하였고, 온 이스라엘 백성들이 100% 눈으로 보고 온몸으로 체험한 사건이기 때문에 모세가 꾸며내거나 속일 수 있는 일이 아니었다. 그 당시에 이스라엘 백성들에게 하나님께서 하나님 되심에 대한 또 다른 증거가 필요치 않았다. 그래서 출애굽 이후 모든 성경에서 출애굽 당시의 일을 상기시키며 하나님만이 유일하신 하나님이심을 증거로 삼았고, 그 사실을 잊지 말라고 절기까지 만들어 주셔서 가르치게 하신 것이다.

16-19장: 출애굽 후 시내산으로 이동

이스라엘 백성들이 애굽에서 큰 능력과 구원을 경험하고 홍해를 건넌 후에 그들의 삶의 환경이 180도로 바뀌었다. 풍요로운 애굽의 고센 땅에 살다가 하나님 외에는 아무것도 의지할 것이 없는 바위와 돌과 모래만 가득한 척박한 광야의 환경으로 바뀐 것이다. 갑작스러운 환경의 변화에 적응하지 못하고, 애굽의 풍요를 그리워하며 원망하기 시작했다.

먹을 것이 없어 원망하는 이스라엘에게 하나님께서는 이미 준비하신 만나와 메추라기를 주셨고, 만나를 주신 것을 기념하기 위해 금 항아리에 만나를 담아 증거판 앞에 간수하여 증거로 삼게 하였다(16장). 이스라엘 자손이 르비딤에서 물이 없어 원망함으로 반석에서 물을 주셨고, 하나님의 길을 미리 와서 가로막았던 아말렉을 물리쳐 주셨다(17장).

하나님께서 이스라엘 백성을 광야로 이끌어 내신 목적은 과거에 의지하던 모든 우상적 요소들을 버리고 오직 하나님만을 바라보고 사람이 떡으로 사는 것이 아니라 하나님의 말씀으로 살고, 하나님만을 의지하여 하나님의 보호를 받도록 하기 위한 사랑이었다.

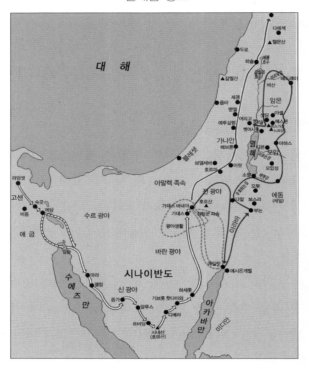

■ 출애굽 경로

그리고 하나님께서 모세 혼자서 수많은 백성들을 재판하는데 지치지 않도록 장인 이드로를 보내주셔서 재능과 덕을 겸비하여 온전한 자들을 선택하여 천부장, 백부장, 오십부장, 십부장 등을 백성의 중간 지도자로 세울 수 있게 해 주셨고(18장), 그들과 함께 협력사역을 통해서 무사히 1차 목적지인 시내산에 도착할 수 있게 하셨다(19:1-2).

시내산에 도착해서 모세는 하나님 앞에 올라가고 하나님은 시내산에 강림하셔서 모세에게 말씀하셨다. 모세는 하나님 앞에 나가서 말씀을 받았고, 백성들이 하나님 앞에 설 수 있도록 3일간 성결을 준비시켰다.

모세는 그곳에서 창조주 하나님, 아브라함의 하나님, 언약의 하나님, 말씀하시는 여호와 하나님을 만나서 하나님의 백성들이 지켜야 할 계명을 받는 역사적인 사건이 있었다.

20-24장: 열 말씀(십계명)과 적용

십계명이라는 단어는 히브리어 원문에는 열 말씀(ְרָבָּד)이라고 기록하고 있다. 우리 성경에 십계명이라고 번역한 단어는 신구약 전체에서 총 세 번밖에 등장하지 않는다.[12] 그것도 열 말씀을 그렇게 번역한 것이다.

십계명은 성경의 기본 골격이 되는 말씀이며, 하나님께서 친필로 써 주신 최초의 성경 기록이다. 이것이 성경 기록의 시초가 되며 성경의 뿌리이며 기둥이 된다. 1-4계명까지는 하나님을 사랑하라는 하나님과의 관계를, 5-10계명까지는 이웃을 사랑하라는 인간관계에 관한 말씀이다.

십계명을 근거로 구체적으로 삶의 현장에서 어떻게 적용해야 하는지에 대하여 기록하고 있는데, 주로 하나님과의 거룩한 관계와 이웃과의 관계 속에서 이웃에게 손해나 아픔을 주지 않도록 서로 책임의식을 가지고 서로 사랑할 것을 가르치고 있다.

21장부터 23장까지 이스라엘 공동체가 당시에 사람들의 관계와 일상적인 삶 속에 흔히 일어나는 일들을 열거하고 어떤 의무와 책임을 다해야 하는지와 말씀을 어겼을 때에 어떤 대가를 치르게 되는지, 그리고 무슨 일을 하든지 공평하고 공의로워야 하며, 절기를 잘 지키고 말씀의 명령과 약속을 잘 지켜야 함을 열 말씀을 토대로 실제 삶의 현장에서의 구체적인 적용방법을 제시해 주었다.

24장에서 모세가 아론과 그 아들들, 그리고 70장로와 함께 하나님께 올라갔다. 모세 외에는 중턱에 머물고, 모세만 하나님께 올라가서 40주야 동안 말씀을 받았다. 40일간 하나님과의 만남은 엄청난 시간이다. 성경의 모든 영감은 이 만남에서 출발한다. 모세는 40일 동안 말씀을 받고 번제와 화목제를 드리고 주신 말씀을 다 준행

---

12) 출 34:28 "모세가 여호와와 함께 사십 일 사십 야를 거기 있으면서 떡도 먹지 아니하였고 물도 마시지 아니하였으며 여호와께서는 언약의 말씀 곧 십계명을 그 판들에 기록하셨더라."
신 4:13 "여호와께서 그의 언약을 너희에게 반포하시고 너희에게 지키라 명령하셨으니 곧 십계명이며 두 돌판에 친히 쓰신 것이라."
신 10:4 "여호와께서 그 총회 날에 산 위 불 가운데에서 너희에게 이르신 십계명을 처음과 같이 그 판에 쓰시고 그것을 내게 주시기로"

하겠다고 피의 언약을 하였다. 그 받은 말씀이 열 말씀과 성막설계도, 제사제도, 거룩한 공동체 세우기와 유지하기에 관한 가르침이다.

25-31장과 35-39장: 성막설계와 제작에 관한 말씀

거룩한 성막은 부정한 것으로 지을 수 없기 때문에 백성들이 기쁨으로 드리는 자원 예물로 지어졌다. 브살렐과 오홀리압과 및 마음이 지혜로운 사람들 곧 지혜와 총명을 부어 주신 자들을 불러서 성막을 건축하게 하시고 하나님께서 말씀하신 설계대로만 지어야 했다.

성막은 임의로 만드는 것이 아니라 작은 것 하나도 다 재료와 규격을 말씀해 주셨다. 인간의 생각과 의지로 변질시키지 못하도록 하기 위한 것이다. 그리고 그 성막에는 중요한 구속의 의미를 담아 놓으셨다. 그래서 성막에 대한 해석이 필요하다. 신약성경 히브리서 8-10장에는 성막의 의미를 아주 잘 설명해 주고 있다. 히브리서에는 성막 자체가 예수그리스도의 모형이며 그림자라고 말한다.[13] 성막에는 예수그리스도가 오셔서 하신 사역의 의미와 역할, 기능이 담겨져 있으므로 성막에 대하여 잘 알아야 예수님의 역할과 기능을 이해할 수 있다.

성막은 울타리와 문, 울타리 안에 번제단과 물두멍이 있고, 성소가 있는데 그 성소를 첫 장막이라고 하고, 지성소를 둘째 장막이라고 한다. 첫 장막과 둘째 장막 사이에는 휘장이 있고, 첫 장막에는 북쪽에 진설병 떡 상과 남쪽에 순금등대, 지성소 입구에 분향 단이 있다. 둘째 장막 지성소에는 언약궤가 있다. 이것들을 그림이 아닌 글로 모양과 규격을 표현했기 때문에 읽는데 난해하지만 그림으로 보면 어려운 일이 아니다.

25-31장과 35-39장은 같은 내용이지만, 25-31장은 성막 설계도로써 문장 구조가 "하여라."라는 미완료 명령형으로 이루어져 있고, 35-39장은 앞에 설계도 말씀의 명령대로 "하였다."라는 현재 완료형으로 이루어져 있다.

. . . .

13) "그들이 섬기는 것은 하늘에 있는 것의 모형과 그림자라 모세가 장막을 지으려 할 때에 지시하심을 얻음과 같으니 이르시되 삼가 모든 것을 산에서 네게 보이던 본을 따라 지으라 하셨느니라." (히8:5)

이 말씀은 하나님께서 말씀하신 설계도대로 다 준행하여 목적을 이루어야 한다는 의미가 담겨져 있다. 그래서 39장 끝에는 말씀하신 대로 되었는지 검열하고, 말씀하신 대로 되었음을 확인한 후에 축복하였고, 축복한 후에 하나님의 영광이 나타났다.

■ 성막설계도

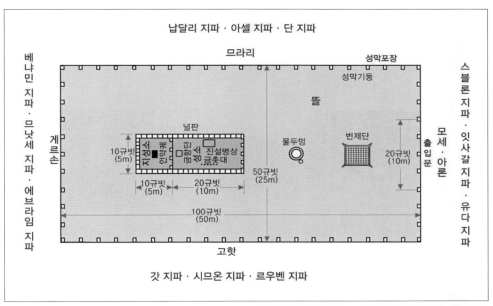

(성막 기구들, 출애굽기 25장-40장에 등장하는 성막 이야기는 그림을 글로 설명했기 때문에 읽기에 난해하다. 그러나 그림을 보면서 성경을 읽으면 크게 어려움이 없다.)

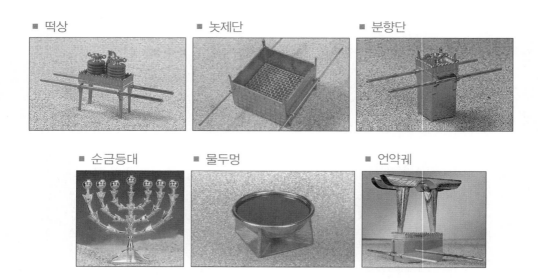

■ 떡상　　　　　■ 놋제단　　　　　■ 분향단

■ 순금등대　　　　■ 물두멍　　　　　■ 언약궤

32-34장: 모세가 시내산에서 40일 동안 하나님께로부터 이스라엘 백성을 위한 언약의 말씀과 거룩한 만남의 장소인 성막 설계도에 관한 말씀을 받고 있을 때, 백성들은 하나님을 버리고 애굽 신의 형상인 금송아지 우상을 만드는 큰 죄를 범하고 있었다.

그들은 모세가 산에 올라가서 언제 내려올지 알지 못했다. 시내산은 바위로만 이루어진 산으로 물도 없고 나무도 없기 때문에 혼자 그곳에 올라가서 40일이라는 긴 시간 동안 생존한다는 것은 불가능했기 때문에 그렇게 긴 시간 생존할 것이라고 어느 누구도 상상조차 못했을 것이다. 10일, 20일, 30일이 지나도 아무런 기별이 없었다. 올라갈 때 얼마 동안 있을 것이라는 말도 없었기 때문에 얼마나 더 기다려야 할지도 알 수 없었다.

■ 이집트의 아피스 황소의 신

백성들의 원망에 조급해진 아론의 실수로 저질러진 사건이었다. 그들이 만든 송아지는 애굽에서 평소에 그들이 보아 왔던 우상(당시의 수도였던 멤피스에는 '아피스'라고 하는 소가 신이었다.)의 모습이었다. 이미 그들은 오랜 세월 속에 우상의 잔상이 머리에 남아 있었을 것이다.

진노하신 하나님께서 그들을 치셨고, 그때에 누구든지 하나님께 속한 자는 하나님께로 나오라고 외쳤는데, 12지파 중에 레위지파가 나섰고, 그날 하나님의 진노로 3천 명가량이 죽임을 당하였고, 이때부터 레위지파는 하나님께 드려져서 하나님과 백성들 사이에서 거룩한 사역을 감당하게 되었다. 특히 모세의 형 아론의 자식들은 대대로 제사장이 되었다(32장).

범죄 한 이스라엘 때문에 진영 밖 먼 곳에 회막을 별도로 세우고 모세가 거기서 친구와 이야기함같이 하나님과 대면하여 기도하였는데, 하나님은 인자와 긍휼이 많으셔서 긍휼과 사랑으로 애타는 모세의 기도를 들으셔서 그들의 죄를 용서해 주셨다. 모세가 하나님 영광을 보여 달라는 요구에 하나님의 얼굴을 보면 죽기 때문에 바위틈에서 지나가는 등만 보게 하셨다(33장).

모세는 다시 다듬은 돌판 두개를 가지고 시내산에 올라가서 40주야를 기도한 후, 새롭게 십계명의 말씀을 받았다. 우상숭배 금지와 이방 문화 금지, 안식일 준수, 3대 절기(유월절, 오순절, 초막절) 준수를 집중하여 강조하셨다. 모세가 다시 내려와서 말씀하신 대로 성막을 만들기 시작하였다(34장).

40장: 성막 봉헌

앞에서 만들어진 성막을 봉헌하는 장이다. 이 장도 마찬가지로 앞에서는 "하여

라."는 미래형, 뒤에서 "말씀대로 다 준행 하였다."라는 완료형을 사용하는데, 성막 봉헌 역시 말씀대로 준행하였음을 보여주고 있다. 모세가 하나님의 말씀의 명령을 다 준행할 때, 그 위에 하나님의 영광이 임하였다.

성막은 교회의 모형[14]으로서 우리의 신앙도 말씀하신 대로 다 준행해야 하나님의 영광이 임한다는 것을 상징적으로 보여준 것이다.

출애굽기도 역시 레위기와 한 권으로 이어지는 책이다.

---

14) "첫 언약에도 섬기는 예법과 세상에 속한 성소가 있더라. 예비한 첫 장막이 있고 그 안에 등잔대와 상과 진설병이 있으니 이는 성소라 일컫고, 또 둘째 휘장 뒤에 있는 장막을 지성소라 일컫나니. 금향로와 사면을 금으로 싼 언약궤가 있고 그 안에 만나를 담은 금 항아리와 아론의 싹난 지팡이와 언약의 돌판들이 있고, 그 위에 속죄소를 덮는 영광의 그룹들이 있으니 이것들에 관하여는 이제 낱낱이 말할 수 없노라. 이 모든 것을 이같이 예비하였으니 제사장들이 항상 첫 장막에 들어가 섬기는 예식을 행하고, 오직 둘째 장막은 대제사장이 홀로 일 년에 한 번 들어가되 자기와 백성의 허물을 위하여 드리는 피 없이는 아니하나니. 성령이 이로써 보이신 것은 첫 장막이 서 있을 동안에는 성소에 들어가는 길이 아직 나타나지 아니한 것이라. 이 장막은 현재까지의 비유니 이에 따라 드리는 예물과 제사는 섬기는 자를 그 양심상 온전하게 할 수 없나니, 이런 것은 먹고 마시는 것과 여러 가지 씻는 것과 함께 육체의 예법일 뿐이며 개혁할 때까지 맡겨 둔 것이니라. 그리스도께서는 장래 좋은 일의 대제사장으로 오사 손으로 짓지 아니한 것 곧 이 창조에 속하지 아니한 더 크고 온전한 장막으로 말미암아 염소와 송아지의 피로 하지 아니하고 오직 자기의 피로 영원한 속죄를 이루사 단번에 성소에 들어가셨느니라."(히9:1-12)
"그러므로 하늘에 있는 것들의 모형은 이런 것들로써 정결하게 할 필요가 있었으나 하늘에 있는 그것들은 이런 것들보다 더 좋은 제물로 할지니라. 그리스도께서는 참 것의 그림자인 손으로 만든 성소에 들어가지 아니하시고 바로 그 하늘에 들어가사 이제 우리를 위하여 하나님 앞에 나타나시고, 대제사장이 해마다 다른 것의 피로써 성소에 들어가는 것 같이 자주 자기를 드리려고 아니하실지니. 그리하면 그가 세상을 창조한 때부터 자주 고난을 받았어야 할 것이로되 이제 자기를 단번에 제물로 드려 죄를 없이 하시려고 세상 끝에 나타나셨느니라."(히9:23-26)

레위기

최초의 히브리 성경이었던 모세오경은 1권의 책이었으나 번역자들이 편리상 5권을 나누어 놓았기 때문에 창세기부터 신명기까지 같은 언약을 주제로 다루고 있다.

레위기는 그 세 번째 책으로 하나님께서 아브라함에게 언약하신 대로 모세를 통하여 애굽에서 종노릇하던 야곱의 12지파 곧 이스라엘 백성들을 애굽에서 탈출시킨 후에 시내산에서 주신 십계명과 성막을 중심으로 이루어지는 거룩한 제사와 거룩한 회복, 거룩한 삶에 대하여 가르쳤다.

레위기의 주제는 "내가 거룩하니 너희도 거룩 하라"(레11:45, 19:2)이다. 하나님의 거룩에 대한 명령이 담긴 책으로 모세오경의 핵심 주제이다.

속된 인간이 거룩한 하나님 앞에 서기 위해서는 첫째, 반드시 속죄제를 통하여 속죄가 이루어져야 한다. 둘째, 속죄가 이루어진 백성들은 이제 하나님께서 죄를 속해 주셨기 때문에 세상에서 신앙고백과 함께 자신을 하나님께 온전히 희생 번제로 드려져야 한다. 셋째, 번제로 완전히 하나님께 드려졌으면 하나님께 속한 자이기 때문에 그 안에서 감사와 기쁨의 화목제를 드려야 한다.

이것이 예배의 기본 요소이다. 모든 제사 곧 예배의 결과는 화목제로 마무리되어야 한다. 화목제는 주신 축복과 은혜를 인도자인 제사장들과 레위인들과 제사에 참여한 모든 이웃들과 함께 기뻐하고 감사하며 찬양하는 나눔의 잔치를 말한다. 신령과 진정함의 예배의 결과는 화목제가 되어야 한다. 레위기 제사법에서 그것을 가르쳐 주고 있다. 예배는 예배를 위한 형식적인 예배가 되어서는 안 된다.

레위기는 거룩함의 정의와 거룩함에 이르는 과정, 거룩한 몸, 거룩한 환경, 거룩한 관계, 거룩한 삶, 그리고 그 거룩함을 유지하고 관리하여 거룩하신 하나님 앞에서 거룩하게 살아가는 거룩에 관한 말씀과 규례를 기록하였다.

1장-6장 7절까지 제사의 종류와 제사에 관한 구체적인 설명을 기록하고 있다. 이러한 제사에 대한 가르침은 8장-9장에서 제사장이 위임받고 제사를 드리기 위한 제사에 대한 가르침과 준비이다.

구약의 제사는 예수그리스도 십자가의 모형이며, 그림자이다. 성막의 형태와 기능도 예수그리스도의 모형이다(히8-10장 참조).

1장: 번제

번제는 흠 없는 수소, 수양, 수염소, 비둘기로 드린다. 번제물인 짐승의 머리에 안수한다. ⇒ 단번에 죽인다. ⇒ 피를 단 사면에 뿌린다. ⇒ 가죽을 벗기고 각을 뜬다. ⇒ 단 위 나무 위에 모두 올려놓는다. ⇒ 내장과 정강이도 물로 씻어 단에 올려놓는다. ⇒ 모두 남김없이 완전하게 화제로 드린다. 완전한 희생과 헌신의 제사요, 감사제사이다.

2장: 소제

소제는 곡식으로 드리는 제사인데, 4가지 방법으로 드린다. 첫째 곡식 가루로, 둘째 기름 섞은 무교병을 화덕에 구워서, 셋째 번철에 기름을 섞어 부쳐서, 넷째 솥에 기름을 발라 삶아서 드렸다. 누룩이나 꿀 등 부패될 요소는 넣을 수 없고, 썩지 않고 변질되지 않게 하는 소금과 기름과 유향을 섞어 드린다. 일부만 드리고 나머지는 제사장이 취한다.

소제도 희생과 감사 제사이다. 하나님께 드려지는 것은 부패 가능성이 있는 것을 섞어서 드리면 안 된다. 우리의 삶을 하나님께 드릴 때, 부패하고 부정한 것을 드려서는 안 된다는 것을 일깨워 주는 제사이다. 특히 제사장들이 그 제물을 먹어야 했기 때문이다.

3장: 화목제

화목제는 소, 양, 염소를 드리되 수컷, 암컷 구분하지 않고 흠 없는 것을 드렸다. 화목제물 머리에 안수한다. ⇒ 단번에 죽인다. ⇒ 피를 단 사면에 뿌린다. ⇒ 내장에 덮인 기름, 내장에 붙은 기름, 두 콩팥과 그 위에 붙은 기름, 간에 덮인 꺼풀만 화제로 드린다. 기름과 피는 먹지 못한다.

화목제의 목적은 주신 은혜와 축복에 대한 감사와 나눔의 잔치이다. 우리의 모든 예배의 결과가 화목제로 나타나야 한다. 화목제는 제사하는 자나 제사를 주관하는 자나 그 제사에 참여한 모든 사람들이 주신 은혜와 축복을 함께 즐거워하고 기뻐해야 한다.

4장-5장13절: 속죄제

속죄제는 속죄물 머리에 안수한다. ⇒ 단번에 죽인다. ⇒ 피를 회막에 들어가 성소 휘장 앞에 일곱 번 뿌린다. 향단 뿔에 바른다. 피를 단 밑에 뿌린다.[15] ⇒ 모든 기름을 화제로 화목제처럼 드린다. ⇒ 다른 제사와는 달리 나머지 송아지 전체를 진영 밖 재 버리는 곳에서 불태운다. 그래서 속죄물이 되신 예수님이 진영 문밖에서 십자가에 못 박히신 것이다.[16]

제사장의 죄 ⇒ 흠 없는 수송아지로 드린다.

온 이스라엘 백성 죄 ⇒ 흠 없는 수송아지로 드린다.

족장의 죄 ⇒ 흠 없는 숫염소로 드린다.

· ·

15) "육체의 생명은 피에 있음이라 내가 이 피를 너희에게 주어 제단에 뿌려 너희의 생명을 위하여 속죄하게 하였나니 생명이 피에 있으므로 피가 죄를 속하느니라."(레17:11)"율법을 따라 거의 모든 물건이 피로써 정결하게 되나니 피 흘림이 없은즉 사함이 없느니라."(히9:22)

16) "우리에게 제단이 있는데 장막에서 섬기는 자들은 그 제단에서 먹을 권한이 없나니, 이는 죄를 위한 짐승의 피는 대제사장이 가지고 성소에 들어가고 그 육체는 영문 밖에서 불사름이라. 그러므로 예수도 자기 피로써 백성을 거룩하게 하려고 성문 밖에서 고난을 받으셨느니라. 그런즉 우리도 그의 치욕을 짊어지고 영문 밖으로 그에게 나아가자."(히13:10-13)

평민의 죄 ⇒ 흠 없는 암염소로 드린다. 어린양으로 드릴 경우 흠 없는 암양을, 양을 드릴 형편이 안 되면 비둘기로 하되 하나는 번제로 하나는 속죄로 드린다.

속죄는 사람의 노력이나 수고가 아닌 전적인 하나님의 은혜로만 이루어진다. 속죄가 없이는 아무도 하나님께 나아갈 수 없다.

5장 14절-6장 7절: 속건제

속건죄 드리는 방법은 속죄제와 같다. 잘못에 대한 배상을 위해 드려지는 제사이다. 흠 없는 수양을 드리고, 피해를 끼친 것을 20%를 더해서 갚아야 하는 보상제사이다. 하나님 또는 성물, 그리고 이웃에게 부지중에 "… 하였으면, … 해야 한다." 라는 배상 조건이 따르는 배상 제사이다. 말씀을 떠나 죄를 지으면 반드시 대가를 지불해야 함을 일깨워 주는 제사이다.

● 6장 8절-7장은 제사장들이 제사드릴 때에 지켜야 할 규례이다.

6장 8절-13절: 번제의 규례

제사장은 긴 옷을 입어 하체를 가려야 하고, 제사 후에 재를 버릴 때는 옷을 갈아입어야 한다. 단 위에 불이 꺼지지 않게 해야 한다.

제사를 집례 하는 제사장 곧 지도자들은 하나님 앞에 성결해야 하고 마땅히 맡겨진 사명을 잘 감당해야 한다.

6장 14절-23절: 소제의 규례

일부만 불에 태워서 드리고 나머지는 제사장의 영원한 소득으로 삼되 모든 제사장에게 똑같이 분배해야 한다.

제사장은 하나님의 일을 하고, 하나님께 드려진 예물을 먹고 살기 때문에 하나님이 기업이다. 욕심을 갖고 세상을 기웃거리지 말아야 한다.

6장 24절-30절: 속죄제의 규례

죄를 위해 드린 기름은 태우고 고기를 제사장이 거룩한 곳에서만 먹어야 한다. 그 고기에 접촉되는 것은 거룩해진다. 그러나 제사장이나 온 백성을 위한 속제물은 먹지 못하고 불살라야 한다.

제사장은 자신의 위치와 역할을 잘 감당하되 백성을 거룩하신 하나님께 인도하고, 하나님 백성으로서 거룩하게 살도록 지도하는 일에 책임이 있다.

7장 1절-10절: 속건제 규례

기름은 화제로 드리고, 제물 고기는 제사장들의 몫이 되고, 가죽도 제사한 제사장의 소유가 되었다. 제사는 제사 제물을 드리는데 목적이 있는 것이 아니다. 하나님께서 거룩하니 그 백성들을 거룩하게 하고, 그 거룩함을 유지시키는데 목적이 있다.[17]

소유에 욕심부리지 말고, 사역의 목적을 잊지 말아야 한다.

7장 11절-36절: 화목제 규례

기름 섞은 무교병과 기름 바른 무교병, 기름 섞은 구운 과자와 함께 드리고, 특별히 유교병을 드리되 하나씩 하나님께 거제로 드리고 제사장에게 주어야 했다.

화목제 고기는 그날 먹고 이튿날까지 남기지 말아야 한다. 서원 예물도 그날 먹되 남았으면 다음날까지 먹되 제 삼일에는 불태워야 하고, 그것을 먹는 자는 죄가 되었다.

. . . .

17) "여호와께서 말씀하시되 너희의 무수한 제물이 내게 무엇이 유익하뇨. 나는 숫양의 번제와 살진 짐승의 기름에 배불렀고 나는 수송아지나 어린 양이나 숫염소의 피를 기뻐하지 아니하노라. 너희가 내 앞에 보이러 오니 이것을 누가 너희에게 요구하였느냐 내 마당만 밟을 뿐이니라. 헛된 제물을 다시 가져오지 말라 분향은 내가 가증히 여기는 바요 월삭과 안식일과 대회로 모이는 것도 그러하니 성회와 아울러 악을 행하는 것을 내가 견디지 못하겠노라."(사1:11-13)
"나는 인애를 원하고 제사를 원하지 아니하며 번제보다 하나님을 아는 것을 원하노라."(호6:6)
"내가 무엇을 가지고 여호와 앞에 나아가며 높으신 하나님께 경배할까 내가 번제물로 일 년 된 송아지를 가지고 그 앞에 나아갈까, 여호와께서 천천의 숫양이나 만만의 강물 같은 기름을 기뻐하실까 내 허물을 위하여 내 맏아들을. 내 영혼의 죄로 말미암아 내 몸의 열매를 드릴까. 사람아 주께서 선한 것이 무엇임을 네게 보이셨나니 여호와께서 네게 구하시는 것은 오직 정의를 행하며 인자(mercy)를 사랑하며 겸손하게 네 하나님과 함께 행하는 것이 아니냐."(미6:6-8)

부정한 자는 화목제물을 함께 먹지 못하고, 피도 먹지 못한다. 먹으면 죄가 되기 때문이다. 가슴은 흔들어 요제로 삼고 제사장의 몫으로 주고, 뒷다리도 거제로 삼고 제사장의 몫으로 주게 하셨다.

나머지는 제사에 참여한 모든 사람들이 함께 감사와 기쁨으로 나눠 먹어야 한다.

화목제는 하나님의 은혜를 기쁨과 즐거움으로 나누는 나눔의 잔치이다. 오늘 지금 주신 그 감사와 은혜를 남기지 말고 마음껏 누리는 것이 화목제의 목적이다. 화목제는 모든 제사의 결과요, 열매임을 잊지 말아야 한다.

8장: 제사장 위임식 규례

첫 제사장 위임식이기 때문에 위임식 제사는 모세가 집례하였고, 이후로는 위임받은 제사장들이 제사를 집례했다.

① 회막에서 모든 제사장들을 물로 씻긴다.

② 대제사장 아론에게 구별된 대제사장 옷을 입히고 관을 씌운다.

③ 관유를 취하여 모든 성막기구에 발라 거룩하게 한다.

④ 아론의 아들들 제사장에게 제사장 옷을 입히고 관을 씌운다.

⑤ 위임식 수송아지를 속죄제로 드리고 그 피를 단에 발라 거룩하게 한다. 기름은 태우고, 나머지 고기와 똥과 가죽은 진 밖에서 태운다.

⑥ 번제 숫양을 드리고, 위임식 숫양을 드린다. 그리고 그 피를 취하여 아론과 그 아들들 오른 귓부리와 오른손 엄지가락과 오른발 엄지가락에 바르고 남은 피는 단 주위에 뿌린다. 제사장은 바르게 듣고 바르게 행하라는 의미이다.

⑦ 모든 기름과 우편 다리와 소제물을 요제로 드린 후에 화제로 하나님께 완전하게 드린다.

⑧ 모세가 관유와 단 위에 피를 취하여 아론과 그 아들들의 옷에 뿌려 거룩하게 한다.

⑨ 위임식 고기를 거룩한 곳에서 먹고 남은 것은 모두 불에 태운다.

위임식은 7일간 드리고 7일간 회막 문을 나가지 못하였다.

제사장들이 먼저 하나님 앞에서 거룩하고 바르게 행하여야 거룩한 공동체인 이스라엘을 하나님의 거룩한 뜻 가운데로 인도할 수 있다. 그래서 특별히 제사장들을 위임식과 함께 거룩하게 구별하신 것이다. 제사장 곧 지도자가 바로 서야 공동체가 바로 설 수 있다.

9장: 성막 봉헌 후, 위임받은 제사장들의 첫 제사

앞에서 제사를 설명할 때는 번제 ⇒ 소제 ⇒ 화목제 ⇒ 속죄제, 속건제 순으로 기록하고 있지만, 실제 드려지는 제사는 속죄제, 속건제 ⇒ 번제 ⇒ 화목제(소제와 함께) 순으로 드려지고 있다.

제사 후, 모세와 아론이 온 백성을 축복하였다. 그때에 온 백성에게 하나님의 영광이 나타났고, 불이 하나님 앞에서 나와서 번제물과 기름을 살라 불로 응답하셨다.

제사는 예배의 모형이다. 예배는 속죄로 시작해서 번제의 희생과 헌신으로 드려지고, 화목이 이루어진 후, 축복기도로 완성되는 것이다. 예배가 완성되면 하나님은 그 예배 위에 불로 응답하신다. 그래서 예배를 축복기도로 마무리를 하는 것이다.

거룩하신 하나님 앞에 서기 위해서는 먼저 회개와 속죄가 이루어져야 한다. 그 다음에 속죄받은 사람은 신앙고백과 함께 하나님께 온전히 번제로 드려져야 한다. 그리고 하나님께 드려진 사람은 이제 그리스도 안에서 하나님과 화목하고, 주신 은혜와 축복을 이웃과 나누는 화목한 축제의 삶, 곧 그리스도 안에서 하나님의 나라의 삶을 나누고 누려야 한다. 예배의 결과가 하나님과 이웃 간에 화목한 사랑의 열매로 나타나야 참된 예배가 되는 것이다. 예배가 삶으로 나타나야 한다.

10장: 잘못된 제사와 제사장의 거룩한 삶

아론의 아들 나답과 아비후가 하나님의 말씀을 불순종하여 하나님께서 명하시지 않은 다른 불로 분향했다가 불로 심판을 받았다. 거룩하신 하나님께 인본적인 속된 것으로 예배해서는 안 되고, 오직 하나님의 말씀의 가르침을 따라 예배해야 한다는 것을 가르쳐 주셨다.

제사장은 회막에 들어갈 때(제사드릴 때) 술을 마시면 안 되고, 거룩한 것과 속된 것을 구별할 수 있어야 한다. 제사장은 제물(성물)을 거룩하게 구별하여 먹고 관리해야 할 책임이 있다.

우리가 하나님께 예배할 때, 세상의 속된 것으로 예배하지 말고 하나님의 말씀의 가르침을 따라 영과 진리로 거룩한 산 예배를 해야 한다.

11장부터는 거룩하게 구별된 하나님의 백성들의 거룩한 삶을 어떻게 유지하고 관리해야 하는지를 다루고 있다. 거룩하고 건강한 몸, 거룩하고 건강한 생명, 거룩하고 건강한 환경, 거룩하고 건강한 관계, 거룩하고 건강한 정신을 다루는 내용이다. 부정하다는 것을 통하여 죄와 문제를 인식하게 하고, 부정한 문제를 거룩한 말씀으로 해결하여 거룩한 삶을 살도록 하는 거룩한 규례이다.

11장: 코셔법(음식에 관한 규례)

비늘 있고, 지느러미 있는 물고기, 쪽발과 되새김질하는 짐승만 먹을 수 있다고 규정하셨다. 백성들의 몸, 곧 생명이 건강하고 거룩해야 하기 때문에 먹어야 할 것과 먹지 말아야 할 것을 구분해 주셨다. 지금도 거룩한 하나님의 자녀들의 몸은 하나님의 거룩한 성전이기 때문에 먹어야 할 것이 있고, 먹지 말아야 할 것들이 있다. 고기가 거룩해서 거룩하다고 한 것으로 착각해서는 안 된다. 사람을 위해 거룩하게 구별해 주신 것이다. 말씀의 규례는 다 하나님의 자녀들을 위해 주신 것이다.

12장: 생명을 잉태하는 여인들의 거룩한 규례

거룩한 새 생명의 잉태와 탄생을 다루었다. 생명을 출산하면 부정하다고 구별하여 산모와 아이가 외부와 접촉할 수 없도록 보호하셨다. 남자 아이를 낳으면 8일 만에 할례를 행하였고, 아이는 7일, 산모는 33일간 구별하셨고, 여자아이를 낳으면 14일, 산모는 66일간 구별하셨다. 그리고 그 기간이 지나면 제사를 통해 거룩하게 하여 산모

와 아이를 구별하여 건강하도록 보호하셨다. 마리아와 예수님도 이 규례를 지켰다.[18]

특히 여자는 거룩한 생명을 잉태하고, 탄생시키는 거룩한 그릇이기 때문에 여자들은 자신의 몸을 더 성결하게 관리해야 함을 가르쳐 주셨다. 고귀한 생명의 잉태를 부정한 것으로 치부해 버리는 것은 하나님의 뜻을 왜곡하는 것이다. 부정하다고 구별하여 아이와 산모를 보호하신 것이다. 성을 쾌락의 도구로 만들면 안 된다. 성은 생명의 기쁨을 주는 선물이다.

13장-15장: 거룩한 생명의 관리와 거룩한 환경의 규례

거룩하게 구별된 거룩한 생명과 공동체가 불결한 환경으로 나병, 피부병, 유출병, 성적 불결 등, 질병이나 전염병이 생기지 않도록 위생관리를 잘해야 하였다. 고대사회는 대가족이 공동체 생활을 했기 때문에 전염병은 엄청난 재앙이었다. 잘못하면 부족이 몰살할 수도 있었다.

거룩하게 구별된 거룩한 백성들이 머무는 주변 환경이 성결하고 거룩해야 한다. 제사장들은 구별된 거룩한 생명을 건강하고 성결하게 살도록 가르치고 관리해야 할 책임이 있었다. 그들은 하나님의 거룩한 공동체의 생명을 보호하고 인도해야 할 책임을 위임받기 때문이다.

오늘날도 영적 지도자들이 교회 곧 그리스도의 몸이요, 지체인 언약 공동체가 거룩한 환경 속에서 영육 간에 건강하고 성결하게 살도록 지도해야 한다.

16장-17장 9절: 대속죄 일

1년에 1차 7월 10일(유대식 태음력 – 성경의 유대력은 태음력이다.)은 의무적으로 대제사장과 제사장 그리고 온 백성을 위해 속죄와 번제를 드렸다. 1년간 알고 지은 죄, 모르고 지은 죄, 모두를 대속하는 날이다. 이날은 1년에 단 한 번 대제사장이 언약

---

18) "할례 할 팔 일이 되매 그 이름을 예수라 하니 곧 잉태하기 전에 천사가 일컬은 바러라. 모세의 법대로 정결예식의 날이 차매 아기를 데리고 예루살렘에 올라가니, 이는 주의 율법에 쓴 바 첫 태에 처음 난 남자마다 주의 거룩한 자라 하리라 한 대로 아기를 주께 드리고, 또 주의 율법에 말씀하신 대로 산비둘기 한 쌍이나 혹은 어린 집비둘기 둘로 제사하려 함이더라."(눅2:21-24)

궤가 있는 지성소에 들어가는 날이다.

모든 짐승은 먼저 하나님께 감사함으로 드리고 먹을 수 있다.

17장: 피는 생명이다. 피를 먹지 말라

짐승을 잡으면 먼저 하나님께 드려야 한다. 이는 우상숭배를 막기 위해서이다.

육체의 생명은 피에 있기 때문에 피를 먹어서는 안 된다. 생명의 소중함을 다루고 있다. 그리고 생명이 피에 있기 때문에 피가 죄를 속한다는 것을 일깨워 주셨다. 그래서 짐승이 사람을 대신하여 피를 흘렸고, 예수께서 십자가에서 피 흘리심으로 우리가 죄 사함을 받게 하신 것이다. 피 흘림이 없이는 죄 사함이 없기 때문이다.[19]

18장: 이방의 가증하고 부정한 풍속을 좇지 말라.

이방의 풍속은 가증하고 음란하고 부정하고, 속되고 죄악된 것이기 때문에 절대로 본받거나 물들지 말아야 한다. 어둠을 가까이하면 어둠에 물들고 영향을 받기 때문이다. 고대 이방 사회는 종교적 음행 풍속이 일반화되어 있었다. 18장에서 하지 말라는 음행의 풍습은 이미 이방세계에서 당연하게 행해지고 있던 풍습들이었다.

보고, 듣고 접촉하는 데서 영향을 받고 인격이 형성되어지기 때문에 이방 우상 문화와 음행문화를 절대적으로 금한 것이다. 오늘날 그리스도인도 이방의 죄악 된 풍속을 멀리해야 한다.

19장: 내가 거룩하니 너희도 거룩 하라.

하나님이 거룩하시기 때문에 하나님의 백성들도 말씀의 계명을 잘 지켜서 거룩해야 한다. 하나님의 말씀의 법도와 규례를 따라 하나님과 사람들 사이의 관계와 사람과 사람들의 관계가 거룩해야 한다. 당시에 그들의 삶의 정황에 맞도록 열 말씀을

. . . .

19) "율법을 따라 거의 모든 물건이 피로써 정결하게 되나니 피 흘림이 없은즉 사함이 없느니라."(히9:22)
"염소와 송아지의 피로 하지 아니하고 오직 자기의 피로 영원한 속죄를 이루사 단번에 성소에 들어가셨느니라."
(히9:12)

중심으로 하나님을 경외하고 이웃을 내 몸과 같이 사랑하라는 일상생활 속에서 꼭 지켜야 할 거룩한 삶의 규례와 법도를 가르쳐 주었다.

오늘날 우리가 살고 있는 삶의 환경에 맞도록 재해석하여 하나님과 사람들과의 관계에서 거룩한 삶을 세우고, 하나님의 말씀을 순종하여 하나님을 경외하고, 범사에 이웃을 내 몸과 같이 사랑해야 한다.

20장: 부정하고 속된 요소는 모두 제거하라.

부정하고, 가증한 죄를 지은 사람, 특히 성적으로 타락한 사람들은 죽이라고 명하셨는데, 구별된 자들에게 아직 이루어지지 않은 미래에 대하여 경고하신 말씀이다. 죽음의 일, 곧 택함을 받은 거룩한 공동체가 음란문화로 혼탁해져서 망할 일은 만들지 말라는 것이다. 그러한 부정하고 불의한 일들이 누룩 번지듯이 번지기 때문에 하나님의 백성들이 모두 하나님을 떠나 음란에 빠져 망하게 되면 언약하신 하나님의 뜻이 이 땅에 이루어질 수 없게 된다. 그래서 제거라는 강력한 말씀으로 경계선을 분명히 그어 주었다. 그런 일은 절대 없도록 하라는 강력한 경고의 말씀이다. 예수께서도 손이 범죄 하면 손을 찍어 버리고, 눈이 범죄 하면 눈을 뽑아버리라고 결단을 요구하셨다(마5:29-30, 18:8).

불순종하여 부정하게 살면 스스로 멸망하기 때문에 하나님의 백성을 사랑하셔서 주신 말씀의 가르침이다.

21장: 제사장은 더 거룩해야 한다.

백성들을 앞장서서 이끌어가야 할 지도자인 제사장들은 모든 범사에 더 거룩한 모범을 보여야 함을 일깨워 주었다. 하나님의 제사장들이 거룩한 삶에 모범을 보이지 않으면 이스라엘 백성이 거룩한 규례를 가르칠 수 없기 때문에 더 거룩한 삶을 살아야 한다고 가르치고 있다.

오늘날도 먼저 된 성도와 지도자들이 더 성결한 삶을 살아야 하고, 더 모범된 신앙으로 세상에 빛을 비추는 삶을 살아야 한다.

22장: 성물규례

하나님께 드려진 것을 성물이라고 한다. 하나님께 거룩하게 구별하여 드린 성물은 함부로 다루어서는 안 된다. 함부로 다루면 하나님을 욕되게 하는 것이기 때문이다.

하나님께 드리는 성물은 가장 귀하고 깨끗한 것, 처음 것, 첫 소득을 거룩하게 구별하여 드려야 한다. 하나님의 것에 대한 성결한 마음 자세를 가르치고 있다. 하나님을 존중히 여기고 사랑하는 마음과 하나님의 것에 대한 소중함을 알지 못하면 결국 욕심에 이끌려 세속에 물들고 그것으로 말미암아 멸망에 이르기 때문이다. 성물을 하나님께 드리지만, 하나님께서 어디로 가져가시는 것이 아니라 결국 하나님의 백성들의 거룩을 위해 사용하신다.

23장: 절기에 관한 규례

절기는 언약의 하나님께서 어떻게 언약을 지키셨고, 어떻게 사랑과 능력으로 그들을 축복의 땅으로 인도하셨는지 잊지 말라고 주신 규례이다.

❖ 안식일(安息日)

엿새 동안은 일하고 일곱째 날은 안식해야 한다. 안식일은 성회의 날이다. 아무도 일해서는 안 된다. 안식일은 사람들이 안식하라고 사람을 위해 주신 것이다.[20] 안식일은 회복과 치유의 날이다.

❖ 유월절(逾越節)

태음력 첫째 달 14일에 지키는 절기로, 어린양의 피의 희생으로 이스라엘을 구별

---

20) "또 이르시되 안식일이 사람을 위하여 있는 것이요 사람이 안식일을 위하여 있는 것이 아니니, 이러므로 인자는 안식일에도 주인이니라."(막2:27~28) 유대력은 요일 개념이 아니라, 안식 후 첫째 날, 둘째 날, 셋째 날... 여섯째 날로 표기하고 여섯째 날을 안식일 예비일이라고 하고, 제 칠일을 안식일이라고 한다. 안식일의 개념을 육일 동안 일했으면 제 칠일에는 안식 하라는 개념이지, 안식교회가 율법적으로 주장하는 것처럼 토요일 일요일 개념이 아니다. 하나님께서 천지를 창조하신 요일이 토요일인지 일요일인지 아는 사람은 아무도 없다. 당시 안식일은 모세 때에 모세가 정한 것이다. 창세기에 족장들이 안식일을 지켰다는 이야기는 나오지 않는다.

하시고 구원하신 은혜의 절기를 말한다.

출애굽 할 때, 곧 열 번째 재앙으로 바로의 장자와 애굽의 모든 장자를 칠 때, 이스라엘은 구별하셔서 어린양의 피를 문설주와 인방에 발라서 죽음이 뛰어넘게 하셨다. 그래서 유월절이라고 했다.

❖ 무교절(無酵節)

첫째 달 15일~21일까지 유월(逾越), 곧 출애굽 때에 구속함을 받은 유월절을 잊지 말라고 쓴 나물과 함께 무교병을 먹으며 기념하는 절기이다. 어린양의 희생으로 생명을 구원한 하나님의 사랑을 잊지 말고, 자녀들에게 대대로 그 사랑과 은혜를 가르치라고 주신 교육절기이다. 책이나 교육 시스템이 없던 고대에는 절기가 교육의 방편이었다.

❖ 맥추절(麥秋節)[21]

유월절 후 첫 안식일을 지난 후에 첫 보리의 소득을 흔들어서 드리고, 일곱 안식일을 계산하여 지킨다고 해서 칠칠절이라고도 하고, 오십일 째 되는 날에 지키는 절기라고 해서 오순절이라고도 하고, 첫 열매를 드린다고 해서 초실절이라고도 한다. 겨울에 지은 농사 곧 보리와 밀의 첫 소득을 하나님께 드렸다. 하나님께서 햇빛을 주시고 때를 따라 이른 비와 장맛비와 늦은 비를 주신 은혜로 소득을 얻었으므로 하나님께 먼저 감사하고 함께 즐거워하는 절기이다(맥추절과 초실절을 구분하기도 하고, 오순절을 모세가 시내산에서 율법을 받은 날을 기념하는 날도 이해하기도 한다).

유월절과 무교절, 맥추절은 봄에 지키는 절기이다. 음력을 사용하기 때문에 매년 날짜가 다르다. 그 기준을 잡기 위해 유월절은 춘분이 낀 달로 잡았고, 음력이 짧아

----

21) "맥추절을 지키라 이는 네가 수고하여 밭에 뿌린 것의 첫 열매를 거둠이니라."(출23:16) "칠칠절 곧 맥추의 초실절을 지키고 세말에는 수장절을 지키라"(출34:22)

기간이 당겨지면 윤달을 집어넣어 춘분이 낀 달에 지키도록 하였다.

❖ 신년절(新年節)

나팔을 불어 새해를 선포하기 때문에 나팔 절이라고도 한다. 음력 일곱째 달 1일을 신년절로 지켰는데, 농사를 시작하는 새해로, 하나님께서 새로운 한 해를 허락하심을 감사하는 감사 축제일이다.

❖ 대속죄 일(大贖罪日)

히브리어로는 '욤 하 카페림'이라고 한다. '욤'이라는 말은 '날'(day)을 말하고, '하'는 정관사(the)이다. '카페림'은 '카팔' 곧 '죄를 덮는다' '용서한다'라는 말의 복수어미 '임'이 합쳐져서 된 말이다. 그래서 '욤 키푸르' 는 죄를 덮고 화목이 이루어지는 날이라는 뜻으로 쓰였다. 음력 일곱째 달 10일에 지켰다. 1년에 한 번 16장의 내용처럼 제사장들과 모든 백성들이 성결케 죄 씻음을 받는 날이다.

대제사장은 이날 일 년에 한 차례 지성소에 들어간다(레16:34, 히9:7). 광야 성막시대에는 제비 뽑힌 아사셀 염소에게 이스라엘의 죄를 뒤집어씌우고 접근하기 어려운 광야로 내보냈다.

일곱째 달 9일 해질 때 시작되어서 일곱째 달 10일 해질 때 양각나팔 소리가 울려 퍼지면 절기가 끝나게 된다.

❖ 초막절(草幕節)

장막절, 또는 수장절, 추수감사절이라고도 한다. 음력 일곱째 달 15일-21일까지 지켰다. 이스라엘 백성이 왜 광야에서 40년 동안 방황하게 되었는지와 광야에서 하나님께서 어떻게 사랑하셨는지를 7일 동안 밖에서 초막이나 텐트를 치고 지내면서 과거의 아픔과 하나님의 사랑을 추억하는 날이며, 또한 가을 추수를 감사하는 절기이기도 하다. 초막절은 가나안 땅에서 초막을 지어서 지키므로 초막절이라고 했고, 장막절은 광야에서 텐트(장막)를 치고 지켰기 때문에 장막절이라고 했다. 수장절이나 추수감사절이라고 부른 것은 가을에 열매를 거두어 저장하기 때문이다.

신년절과 대속죄 일, 초막절은 추분이 낀 가을에 지켜지는 절기이다.

24장: 제사장의 거룩함의 유지와 관리

제사장은 항상 성막 안에 등불이 꺼지지 않도록 점검해야 하고, 안식일마다 성막 성소 안에 떡 상에 항상 새 떡을 공급해야 한다. 오늘날도 교회가 항상 말씀과 기도의 등불을 밝혀야 하고, 안식일마다 새로운 하늘의 양식을 공급해야 한다.

제사장은 하나님의 이름을 훼방하거나 하나님의 거룩한 백성의 생명과 거룩함을 훼손하지 않도록 해야 한다. 교회는 거룩한 수고와 은혜로 거룩하게 구별해 주신 것을 부정해지지 않도록 유지하고 관리해야 할 사명이 있다.

25장: 안식년과 희년

모든 것을 회복시키고 자유를 선포하는 회복의 절기이다. 모든 것은 하나님께서 주신 것이다. 우리가 그것들을 잘 관리해야 할 책임이 있다는 것이다. 어리석은 실수로 어려움을 겪는 사람이 다시 회복할 수 있도록 기회를 부여하셨다. 하나님은 이 땅에서 회복을 위해 일하시는 하나님이심을 보여주시고 있다. 땅은 모두 하나님의 것이기 때문에 재산의 기준을 땅의 가치보다 그 땅에서 발생하는 수고와 소득을 기준으로 삼았다.

26장: 순종과 불순종의 결과

절대 우상을 숭배하지 않고 안식일을 잘 지키면서 성막을 중심으로 지금까지 가르쳐 주신 모든 말씀을 잘 지켜서 순종하면 하나님께서 때를 따라 비를 주시고, 평화를 주시고, 모든 수고 위에 복을 주시지만, 만약에 불순종하여 언약의 말씀을 떠나면, 그 죄와 교만을 재앙으로 갚으시되, 질병과 가뭄과 기근과 대적으로 벌하시겠다는 것이다. 벌할 때에 깨닫지 못하면 일곱 배로 더 큰 재앙으로 심판하여 그 땅을 황무하게 만드시겠다고 경고하셨다. 그러나 아브라함의 언약을 기억하셔서 아주 망하게는 하지 않으시고 회복의 역사를 베푸실 것을 약속하셨다.

27장: 서원과 의무

하나님은 택하신 백성들에게 말씀으로 약속하시고, 약속하신 대로 온전하고 완전하게 행하신다. 그러므로 하나님의 백성들도 주어진 의무를 다해야 하고, 받은 은혜를 감사함으로 하나님께 서원했으면 반드시 지켜야한다는 것을 가르치고 있다. 하나님의 이름으로 서원하고 지키지 않으면 하나님의 이름을 욕되게 하기 때문이다.

서원하려면 대충 막연하게, 추상적으로 "잘하겠다" "열심히 하겠다"는 표현은 안 된다. 서원은 정확하게 구체적인 값으로 정해야 한다. 그래야 그것을 지켰는지 여부를 명확하게 확인할 수 있기 때문이다. 하나님 앞에서는 무엇이든지 명확하고 구체적이어야 한다.

민수기

 레위기의 거룩한 가르침에 이어서 민수기(Numbers)는 여호와 하나님과 택하신 백성들의 만남의 장소인 성막을 중심으로 한 성막 공동체의 거룩한 질서 곧 거룩한 위치, 거룩한 역할에 대한 기록과 광야생활 40년 속에 담긴 하나님의 사랑 이야기이다.

 1장부터 10장 10절까지는 성막을 중심으로 이스라엘의 12지파와 레위지파를 계수한 후, 각자의 위치와 역할을 가르쳐 주셨다. 이렇게 시내산에서 말씀의 가르침을 따라 가나안 땅으로 출발할 수 있는 질서와 체계를 준비하였다.

 10장 11절부터 21장까지는 광야 40년 생활이야기이다. 시내산에 도착하여 1년간 말씀의 가르침을 받고, 시내산을 떠나 가나안 땅에 들어가기 직전 요단강 동편에 이르기까지 약 40년 동안의 광야생활 이야기가 이곳에 기록되어있다.

 22장부터 25장까지는 모압 왕 발락이 메소포타미아의 브돌에서 발람을 초청하여 이스라엘을 저주하게 한 이야기이다. 탐욕에 끌려 온 발람이 이스라엘을 저주했지만, 하나님은 저주를 축복으로 바꿔 주셨다. 그러나 발람은 발락의 끝없는 설득에 넘어가 발락에게 음행수법을 가르쳐 주었고(계2:14), 이스라엘 백성들이 음행으로 인하여 하나님의 진노를 사서 하루에 이만 사천 명이나 죽는 고난을 당하였다. 주로 음행을 저지른 지파가 시므온 지파였다. 40년 광야의 고난과 연단의 수고가 하루아침에 처참하게 무너지는 순간이었다. 우리도 마지막 순간까지 깨어 있어야 한다.

 민수기에서는 두 번에 걸쳐 이스라엘 12지파 전체를 계수하게 되는데, 첫 번째는 1장 시내산에서 말씀의 가르침을 받고 출발하기 전에 계수하였고, 두 번째는 26장에서 40년 광야 생활을 모두 마치고 가나안 땅을 바라보면서 약속의 땅 가나안에 들어가기 직전에 요단강 동편 모압 평지에서 계수하였다.

27장부터 36장까지는 모세 이후의 후계자와 상속, 서원, 절기에 대한 가르침을 주셨다.

1장: 1차 12지파의 계수

이스라엘의 12지파 중에 20세부터 60세까지 전쟁에 나갈만한 남자들만 계수하였다. 1차 시내산에서는 그 수가 603,550명이었으나, 40년 광야 생활을 마친 후에는 601,730으로 1,820명이 줄었다. 시므온 지파는 모압 평지에서 범죄 함으로 심판을 받아서 가장 많이 줄었다(25장).

계수의 목적은 택한 백성들을 질서 가운데 보호하고, 각자 역할과 사명을 주어 거룩한 목적으로 이끌어 가시기 위한 계획이었다.

2장: 정착할 때와 출발할 때의 위치와 질서

12지파를 계수한 후에 그들이 정착해 있을 때의 위치와 출발하여 광야 여행을 할 때의 위치를 정해주셨다. 정확하게 질서를 잡지 않으면 수백만 명이 대혼란에 빠져 통제가 불가능하기 때문에 거룩한 질서, 위치는 반드시 필요했다. 오늘날 세계도 무질서한 곳은 대혼란으로 고통받는 것을 볼 수 있다.

이스라엘 정착의 중심점이 된 성막(배치도)

① 1차 인구조사(민1:17~43) 20세 이상 남자만 603,550명
② 2차 인구조사(민26:1~51) 20세 이상 남자만 601,730명

이스라엘 출발의 선봉이 된 성막(전진도)

진행방향 →

선임지파 단 Dan	선임지파 에브라임 Ephraim		선임지파 르우벤 Reuben		선임지파 유다 Judah
아셀 Asher	므낫세 Manasseh	성막가구 고핫	시므온 Simeon	성막물품 게르손 므라리	잇사갈 Issachar	언약궤 레위자손
납달리 Naphtali	베냐민 Benjamin		갓 Gad		스불론 Zebulun

3-4장: 레위인들의 계수와 역할

레위인들은 하나님의 것으로 구별하시고, 아론과 그 아들들로 하여금 제사장 직무를 담당하게 하고, 레위인들을 제사장들에게 줘서 제사 직무를 돕도록 하되 분명한 위치와 역할이 주어졌다. 레위인들을 계수할 때, 1개월 이상 된 남자들은 모두 계수를 하였는데, 그들은 총 22,000명이었다. 레위인들은 온 이스라엘을 대신 하기 때문에 그들의 장자의 숫자와 맞춰야 했다. 이스라엘의 모든 장자의 숫자는 22,273명이었기 때문에 모자라는 273명의 장자들은 속전으로 대체하였다.

30세부터 50세까지 사역을 할 수 있었다. 그리고 레위의 세 아들 고핫, 게르손, 므라리 자손들에게 위치와 역할이 주어졌다.

성막을 세운 후 레위지파 안에서 세 가지 그룹이 탄생했다. 첫째는 대 제사장, 둘째는 제사장, 셋째는 레위인이다.

성막이 출발하기 전에 모든 기구를 보자기로 싸서 준비하는 일은 제사장이 담당하였다. 레위인들은 함부로 거룩한 성막 기구에 손을 대지 못하였다.

❖ 고핫 자손(8,600명 중 30세-50세는 2,750명)

남쪽에 배치되었고, 성막 안에 있는 거룩한 기구들 곧 언약궤, 지성소 휘장, 분향단, 떡 상, 순금등대, 물두멍, 번제단 등을 제사장들이 보자기로 싸는 일을 마치면 메는 일을 담당하였다. 제사장 엘르아살이 담당하였다.

❖ 게르손 자손(7,500명 중 30-50세는 2,630명)

서쪽에 배치되었고, 성막과 장막과 그 덮개와 회막 휘장 문과 뜰의 휘장과 및 성막과 제단 사방에 있는 뜰의 휘장과 문, 그 모든 것에 쓰이는 줄을 담당했다. 제사장 이다말이 지도하였다.

❖ 므라리자손(6,200명 중 30-50세는 3,200명)

북쪽에 배치되었고, 성막의 널판과 그 띠와 그 기둥과 그 받침과 그 모든 기구와 그것에 쓰는 모든 것과 뜰 사방 기둥과 그 받침과 그 말뚝과 그 줄을 담당하였다. 제사장 이다말이 지도하였다.

5-6장: 거룩하게 구별된 이스라엘과 나실인 법

거룩의 순서는 제사장과 레위인들로부터 시작해서 이제 백성들의 성결로 옮겨진다. 거룩하게 구별된 이스라엘 공동체 안에 있는 부정한 요소들을 다 제거할 것을 말씀하셨다. 공동체 안에 나병환자, 유출병 환자, 주검으로 부정해진 자 등, 부정하고 불결한 것이 존재하면 질병으로 백성들이 손상될 수 있기 때문에 항상 청결하고 성결한 삶을 요구하셨다. 그리고 부부의 성적 성결에 대한 의심이나 불신 등 죄와 불의가 공동체에 뿌리내리거나 곪지 못하도록 하셨다(5장).

레위인이 아니라도 하나님께 봉사하고자 하는 일반 백성은 하나님 앞에 거룩한 서원을 하고 나실인으로서 사역에 동참할 수 있도록 하였다. 나실인이 되려면 첫째 절대로 독주나 포도주를 마시지도 말고, 포도를 심지도 말고 만지지도 못하게 하셨고, 둘째 머리를 자르지 못하게 하셨고, 셋째 시체와 접촉하지 못하도록 하셨다. 만약 서원 규례를 어기면 머리를 밀고 번제와 속죄제를 드리고 처음부터 다시 서원 기간을 지켜야 하였다. 하나님의 거룩한 사역을 감당하기 위해서는 확실하게 결단력 있고 구별된 삶을 살아야 함을 일깨워 주셨다(6장).

모든 거룩한 제사, 거룩한 몸, 거룩한 환경, 거룩한 관계, 거룩한 위치와 역할 등의 가르침을 모두 마친 후에 마지막으로 주어진 것이 제사장의 축도이다(6장).

제사장의 축도(6:22–27) – "이같이 이스라엘 백성을 축복하라."

> "여호와께서 모세에게 말씀하여 이르시되, 아론과 그의 아들들에게 말하여 이르기를 너희는 이스라엘 자손을 위하여 이렇게 축복하여 이르되, 여호와는 네게 복을 주시고 너를 지키시기를 원하며, 여호와는 그의 얼굴을 네게 비추사 은혜 베푸시기를 원하며, 여호와는 그 얼굴을 네게로 향하여 드사 평강 주시기를 원하노라 할지니라 하라."
> "그들은 이같이 내 이름으로 이스라엘 자손에게 축복할지니 내가 그들에게 복을 주리라"

거룩한 규례를 지키고 순종하면, 제사장이 축복하는 대로 축복하시겠다는 하나님의 약속이다. 이 축도를 통해서 우리를 향하신 하나님의 뜻이 무엇인지 아주 쉽게 알 수 있다.

7장: 12지파의 성막 이동을 위한 봉헌물

성막을 운반할 때 사용해야 할 수레와 소를 12지파의 족장들이 나누어서 드렸다. 소는 한 마리씩 드려서 12마리, 수레는 2지파에 하나씩 드려서 6개를 봉헌하였고, 봉헌된 소와 수레를 레위인에게 분배하였다.

천막을 옮겨야 하는 게르손 자손에게 수레 2개와 소 4마리를 줬고, 무거운 말뚝과 기둥, 널빤지를 운반해야 하는 므라리 자손에게는 수레 4개와 소 8마리를 주었다(수레 한 대에 소 2마리씩 배당). 그러나 고핫 자손들은 사람이 직접 성막기구들을 메고 다녀야 했기 때문에 수레를 분배하지 않았다. 므라리 자손들에게 특별히 많이 분배한 것은 기둥과 널빤지가 무거웠기 때문이다.

각 지파가 모두 동참하여 운반 도구를 봉헌하고, 위임받은 레위지파는 각자 정해진 위치에서 각자에게 주어진 사역을 감당하게 하셨다.

그리고 12지파 족장들이 마지막 예물과 제물을 드려서 모세가 12일간 제사를 드렸다. 예물은 12지파가 모두 동일했다. 지파×12하면 된다.

① 헌물은 성소의 세겔로 130세겔 무게의 은쟁반 1개,

   70세겔 무게의 은그릇 1개(소제물을 담는 그릇)

   은쟁반과 그릇 130세겔×12지파 + 70세겔×12지파 = 은 2,400세겔

② 10세겔 무게의 금 그릇 1개(향 그릇) 총10세겔×12개 = 금 120세겔

③ 번제물: 수송아지 1×12, 숫양 1×12, 일 년 된 어린 숫양 1×12 = 종류별로 12마리씩

④ 속죄제물: 숫염소 1마리×12지파 = 12마리

⑤ 화목제물: 소2×12지파 =24마리, 숫양5×12=60마리, 숫염소5×12=60마리, 일 년 된 어린 숫양5×12=60마리

모든 예물을 다 드리고 모세가 하나님께 나아갔을 때, 하나님은 언약궤 위, 속죄소 위 두 그룹 사이에서 모세에게 말씀하셨다(민7:89).

오늘날 교회도 마찬가지이다. 모두가 봉헌 예물을 드리되 모두 함께 참여하여 드리고, 그것을 맡은 자들이 각자의 위치에서 주어진 사역을 잘 감당해야 한다. 특히 그리스도인들이 각자의 위치 곧 가정, 교회, 사회에서 주어진 역할을 다할 때 거룩함이 드러나는 것이다.

8장: 순금등대의 점화와 레위인들의 봉헌

레위인들의 핵심 사역 중에 하나가 등불을 켜는 일이다. 드디어 제사장들이 하나님의 말씀대로 봉헌한 성막에 등불을 켰다.

레위기 8장에서 제사장 위임식을 했다면, 민수기 8장에서는 온 이스라엘 백성이 레위인들 머리에 안수하여 위임하고 그 레위인들을 하나님께 드리는 봉헌식을 가졌다. 온 백성은 레위인에게 안수하고, 모세는 아론과 그 아들들 곧 제사장 앞에서 레

위인들을 하나님께 요제로 드려서 제사장들을 도와서 하나님께 봉사하도록 구별하여 세웠다. 레위인들은 하나님 앞에 요제로 드려진 후부터 사역을 시작하였다.

레위인들은 50세 이상이 되면 현장 사역에서 물러나서 쉬면서 25-30세까지의 레위인들은 가르침으로 후진을 양성한 것으로 보인다(민8:24-26). 처음부터 사역에 실수가 없도록 25세부터 미리 충분한 교육을 통해서 30세가 되면 현장에서 사역을 할 수 있게 했다고 볼 수 있다. 그 당시 성소에서의 실수는 곧 죽음이었기 때문이다. 그래서 4장에서는 30-50세까지라고 했는데, 8장에서는 25-30세까지라고 한 것을 볼 수 있다.

9장: 광야에서의 첫 번째 유월절

시내산에서 모든 교육을 마치고 이제 광야를 거쳐 가나안 땅에 들어갈 출발 준비가 끝났고, 시내산에서 출발하기 전에 말씀의 언약대로 광야에서 첫 번째 유월절 절기를 지켰다.

10장 1-10절: 말씀의 가르침을 마치고 약속의 땅 가나안을 향한 광야로의 출발 준비 - 나팔 신호 교육

유월절 절기를 마친 후, 드디어 이스라엘 백성들이 1년여 동안 거룩한 말씀으로 교육 훈련을 마치고 제사장들의 나팔소리에 맞춰서 광야로 출발하게 된다. 나팔은 공동체 전체가 움직이게 하는 언어였다. 나팔 소리에 따라 모이기도 하고, 출발하기도 하고, 전쟁을 준비하기도 하고, 절기나 제사를 준비하기도 하였다.

시내산 출발

10장 11-28절: 출애굽 1년 만에 시내산 출발

출애굽기 19장 3절에 이스라엘 백성들이 출애굽하여 시내산에 도착한 후, 1년간 말씀의 가르침으로 거룩하게 사는 방법을 학습하였다. 교육훈련을 마친 이스라엘은 10장 11절부터 시내산을 출발해서 목적지인 가나안 땅을 향하였다. 성막과 함께 모든 이스라엘이 질서 있게 이동을 하였고, 하나님께서 그들의 길을 밤에는 불기둥과 낮에는 구름으로 인도하셨다.

광야를 지나가는데 광야에 익숙한 미디안 사람 모세의 장인 호밥에게 도움을 요청하였다.[22]

11장-16장: 말씀의 가르침과 광야의 연단

큰 위엄 속에 거룩한 말씀의 가르침을 받고 큰 꿈과 기대를 안고 시내산에서 출발하여 광야로 나온 이스라엘 백성은 당장 크고 두려운 광야를 접하면서 원망과 불평으로 가득했고, 가나안 땅 정탐 후 원망 하다가 40년 광야 생활을 해야 했다. 지도자 모세와 하나님을 불신하고 대적하는 모습도 보여주었다.

11장: 이스라엘 백성들은 시내산에서 영광과 위엄 속에서 언약의 말씀으로 교육훈련을 받고 광야로 출발하였다. 출발하자마자 그들이 걸어간 길은 그들이 꿈꾸었던 세계가 아니었다. 크고 두렵고 막막한 바란 광야를 접해야 했다. 출발한 지 3일 만에 그들은 광야에서 현실적 어려움을 겪는 즉시 하나님의 영광의 위엄과 말씀의 가르침은 다 잊어버리고, 과거에 애굽에서 풍성히 먹을 수 있었던 시절을 생각하며 탐욕으로 말미암아 원망하기 시작하였다(11:4-9). 결국은 원망과 불평 때문에 하나님께서 진노하셔서 불의 심판을 받고 말았다.

모세 홀로 수많은 백성을 감당하기에 어려움을 호소하였고, 하나님은 70장로들을 도우미로 세워 주셨다. 그리고 하나님은 고기를 탐하는 그들에게 메추라기 고기를 풍성히 주시고, 불신하고 욕심을 낸 백성들에 진노하여 징계를 하였다.

· · · · · · · · · · · · · · · · · · ·

22) "모세의 장인 호밥의 자손 중 겐 사람 헤벨이 떠나 게데스에 가까운 사아난님 상수리나무 곁에 이르러 장막을 쳤더라."(삿4:11)

12장: 아론과 미리암이 하나님께서 특별히 구별하여 세운 모세를 불신하고 모세가 구스 여인을 취한 것을 비방하여 죄를 범함으로 미리암이 나병의 징계를 당하여 7일간 진 밖으로 쫓겨나게 되었다. 인도자 모세의 잘못은 모세를 세운 하나님께서 징계하실 일이었지 아론과 미리암이 할 일은 아니었다. 하나님은 그들보다 못한 어리석은 분이 아니시다.

13-14장: 가나안 땅에 들어가기 전에 그들의 요구를 따라 각 지파에서 선발한 12명의 정탐꾼들을 미리 보내서 그 땅을 정탐하였다.[23] 그들이 40일간 정탐하고 돌아와서 여호수아와 갈렙 외에 10명 모두가 하나님을 불신하고 원망하여 온 백성을 낙담케 하였다. 이스라엘의 원망과 불신 때문에 하나님께서 진노하셔서 그들을 다 제거하고 모세와 함께 새롭게 일하시고자 했지만, 모세의 애타는 기도로 그들을 용서하셨다.

■ 가데스바네아에서 세렛 강까지 38년 여정

그러나 불신의 대가로 정탐한 하루를 1년으로 삼아 40년 동안 광야 생활을 하라고 징계를 내리셨다.

가데스 바네아에서 출발해서 광야를 방랑한 후 세렛 강까지 가는데 38년의 세월이 필요했다.[24]

하나님은 광야생활 40년을 통해서 그들의 원망, 불평, 불신, 우상숭배, 과거의 속된 생각들과 완악한 마음을 모두 제거하시고, 어떤 상황과 환경 속에서도 하

---

23) "너희가 다 내 앞으로 나아와 말하기를 우리가 사람을 우리보다 먼저 보내어 우리를 위하여 그 땅을 정탐하고 어느 길로 올라가야 할 것과 어느 성읍으로 들어가야 할 것을 우리에게 알리게 하자 하기에, 내가 그 말을 좋게 여겨 너희 중 각 지파에서 한 사람씩 열둘을 택하매, 그들이 돌이켜 산지에 올라 에스골 골짜기에 이르러 그곳을 정탐하고, 그 땅의 열매를 손에 가지고 우리에게로 돌아와서 우리에게 말하여 이르되 우리의 하나님 여호와께서 우리에게 주시는 땅이 좋더라 하였느니라."(신1:22-25) - 민수기에는 그들의 요구가 기록되지 않았다.

24) "가데스 바네아에서 떠나 세렛 시내를 건너기까지 삼십팔 년 동안이라."(신2:14)

나님의 말씀을 신뢰하고 순종하도록 연단하셨다.

오늘날도 우리의 속된 생각과 어리석은 생각, 불의한 습관을 버리지 않으면 광야의 연단을 통해 거룩하게 하신다는 사실을 거울과 경계로 삼아야 한다(고전10:1-13).

15장: 가나안 땅에 들어가서 드려야 할 짐승제사와 소제에 대하여 가르치면서 약속은 반드시 이루어지니까 말씀을 지킬 것을 권고하셨다. 소제는 광야에서 드릴 수 없는 제사이다. 약속의 땅 가나안에 들어가서 농사를 지어야만 드릴 수 있는 제사이다. 미리 그 제사를 중간에 삽입하여 가르쳐 주신 것은 그 약속이 확실함을 확인시켜 주시기 위한 것이다.

그리고 그 증거를 잊지 말라고 옷단 귀에 청색 실 끈(술)을 달아서 그것을 볼 때마다 언약을 기억나게 하셨다.

16장: 지도자 모세와 아론에 대한 불신과 대적

레위인들이 "모여서 모세와 아론을 거슬러 그들에게 이르되 너희가 분수에 지나도다. 회중이 다 각각 거룩하고 여호와께서도 그들 중에 계시거늘 너희가 어찌하여 여호와의 총회 위에 스스로 높이느냐"(민16:3)고 항변하면서 모세와 아론의 제사장 권위에 조직적으로 도전하였다.

그 중심 세력이 고라, 다단, 아비람, 온이었다. 모세가 그들에게 "레위 자손들아 너희가 너무 분수에 지나치느니라."(민16:7) "이스라엘의 하나님이 이스라엘 회중에서 너희를 구별하여 자기에게 가까이하게 하사 여호와의 성막에서 봉사하게 하시며 회중 앞에 서서 그들을 대신하여 섬기게 하심이 너희에게 작은 일이겠느냐."(민16:9)고 책망하고, 그들로 하여금 각각 향로를 가지고 회막 문 앞에 나오게 하였다.

그들이 당을 짓고 모세와 아론을 대적했다가 고라 사람들이 하나님의 진노의 지진에 삼켜지고, 하나님께로부터 불이 나와서 분향하는 250명을 불태웠고, 염병으로 죽은 자가 14,700명이나 되었으나 염병은 제사장들의 중재로 그쳤다.

하나님은 공동체를 해치는 일이나 당을 짓는 일은 용납하지 않으셨다.

17장: 아론의 손을 들어주신 하나님

하나님께서 레위인들의 도전과 지도자에 대한 불신을 잠재우기 위해 12지파의 대표를 호출해서 누가 하나님의 택하신 지도자인지를 확증해 주셨다. 12지파 대표는 각각 지팡이를 가져오게 하고, 그 지팡이에 이름을 새겨서 성막 지성소에 넣게 하셨다. 그리고 이튿날 지팡이들을 꺼내서 확인하였는데, 그 결과 하나님께서 아론의 살구나무(아몬드나무) 지팡이에만 싹이 나고, 움이 돋고, 꽃이 피어 열매가 맺히도록 하심으로 확실하게 대제사장 아론의 손을 들어 주셨고, 불필요한 논쟁을 그치게 하셨다.

18장: 제사장과 레위인들의 직무와 역할, 분깃

2-3장에서 다루었던 제사장과 레위인들의 사역 역할에 대하여 반역 사건을 계기로 새롭게 정리해 주셨다.

레위인들은 성소에 들어갈 수 없다. 제사장들과 레위인들의 직무와 역할을 분명하게 구별해 주셨다. 제사장들은 성물을 소득으로 삼고, 레위인들은 십일조와 헌물을 소득으로 삼게 하였고 다른 분깃은 주지 않으셨다. 그리고 레위인들은 받은 십일조와 헌물 중에서 십일조를 드리게 하셨는데, 그 십일조는 제사장들의 몫이 되었다(28절). 레위인과 제사장의 분깃은 오직 하나님 한 분뿐이었다.

십일조와 헌물은 오직 레위인과 제사장들이 거룩한 사역에만 집중하도록 하기 위한 하나님의 배려였다. 그러나 사사시대에 이 규례를 지키지 않아 제사장과 레위인이 타락하였고, 결국 영적 암흑기를 맞이하여 온 백성이 타락하고 말았다. 느헤미야 때와 말라기 선지자 때에도 이 규례를 지키지 않아 책망받았고, 고난을 당하였다.

19장: 간편한 성결규례 – 정결케 하는 물

백성들이 시체에 접촉되는 등 단순한 범죄(불결) 때문에 매일 제사 드리는 번거로움을 해결하기 위해 단순한 부정을 정결(성결)케 할 수 있도록 붉은 암송아지를 속죄제로 드리고 그 재를 물에 타서 그 물로 씻으면 성결하도록 규례를 정해 주셨다. 붉은 암송아지로 드리는 것은 이것도 일종의 속죄제이지만, 일반 속죄 제사와 달리 물로 씻는 속죄로 구별하기 위해서이다. 물두멍이나 속죄의 씻는 물이 이후에 죄를 속하는 회개의 물세례로 발전하게 된 것으로 보인다.

20장: 이스라엘의 원망과 모세의 범죄

모세의 누이 미리암(20:1)과 대제사장 아론도 정탐 때에 원망과 불평 때문에 약속의 땅 가나안에 들어가지 못하고 광야에서 죽었다.[25]

이스라엘 백성들이 "애굽에서 나오게 하여 이 나쁜 곳으로 인도하였느냐, 이곳에는 파종할 곳이 없고 무화과도 없고 포도도 없고 석류도 없고 마실 물도 없도다."라고 원망하였다. 하나님은 모세에게 물이 없어 원망하는 이스라엘을 위하여 반석을 명하여 물을 내라고 하였는데, 원망하는 이스라엘에 대한 혈기 때문에 하나님의 말씀을 잊고 하나님께 영광을 돌리기보다는 자신을 드러냄으로 하나님의 영광을 범하는 죄를 지었다. 이 불순종 사건 때문에 모세는 엄한 책망과 함께 약속의 땅 가나안에 들어가지 못하게 되었다. 결국, 모세도, 아론도, 미리암도 가나안 땅에 들어가지 못하고 오직 하나님의 약속을 온전히 믿고 지켰던 여호수아와 갈렙만이 가나안 땅에 들어가게 되었다.

유독 모세에게 강한 잣대를 댄 것은 하나님을 대신하는 대표 지도자이기 때문이다. 모세도 예외 없이 처벌하신 것은 그 앞에서 어떤 사람이라도 핑계나 변명을 할수 없게 하신 것이다. 하나님은 지도자에게 더 강한 잣대를 댄다는 것을 잊지 말아야 한다(레21장). 그래서 신약에서도 선생 된 자가 더 화가 있다고 한 것이다(약3:1).

이스라엘 백성들이 에돔에게 그 땅을 통과하게 해 달라고 2번이나 요청하였지만, 모두 거부당하였고 결국은 홍해 바다까지 내려가서 더 멀리 에돔 땅을 돌아가야 했다. 이후에도 에돔이 하나님의 백성들을 무시하고 조롱하고 핍박해서 선지자들로부터 심한 책망을 받고 멸망을 당한다.

. . . .

25) "이스라엘 자손이 애굽 땅에서 나온 지 사십 년째 오월 초하루에 제사장 아론이 여호와의 명령으로 호르 산에 올라가 거기서 죽었으니, 아론이 호르 산에서 죽던 때의 나이는 백이십삼 세였더라"(민33:38-39)

21장: 40년 광야 생활 정리

민수기 10장 11절에서 시내산을 출발하여 21장까지 광야 40년 세월을 마무리하였다.

21장에서 모세와 이스라엘이 아랏 곧 호르마의 공격을 막고 그곳을 점령한 후, 평화롭게 에돔 땅을 지나가려고 허락을 요청했으나, 그들이 거부하여 근거리를 놔두고 호르 산에서 출발해서 거꾸로 저 멀리 남쪽 홍해까지 내려가서 에돔 땅을 크게 우회함으로 마음이 상하여 원망하기 시작하였다.

하나님께서 그들의 원망을 들으시고 진노하셔서 불뱀을 보내셨고, 모세는 불뱀에 물려 독으로 고통 하는 그들을 위해 간절하게 기도하였다. 하나님은 모세의 기도를 들으셔서 그들을 가장 빨리, 가장 쉽게, 동시에 구원하실 수 있는 최선의 방법을 제시해 주셨다. 구리 뱀을 높은 장대에 매달고 그 뱀을 보는 자는 누구나 다 살게 해 주신 것이다. 결국, 믿는 자는 다 살았고, 믿지 않는 자들은 다 죽었다. 이것이 나무에 매달리신 예수 그리스도의 구원의 모형이 되었다(요3:14).

모압도 지나가는 것을 거부해서 이스라엘이 아모리 왕 시혼을 치고, 북쪽 바산 땅까지 가서 바산 왕 옥을 치고, 드디어 40년 광야 생활을 마감하고 요단 동편 모압 평지에 이르게 되었다.

22-24장: 발람의 저주를 축복으로 바꾸시는 하나님

모압 왕 발락이 이스라엘 백성들의 무리를 보고 두려워서 메소포타미아 브돌에서 뇌물을 주고 이방 선지자 발람을 초청하여 이스라엘을 여러 번 저주하게 하였지만, 하나님께서 저주를 바꿔 축복하게 하셨고,[26] 오히려 이방 선지자의 입을 빌려 이스라엘의 미래를 예언하게 하셨다.

하나님은 외부로부터의 저주와 핍박은 다 막아 주시고 축복하시지만, 사람의 마음을 흔드는 마귀의 유혹으로 인한 타락은 막으실 수 없다.

. . . .

26) "네 하나님 여호와께서 너를 사랑하시므로 네 하나님 여호와께서 발람의 말을 듣지 아니하시고 네 하나님 여호 와께서 그 저주를 변하여 복이 되게 하셨나니"(신23:5)"이는 그들이 양식과 물로 이스라엘 자손을 영접하지 아니 하고 도리어 발람에게 뇌물을 주어 저주하게 하였음이라 그러나 우리 하나님이 그 저주를 돌이켜 복이 되게 하 셨다 하였는지라."(느13:2)

25장: 저주를 축복으로 바꿔주시지만, 유혹에 무너지는 이스라엘

저주로는 이스라엘을 이길 수 없다는 것을 깨달은 발람은 돌아가면서 발락에게 모압 여인들의 미인계를 이용하여 유혹하게 하였다.[27] 예상대로 이스라엘 백성들이 모압 여인들의 유혹을 뿌리치지 못하고 음행을 하여 염병으로 하루에 2만 4천 명이나 죽는 불행을 겪었다.

그 주역이 시므온 지파였다. 가나안 땅에 들어간 후에 시므온 지파는 유다지파에 귀속되어 소멸되었다. 결국, 외부의 저주는 하나님이 막아 주시지만, 내부의 탐욕에 의한 유혹은 막을 수 없다는 것을 보여 주신 것이다.

26장: 광야 40년 여행을 마치고 마지막 모압 평지에서의 인원계수

1장은 시내산에서의 계수이고, 26장은 광야 생활 40년을 마치고 요단강을 건너기 직전에 모압 평지에서 계수한 결과이다.

40년간 광야에서 훈련을 받고도 모압 여인들의 유혹에 빠져 타락한 시므온 지파는 약속의 땅을 코앞에 두고도 들어가지도 못하고 절반 이상이 죽고 말았다. 유혹은 에덴에서 아담과 하와를 타락시킬 만큼 무서운 것이기에 예수께서도 유혹에 빠지지 않도록 기도하라고 강조하신 것이다.

---

27) "그러나 네게 두어 가지 책망할 것이 있나니 거기 네게 발람의 교훈을 지키는 자들이 있도다. 발람이 발락을 가르쳐 이스라엘 자손 앞에 걸림돌을 놓아 우상의 제물을 먹게 하였고 또 행음하게 하였느니라."(계2:14)

12지파 제 2차 인구조사 결과			
12 지파	1차 (시내산)	2차 (모압평지)	증 감
르우벤	46,500명	43,730명	−2,770명
시므온	59,300명	22,200명	− 37,100명
갓	45,650명	40,500명	−5,150명
유다	74,600명	76,500명	1,900명
잇사갈	54,400명	64,300명	9,900명
스불론	57,400명	60,500명	3,100명
므낫세	32,200명	52,700명	20,500명
에브라임	40,500명	32,500명	−8,000명
베냐민	35,400명	45,600명	10,200명
단	62,700명	64,400명	1,700명
아셀	41,500명	53,400명	11,900명
납달리	53,400명	45,400명	−8,000명
합계	603,550명	601,730명	−1,820명

27장: 상속규정과 모세의 후계자 여호수아의 등장

당시 상속 규정은 아들들에게만 주어졌었다. 므낫세 지파 중에서 슬로브핫은 딸만 있었는데, 상속권이 없는 그 딸들은 자신들의 미래가 걱정이 되어 자신들에게도 상속권을 줄 것을 요구하였다. 그래서 모세가 하나님께 구하였고, 하나님은 아들이 없을 경우에 여자들에게 상속권을 주고, 딸도 없으면 가장 가까운 친척에게 상속권을 주라고 규정해 주셨다.

모세가 가나안 땅에 들어갈 수 없게 되었기 때문에 후계자를 위해 기도했고, 하나님께서 모세의 후계자로 여호수아를 지목해 주셨다.

28-29장: 이스라엘이 지켜야 할 절기

절기에 대한 기록이다. 절기는 출애굽기 23장, 레위기 23장, 민수기 28-29장, 신명기 16장에 반복 기록하여 절기의 중요성을 강조하였다. 절기는 매일 아침저녁으로 드리는 상번제, 안식일마다 드리는 안식일 번제, 매월 첫 날 드리는 월삭, 유월절(1/14), 무교절(1/15-21), 초실절, 칠칠절(유월절 후 일곱 안식일을 지낸 후 절기, 맥추절, 오순절), 신년절(나팔절-7/1) 대속제일(7/10) 초막절(장막절-7/15-21)에 대한 규례를 가르쳐 주셨다. 절기를 주시고, 반복해서 강조한 목적은 하나님의 구원과 축복, 그리고 선한 인도하심을 절대 잊지 말라는 것이다. 절기는 일종의 신앙 교육이었다.

30장: 서원법

개인의 서원에 관한 법을 기록하였다. 개인이 하나님 앞에 서원을 할 때는 가장의 허락이나 동의가 없으면 서원이 성립되지 않도록 하여 공동체 안에서 가정의 화합과 질서의 중요성을 강조하였다.

31장: 하나님의 일을 대적 하는 미디안 족속의 심판

하나님의 역사를 이유 없이 가로막는 민족들은 다 제거시켰다. 대적의 훼방에 가로막히면, 인류를 구속하시고자 하는 하나님의 뜻이 이 땅에 실현될 수 없고, 결국 인류의 구원과 소망이 영원히 소멸되기 때문이다. 구약의 율법은 십자가 구속으로 이끌어 가는 과정이었다. 그래서 십자가 구속이 이루어지기까지는 과정 중에 발생한 장애나 대적은 강력하게 대응하여 싸우시고 심판하셨지만, 십자가 구속이 완성된 이후에는 전쟁이 필요 없어진 것이다. 이사야와 미가는 전쟁이 자동적으로 사라지기 때문에 칼을 쳐서 보습을 만들게 된다고 예언하였다(사2:3-4, 미4:2-5).

구약시대와 달리 십자가 이후, 신약시대에는 전쟁이 없어지고, 오히려 온 세계에 생명과 축복의 복음을 전하면서 핍박을 받았다.

32장: 요단강 동편 땅의 분배(르우벤, 갓, 므낫세 1/2지파)

요단강 동쪽 땅을 정복한 후에 요단강 건너 가나안 땅에 들어가기 전에 르우벤, 갓, 므낫세 반(1/2) 지파가 그 땅의 풍요로움을 보고 그 땅을 요구하였다. 하나님은 조건을 걸고 그들의 요구를 들어주시고 그 땅을 분배해 주셨다. 자녀들과 여인들, 노인들, 짐승들만 그 땅에 머물게 하고, 20세 이상부터 60세까지의 남성들은 가나안 땅 정복전쟁에 함께 참여하되 전쟁이 끝나면 돌아갈 수 있다는 조건이었다.

■ 12지파 땅 분배

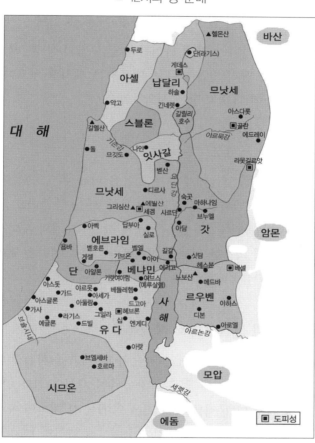

33장: 광야 생활 40년의 여정

10가지 재앙으로 애굽 사람들이 신으로 생각하고 섬기는 것들을 벌하고, 애굽에서 나온 후, 40년 광야생활 노정에 대한 기록이다. 42번이나 불기둥과 구름기둥으로 인도받아 머물렀던 광야 장소에 대하여 상세하게 기록하였다. 그리고 가나안 땅에 들어가면 우상을 제거하고, 그 땅 원주민을 몰아내라고 명령하시고, 만약 우상을 제거하지 않고, 그들을 몰아내지 못하면 그들이 눈과 옆구리를 찌르는 가시가 될 것을 경고하셨다.

34장: 약속의 기업인 가나안 땅의 경계와 분할, 대표자 선택

아브라함과 언약하셨던 가나안 땅에 들어가면 얻을 땅의 동서남북 경계를 정해주셨다. 그리고 12지파에게 땅의 기업을 나눌 대표자를 제사장 엘르아살과 여호수아로 지명하고, 각 지파 중에 대표 족장을 선택하였다.

35장: 레위인의 성읍과 도피성

가나안 땅에 들어가면 레위인들에게 48개 성읍을 나눠 주고, 그들로 하여금 각 지역에서 이스라엘 백성들의 거룩한 삶을 지도하도록 하셨다. 그리고 48개 성읍 중에 요단강 서편에 3곳, 요단 동편에 3곳을 균등하게 정하여 6개의 도피성을 정해 주셨다. 도피성은 공동체 안에 억울한 피해자 없게 하고, 서로 원한을 품지 못하도록 생명을 보호하기 위한 하나님의 배려였다.

36장: 타 지파에 시집간 딸들의 유산 상속문제

27장에서 강조했던 여성 상속권 중에 여자들이 타 지파에 시집갈 때 발생하는 상속문제에 대하여 다루었다. 혼란이 없도록 가능하면 자신의 지파 안에서 결혼하도록 한 규정이다. 이곳에서 이 문제를 다룬 것은 앞에서 각 지파의 땅 분배를 다루고 있기 때문이다. 땅은 하나님께서 주신 분깃이기 때문에 함부로 팔거나 거래를 할 수 없게 하셨다. 슬로브핫의 딸들이 여호와께서 모세에게 명하신 대로 다 준행하여 그 기업이 그 아비 가족의 지파에 남게 되었다.

신명기

　신명기는 전통적인 히브리 이름 "이것은 그 말씀이라"[28]는 이 책의 첫 구절을 딴 것이다. 영어로는 'Book of Deuteronomy'라고 한다. 이것은 신명기 17:18절의 헬라어 역에서 따 온 것인데,[29] '율법의 등사본'(복사본)이 '두 번째 율법'이라는 말로 읽혀지면서 만들어진 이름이다.

　신명기(申命記)는 거듭 반복한다는 뜻인데, 단순한 반복이 아니라, 모세가 시내산에서 받은 말씀과 광야 40년을 돌아보면서, 요단 강 동편 모압 평지에서 '모든 이스라엘'에게 거듭 강조한 마지막 유언 같은 설교이며, 창세기, 출애굽기, 레위기, 민수기와 이어지는 모세오경 마지막의 책이다.

　신명기의 목적은 율법을 설명하는 것이다.[30] 율법의 의미와 목적, 그리고 약속에 땅에 들어가서 어떻게 살아야 하는지를 가르쳐 준 예언의 말씀인데, 그 가르침의 핵심은 절대로 말씀의 가르침을 잊지 말고, 말씀을 떠나지 말고, 오직 말씀에 순종해야 한다는 것이다.

　신명기에서 사용하는 율법(Law)은 토라를 그렇게 번역한 것이다. 토라는 부정적인 것이 아니라 하나님의 뜻 안에서 어떻게 살아야 복을 받고 보호를 받을 수 있는지를 가르쳐 주는 긍정적인 가르침이다. 그러므로 신명기는 단순한 계명으로 보지 말

. . . .

28) "이스라엘 무리에게 선포한 말씀이니라."(신1:1) – דברים(데바림)

29) "그가 왕위에 오르거든 이 율법서의 등사본을 레위 사람 제사장 앞에서 책에 기록하여 평생에 자기 옆에 두고 읽어 그의 하나님 여호와 경외하기를 배우며 이 율법의 모든 말과 이 규례를 지켜 행할 것이라."(신17:18–19)

30) "모세가 요단 저쪽 모압 땅에서 이 율법을 설명하기 시작하였더라."(신1:5)

고, 우리를 향하신 하나님의 사랑을 계시하고 설명하는 말씀으로 보아야 한다. 에덴 동산에서 불순종으로 잃어버린 것을 이제 토라의 가르침을 순종함으로 회복시키고 자 하는 하나님의 뜻이 담겨져 있다. 이 토라의 가르침은 속죄와 번제와 화목제물이 되신 예수그리스도가 오심으로 완성이 되었다.

1장부터 3장까지는 출애굽 후 40년 광야 여정을 회상하면서 하나님의 구원하심과 인도하심을 잊지 말라는 첫 번째 설교이고, 4장은 하나님의 말씀, 곧 토라가 지혜요 지식이며, 하나님은 말씀하시는 하나님이심을 선포한 내용이다. 5장부터 28장까지는 하나님 말씀의 정신이 무엇인지를 10계명을 중심으로 각 항목별로 구체적으로 거듭 반복해서 가르치는 두 번째 설교이다. 순종해야 복을 받게 되고 하나님의 보호를 받 을 수 있으므로 하나님의 말씀을 절대 잊지 말고 오직 말씀을 순종하라는 말씀이다.

그리고 29장부터 33장까지는 40년 광야생활을 마치고 모압 평지에서의 세 번째 보충 설교내용이다. 34장은 모세의 마지막 장면을 담고 있다.

● 1장–4장 첫 번째 설교 – 잊지 마라, 말씀하시는 하나님

1장–3장:서론, 지난 40년 회상 – 기억하라. 잊지 마라.

서두에 언제 왜 누구에게 신명기 말씀을 남기게 되었는지를 기록하였다. 그리고 출애굽 이후 시내산으로부터 출발한 이야기, 지도자들을 세운 이야기, 정탐꾼들을 보낸 이야기, 세렛 시내까지 38년간 방랑했던 이야기, 요단 동편 광야를 통과한 이 야기, 헤스본 왕 시혼과 바산 왕 옥을 치고 정복한 이야기, 요단 동편 지역을 르우 벤과 갓과 므낫세 반 지파에게 분배한 이야기, 후계자 여호수아를 세운 이야기 등 40년간의 광야 생활을 통해서 하나님께서 어떻게 인도하셨는지 그 사랑을 잊지 말 고 꼭 기억하라고 지난날을 상기시켜주었다.

특별히 1장에서는 가데스 바네아에서 정탐꾼을 보냈을 때 하나님을 불신하고 원 망했던 것이 40년간 광야생활을 하게 된 주된 근거로 제시하였는데, 민수기 13장과는 내용이 조금 다르다. 신명기에는 그들이 먼저 그 땅을 정탐해보자고 요구한 것으로 기록하였는데, 그것은 민수기에 기록되지 않았던 상황을 첨가한 것이다. 성경은 모든 상황을 다 기록한 것이 아니다. 출애굽기와 레위기, 민수기에서 다루지 않은 부분을 신명기에서는 다루고 있고, 신명기에 없는 것을 다른 곳에 기록하기도 했다.

4장: 말씀하시는 하나님

4장은 하나님의 인도하심을 절대 잊지 말라는 3장까지의 권고 이후에 이스라엘을 향한 첫 번째 가장 중요한 가르침의 내용이다. 그 핵심은 말씀의 명령을 가감하지 말고 지켜 행해야 한다는 것이다. 그 말씀의 첫 번째 명령은 하나님 외에는 절대 신이 없으니까 피조물을 우상으로 섬겨서는 안 된다는 것이다. 하나님은 말씀하시는 하나님이시기 때문에 어떤 형상도 보여주지 않으셨고, 보지도 못했으니까 아무 형상도 만들어서는 안 된다는 것을 명심하고, 오직 하나님은 말씀하시는 하나님이시며, 말씀을 지켜 행하는 것만이 참된 지혜이며 지식임을 알아야 한다.

그러나 만약 하나님의 말씀을 떠나 우상을 숭배하면 속히 망할 뿐 아니라 추방당할 것을 경고하였고, 매를 맞고 회개하면 회복시켜 주실 것을 약속하셨다.

하나님께서 이스라엘을 택하시고 큰 능력으로 이끄신 것은 하나님 외에는 다른 신이 없다는 것을 확증하시고, 그들을 얼마나 사랑하시는지 알게 하신 것이다.

● 5장-28장 두 번째 설교, 오직 하나님의 말씀을 순종하라.

5장: 열 말씀 또는 열 마디 말씀

'열 마디 말씀'을 번역하면서 십계명이라고 불렀다. 십계명이라는 단어는 성경 66권에 단 세 번 등장한다(출34:28, 신4:13, 신10:4).

말씀하시는 하나님께서 열 마디 말씀(10계명)을 친히 써 주셨다. 그 열 마디 말씀을 좌로나 우로나 치우치지 말고 반드시 지켜야 복을 받는다. 이 열 마디 말씀 곧 하나님 사랑(1-4계명)과 이웃사랑(5-10계명)은 성경의 기본 뼈대가 되고 성경의 근본정신이 되는 말씀이다.

6장: 쉐마의 가르침과 불순종의 경고

말씀의 명령을 지키는 것이 복을 받는 비결이기 때문에 복을 받기 위해서는 하나님의 말씀을 "들으라"(쉐마)는 명령을 지켜야 한다.

첫째- 하나님은 유일하신 하나님이시다. 다른 신은 존재하지 않는다.

둘째- 그 하나님을 제일로 사랑해야 한다. 마음을 세상에 빼앗기면 안 된다. 탐욕으로 마음을 세상에 빼앗기면 부패하고 망하기 때문이다.

셋째- 말씀을 마음에 지워지지 않도록 깊이 새겨야 한다. 모든 것이 마음에서 나오기 때문이다.[31]

넷째- 말씀을 항상 가르쳐서 지키게 하되, 자녀들에게 때와 장소를 가리지 말고 가르쳐야 한다. 가정교육의 중요성을 일깨워 주신 것인데, 삶 자체가 교육되어야 한다. 사사시대에는 자녀들에게 삶 속에서 말씀을 가르쳐 주지 않았기 때문에 자녀들이 하나님도 모르고, 하나님께서 하신 일도 몰라서 세속에 물들어 타락하고 말았다.[32]

말씀의 가르침을 불순종하고, 다른 신들을 섬기면 멸망하게 된다. 말씀을 순종해야 하는 이유는 하나님을 경외하여 항상 복을 누리기 위함이며, 하나님의 말씀을 믿고 지키는 것이 의로움이 되기 때문이다(신6:24-25).

7장: 속된 이방 민족과의 교제(결혼) 금지 - 우상의 악한 문화 금지

하나님께서 값없이 은혜로 택하신 거룩한 백성들은 거룩한 약속의 땅에 들어가면 가나안 7족속을 다 몰아내되 그들을 두려워하지 말고, 하나님께서 미워하시는 이방

---

31) "모든 지킬 만한 것 중에 더욱 네 마음을 지키라 생명의 근원이 이에서 남이니라."(잠4:23)

32) "그 세대의 사람도 다 그 조상들에게로 돌아갔고 그 후에 일어난 다른 세대는 여호와를 알지 못하며 여호와께서 이스라엘을 위하여 행하신 일도 알지 못하였더라. 이스라엘 자손이 여호와의 목전에 악을 행하여 바알들을 섬기며..."(삿2:10-11)

인의 악하고 가증한 우상숭배 풍속과 문화를 본받지 말아야 한다. 만약 그것을 허용하면 그것이 결국 올무가 되기 때문이다. 특히 이방 여인과 결혼하면 이방 여인에게 미혹을 받아 하나님을 떠나기 때문에 이방 여인과의 결혼을 금지하였다.

하나님만을 사랑하고 그 계명을 지켜 행하면 천대까지 복을 받지만, 하나님을 미워하는 자들은 보응을 받되 자손 삼사 대까지 받게 된다.

보여지는 탐욕스러운 이방 문화와 풍속은 하나님 백성들의 마음을 빼앗아 가고, 하나님의 은혜를 가로막기 때문에 금하신 것이다.

8장: 사람이 떡으로 사는 것이 아니라, 하나님의 말씀으로 살아야 하고 겸손해야 한다.

하나님의 말씀을 지켜 행하여 복 받는 자가 되기 위해서 40년의 연단이 필요했다. 광야는 물도 식량도 그늘도 없기 때문에 사람의 노력과 수고로는 단 하루도 살 수 없는 곳이다. 그래서 광야 생활을 통해 사람이 떡으로만(사람의 수고와 노력) 사는 것이 아니라 하나님의 말씀으로(하나님의 은혜) 살아야 한다는 것을 일깨워 주신 것이다.

이스라엘 백성들을 출애굽 시켜서 광야 생활을 하게 하신 것은 그들을 낮추고 시험하여 복을 주시기 위함이었다. 하나님의 말씀을 순종하면 복을 받아서 풍요롭게 되지만, 하나님께서 축복하셔서 재물을 얻게 해주셨다는 사실을 잊어버리고, 자신의 힘과 능력으로 재물을 얻었다고 스스로 교만해지거나, 다른 신을 섬기면 반드시 멸망하게 될 것을 일깨워 주었다.

9장: 본질적으로 악하고 불순종하는 백성이었음을 잊지 마라.

이스라엘을 택하신 것은 아브라함과 이삭과 야곱에게 맹세하신 언약을 지키시기 위한 것이지 그들이 의롭고 특별해서 택한 것은 아니었다. 실상은 그들이 얼마나 목이 곧고 악한 백성이었는지 출애굽과 광야생활 40년을(불신, 우상숭배, 음행, 하나님 시험, 원망 등) 통해서 일깨워 주었다.

10장: 열 말씀 다시 확인, 말씀의 목적은 우리의 행복을 위한 것이다.

9장에서 그들이 금송아지를 만든 불의한 사건 때문에 모세가 두 번째 시내산에 올라가 하나님께 40일간 기도하여 열 마디 말씀을 다시 받아 온 일을 회상시켜 주었다. 그때에 하나님의 진노에 동참했던 레위인들은 구별하셔서 성막 봉사자가 되게 하셨고, 그들은 하나님이 기업이 되어 거룩한 일만 하게 하셨다.

하나님께서 이스라엘 백성들에게 하나님의 말씀을 지키라고 요구하는 것도, 그들을 위해 크고 두려운 일을 행하신 것도 하나님을 위한 것이 아니라, 이스라엘의 행복을 위한 것이었다. 그러므로 그 사랑을 깨닫고 마음에 할례를 행하여 다시는 목을 곧게 하거나 악을 행하지 말 것을 강조하였다.

11장: 우리의 행복을 위해 일하시는 하나님을 사랑하고 그 말씀을 지켜라. 하나님께서 주신 땅은 하나님의 눈길이 떠나지 않고 항상 살피시는 땅이다(이스라엘 땅 자체가 하나님 말씀의 한 부분이었다).

이스라엘의 행복을 위해 일하시는 하나님의 사랑을 목격했으니까 약속의 땅에 들어가면 절대 그 말씀을 잊지 말고 지켜 행해야 행복해진다는 것을 거듭 가르쳤다.

그들이 들어갈 가나안 땅은 사람의 작은 수고로 풍요를 누리는 애굽과는 달라서 산과 골짜기가 있고, 비를 흡수하는 땅으로 물이 없는 땅이다. 연초부터 연말까지 일 년 내내, 처음부터 끝까지 하나님의 눈이 그 위에 머물러 있어서 하나님을 사랑하고 마음과 성품을 다하여 그 말씀을 순종하면 이른 비와 늦은 비를 적당한 때에 내려 주시는 특별한 땅임을 가르쳐 주었다. 그 땅은 말씀으로 살지 않으면 안 되는 땅이라는 뜻이다.

그래서 6장의 가르침을 반복하여 말씀의 순종과 가르침의 중요성을 일깨워 주었다. 말씀으로 살 때 약속한 땅을 차지할 수 있고 하나님의 보호를 받을 수 있으니까 생사화복 중에 알아서 선택하라고 강조했다.

12장: 택하신 곳(신앙의 구심점)

하나님께서 구별하여 주신 거룩한 땅에서 우상적 요소는 모두 제하고 하나님의 거룩한 이름을 둔 택하신 곳에서 제사해야 함을 일깨워 주셨다.

부정한 것은 피하고 하나님께서 주신 소중한 것들은 그 택하신 곳에서 레위인과 함께 즐거워해야 자손 대대로 복을 받을 수 있다.

우상의 가증한 것들은 피해야 한다. 택하신 곳을 지정해 주신 것은 우상숭배와 구별하여 혼란을 막기 위한 것이었다.[33] 광야에서 하나님 중심, 하나님 말씀 중심, 성막 중심의 공동체를 이루었듯이, 가나안 땅의 택하신 곳에서 하나님 중심, 하나님 말씀 중심, 성전 중심의 공동체를 만들기 위한 것이었다.

제사를 위해 짐승을 잡을 때는 회막에서만 잡아야 하고, 단순히 음식으로 먹기 위해서 잡는 것은 어디서나 행할 수 있었다.

하나님의 명령을 지키되 명령하신 말씀 외에 더하지도 말고, 빼지도 말아야 한다. 인간이 자기 필요에 따라 마음대로 조작하는 인본주의적인 각색은 허용하지 않았다.

13장: 우상을 섬기도록 유혹하는 자에 대한 경고

말씀의 가르침 외에 꿈꾸는 자들이나 이적과 기사를 행하는 자들이 능력을 행하며 미혹할지라도 절대 말씀을 떠나지 말 것을 강조하고, 유혹하는 거짓 선지자들이 있다면 모두 제거할 것을 명하였다. 단순한 이적이나 기사를 행했다고 해서 다 하나님께서 하신 일로 착각하거나 속아서는 안 된다. 말씀의 본질을 벗어나면 안 되기 때문이다. 참 선지자와 거짓 선지자의 구별법은 신명기 18장 21-22절에서 가르쳐 주었다.

. . . .

33) 고대 사회는 산마다 우상숭배를 위한 신전이나 산당들이 많았다.

혹 가족이나 친구나 이웃이나 불량배들이 미혹하면 그들을 배격하고 절대로 하나님의 말씀을 떠나서는 안 된다는 것을 일깨워 주었다.

14장: 거룩한 몸을 상하게 하지 말라. 몸을 거룩한 소망과 섬김의 삶으로 드려라. – 백성들의 성결

거룩한 백성들은 우상을 숭배하는 이방인들처럼 애도하거나 거룩한 몸을 상하게 하면 안 된다. 레위기 11장의 음식 정결법(코셔법)을 다시 한 번 강조하여 먹는 것으로도 몸을 부정하게 하지 말고, 죽은 것을 먹어 부정하게 되지 않도록 해야 하며, 거룩한 백성답게 몸을 거룩하게 구별하여 거룩한 삶을 살아야 함을 강조했다.

소득의 십일조를 드려서 함께 나누고 기뻐하되, 원거리에 사는 자들은 돈으로 환전해서 택하신 곳에서 함께 화목하게 나누도록 했다. 특히 분깃이 없는 성전 봉사자인 레위인을 잊지 말아야 하며, 매 3년마다 구제 십일조를 별도로 드려서 레위인과 객과 고아와 과부들을 돕게 했다.

15장: 안식년, 면제년 – 회복의 기회, 처음 것은 모두 하나님의 것

안식년에 관한 말씀으로 우리 성경에는 모든 것을 면제해주는 해라고 해서 면제년이라고 해석하였다. 면제년을 잘 지키면 복을 주셔서 가난한 자가 없게 되고, 여러 나라에 꾸어 줄지라도 꾸지 않게 되고, 여러 나라를 다스릴지라도 다스림을 받지 않게 된다는 것을 일깨워 주셨다. 하나님은 회복과 해방의 하나님이시다. 인간이 부족하고 실수투성이라서 땅에는 언제든지 가난한 자가 존재하게 되기 때문에 회복의 기회를 만들어 주신 것이다.

또한, 처음 난 것은 모두 하나님의 것이므로 구별하여 택하신 곳에서 나누도록 가르쳤다.

구약성경의 율법은 그 당시 고대사회 현실 상황을 바탕으로 말씀하신 것이기 때문에 오늘날은 우리가 살고 있는 시대에 맞도록 재해석을 해야 한다.

16장: 절기 – 하나님의 구원과 축복과 사랑을 잊지 말라.

(출23장, 레23장, 민28–29장, 신16장)

16장은 절기에 관한 말씀이다. 이스라엘 백성이 출애굽 하면서 구원받은 것을 기념하는 첫 절기가 유월절이다. 유월절은 성경 절기의 기원이 되었다. 첫 소득을 드리는 칠칠절(맥추절, 오순절), 광야생활을 잊지 말라고 강조한 초막절(장막절, 수장절, 추수감사절) 등 3대 절기를 통하여 하나님의 구원과 축복, 하나님의 사랑과 보호하심을 잊지 말아야 한다.[34] 그러므로 절기에는 감사 예물을 힘껏 드리되 택하신 곳에서 지켜야 한다.

특히 절기를 지키되 각자 하나님께서 주신 복을 따라 힘대로 감사예물을 드려야 한다. 이것이 매 절기헌금의 기원이 되었다. 오늘날의 절기도 형식적으로 지키지 말고, 그 본래의 의미를 깊이 나누고, 하나님의 구원과 축복과 사랑을 기억하여 기념하고 가르치는 계기로 삼아야 한다.

17장: 공의로운 재판, 왕은 택하신 백성 중에서

16장 말미부터 재판을 하되 편견을 버리고 공의롭게 재판해야 하며, 우상을 금하고, 하나님께 헌물을 드리되 흠이나 질병이 있는 가증한 것은 절대 드리지 못하게 하였다. 그리고 언약을 어기고 악을 행했을 때에는 반드시 두세 사람의 증인이 있어야 하고, 제사장들의 판결을 존중하게 하셨다. 그래서 기독교는 무엇을 하든지 두 증인이 있어야 그 사실이 입증되는 전통이 만들어진 것이다(요8:16–18).

그리고 왕을 세울 뜻이 있으면 하나님께서 택하신 자를 세우되 부르심을 받은 12지파 형제 중에서 세우게 하셨다. 왕 된 자는 권력이나, 물질이나 여자를 조심해야 하고, 하나님의 말씀을 복사해서 평생 자기 옆에 두고 그 말씀을 읽고 묵상하여 하나님 경외하기를 배우고 말씀을 지켜 행해야 한다고 가르쳐 주셨다. 그렇게 해야 교만해지지 않고, 복을 받을 수 있다는 것을 강조하신 것이다. 열왕들이 타락한 것은

---

34) 구약시대에는 성경을 개인적으로 소장할 수 없었기 때문에 주로 절기를 통하여 구전교육을 하였다. 그래서 절기를 강조한 것이다.

이 말씀을 지키지 않았기 때문이다.

18장: 제사장의 분깃과 역할, 참 선지자와 거짓 선지자 구분법

하나님의 소유가 된 제사장과 레위인들의 기업은 하나님이시다. 그래서 그들은 오직 헌물과 십일조로만 살게 하였다. 당연히 십일조와 헌물은 그들의 것이므로 그들에게 기업으로 주게 하였고, 다른 이가 그것을 취하지 못하게 하였다.

다른 민족의 가증한 행위를 본받지 말고, 진언자(점쟁이), 신접자, 요술쟁이, 무당을 제거하고 "하나님 앞에서 완전 하라.(13)"는 명령을 지켜 행하고 거룩한 삶을 세우게 하였다.

하나님께서 사랑하는 백성들을 당신의 말씀으로 인도하시기 위해 항상 진리만을 증거 하는 모세와 같은 선지자 하나를 세우고 그를 따라야 할 것을 가르쳐 주셨다. 참 선지자는 말씀의 근거가 있어야 하고, 그 말씀이 반드시 성취되어야 한다. 그러나 거짓 선지자는 말씀의 근거가 없고, 그 말이 거짓이므로 성취되지 않기 때문에 구별이 가능하다. 선지서를 이해하는 좋은 자료이다.

사도행전 3장에서 모세와 같은 선지자를 종말론적 메시아인 예수그리스도로 조명하듯이, 이 시대에도 모세처럼, 예수님처럼 인본주의가 아닌 말씀을 근거로 말씀을 전하고, 말씀을 성취케 하는 참 선지자가 있어야 한다.

19장: 도피성, 죄와 증인, 이는 이로, 손은 손으로, 생명은 생명으로

도피성에 관한 말씀이다. 고의로 사람을 죽인 것이 아니라 과실로 죽인 경우에 원수가 원수를 만들 수 있기 때문에 생명을 보호하시기 위해 만든 것이 도피성 제도이다. 실수로 사고를 낸 사람은 도피성에 가서 제단 뿔을 잡으면 제사장이 살아 있을 때까지 보호받을 수 있게 하였다.

이웃의 지계표를 옮겨 억울하게도 하지 말고, 죄를 범한 자가 있으면, 17장에서 강조한 것처럼 반드시 두세 증인의 증거를 확보하여 징계하되 긍휼이 여기지 말 것을 강조했다. 죄는 대가가 따른다는 것을 강조하였다. 이웃에게 죄를 범하지 말고 이웃을 사랑하라는 말씀이다.

20장: 행복의 권리, 이방 문화에 영향을 받지 말라.

대적을 물리치기 위해 전쟁에 나갈 때에 두려워하는 자, 집을 짓고 낙성식의 기쁨을 누리지 못한 자, 포도원 농사를 짓고 추수의 기쁨을 누리지 못한 자, 약혼하고 신혼의 달콤함을 맛보지 못한 자들은 제외시키고, 전쟁에 나갈 때에는 먼저 평화를 선포해야 한다는 행복 누림과 평화에 관한 규정을 가르쳤다.

그리고 전쟁 후에는 이스라엘 공동체 안에 이방 문화가 들어와서 영향을 끼치지 않도록 우상적 요소와 이방적인 요소를 다 제거하게 하였다.

21장: 거룩한 땅에서는 불행한 일도 서로 책임이 있다.

거룩한 땅에서 변사체가 발견되었을 때에는 가장 가까운 성읍에서 자신들이 죄를 지은 것처럼 회개하고 속죄하게 하셨다. 거룩한 땅에서 무죄한 피를 흘리는 일이 없도록 하기 위한 것이었다.

또한, 포로 된 이방 여인을 아내로 삼고자 할 때는 이방 문화의 색깔과 물을 다 빼기까지 기다려야 하며, 절대로 버리지 못하게 하셨다. 하나님의 백성들이 하나님의 이름으로 행한 일에 책임을 질 줄 알아야 하나님의 이름이 욕되지 않기 때문이다.

고대 사회는 일부다처제였다. 혹 일부다처 속에서 자녀들이 많이 탄생한 경우, 장자권도 미워하는 자의 자식이라고 우열을 가리지 못하게 하셨다. 완악하여 부모를 거역하는 패역한 자식은 이스라엘 중에서 제하라고 강하게 경고했고, 또한 죄를 지어 나무에 달린 저주받은 자라도 당일에 장례해야 하였다. 유대인들은 나무에 달린 자들은 저주받았다는 이 말씀 때문에 십자가에 매달리신 예수님을 믿지 못하고 있다.

결론적으로 하나님 앞에서 말씀을 따라 공의와 긍휼 가운데 행해야 한다는 것을 강조한 말씀이다.

22장: 이웃에 대한 책임, 남녀 구별, 생태계 보존, 생명 존중, 순결

형제가 잃어버린 것도 내 것처럼 여겨야 하고, 남자와 여자는 구분되어야 하며, 생태계도 교란시키거나 파괴하지 말아야 하며, 건축 시 난간을 만들어서 남의 생명이 해를 받지 않도록 해야 하고, 짐승이라도 공평하게 일하도록 했다.

여자는 결혼하기 전까지 순결을 지켜야 하고, 간음하지 말아야 하며, 자신의 성적 행위에 대하여 책임을 지게 했다.

예수께서 이 모든 말씀을 요약해서 이웃을 네 몸같이 사랑하라고 하신 것이다.

23장: 거룩한 공동체에 금지된 자, 거룩한 공동체 환경의 성결

하나님은 택하신 백성을 건강하고 온전한 공동체로 세우시기 위해서 생식기가 손상된 자, 사생자, 하나님의 역사를 가로막거나 훼방한 자들은 이스라엘 총회에 들어오지 못하게 했다.

그리고 거룩한 공동체가 머무는 공간과 환경을 성결케 하도록 했다. 버림받은 자를 외면해서는 안 되고, 거룩한 백성들이 창녀나 남창이 되지 않도록 해야 하며, 그들이 몸을 팔아 벌어들인 부정한 수입은 하나님께 드리지 못하게 했다.

또한, 공동체 안에서 이자놀이 곧 돈놀이를 하지 말아야 하고, 서원했으면 반드시 갚아야 하며, 배고플 때에는 이웃의 포도원의 열매를 먹을 수 있으나 그릇에는 담는 것은 도적질하는 것임으로 금하셨다. 하나님은 항상 생명을 소중하게 여기시고 생명 존중 관점에서 말씀하셨다.

24장: 이혼과 재혼법, 인신매매 금지법, 약자 보호법

음행한 연고 없이는 이혼을 하지 못하게 했다. 이혼 증서를 써준 여자가 다른데 시집갔다가 본 남편에게 다시 돌아오지 못하도록 결혼과 가정의 질서를 견고하게 했고, 새롭게 아내를 취한 자는 1년간 군대도 보내지 않고 행복을 누리게 했다.

가난한 자의 물건을 담보하지 말고, 유괴나 인신매매는 절대 금했다. 전염병은 차단하고, 가난한 자를 학대하지 말고 배려해야 하며, 품삯은 반드시 당일에 주게 하심으로 약자를 억울하게 하지 않도록 최소한의 생존권을 보장해 주신 것이다. 자신의 죄는 자신이 책임지게 한 것이다.

농사짓고 추수할 때에 모두 거두지 말고, 고아와 과부들을 배려하여 남겨 놓아야 한다. 하나님은 세심하게 모세를 통하여 택하신 자들에게 거룩한 질서와 행복과 사랑을 가르쳐 주신 것이다.

25장: 태형 법(40대까지만 허용), 수혼 법(수숙혼 嫂叔婚), 공정 법

벌을 줄 때는 생명을 보호하도록 40대 이상은 때리지 못하게 했고, 일하는 소에게 먹을 권리를 보장해 줬다.

형제가 죽으면 그 아내가 후손을 이을 수 있도록, 가장 가까운 형제나 친척이 기업을 이어줄 것을 규정해 주셨다. 유교 국가인 우리나라에서는 이해하기 어려운 일이지만, 고대 부족사회는 가까운 친족끼리 결혼하여 혈통을 유지하는 씨족사회였기 때문에 그런 일이 일반적인 일이었다.

다툴 때에 절대 생식기는 건드리지 못하도록 금했고, 거래를 할 때에도 속이지 말 것을 명령했다.

이렇게 사소한 것까지 간섭하신 것은 이스라엘 백성이 하나님과 이웃과의 관계를 거룩하고 건강하게 유지 관리함으로 보호를 받게 하시기 위한 하나님의 사랑이었다.

26장: 택하신 곳에서 소득의 맏물을 하나님께 드리고, 객들과 레위인들과 함께 즐거워하라.

주신 축복의 현장, 곧 주신 약속의 땅 가나안에서 첫 소득을 거두면 그 맏물을 하나님께서 택하신 곳에 가서 감사함으로 드리고, 하나님 앞에서 영적지도자들인 레위인들과 소외계층과 함께 기쁨을 나누게 했다. 그리고 하나님 앞에서 하나님의 말씀대로 살았음을 고백하고, 하나님께 당당하게 복 주시기를 기도하라고 가르쳤다.

택하신 자들이 하나님의 말씀을 지키면, 하나님도 말씀의 약속대로 반드시 복 주신다는 것을 일깨워 주신 것이다.

27장: 돌에 말씀을 새겨서 잊지 않도록 하라. 저주문 선포

지금까지 가르쳐 주신 모든 말씀의 가르침을 돌 위에 새겨놓고, 이스라엘 12지파 중에 축복하기 위해 그리심산에 6지파를 세워놓고, 저주하기 위해 에발 산에 6지파를 세워놓고, 하나님 앞에서 "말씀을 지키지 않는 자들은 저주받을 지어다." 라고 저주문을 선포하면 '아멘'으로 맹세하게 하라고 명했다.

28장: 결론 – 말씀을 순종하면 축복, 불순종하면 저주

모든 말씀의 가르침에 대한 결론이다. 말씀의 명령에 순종하면 복을 받고, 불순종하면 저주를 받는다는 최종 결론이다.

순종에 대하여는 14절을, 불순종할 때에 겪어야 할 불행에 대하여는 15-68절까지 54절이나 기록되었다. 이는 탐욕스러운 인간이 그만큼 불순종할 가능성과 위험에 더 많이 노출되어 있다는 것을 경고하신 것이다.

이 말씀은 아직 이루어지기 전에, 가나안 땅에 들어가서 나타날 일을 미리 아시고 예고하신 예언의 말씀이다. 그 말씀 속에는 하나님께서 택하신 백성들이 불순종의 길을 가면 엄청난 재앙으로 매를 맞게 되지만, 오직 하나님의 말씀에 귀를 기울이고 그 말씀에 순종하면 들어가도 복을 받고, 나가도 복을 받을 수 있다는 사랑의 권고가 담겨져 있다.

저주라는 말을 잘 이해해야 한다. 하나님도 저주하시는가? 라는 의문을 가질 수 있다. 이 세상은 하나님이 없는 곳이기 때문에 이미 저주받았고, 심판 받은 곳이다. 빛 되신 하나님께는 어둠이 전혀 없으시기 때문에 저주가 없으시다. 하나님은 저주하러 이 세상에 오신 분이 아니라, 이미 저주 받은 세상에서 우리를 구원하시려고 오신 것이다. 빛이 떠난 것 자체가 어둠이듯이 빛 되신 하나님께서 함께 하시지 않는 것 자체가 저주이다. 말씀을 떠나 불순종함으로 하나님께서 함께 하시지 않는 것, 악을 행함으로 보호받지 못하는 상태를 저주라고 한다.[35] 자식에게 사랑의 매는

....

35) "여호와께서 모세에게 이르시되 너는 네 조상과 함께 누우려니와 이 백성은 그 땅으로 들어가 음란히 그 땅의 이방 신들을 따르며 일어날 것이요 나를 버리고 내가 그들과 맺은 언약을 어길 것이라. 내가 그들에게 진노하여

들 수 있지만, 자기 자식을 저주하는 부모가 어디 있겠는가? 하나님도 자기 백성을 저주한 것이 아니라 사랑의 매를 들되, 주변 나라들을 사랑의 몽둥이와 막대기로 사용하셨을 뿐이다.

● 29장-33장 세 번째 설교- 보충 언약, 회개의 축복, 모세의 노래

29장: 시내산에서 받은 말씀 외에 모압 평지에서 세운 부가 언약

40년 광야 생활을 마치고 요단강을 건너기 전, 요단강 동편 모압 평지 땅에서 추가로 세운 언약의 말씀이다. 하나님께서 이스라엘을 어떻게 인도하셨는지 목격했지만, 깨닫는 마음과 보는 눈과 듣는 귀는 주시지 않았다. 하나님의 보호와 인도하심을 기억하고 말씀을 잘 지켜 행하면 형통할 것임을 가르쳤다. 이 언약은 그 시대에 살고 있던 이스라엘 백성들뿐만이 아니라, 언약공동체에 속한 사람이라면 어느 시대나, 누구에게나 다 적용된다는 것을 일깨워 줬다(신29:14-15).

하나님께서 이스라엘 백성을 애굽 땅에서부터 가나안 땅까지 어떻게 인도하셨는지를 절대 잊지 말고, 하나님의 말씀의 언약을 떠나지 말 것을 권고했다. 언약을 떠나면 성경에 기록된(4장-28장) 모든 재앙을 받게 되고, 이방 사람들에게도 비웃음거리가 될 것이며, 결국 주신 축복의 땅에서 뽑혀 다른 나라에 포로가 된다는 것을 경고했다.

감춰진 신비한 일은 하나님께 속해 있고, 나타난 일들은 그 백성에게 속하게 하심으로 반드시 말씀을 지켜 행하게 하였다.

그들을 버리며 내 얼굴을 숨겨 그들에게 보이지 않게 할 것인즉 그들이 삼킴을 당하여 허다한 재앙과 환난이 그들에게 임할 그때에 그들이 말하기를 이 재앙이 우리에게 내림은 우리 하나님이 우리 가운데에 계시지 않은 까닭이 아니냐 할 것이라."
(신31:16-17)

30장: 고난과 회개, 회복의 약속, 지키기 쉬운 말씀

말씀하신 대로 말씀을 불순종해서 저주받아 고난당할 때 하나님의 말씀을 기억하고 하나님께 회개하고 돌아오면 다시 회복시켜 주실 뿐 아니라 이전보다 하나님을 더 사랑하도록 도와주시고, 복을 주시겠다고 약속해 주셨다.

말씀이 멀리 하늘 끝이나, 바다 끝에 있는 것도 아니고, 가장 가까운 입에 있고, 마음에 있기 때문에 말씀을 지키는 일은 결코 어려운 일이 아니라는 것을 가르쳐 주었다. 그러나 그 말씀을 듣지 않고 순종하지 않으면 망하게 되고, 포로가 된다는 것을 예고했다. 1000년 후에 바벨론에 포로로 잡혀갔다가 돌아온 것도 이 말씀의 약속이 이루어진 것이다.

이스라엘 앞에 생사화복의 길이 있으니 알아서 선택해도 되지만, 기왕이면 살기 위해서 생명과 복을 선택하고 하나님을 사랑하여 그 말씀을 순종할 것을 적극적으로 권고하였다.

31장: 후계자 여호수아, 말씀의 기록

마지막 명령이다. 모세는 가나안 땅에 못 들어가기 때문에 끝까지 하나님의 말씀으로 살 것을 간절하게 권고하였다. 하나님의 말씀으로 살면 하나님께서 함께하신다는 것을 확신시켜 주고, 하나님의 말씀대로 여호수아를 온 이스라엘 앞에서 후계자로 지목하여 위임하고, 하나님께서 절대 버리시거나 떠나지 않으시고 함께 하시니까 강하고 담대하라고 권고하였다.

그리고 말씀을 기록해서 제사장들과 장로들에게 주고 초막절에 읽어줘서 듣고 배우게 하였다. 가나안 땅에 정착해서도 말씀을 배우지 못한 사람들에게도 하나님 경외하기를 가르칠 것을 권고하였다.

그러나 하나님께서 이스라엘 백성이 결국 완악해져서 하나님을 버릴 것을 예언하고, 하나님을 버리면 하나님께서 얼굴을 숨겨 그들을 지켜주지 않을 것을 선언하였다. 그 예언을 노래로 지어 부르게 하심으로 증거가 되게 하였다. 이스라엘이 복을 받아서 배부르게 되면 하나님을 버리고 언약을 어길 것이기 때문에 미리 노래를 지어서 가르치게 한 것이다.

모세는 기록한 말씀을 언약궤 곁에 두어 증거를 삼게 하였다.

32장: 31장에서 명한 모세의 노래

하나님의 사랑과 말씀의 가르침을 잊지 말라고 노래로 가르쳐주었다. 그 첫 번째 권고는 하나님의 말씀을 들으라는 것이다. 말씀을 듣는 것이 신앙의 기초가 되기 때문이다.

하나님의 말씀의 가르침은 이스라엘에게 비와 이슬과 같으며, 하나님은 이스라엘의 반석이시며, 완전하시고, 공평하시고 진실무망하시고, 공의로우시며, 정직하신 분이시다. 하나님은 택하신 이스라엘을 눈동자같이 사랑하시고 보호하시고 축복하시지만, 이스라엘은 하나님의 그 크신 사랑과 은혜를 악으로 갚는 삐뚤어진 세대가 될 것을 예언하며, 그때에 옛날 출애굽 때부터 어떻게 사랑하셨는지 돌아보라고 권고하였다.

이스라엘이 풍요로움으로 살찌게 되면 하나님을 버리고 다른 신을 숭배하게 될 것이고, 그렇게 되면 하나님도 그들을 버려 말씀대로 얼굴을 숨기셔서, 지켜 주시지 않고, 말씀대로 재앙과 고통을 당하게 될 것을 예고하였다. 그리고 그들이 타락하면 이방 민족을 택하여 그들을 시기 나게 할 것을 경고하였다.

이스라엘과 이방인들에게 다른 신은 없고, 오직 하나님만이 참 하나님이심을 가르쳐 주었다.[36] 타락한 이스라엘을 이방 민족을 도구로 삼아 징계하시지만, 택하신 자들을 위하여 징계의 도구로 쓰이던 이방인들의 교만도 강하게 징벌하실 것을 예고하였다.

모세와 여호수아가 이 노래를 모든 백성들에게 가르쳐 주고, 끝까지 말씀을 마음속에 새겨 두고 자녀들에게 부지런히 가르쳐서 말씀을 지켜 행할 것 권고하고, 이 명령은 그들의 생명임을 가르쳐 주었다.

. . . .

36) "나 외에는 신이 없도다. 나는 죽이기도 하며 살리기도 하며 상하게도 하며 낫게도 하나니 내 손에서 능히 빼앗을 자가 없도다."(신32:39)

이후에 그들은 말씀으로 예고하신 대로 타락하여 북이스라엘은 멸망하고 남유다 왕국은 바벨론에 포로로 끌려가게 되었다.

하나님께서 모세가 광야에서 하나님의 영광을 가로챈 사건 때문에 가나안 땅을 바라만 보고 들어가지 못하게 하셨다.

33장: 모세의 축복기도, 이스라엘은 행복 자

모세의 마지막 사역은 이스라엘의 축복이다. 모세가 시내산에서 받은 말씀과 모세를 통하여 명령하신 율법을 강조하는 축복으로 마무리된다. 이 장은 모세가 각각 12지파를 축복하는 축복기도인데, 레위지파가 들어가고 마지막에 사고 쳤던 시므온 지파가 빠졌다. 특히 창49장에 야곱의 축복에서는 유다가 강조되었지만, 이곳에서는 레위지파가 강조되었다. 그 이유는 율법을 강조하고 율법을 가르치는 역할이 중요하기 때문이다.

모세가 모든 지파를 축복하면서 하나님같이 이스라엘을 사랑하는 분이 어디 있느냐고 안타깝게 외쳤다. 이스라엘은 하나님께 특별한 사랑을 받는 정말로 행복한 자들임을 고백하면서 모세의 사역이 마무리되었다.

34장: 120세에 느보 산(비스가산)에서 생을 마감하는 모세

이 말씀은 후계자들에 의해 덧붙여진 말씀이다. 모세가 느보 산의 비스가 봉우리에서 멀리 가나안 땅을 바라보면서 생을 마감하였는데, 하나님은 이스라엘의 후손들이 위대한 모세를 숭배하지 못하도록 그 무덤을 아는 자가 없게 하셨다. 모세가 죽고 여호수아가 사역을 위임받는 것으로 모세오경의 모든 말씀이 마무리되었다.

이렇게 신명기는 택하신 이스라엘 백성들에게 하나님의 말씀을 안타깝도록 반복해서 가르치는 하나님의 사랑이 담겨져 있다. 하나님의 말씀이 그들의 생명길이요, 그들의 보호 울타리임을 일깨워 주었다.

하나님의 말씀을 떠나는 것이 하나님을 떠나는 것이다. 마음이 하나님께로부터 떠난다는 것은 하나님과의 관계가 단절된다는 것을 의미한다. 하나님은 오직 마음을 하나님께로 향하게 하셔서, 그 말씀의 명령을 마음에 새기고, 그 말씀을 순종하여 항상 복을 받고, 그 복을 풍성히 누리기를 원하셨다.

모세오경, 특히 신명기의 말씀은 여호수아 이후에 하나님의 모든 백성들의 정신이요, 삶의 지침이요, 삶의 기준이 되었다.

■ 출애굽 경로

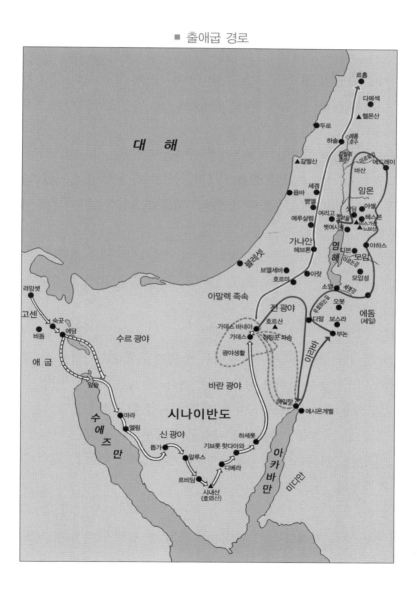

여호수아

여호수아서는 순종의 결과를 다룬 역사이면서 예언이다. 히브리 성경에서는 여호수아부터 열왕기까지를 전기 예언서로 분류하는데, 우리 성경에서는 여호수아서를 역사서로 분류한다.

여호수아서는 모세의 후계자 여호수아가 사역을 위임받은 후, 이스라엘 백성들을 이끌고 요단강을 건너가 가나안 땅을 정복하고, 12지파에게 땅을 분배하고, 실로에 성막을 세우는 등, 말씀을 순종하여 평탄하고 형통했던 정착 성막시대의 이야기이다.

하나님께서 모세와 함께하셨던 것처럼, 여호수아와 함께하시겠다고 약속하셨고, 강하고 담대하여 주야로 그 말씀을 묵상하고, 그 말씀을 지켜 순종하면 평탄하고 형통할 것을 약속하셨다.

여호수아는 이스라엘 백성과 함께 홍해를 건너듯이 요단강을 건너 길갈에 진을 쳤고, 그곳에서 할례를 행한 후, 가나안 땅에서 첫 번째 유월절을 지키는 감격을 누렸다.

여호수아와 이스라엘이 강하고 견고한 성, 여리고를 점령하지만, 아간의 죄(도둑질) 때문에 여리고성에 비하여 규모가 아주 작은 아이성에서 징계를 당하는 수모를 겪으면서 왜 말씀에 순종해야 하는지를 깨달은 후에는 두려워하는 마음으로 말씀을 순종하여 그 땅을 정복하고, 제비 뽑아서 각 지파에게 분배하고, 레위지파에게 성읍을 나누어 주었다.

여호수아서는 "오직 강하고 극히 담대하여 나의 종 모세가 네게 명령한 그 율법을 다 지켜 행하고 우로나 좌로나 치우치지 말라. 그리하면 어디로 가든지 형통하리니, 이 율법 책을 네 입에서 떠나지 말게 하며 주야로 그것을 묵상하여 그 안에 기록된 대로 다 지켜 행하라. 그리하면 네 길이 평탄하게 될 것이며 네가 형통하리라."(수1:7-8)는 약속의 말씀으로 시작하여 "여호와께서 그의 종 모세에게 명령하신 것을 모세는 여호수아에게 명령하였고, 여호수아는 그대로 행하여 여호와께서 모세에게 명하신 모든 것을 하나도 행하지 아니한 것이 없었더라."(수11:15)는 말씀으로 결론을 맺는다.

결론적으로 여호수아서는 모세를 통하여 명하신 모든 말씀을 순종함으로 평탄하고 형통했다는 순종의 역사 이야기이다.

1장부터 12장까지는 가나안 땅 정복과정을 기록하였고, 13장부터 22장까지는 정복한 땅의 분배 과정을 기록하였다. 23장부터 24장까지는 오직 하나님만을 신뢰하고, 그 말씀을 순종할 것을 권고한 여호수아의 마지막 고별설교이다.

• 1장–12장 가나안 땅의 정복과정

1장: 여호수아의 사역 위임과 소명

하나님께서 이스라엘 백성을 여호수아에게 맡기면서 홀로 두시지 않고 끝까지 함께 하실 것을 말씀으로 약속하시면서 조건을 제시하셨다. 강하고 담대하여 어떤 상황 속에서도 율법 책에 기록된 말씀을 순종하여 좌로나 우로나 치우치지 않고 지켜 행하면 어디를 가든지 평탄하고 형통하게 될 것을 약속하셨다.

모세로부터 갑자기 사역을 위임받아서 두려움과 부담을 갖고 있는 여호수아에게 백성들을 이끌어 갈 수 있는 영적인 권위도 세워주셨다.

2장: 여리고의 정탐과 기생 라합의 믿음

성서고고학의 대가인 브라이언트 우드 박사의 논문연구 자료에 의하면 당시의 여리고 성은 외벽과 내벽으로 이루어져 있었다. 외벽은 진흙벽돌로 높이 5m, 두께가

2m였고, 내벽은 높이가 14m 정도 되었다고 한다. 정말 난공불락의 구조를 지닌 이중 성벽이었다고 한다.

여리고 정탐을 통해서 2가지를 알게 해주셨다. 첫째는 하나님께서 이미 돕는 믿음의 사람 라합을 준비해 주셨다는 것과 두 번째는 여리고성 사람들이 하나님께서 이스라엘 백성들과 함께하셔서 싸워주신다는 소식을 듣고 간담이 다 녹게 하신 것이다.

정탐꾼들이 가서 확인한 것은 그것뿐이었다. 정탐꾼들은 구체적인 정탐보다 기생 라합에 의한 정보와 믿음에 의존한 것이 전부였다.

3장: 요단강을 건너 약속의 땅에 입성하는 이스라엘

하나님께서 여호수아에게 모세와 함께하셨던 것처럼 함께 하시겠다고 약속하시고, 언약궤를 앞장세우고 요단강을 건너라고 말씀하셨다.

■ 오늘날의 요단강

여호수아는 하나님의 말씀에 순종하여 12지파의 대표를 뽑고 언약궤를 따라 요단강을 건너가라고 선포하였다. 이스라엘 백성들은 말씀을 순종하여 홍해를 건너듯이 요단강을 마른 땅처럼 건널 수 있었다.

당시는 곡식을 거두는 시기, 곧 겨울 장마철이 끝나는 시기였기 때문에 요단강이 홍수로 범람하던 시기였다. 오늘날의 작은 하천 같은 요단강과 달리 강폭이 1.6km 정도나 되는 큰 강물이 흘렀다고 한다. 그러나 하나님께서 홍해를 가르듯이 요단강을 가르시고 마른 길을 만드셔서 가나안 땅으로 건너가게 하셨다. 이미 광야에서 순종해야만 산다는 것을 온 몸으로 배운 그들은 말씀에 순종하여 놀라운 이적을 경험하였다.

4장: 길갈의 12돌의 증거

요단강을 건넌 후 열두지파 대표들에게 강 한가운데 제사장들이 서 있는 자리에서 12개의 강돌을 가져오게 하였다. 그리고 그 돌을 세워 놓고, 후손들에게 증거를 삼았다. 강돌은 광야나 들판의 거친 돌(석회석)과 다르기 때문에 그 증거가 될 수 있었다. 이스라엘은 어떤 사건이 발행하면 주로 돌을 증거의 수단으로 삼았다.

5장: 길갈에서 할례와 유월절, 여호수아를 돕는 군대장관

요단강을 건넌 후 첫 번째 정착한 곳이 길갈이다. 출애굽 1세대들은 이미 다 할례를 받았으나, 광야 세대들은 할례를 받지 못했기 때문에 요단강을 건넌 후 길갈에서 가장 먼저 한 일이 할례 언약이었다. 그리고 가나안 땅에 입성한 후, 첫 번째 유월절을 그곳에서 지켰다. 가나안 땅에서 첫 유월절을 지킨 다음날부터 광야에서 40년 동안 먹었던 만나 공급이 그쳤고, 그 땅의 소산물을 먹기 시작하였다. 그리고 하나님께서 여리고 정복을 위해 여호와의 군대 대장을 보내주셨다.

6장: 여리고성의 함락과 기생 라합의 구원

하나님께서 견고한 성 여리고를 함락시킬 수 있는 방법을 말씀으로 가르쳐 주셨다. 하나님의 말씀에 순종하여 매일 한 바퀴씩 돌고, 제7일에는 일곱 바퀴를 돈 후에 함성을 외칠 때 견고한 성이 힘없이 무너졌고, 이 사실이 가나안 온 땅에 퍼지게 되었다.

허물어진 여리고 성에 집을 건축하는 자는 그 기초를 세울 때 맏아들을 잃게 되며, 문을 세울 때에 막내아들을 잃게 될 것을 경고하셨는데(26절), 실제 말씀하신 대로 아합 왕 때에 벧엘 사람 히엘이 여리고에 성 터를 쌓을 때 맏아들 아비람을 잃었고, 그 성문을 세울 때 막내아들 스굽을 잃었다(왕상16:34). 하나님께서 하신 말씀은 반드시 이루어짐을 보여 주셨다.

그리고 정탐꾼과의 약속대로 기생 라합과 그의 가정은 구원을 받았고, 그 기생 라합은 이후에 위대한 다윗 왕의 조상이 되었다.

하나님은 여호수아를 통해 여리고 성의 모든 탈취물을 구별하고 절대로 취하지 말 것을 경고하셨다.

7장-8장: 아간의 범죄와 아이성 점령

이스라엘 백성들은 여리고성을 함락시킨 여세를 몰아 자신만만하게 3천 명만을 이끌고 아이성을 치러 올라갔는데, 아이성은 여리고성에 비해 아주 작은 성이었다. 그러나 아간의 범죄로 말미암아 여호수아는 뼈아픈 패배의 아픔을 겪어야 했다. 여리고성을 칠 때, 절대 탈취물에 손대지 말 것을 경고했는데, 아간이 도적질하는 죄를 범했기 때문이다.

아간의 범죄와 아이성의 패배는 교훈하는 바가 컸다. 강력한 징계로 가나안 땅에서 절대 불순종과 거짓을 행하면 안 된다는 것을 보여 주신 것인데, 무엇이든지 첫 출발이 중요하기 때문이다.

아이성에서 고난을 당한 후, 온 이스라엘을 불러 제비 뽑아서 아간을 찾아냈고, 그 죄를 아골 골짜기에서 징계하였다. 징계를 당한 후, 회개하고 말씀을 순종하여 아이성을 점령하였다. 순종만이 살길임을 다시 한 번 확인해 주셨다.

9장-10장: 기브온 사람들의 구원

기브온 사람들은 왕도와 같은 크고 강한 성 사람들이었지만, 이스라엘의 하나님에 대한 소식을 듣고 놀라서 스스로 속이고 화친을 청하였다. 비록 그들이 속이고 항복했고, 이방인이었지만 하나님의 이름으로 맹세하였기 때문에 그 약속을 변개할 수 없었다. 그래서 하나님께서 그들을 구원하셔서 거룩한 하나님의 성막과 성전에서 물 긷고 장작 패는 봉사자가 되게 하셨다. 하나님의 이름으로 맺은 언약의 소중함을 일깨워 줬다.

10장: 기브온 사람들을 구원한 여호수아 - 가나안 남부 지방의 정복

가안 땅 남부 지역 부족 연합군들이 기브온 사람들이 항복한 것에 불만을 품고 보복전쟁을 일으켰다. 위기에 처한 기브온 사람들은 여호수아에게 긴급 구원을 요청하였고, 하나님께서 여호수아를 통하여 이방인이었던 기브온 사람들을 구원해 주셨다. 특히 여호수아가 그 전쟁을 위해 기도할 때 해를 멈춰 주시는 전무후무한 사건이 일어나기도 하였다. 그 전쟁으로 자연스럽게 예루살렘, 헤브론, 립나, 라기스, 에글론, 가사, 가데스바네아 등 가나안 땅 남부 지방을 점령하게 되었다.

11장: 북부지방 정복으로 모든 가나안 땅 정복 완료

여호수아는 계속 말씀을 순종하여 북쪽 하솔 지역부터 레바논 지역까지 가나안 땅 북부지역을 정복하였다.

"여호와께서 그의 종 모세에게 명령하신 것을 모세는 여호수아에게 명령하였고 여호수아는 그대로 행하여 여호와께서 모세에게 명하신 모든 것을 하나도 행하지 아니한 것이 없었더라."(수11:15).

12장: 여호수아가 정복했던 지역과 그 왕들

여호수아가 31명의 부족 왕들과 싸워 그 땅을 정복하였다. 12장에는 그 왕들의 이름을 구체적으로 나열하고 있다.

13장-22장 정복한 땅의 분배 과정

13장: 정복하지 못한 지역과 요단강 동편 기업분배

아직 정복하지 못한 땅을 열거하고, 그 땅도 다 정복해서 아홉 지파와 므낫세 반 지파에게 나누어 기업을 삼도록 명령하셨다. 민수기 32장에 등장한 것처럼 르우벤, 갓, 므낫세 반(1/2)지파에게 요단강 동쪽 땅을 분배하고, 그 땅의 경계를 정해 주셨다. 그러나 레위지파에게는 기업을 주지 않으셨다. 십일조와 헌물 곧 하나님이 그들의 기업이 되기 때문이었다.

14장-19장: 유다지파 갈렙의 땅 분배와 요단강 서편 기업분배

동쪽을 제외한 9지파와 므낫세 반지파에게 제비를 뽑아 정복한 지역을 분배하였다. 요셉의 몫은 그의 두 아들 에브라임과 므낫세에게 주었고, 레위인들에게는 거할 성읍과 가축과 재물을 관리할 들판만 주셨다.

14장은 40세에 가데스 바네아에서 정탐자로 참여했던 유다지파의 갈렙 이야기이다. 여호수아와 함께 시내산에서 출발한 20세 이상 되는 백성 중에서 광야 40년 생활 속에서 살아남은 사람은 갈렙 뿐이었다. 갈렙은 광야에서 모세를 통하여 주시겠다고 약속한 것을 상기시키고 여호수아에게 "이 산지를 지금 내게 주소서"라고 요구하였다. 85세의 나이에도 하나님께서 함께하시면 견고한 성읍과 아낙 자손도 이길 수 있다는 확신이 있었다. 확신한 대로 갈렙은 그 땅 헤브론을 정복하였다.

15장 유다지파, 16장-17장 에브라임과 므낫세지파, 18장-19장 베냐민, 시므온, 스블론, 잇사갈, 아셀, 납달리, 단지파에게 분배하였다. 그리고 18장에 드디어 가나안 땅 실로에 정착 성막을 세우게 되었다. 이 성막은 광야의 성막과 성전의 중간 모습이었다.

20장-21장: 도피성과 레위성읍 분배

실수로 사람을 죽인 경우 피의 복수를 피하도록 도피성을 예비해 주셨다. 요단강 동쪽 땅을 3등분해서 3곳(베셀, 길르앗 라못, 바산 골란), 요단강 서쪽 땅을 3등분해서 3곳(게데스, 세겜, 헤브론)에 도피성을 만들어 주셨다.

레위인들에게는 12지파의 땅에서 제비뽑아 48개 성읍을 나눠주셨다.

제사장 아론의 자손들	유다지파, 시므온지파, 베냐민 지파의 성읍 중에서 13성읍
그핫(고핫) 자손들	에브라임지파, 므낫세 반지파의 성읍 중 10성읍
게르손 자손들	잇사갈지파, 아셀지파, 납달리지파, 동쪽 므낫세 반 지파의 성읍 중 13성읍
므라리 자손들	르우벤지파, 갓지파, 스블론지파의 성읍 중 12성읍

■ 12지파 땅 분배

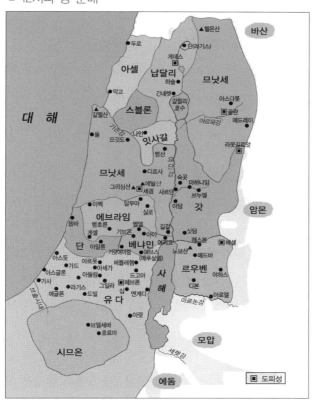

이렇게 레위지파에게 분배된 성읍은 13+10+13+12 = 48성읍이었다. 그중에 6개의 도피성이 포함되어 있다.

21장까지 말씀대로 땅 분배가 마무리되고, 여호와 하나님께서 이스라엘 백성에게 말씀하신 선한 일이 다 이루어졌다(수21:43-45).

22장: 요단강 동쪽 지파가 정복전쟁을 마치고 돌아감

요단강을 건너기 전에 요단강 동쪽 땅을 분배받았던 르우벤, 갓, 므낫세 반지파가 처음 언약대로 정복전쟁을 마치고 탈취 물을 분배받은 후 이미 얻은 땅으로 돌아갔다.

돌아가던 중에 요단강에 제단을 쌓았던 일로 서쪽 지파 형제들에게 오해를 사서 전쟁의 위험에 처하지만, 제단을 쌓은 이유가 동쪽지파도 이스라엘 12지파에 속해 있다는 사실을 후손들에게 확인시켜주고자 한 일이었다는 것을 확인한 후 오해가 풀렸다.

23장: 세겜에서 여호수아가 지도자들에게 당부한 고별설교

나이가 많은 여호수아가 지도자들을 모아놓고 마지막으로 부탁한 말씀이다. 하나님은 언약을 신실하게 지키시는 분이시므로 언약 백성들이 모세의 율법 책에 기록된 모든 언약의 말씀을 다 지켜 행하여 좌로나 우로나 치우치지 않고, 우상을 멀리하고 오직 하나님만을 사랑하고 섬겨야 복을 받게 됨을 일깨워 주었다.

그러나 말씀을 지키지 않고 이방 풍속을 따르면 그것이 올무와 덫과 옆구리의 채찍이 되고, 눈에 가시가될 것이며, 결국은 하나님의 보호를 받지 못하고 멸절 당하게 될 것을 경고하였다.

24장: 여호수아가 이스라엘 온 백성에게 당부한 고별설교

온 백성들에게 아브라함의 부르심과 언약, 그리고 출애굽하여 가나안 땅에 이르기까지 신실하게 언약을 지키시고 구원해 주신 하나님의 사랑과 은혜를 상기시키고, 오직 여호와만 섬겨 복 받을 것을 간곡히 당부하였다. 그리고 다시 하나님의 언약의 말씀을 확인시켜 주고, 언약에 맹세하게 한 후, 큰 돌을 세워 그 증거를 삼았다.

여호수아와 함께했고, 하나님께서 이스라엘에게 하신 일들을 보았던 세대들은 모두 하나님만을 섬겼고 그 말씀을 잘 지켰다고 기록하고 있다.

여호수아서의 핵심 메시지는 언약의 성취와 말씀의 순종이다. 광야에서 순종만이 살길이요, 축복의 길임을 눈으로 보고 체험으로 깨달은 이스라엘이 아간의 범죄로 고난을 겪었던 일이 큰 교훈이 되어 온 이스라엘이 하나님을 두려워하고 오직 하나님만을 섬겨 좌로나 우로나 치우치지 않고 오직 말씀을 순종하였다.

결국, 여호수아서를 통해 말씀을 순종할 때 하나님께서 항상 함께 하셔서 형통했다는 것을 증명해 주셨다. 그리고 하나님께서 가나안 땅 분배를 통해 모든 것을 다 만들어 주시는 것이 아니라 축복을 주시되 환경과 재료만 주신다는 것도 일깨워주셨다. 주시면 그것을 요리하고 작품을 만드는 것은 우리의 몫임을 깨닫게 하신 것이다.

그러나 그들이 가나안 일곱 족속을 완전히 내어 쫓지 않은 것을 아쉬움으로 남겨 놓았고, 결국 그것이 사사기에서 말씀하신 대로 옆구리의 가시가 되고, 올무와 채찍이 되었다.

사사기

사사기는 불순종의 결과를 다룬 역사이면서 예언이다. 사사(士師)란 말은 히브리어 '쇼프팀' 곧 '재판관들'이라는 말을 번역한 말인데, 히브리어 본문에는 동사로 쓰였을 뿐, 명사 '재판관'으로 기록한 경우는 없다. 다만 사사들이 얼마 동안 치리(Judge)했다고 해서 책 제목을 그렇게 붙인 것이다. 그래서 우리말로 번역하면서 재판보다는 통치자의 의미를 가지고 있는 '사사(士師)'라고 번역을 하였다.

출애굽기에서 재판을 맡은 천부장, 백부장, 오십부장, 십부장은 하나님 백성들의 일상의 삶을 말씀을 근거로 재판을 한 것이고, 사사기에 나오는 인물들은 하나님의 말씀을 불순종해서 이방 족속들의 침입을 받아서 위기에 처할 때, 그들을 물리치는 역할을 맡았던 자들이다. 그래서 사사기는 하나님의 심판을 다룬 책이다. 천주교 성경에서는 '사사기(士師記, Judges)'를 '판관기(判官記)'라고 이름을 붙였다.

사사기는 약속의 땅 가나안에 들어간 1세대, 곧 여호수아와 함께 광야에서 하나님의 능력과 인도하심을 친히 목격하고 체험한 세대들이 모두 죽은 이후, 가나안 땅에서 태어난 새로운 세대들의 이야기이다.

가나안 땅을 분배해 주셨지만, 완전한 정착은 아니었다. 아직 그 땅 가나안 사람들을 추방시켜야 할 과제가 남아있었다. 우리가 예수를 믿으면 구원 받지만, 아직 온전함을 이루지 못해서 속되고 죄악된 것들을 버리고. 자르고, 뽑아야 할 과제가 남아 있는 것과 같은 현상이다.

여호수아가 고별설교를 할 때 하나님만을 섬기기로 맹세했던 이스라엘 백성들이 자신들은 말씀을 떠나지 않고 신앙을 잘 지켰으나 자녀 교육에는 실패하였다.

하나님의 능력을 경험하고 말씀을 순종하는 것만이 살길임을 체험했던 여호수아와 광야 세대들이 다 죽은 후에 이스라엘에는 급격한 변화가 시작되었다. 하나님의 은혜와 능력과 말씀을 체험한 세대들은 자신들의 신앙에만 집착하고 자녀들을 말씀으로 제대로 양육하지 않았다. 그래서 가나안 땅에서 태어난 세대들은 말씀의 가르침을 받지 않아 하나님도 잘 모르고, 하나님의 말씀도 잘 몰랐기 때문에 그 지역의 농경문화와 그 지역의 토속 신들에게 동화되어 타락하고 말았다(삿2:6-10).

결국, 그들이 언약의 말씀을 버리고 타락하여 자기 소견의 좋을 대로 행함으로 모세오경의 말씀대로 하나님의 징계를 받게 되었다. 그들은 징계를 받으면 자신들이 버틸 만큼 버티다가 더 이상 버티지 못하면 결국 하나님을 찾기 시작했다. 하나님은 그들이 회개하고 부르짖으면 그들을 긍휼히 여기셔서 그들의 기도를 들으시고 그들을 구원할 사사들을 보내 주셨다(삿2:11-23). 그러나 그들이 하나님의 은혜로 태평을 누리게 되면, 또다시 타락하여 징계를 당하였고, 그들이 징계를 당하면서 고통 속에 부르짖어 기도하면, 다시 사사들을 보내주셨다.

그렇게 타락 ⇒ 징계 ⇒ 회개 ⇒ 사사들을 통한 구원이 12번이나 반복되었다. 그래서 12사사가 등장하였다.

어떤 상황 속에서도 하나님은 그들을 버리거나 떠나지 않으셨지만, 그들은 너무 쉽게 하나님을 배반했다. 왜 그렇게 되었는지 17장부터 21장까지 그 당시의 영적, 종교적, 사회적 배경을 설명해 주고 있다.

사사기를 통해서 말씀하시고 싶은 것은 말씀의 불순종과 타락이다. 그래서 1장부터 2장까지 타락하게 된 원인과 배경을 설명하고 있고, 3장부터 16장까지는 타락과 징계 그리고 회개와 사사들을 통한 구원이 반복해서 등장하고, 17장부터 21장까지는 거룩한 사역을 담당했던 제사장과 레위인들의 타락, 곧 지도자들의 타락으로 백성들이 타락하게 되어 재난이 임하게 되었다는 사사 시대의 배경을 설명해 주고 있다.

타락의 주된 원인은 기성세대들이 자녀들에게 언약의 말씀을 제대로 가르치지 않은데서 비롯되었다. 말씀을 가르치지 않았기 때문에 그들이 하나님을 잊을 수밖에 없었고 자연스럽게 세속에 물들 수밖에 없었다(사2:10-12). 1차 교육의 책임은 제사장과 레위인들 곧 지도자들에게 있었다. 지도자들이 타락했기 때문에 백성들을 제대로 돌보지도 못하였고 가르치지도 못하였다(사17장-21장). 2차 책임은 가정교육의 실패였다. 고대시대는 부모가 모든 것을 가르치는 교사의 위치에 있었다. 결국, 교육의 실패가 타락을 불러일으켰고, 징계를 받게 되는 원인이 된 것이다.

암울한 사사시대의 막을 내린 것은 사무엘을 통한 말씀의 회복이었다. 사사기에서는 말씀이 없는 시대에 하나님과 하나님께서 하시는 일을 몰라서 각자 자기 소견의 좋을 대로 행한 이스라엘이 결국 타락하여 암흑의 시대가 오게 되었다는 것을 보여주고 있다.

출애굽 이후 광야 생활이 끝나고 가나안 땅에 들어가서 살아갈 때, 어떻게 살아야 언약이 성취되고 복을 받게 되는지를 가르쳐 주신 것이 신명기의 예언이다. 가나안 땅에 들어간 여호수아 시대부터 신명기서의 예언이 구체적으로 적용되기 시작한다.

1장-3장6절: 여호수아 사후에 계속되는 정복전쟁과 타락의 배경

여호수아 사후에 가나안 땅에서 가나안 족속을 쫓아내라는 말씀을 불순종하여 그들을 쫓아내지 못하였다. 결국, 작심하고 남아있던 가나안 사람들과 우상의 문화가 옆구리의 가시가 되고 올무가 될 것을 경고하셨다.

2:6-10절에서는 기성세대들은 말씀을 잘 지켰으나, 자녀들을 하나님의 말씀으로 교육하는데 실패하였다. 그래서 2세대들이 하나님을 떠나 세속에 물들어 타락하였고, 말씀대로 노략 자들을 통하여 징계를 당하였다.

징계로 고통을 당하면 그들이 하나님께 회개하며 부르짖었다. 긍휼이 많으신 하나님은 그들의 기도를 들으시고, 사사들을 보내주셔서 구원해 주시지만, 계속 반복해서 타락하는 모습을 보여 주셨다. 그리고 사사들을 보내 주셔서 구원하게 된 배경을 설명하고 있다.

활동이나 기록내용이 많은 옷니엘, 에훗, 드보라(발락), 기드온, 입다, 삼손 등을 대사사로, 간단하게 등장하는 사사들을 소사사로 구분하였다.

❖ 사사 옷니엘(3:7-11) – 유다지파

말씀을 떠나서 우상을 숭배함으로 메소포타미아의 구산 리사다임에게 8년간 고난 당한 후에 옷니엘을 통해 구원받고 40년간 태평하였다.

❖ 사사 에훗(3:12-30) – 베냐민지파

말씀을 떠나 타락하여 우상을 숭배함으로 모압왕 에글론에게 18년간 고난을 당한 후에 에훗을 통해 구원받고 80년 태평하였다.

❖ 사사 삼갈(3:31)을 통해 구원하셨다.

❖ 사사 드보라, 바락(4:1-5:31) – 에브라임지파, 바락은 납달리지파

말씀을 떠나 타락하여 우상을 숭배함으로 하솔 왕 야빈의 손에 20년간 고난을 당한 후에 여선지자 드보라와 바락과 겐 사람 헤벨의 아내 야엘을 통해 구원하셨고, 40년간 태평하였다.

5장은 하나님의 구원을 찬양한 드보라와 바락의 찬양이다.

❖ 사사 기드온(6:1-9:57) – 므낫세 지파

말씀을 떠나 타락하여 우상을 숭배함으로 미디안 사람들에게 7년 동안 고난을 당한 후에 기드온의 구별된 300용사들을 통하여 구원하셨고, 40년간 태평하였다. 이스라엘은 기드온에게 다스려줄 것을 요청하지만, 이스라엘을 다스릴 분은 하나님

한 분뿐이라고 거절하였다.

그러나 기드온의 첩의 아들 아비멜렉이 스스로 교만해져서 기드온의 70명의 아들들을 모두 죽였고, 백성들은 기드온을 배신하고 세겜에서 아비멜렉을 왕으로 삼았다. 그중에 기드온의 막내아들 요담만 살아남았는데, 하나님은 그 요담을 통하여 하나님의 통치를 거부하고 아비멜렉을 왕으로 세운 세겜 사람들이 아비멜렉에 의해 불타 죽게 될 것을 예고했는데, 말씀대로 불타 죽었고, 아비멜렉도 여인의 맷돌짝에 맞아 죽고 말았다. 하나님을 거역하고 불순종한 결과였다.

❖ 사사 돌라(10:1-2) 잇사갈 지파, 23년간 통치하였다.

❖ 사사 야일(10:3-5) 므낫세 지파, 20년간 통치하였다.

❖ 사사 입다(10:6-12:7) 므낫세 지파

말씀을 떠나 타락하여 우상을 숭배함으로 블레셋과 암몬 자손에게 18년 동안 고난을 당한 후에 길르앗 사람 입다를 택하셔서 이스라엘을 구원하시고, 6년을 다스렸다. 입다는 요단강 동쪽 르우벤 지파의 땅을 문제 삼는 암몬사람들에게 먼저 평화를 외쳤다. 그리고 그 땅이 이스라엘이 출애굽 한 이후 300년간 사용하던 땅으로 영토분쟁이 없었음을 강조하고, 시비를 거는 그들을 물리쳤다. 그러나 입다는 하나님 앞에 성급하게 잘못된 서원을 하여 딸을 번제로 드리는 고난을 겪었다. 하나님의 이름으로 생각 없이 함부로 서원해서는 안 된다는 큰 교훈을 주셨다.

❖ 사사 입산(12:8-10) 유다 지파, 7년간 통치하였다.

❖ 사사 엘론(12:11-12) 스블론 지파, 10년간 통치하였다.

❖ 사사 압돈(12:13-15) 에브라임 지파, 8년간 통치하였다.

❖ 사사 삼손(13:1-16:31) 단 지파

40년간 블레셋 사람들에게 고난을 당할 때, 삼손을 사사로 세워 구원해 주셨고, 삼손은 20년간 다스렸다. 나실 인으로 구별된 사사일지라도 이방인들의 문화와 미혹에 약했음을 보여주고 있다. 삼손의 회개를 통해 그래도 하나님의 사랑은 계속됨을 보여주셨다.

17장-21장: 사사기의 배경, 레위지파의 타락과 백성들의 악행

사사들의 활동을 기록한 후에 17장부터 21장까지 왜 사사시대가 암흑시대가 되었는지 그 당시의 종교 사회적 배경을 설명하고 있다.

백성들을 거룩하게 교육시키고 지도하기 위해 레위인들을 세우고 48개 성읍을 구별하여 주셨는데, 그들이 자신의 위치를 지키지 못하고 사명과 역할을 다하지 못해 백성이 타락하여 십일조와 헌물을 드리지 않았다. 그 결과로 레위인들은 밥줄이 떨어졌고, 먹고 살길이 없어서 우상 제사장으로 팔려 다니는 우스운 꼴이 되고 말았다(17-18장).

그리고 가장 거룩해야 할 레위인이 첩을 두었고, 그 첩이 음행을 하고 타락했는데도 그 첩을 쫓아다니며 안식일도 무시하였다. 베냐민지파는 나그네를 영접하지도 않았고, 오히려 나그네에게 악을 행하고 음행으로 살인을 저질렀고, 그것을 빌미 삼아 원인을 제공한 베냐민 지파와 11지파가 서로 전쟁을 하여 엄청난 희생을 치르는 죄를 범하였다(레21장 참조).

그때에 이스라엘에 왕이 없으므로 사람이 각기 자기의 소견에 옳은 대로 행하여 생각하는 것마다 죄를 저질렀다(삿21:25).

사사기는 백성의 지도자가 타락함으로 백성들도 함께 타락하게 되는 예를 보여주었다. 지도자들이 타락해서 백성들을 말씀으로 바르게 가르치지 않아서 십일조와 헌물을 하나님께 드리지 않았기 때문에 레위인들의 몫이 사라지게 된 것이다.

결국, 하나님의 분깃인 십일조와 헌물을 먹고 살아야 했던 종교지도자들은(민18장, 신18장), 백성들이 십일조와 헌물을 드리지 않으므로 먹고 살길이 없어졌다. 그래서 먹고 살길을 찾아다니다가 탐욕에 마음을 빼앗겨 타락하게 된 것이다. 그 당시나 현재나 마찬가지이다.

구약성경의 끝부분인 느헤미야와 말라기 때와 사사시대와 흡사한 모습을 볼 수 있다.[37] 그래서 "그때에는 이스라엘에 왕이 없었으므로 사람마다 자기 소견에 옳은 대로 행하였더라."(17:6, 18:1, 19:1, 21:25)라는 구절을 반복해서 강조하고 있는 것이다.

여호수아서가 순종의 모델이었다면, 사사기는 불순종과 타락의 모델이 되었다.

〈사사기 사사들의 도표〉

순번	사사이름	지 파	평온, 다스림	본문
1	옷니엘	유다	40년 평온	3:7–11
2	에 훗	베냐민	80년 평온	3:12–30
3	삼 갈			3:31
4	드보라	에브라임	40년 평온	4:1–5:31
5	기드온	므낫세	40년 평온	6:1–9:57
6	돌 라	잇사갈	23년 다스림	10:1–2
7	야 일	므낫세	20년 다스림	10:3–5
8	입 다	므낫세	6년 다스림	10:6–12:7
9	입 산	유다	7년 다스림	12:8–10
10	엘 론	스블론	10년 다스림	12:11–12
11	압 돈	에브라임	8년 다스림	12:13–15
12	삼 손	단	20년 다스림	13:1–16:31

. . . .

37) "예루살렘에 이르러서야 엘리아십이 도비야를 위하여 하나님의 전 뜰에 방을 만든 악한 일을 안지라. 내가 심히 근심하여 도비야의 세간을 그 방 밖으로 다 내어 던지고, 명령하여 그 방을 정결하게 하고 하나님의 전의 그릇과 소제물과 유향을 다시 그리로 들여놓았느니라. 내가 또 알아본즉 레위 사람들이 받을 몫을 주지 아니하였으므로 그 직무를 행하는 레위 사람들과 노래하는 자들이 각각 자기 밭으로 도망하였기로, 내가 모든 민장들을 꾸짖어 이르기를 하나님의 전이 어찌하여 버린바 되었느냐 하고 곧 레위 사람을 불러 모아 다시 제자리에 세웠더니..." (느헤미야13:7–11)

■ 12지파 배치도

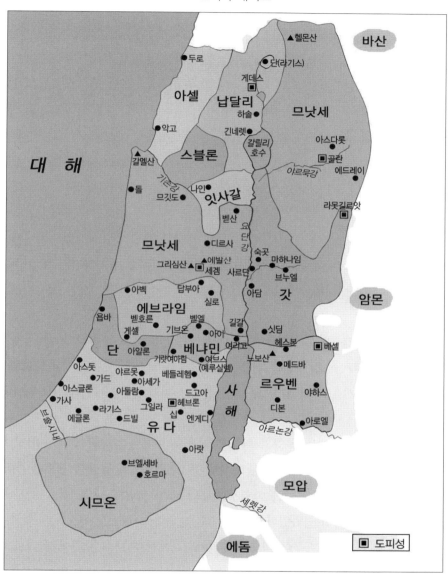

바산

▲헬몬산

●단(라기스)

두로 ●

게데스
▣

아셀   납달리   므낫세

하솔 ●

악고 ●

긴네렛 ●

스블론

갈릴리
호수

아스다롯 ●

▣골란

야르묵강

에드레이 ●

대 해

▲갈멜산

돌 ●

나인 ●

므깃도 ●

잇사갈

라못길르앗
▣

벧산 ●

요
단
강

디르사 ●

므낫세

숙곳 ●

그리심산▲ ▲에발산

▣세겜

사르단 ●

마하나임 ●

브누엘 ●

아벡 ●

답부아 ●

실로 ●

에브라임

아담 ●

갓

암몬

욥바 ●

벧호른

벧엘 ●

아야 ●

게셀 ●   기브온 ●

길갈

싯딤 ●

헤스본 ●

▣베셀

단

아얄론 ●

베냐민

여리고 ●

노보산 ●

메드바 ●

아스돗 ●

키럇여아림

여브스
(예루살렘)

가드 ●

야르못 ●

아세가 ●

베들레헴 ●

르우벤

아스글론 ●

아둘람 ●

드고아 ●

야하스 ●

가사 ●

라기스 ●

그일라 ●

▣헤브론

사
해

디본 ●

에글론 ●

드빌 ●

십 ●

엔게디 ●

유 다

아로엘 ●

아르논강

아랏 ●

●브엘세바

●호르마

모압

시므온

세렛강

에돔

▣ 도피성

■ **151**

룻기

룻기는 사사 시대의 배경 이야기이다.

1장: 유대 땅 베들레헴에 흉년이 임했는데, 가뭄과 흉년은 죄에 대한 징계였다(신 11:13-17). 그 당시 유대지파 베들레헴 사람 엘리멜렉과 나오미의 가정이 회개하고 하나님께 돌이킨 것이 아니라, 말씀의 약속과 약속의 땅을 버리고 모압 땅으로 도피하였다.

엘리멜렉의 두 아들 말론과 기룐이 이방 여인과 결혼하지 말라는 말씀을 불순종하여 룻과 오르바 두 이방 여인과 결혼 하였다(신7:3-4). 결국, 그곳에서 엘리멜도 죽고, 두 아들도 자식을 얻지 못한 채 죽었고, 나오미와 두 며느리만 남는 위기에 처했다.

10년 만에 남편과 두 아들을 잃고 희망을 잃은 나오미는 하나님께서 고향 땅 베들레헴에 궁휼을 베푸시고 복 주셨다는 소식을 듣고 고향으로 돌아갈 계획을 세우고, 두 며느리를 돌려보내려고 설득을 하였지만, 오르바만 모압에 남고, 룻은 한사코 시어머니를 따라가겠다고 고집하였다.

룻은 "어머니께서 가시는 곳에 나도 가고, 어머니께서 머무시는 곳에서 나도 머물겠나이다. 어머니의 백성이 나의 백성이 되고, 어머니의 하나님이 나의 하나님이 되시리니, 어머니께서 죽으시는 곳에서 나도 죽어 거기 묻힐 것이라, 만일 내가 죽는 일 외에 어머니를 떠나면 여호와께서 내게 벌을 내리시고 더 내리시기를 원하나이다."(룻1:16-17)라는 간곡한 효성과 신앙고백으로 나오미의 마음을 움직였고, 나오미는 룻과 함께 베들레헴으로 돌아왔다.

2장: 시어머니 나오미의 고향에 온 룻은 나오미를 봉양하기 위해 매일 보아스의 집에서 이삭을 줍는 성실한 효부였고, 보아스의 도움을 받았다.

3장: 시어머니 나오미는 착한 룻이 보아스와 가까워져서 기업을 이어받기를 원하였다. 룻은 나오미의 가르침을 따라 친족인 보아스를 가까이 하여 긍휼을 얻었다. 하나님께서 그의 신앙과 사랑과 헌신을 보시고 선하신 인도하심으로 그의 친족인 보아스를 만나게 하신 것이다.

4장: 결혼 후에 과부가 되면 가장 가까운 친족이 대를 잇게 하는 수혼 법(신25:5-6)에 따라 룻은 보아스보다 가까운 친족이 기업 잇기를 포기함으로 보아스와 결혼하여 나오미 가정의 기업을 이어 오벳을 낳았는데, 그는 다윗의 할아버지가 되었다.
룻은 비록 이방 모압 여인이었지만, 하나님을 사랑하고 부모와 이웃을 사랑하는 믿음으로 약속의 유업을 이어가는 은총을 입게 되었고, 다윗과 예수님의 계보에 오르는 영광을 얻게 되었다.

아브라함은 이삭을, 이삭은 야곱을, 야곱은 유다를, 유다는 며느리 다말에게서 베레스를, 베레스는 헤스론을, 헤스론은 람을, 람은 아미나답을, 아미나답은 나손을, 나손을 살몬을, 살몬은 기생 라합에게서 보아스를, 보아스는 룻에게서 오벳을, 오벳은 이새를, 이새는 다윗을 낳았다. 그래서 룻은 다윗의 증조할머니가 된 것이다.

룻기는 사사 시대의 타락과 회개와 회복에 관한 말씀이다. 비록 이방인일지라도 믿음으로 하나님께 나오면 구원 받았다는 특별한 메시지를 전해주신 것이다. 하나님께서 하시는 일은 혈통이 아니라, 하나님의 약속을 믿는 자들을 통하여 일하신다는 것을 보여 주신 것이다.

사무엘상·하, 열왕기상·하 배경

고대 히브리어 사본에는 사무엘상·하와 열왕기상·하가 모두 한 두루마리였는데, 70인 역으로 번역되면서 편리에 따라 인위적으로 네 권으로 나눠놓았다. 히브리 성경에서는 전기 예언서에 속해 있고, 70인역에서는 역사서로 분류해 놓았다.

사무엘상은 사무엘의 이야기부터 시작해서 사울과 다윗이 중심인물이 되는데 책명칭을 사무엘이라고 한 것은 이 책이 역사적 정보를 제공하는 것이 아니라 '예언'에 해당되기 때문이다.

탈무드에는 사무엘이 사무엘상·하를, 예레미야가 열왕기상·하를 기록한 것으로 전해지고 있지만, 현대 신학자들은 포로기 이후에 역사가 다 지난 후에 쓴 작품이 아닐까 추측하지만, 어디까지나 추측이다.

사무엘서와 열왕기의 역사적 배경은 사사시대 말기부터 왕국의 형성과 왕국의 멸망 곧 바벨론 포로기까지의 시기인데, BC 11세기부터 6세기 전반부에 이르는 약 500년의 역사를 담고 있다.

지중해 연안의 나라들이 연달아 왕국을 형성하는 분위기에 편승해서 이스라엘도 사사제도를 포기하고 백성들이 강력하게 왕을 요구하였다. 그래서 사무엘을 통하여 왕정이 세워졌다. 마지막 사사인 사무엘을 이어 왕정을 수립한 사울은 사사제도와 왕정제도의 과도기적 상황을 안고 있었다. 영토나 왕의 제도도 제대로 갖춰지지 않은 상태였다. 하나님께서 인정한 합법적 왕국은 헤브론에서 왕이 되었던 다윗 때부터이고, 다윗이 예루살렘으로 수도로 옮기고, 언약궤를 예루살렘에 안치한 때부터 완전한 12지파의 왕이 되었다.

사무엘상·하에는 사사시대와 왕정시대를 이어주는 사무엘이 등장한다. 사무엘은 타락한 엘리가 사사 겸 제사장으로 실로에서 봉직하고 있을 때, 한나의 서원기도로 낳은 아들이다. 한나가 서원한 대로 하나님께 드려진 사무엘은 하나님의 말씀을 회복시켰고, 사울 왕과 다윗 왕에게 기름을 부어 왕을 세운 선지자였다. 그는 사사이며, 제사장이었고, 선지자였다.

첫 번째 왕으로 세움을 입은 사울은 하나님의 말씀을 불순종함으로 버려졌고,[38] 다윗이 새로운 왕으로 기름부음을 받았다. 사무엘상은 사울과 다윗의 갈등 이야기와 다윗의 피난 이야기이고, 사무엘하는 사울이 전쟁에서 죽고 새롭게 출발한 다윗 왕조 이야기이다.

다윗 왕 이후 솔로몬으로 출발하는 열왕들의 이야기가 열왕기 이야기이다. 여러 지파로 형성된 이스라엘은 초기부터 말씀의 깊이가 없어 분열의 불씨를 안고 있었다. 그것이 솔로몬의 교만과 과도한 건축 사업을 통하여 불거져 나왔고, 솔로몬 사후에 나라가 남, 북으로 분단되었다. 분단되었지만 왕래가 자유로웠고 경계도 불분명했다. 서로 교류가 있었기 때문에 하나의 왕정과 비슷했지만, 경제나 인구나 면적은 북쪽이 훨씬 우월했다.

북 왕국은 시작부터 어그러졌다. 북 왕국의 창시자 여로보암은 하나님께서 다윗처럼 축복의 언약을 주셨지만. 하나님을 믿지 못하고, 말씀의 약속을 잊고, 육신의 탐욕에 사로잡혀서 자신의 백성들이 제사 때문에 남유다 왕국에 있는 예루살렘에 왕래하면 마음을 남유다 왕국에 빼앗길까 두려워했다. 그래서 예루살렘에 내려가지

. . . .

38) 하나님의 목적을 알고 그 말씀에 순종해야 하나님의 목적을 이룰 수 있는데, 불순종하면 하나님과 호흡을 맞출 수가 없고, 함께 하실 수도 없고, 도와줄 수도 없고, 목적을 이룰 수도 없다.

못하도록 단과 벧엘에 금송아지를 우상을 세우고, 제사장들과 레위인들을 추방시키고 아무나 자원자들을 제사장으로 세운 후, 그 금송아지를 하나님으로 섬기도록 하는 우상숭배에 빠졌고, 절기도 자기 맘대로 바꿔서 백성들이 하나님과의 관계를 단절시키고 말았다. 그 이후 불순종과 우상숭배로 인하여 왕조가 9번이나 바뀌었고, 19명의 왕들이 모두 여로보암의 불순종과 우상숭배의 죄에서 떠나지 않아 그 죄로 말미암아 징계를 당하고 멸망하고 말았다.

북 왕국은 오므리 왕조와 예후 왕조의 여로보암 2세 치하에서 남 유다와 비교할 수 없을 만큼 경제적으로 부강했지만, 오히려 성경에서는 다윗의 정통성을 잇는 남 유다 왕국이 우월한 것으로 기록하고 있다. 보는 관점의 차이라고 할 수 있다. 오므리 왕조와 예후 왕조는 우상숭배로 타락하였고, 풍요로울수록 더욱 타락했기 때문에 하나님의 관심에서 멀어진 것이다. 북 왕국은 두 왕조 이후에도 계속 타락의 길로 가서 결국 BC 722년경 앗수르 왕국에 의해 멸망하고 말았다. 사마리아가 함락된 후에 일부는 추방되고, 일부는 앗수르 사람들과 혼합되면서 이스라엘 민족의 정체성을 상실하게 되었고 성경에서 그 이름이 사라지고 말았다.

홀로 남은 유다 왕국은 아하스 왕을 이어 히스기야 왕 때까지 처음에는 친 앗수르 정책을 유지하다가 돌아서게 되었다. 그래서 앗수르 왕 산헤립이 유다지역을 초토화시키고, 예루살렘을 포위하고 조롱하면서 항복을 강요하지만, 선지자 이사야의 권고를 따라 하나님을 전심으로 의지해서 구원을 받았다. 그러나 그의 아들 므낫세는 아버지 히스기야의 정책에 반기를 들고 친 앗수르 정책을 폈는데, 그 타락의 결과로 BC 612년 앗수르의 니느웨가 멸망당할 즈음에 유다왕국은 애굽의 속국이 되고 말았다.

요시야 때부터 여호아하스, 여호야김, 여호야긴, 시드기야까지 애굽이 남유다왕국에 영향력을 행사하였다. 하나님의 말씀을 거부하고 끝까지 애굽을 의지하던 유다왕국은 결국 BC 605년, 597년 586년 3차에 걸쳐 바벨론에 포로로 잡혀갔고, 586년경에는 바벨론에 의해 예루살렘이 함락되어 짐승도 살 수 없을 정도로 처참하게 파괴되었고 성전은 불타버렸다.

사무엘-열왕기에서는 왕조의 탄생부터 멸망하기까지를 기록하였는데, 그 멸망의 원인은 하나님의 말씀을 불순종하여 하나님과 맺었던 언약을 배반하고 우상을 섬겼기 때문이었다.

대표적인 사례로 언약의 말씀을 변질시키고 금송아지를 숭배한 여로보암의 악행과 바알과 아세라를 끌어들인 아합과 이세벨의 악행을 내세웠다. 남유다 왕국에서는 므낫세를 가장 악한 왕으로 지목하고 있다. 북이스라엘의 모든 왕들은 악한 왕으로 평가하였으나, 남 유다 왕들은 다윗의 언약 때문에 비교적 긍정적인 평가를 내렸다. 가장 선한 왕으로 히스기야와 우상을 파괴하고 말씀을 회복하고 성전을 개혁한 요시야를 내세웠다.

전제적인 흐름을 통해서 말씀을 떠나 불순종하면 채찍을 들어 징계하시지만, 신명기 30장 말씀대로 회개하고 돌아오면 용서해 주시고, 기회를 주심으로 하나님의 언약과 언약의 말씀은 거짓이 없이 역사 속에서 성취되고 있음을 증명해 주었다.

사무엘상

　사무엘상은 사사시대 말기 타락한 엘리 제사장 때에 믿음의 사람 한나를 통하여 사무엘이 탄생하고 사무엘의 사역을 통하여 말씀이 회복되는 이야기로 시작된다.

　타락한 엘리 제사장은 제사장으로서 자신의 사명과 본분을 잊고 백성뿐 아니라 자식들에게 말씀을 가르치지 않아서 자식들이 제사장임에도 불구하고 하나님도 모르고 하나님 말씀도 모르는 악한 자로 키워서 자식을 불행하게 만든 제사장이었다. 자식들이 하나님의 제사를 욕되게 하고, 심지어 성전에서 음행을 하여 백성들의 원성을 사고 손가락질을 받지만, 엘리 제사장은 하나님보다 자식을 더 사랑하여 자식들을 바르게 세우지 못하였다. 결국, 하나님과 하나님의 말씀을 몰라서 분별력이 없어 죄를 범하던 엘리 제사장의 아들들은 하나님 앞에 크게 책망받고 하나님 말씀대로 블레셋과의 전쟁에서 언약궤를 빼앗기고 전쟁에서 죽었고, 그 충격으로 엘리 제사장도 죽고 말았다.

　반면에 자식이 없어 천대받던 한나는 하나님 앞에 서원하고 기도하여 얻은 자식을 약속대로 하나님 앞에 드렸고, 신실하게 말씀으로 양육을 하여 하나님의 사랑을 받고, 하나님의 말씀을 회복시키는 위대한 제사장이요, 선지자로 쓰임 받도록 키웠다.

　사무엘 때에 백성들이 주변 나라들처럼 자신들에게도 왕이 필요하다고 왕을 요구하였는데, 하나님께서는 하나님이 왕이시지만, 왕을 요구한 악한 백성들에게 왕 제도의 폐단을 가르쳐주었지만, 백성들이 막무가내로 왕을 요구하여 하나님은 사무엘을 통하여 신명기 17장 말씀대로 이스라엘 중에서 사울을 선택하여 왕으로 세워 주셨다.

처음에 왕궁이나 왕정조직, 왕정 경험도 없었기 때문에 다소 혼란이 있었지만, 암몬사람들과의 전쟁을 통하여 사울의 권위를 세워주셨다. 그러나 사울 왕이 어느 정도 권위가 세워지고 자리를 잡았을 때, 처음 세울 때의 겸손한 자세를 잃어버리고 말았다. 블레셋과의 전쟁과 아말렉과의 전투에서 자신의 본분을 잊고, 조급할 뿐 아니라 하나님보다 권력을 더 사랑하고 하나님보다 백성을 더 두려워하는 어리석음을 범하여 버림을 받고 말았다. 하나님은 사무엘을 통하여 사울을 대신하여 준비된 이새의 말째 아들 다윗을 기름 부어 이스라엘의 왕으로 삼으셨다.

기름부름 받은 다윗은 거인 골리앗과의 전투에서 두각을 드러내게 되고, 버림받은 사울 왕은 악령에 사로잡혀 시기와 질투로 죽을 때까지 자신의 권력 욕심을 버리지 못하고 자신의 권력을 지키기 위해 다윗을 죽이고자 하는 일에만 몰두하였다. 다윗은 사울을 죽일 기회가 있어도 하나님께서 기름 부어 세운 왕으로 존중했다. 하나님께서는 의로운 다윗에게 위대한 친구 사울의 아들 요나단과 그의 딸 미갈을 붙여 주셨고, 가는 곳마다 돕는 군사와 블레셋 왕 아기스를 붙여 주셨다.

다윗은 도피생활을 통하여 점점 왕으로서의 모습과 환경이 예비 되었고, 헤브론으로 올라가 왕이 되었다. 그러나 사울 왕은 하나님의 말씀대로 길보아산에서 블레셋과의 전투 중에 죽고 사무엘상이 끝난다.
본래 사무엘상·하가 한 권이지만 헬라어 성경인 70인역으로 번역되면서 편리상 두 권으로 분류해 놓았다.

사무엘상을 통하여 우리에게 주는 핵심 교훈은 신앙의 본질이 하나님의 말씀에 있으며, 그 말씀을 바르게 가르치고, 온전히 순종하는데 있으며, 말씀을 순종하는 삶은 믿음과 많은 연단의 과정이 필요함을 보여주었다.

1장-3장: 사무엘의 출생과 봉헌, 타락한 엘리 제사장과 그의 아들들

자식이 없어 애타던 한나는 자식을 주시면 하나님께 구별하여 드리겠다고 서원 기도를 하였다. 한나의 기도가 응답되어 엘리 제사장의 축복을 받고 아들 사무엘을 선물로 받았다. 한나는 하나님 앞에 서원한 대로 사무엘을 말씀으로 잘 양육해서 하나님께 드리는 모범적인 신앙의 모습을 보였다. 반면에 사사겸 제사장인 엘리는 자식을 하나님보다 더 사랑하고, 그 아들들은 제사장인데도 하나님을 모르고 타락한 신앙의 모습을 보여주었다. 결국, 이후에 엘리 제사장의 집안은 저주를 받아 역사 속에서 사라지게 된다. 하나님은 엘리와 그 아들들을 통하여 "하나님을 존중히 여기는 자가 존중히 여김을 받는다"는 사실을 일깨워주셨다(삼상2:30).

사사시대에 제사장들과 레위인들의 타락으로 말씀이 희귀했다(삼상3:1)는 것을 엘리 제사장을 통해 보여주셨고, 한나의 신앙과 사무엘의 온전한 신앙으로 말씀이 회복됨을 보여주셨다(삼상3:19-21).

4장: 언약궤를 빼앗김, 엘리의 아들들과 엘리 제사장의 죽음

엘리 제사장의 아들들은 제사장이지만 하나님을 알지 못했다(2:12). 그래서 그들은 블레셋과의 전쟁 중에 상황이 불리해지자 하나님과 엘리 제사장에게 묻지도 않고 멋대로 전쟁터에 언약궤를 가지고 갔다가 블레셋 사람들에게 언약궤를 빼앗기고, 그들도 죽고 말았다. 하나님을 잘 모르는 엘리 제사장의 아들들이 언약궤를 신으로 착각한 어리석은 사건이었다. 그 엄청난 소식을 들은 엘리 제사장도 의자에서 넘어져서 목이 부러져 죽고 말았다. 예고하시고 말씀하신 대로 이루어진 것이다.

5장-7장 2절: 블레셋 사람들과 언약궤, 돌아온 언약궤

블레셋에 7개월 동안 머물렀던 언약궤는 블레셋의 신 다곤을 치고, 블레셋의 대표적인 도시인 아스돗, 에글론, 아스글론, 가드, 가사 지방을 독종으로 치셨다.

■ 다곤신

이를 못 견딘 블레셋 사람들이 속건제를 드리고 언약궤를 수레에 실어 벧세메스로 보냈는데, 본성을 거스르지 않는 멍에를 메지 아니한 젖 나는 암소를 이용해서 자신들에게 임한 재앙이 하나님에 의한 것인지 우연히 발생한 것인지를 시험하였다. 벧세메스 사람들은 하나님의 말씀을 알지 못해서 언약궤를 들여다보았다가 죽는 불행한 사고가 일어나고 언약궤는 기럇여아림으로 보내졌다.

7장 3절-17절: 사무엘이 이스라엘을 다스리다.

기럇여아림으로 보내진 언약궤는 그곳에서 20년 동안 머물러 있었다. 사무엘은 이스라엘 온 백성을 향하여 우상을 제하고 하나님만을 섬겨야 하나님의 보호를 받을 수 있다는 것을 권고하였고, 권고대로 우상 아스다롯을 제하였다. 블레셋 사람들이 치러 올라왔을 때, 하나님께서 사무엘의 기도를 응답해 주셔서 미스바에서 물리쳐 주셨다. 그래서 그곳을 하나님께서 도우셨다하여 에벤에셀이라고 하였다.

사무엘이 해마다 벧엘과 길갈과 미스바로 순회하면서 이스라엘을 다스렸고, 라마로 돌아와서 거기서도 이스라엘을 다스렸다.

초대 왕 사울

8장-11장: 백성들의 요구로 사울을 왕을 세우고 권위를 세워 주셨다.

사무엘이 통치를 잘하였으나, 그의 아들들이 기대에 못 미쳐서 백성들이 왕을 요구하였다. 사무엘과 하나님은 왕 제도의 문제점을 들어 반대하지만, 그들이 완강한 요구로 신명기 17장의 말씀을 근거로 기스의 아들 사울을 왕으로 세웠다.

나귀새끼를 찾으러 갔다가 사무엘을 만나 왕으로 기름부음을 받고 왕이 되었지만,

아직 왕정체제가 전혀 세워지지 않았다. 왕이 되었지만, 왕의 역할도, 왕궁도, 조직도 제대로 세워지지 않아서 왕으로서의 권위도 전혀 없는 상태였다. 그때에 암몬 사람들이 전쟁을 일으켰는데, 하나님께서 그 전쟁을 통해 사울의 권위를 세워주셨고, 비로소 길갈에서 사울을 공식적인 왕으로 세우고 왕정체제가 갖춰지기 시작하였다. 하나님은 누구를 세우든지 세우면 권위도 함께 세워주신다는 사실을 알 수 있다.

12장 사무엘의 고별설교

왕정 제도가 세워지고 사울 왕이 이스라엘을 다스리게 됨으로써 사무엘은 자신의 사역을 마무리하면서 이스라엘을 향하여 고별설교를 하였다. 신실하게 말씀대로 치리하였던 자신을 당당하게 상기시키면서 출애굽 과정과 가나안 땅 정착과정과 사사들의 구원활동을 들어 오직 하나님만을 섬기고 그 말씀을 순종할 것을 강력하게 권고하였다. 그리고 본인은 사사로서 나라를 치리하는 일은 사울 왕에게 주어졌으니, 제사장과 선지자로서 기도하고 가르치는 일에만 집중하여 사명을 다할 것을 다짐하였다.

13장-15장: 사울왕의 사역과 불순종

사울이 40세에 왕이 되고, 2년 후에 통치의 시험대에 올랐다. 사울은 왕정을 개척해야 하는 부담을 안고 있었다고 볼 수 있다. 그 당시는 상비군도 궁궐도 궁궐관리도 제대로 갖춰지지 않은 시기였다.

사울 왕은 블레셋과의 전쟁에서 조급한 성격 때문에 하나님과 사무엘을 신뢰하지 못하고 자신이 제사를 드리는 죄를 범했고, 어리석은 서약으로 이스라엘을 곤경에 빠뜨리는 우를 범하고 말았다. 그리고 결정적으로 아말렉을 진멸하라는 하나님의 말씀을 자기 생각과 백성을 두려워하는 마음 때문에 불순종하고 말았다. 그는 매사에 하나님과 함께 하나님의 뜻과 목적을 이루어 가는데 합당치 않아서 버림을 받고 말았다. 말씀을 순종해야 하는 이유는 그 말씀 속에 하나님의 의도와 목적이 담겨져 있기 때문이다.

새롭게 기름부음 받은 다윗의 등장

16장-17장: 기름부음 받는 다윗, 사울을 섬기는 다윗

사울을 버린 하나님은 사무엘을 통해 이새의 집안에 막내아들 다윗을 찾아 기름을 부어 왕으로 삼으셨다. 기름 부음을 받았지만, 당장 왕이 되지는 못했다. 음악을 잘하는 다윗은 악신에 시달리는 사울을 음악으로 섬기기도 했다.

하나님은 기름부음 받은 다윗을 높이시기 위해 평소에 훈련되고 준비된 다윗을 골리앗 앞에 세우고, 골리앗을 물매돌과 막대기 하나로 물리치게 함으로 기름부음 받은 자의 권위를 세워 주셨다. 이후에 군장으로서 승승장구함으로 백성들의 인기를 독차지하게 되지만, 사울 왕의 시기를 받아 쫓기는 몸이 되었다. 왕으로 기름 부음을 받았지만, 아직 인정받는 왕은 아니었다.

18장-28장: 요나단과 다윗, 사울에게 쫓기는 다윗

다윗이 왕으로 기름부음 받은 후에 사울의 질시를 받아 쫓기는 몸이 되어 놉, 아둘람, 마온, 시글락 등지로 피난 생활을 하지만, 목숨처럼 사랑하는 사울의 아들 요나단과 제사장 아히멜렉, 블레셋 왕 아기스의 도움을 받아 위기를 모면하였다. 나발의 아내 아비가일이 도움을 주고 나중에는 그의 아내가 되었다.

다윗이 고난의 세월을 보내는 과정에 하나님께서 돕는 자들을 붙여 주셨다. 다윗이 무의미하게 쫓겨 다니는 시간 같아 보였지만, 하나님께서 준비하신 일이었음을 알 수 있다. 다윗은 많은 세월 도망 다녔지만, 목숨을 걸고 다윗을 돕겠다는 훌륭한 인재들을 얻을 수 있었고, 많은 환난 속에서 더욱 하나님을 신뢰하는 믿음으로 무장되었다. 이 도피 시절에 고난 가운데 어디를 가나 함께 하시고, 지켜 주신 은혜와 사랑에 감사한 감사와 찬양의 시, 탄원과 탄식시를 썼는데, 그 시와 찬양이 시편이다.

다윗은 사울을 죽일 수 있는 기회가 여러 번 있었지만, 자신의 손으로 하나님께서 기름 부은 자를 죽이지 않았다.

29-31장: 블레셋으로부터 구원, 아말렉과 전쟁, 사울과 요나단의 죽음

다윗이 위기에 처했을 때, 블레셋을 동원해서 사울과 전쟁케 함으로 위기에서 건져 주셨고, 블레셋의 아기스 왕의 도움으로 사울과의 충돌을 피하게 하시고 블레셋 휘하에 있는 시글락에서 아말렉을 물리치면서 왕정 기초를 다지게 하셨다.

그 사이에 사울은 길보아산에서 블레셋과의 전투에서 말씀의 책망대로 죽었고, 그 시체는 벧산 성벽에 처참하게 못 박혔다. 길르앗 야베스 사람들이 사울의 시체를 내려다가 장례를 치러주었다. 기르앗 사람들은 사사기 21장 12절에 등장하는 것처럼 베냐민 지파와 사돈 간이라서 친 사울파였다고 한다.

하나님의 말씀을 불순종하여 하나님의 신이 떠난 사울은 육신의 혈기와 이기심, 질투에 사로잡혀 살다가 하나님께서 말씀으로 경고하신 대로 비참하게 패망하고 말았다.

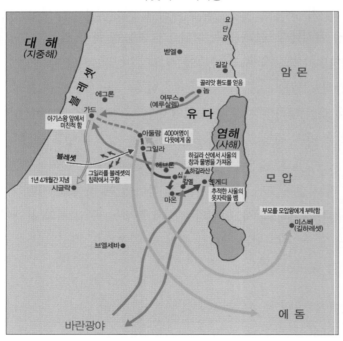

■ 다윗의 도피여정

사무엘하

사무엘하는 처음부터 끝까지 다윗 이야기이다. 특히 사무엘상·하에서 다윗은 수많은 사건들을 겪으면서 하나님을 찬양하는 감사와 찬양의 시, 위기에서 탄원하는 탄원의 시, 탄식하는 탄식 시를 썼다.

다윗은 파란만장했던 시간들을 보내고 드디어 헤브론에서 유다족속의 왕이 되었다. 사울의 아들 이스보셋도 사울을 이어 이스라엘의 왕이 되었지만, 군장 아브넬이 배신하고, 다윗에게 나라를 바쳤고, 아브넬은 다윗의 군장 요압에 의해 살해되었다. 다윗은 혈기가 많은 요압 때문에 매사에 위기를 겪게 된다.

다윗은 예루살렘을 정복하고 수도를 헤브론에서 예루살렘으로 옮겼고, 헤브론에서 7년 6개월, 예루살렘에서 33년을 다스렸다. 다윗은 예루살렘으로 언약궤를 모셔와서 하나님 중심으로 왕국의 기초를 튼튼히 세우고, 하나님과 견고한 은혜의 언약을 맺었다.

잘 나가던 다윗이 우리야의 아내 밧세바를 취하는 범죄와 우리야를 전쟁터에서 죽게 하는 범죄 때문에 선지자 나단의 책망을 받고 하나님 앞에 무릎을 꿇고 처절하게 회개하였는데, 그 회개시가 시편 51편이다.

다윗은 범죄로 말미암아 어린 자식이 죽고, 자식이 자식을 강간하고, 자식이 자식을 죽이고, 자식이 반역을 하는 등 범죄에 대한 값을 혹독히 치러야 했다. 그러나 다윗은 하나님을 원망하지 않았고, 하나님께서는 여전히 하나님을 사랑하는 다윗의 편이 되어 주셨다. 다윗은 엄청난 아픔과 고통 속에서도 더 겸손하게 하나님을 의지하는 의인이었다. 고난을 당하던 다윗은 놀라운 은혜와 능력을 경험했지만, 평안하고 풍요를 누릴 때는 죄의 유혹으로 고난을 당하는 것을 보여 주었다.

다윗은 마지막에 승전 감사시를 썼는데, 그 시가 시편 18편이다. 다윗은 고별 설교에서 공의로 다스리고 하나님을 경외함으로 다스리는 자는 돋는 아침 해와 같고, 구름 없는 아침 같고, 비가 온 후의 광선으로 땅에서 움이 돋는 새 풀과 같아서 구비하여 부족함이 전혀 없게 하시고, 모든 소원을 들어주시지만, 악한 자는 가시나무 같아서 붙잡을 수도 없고 결국 불사름이 될 것을 경고하였다.

사무엘·하의 마무리는 다윗이 번성함으로 교만해서 계수를 하다가 갓 선지자에게 책망을 받고 3일간 전염병으로 징계를 당하지만, 눈물로 회개하고, 아라우나(오르난) 타작마당에서 번제와 화목제를 드림으로 용서받는 것으로 마무리된다.

1장: 사울과 요나단을 위한 애곡

자신을 쫓던 사울과 자신의 친구 요나단을 위해 애곡 하는 의인 다윗의 모습을 그리고 있다. 다윗은 끝까지 하나님께서 기름 부은 자를 자신의 손으로 죽이지 않은 의인이었다.

2장-4장12절: 헤브론에서 유다 왕이 된 다윗, 이스라엘 왕 이스보셋

파란만장했던 다윗이 드디어 하나님의 말씀을 순종하여 헤브론에 올라가서 유다 족속의 왕이 되었다. 사울의 아들 이스보셋도 사울을 이어 이스라엘의 왕이 되었다. 이스라엘의 군장 아브넬이 이스보셋을 배신하고 다윗에게 나라를 바치지만, 아브넬이 다윗의 군장이었던 요압에 의해 살해되었는데, 이 사건 때문에 다윗이 오해를 사서 위기에 처하지만, 진실함과 애통함이 백성들에게 전달되어 위기를 넘길 수 있었다. 혈기가 많은 요압은 매사에 다윗에게 필요하면서도 근심거리가 되었다.

4장에서 이스보셋도 반역한 부하들에 의해 살해되었다. 모두 하나님께서 말씀하신 대로 되었고, 이제 다윗이 온 이스라엘의 왕이 될 수 있는 준비가 되었다.

5장-10장: 다윗 예루살렘에서 왕이 됨, 다윗 성으로 언약궤 옮김

사울의 아들 이스보셋이 죽고, 다윗이 여부스 성이었던 예루살렘을 정복하고 그곳으로 수도를 옮겼다(5:6-10). 다윗은 헤브론에서 7년 6개월, 예루살렘에서 33년, 그래서 총 40년간을 다스렸다(5:4-5).

다윗이 블레셋과 싸워 이기고, 여부스의 성 예루살렘을 정복하여 다윗 성을 세운 후, 기럇여아림으로부터 언약궤를 모셔 와서 다윗 왕국의 기초를 하나님 중심으로 튼튼히 세웠다. 하나님은 선지자 나단을 통해서 다윗과 견고한 은혜의 언약을 맺었고(7:1-17), 다윗은 이에 감사하면서 언약을 지킬 것을 맹세하고 언약대로 이루어 주시기를 기도하였다(7:18-29).

11장-19장: 다윗의 범죄와 하나님의 채찍

다윗이 암몬 사람들과의 전쟁 중에 궁중에 남아서 우리야의 아내 밧세바를 취하는 죄를 범하였고, 밧세바가 임신을 하자 우리야를 맹렬한 전쟁터에 보내어 죽게 하는 큰 죄를 범하고 말았다.

다윗은 이 사건으로 선지자 나단을 통해 아주 엄한 책망을 받았는데, 다윗은 사람들을 의식하기보다는 겸손하게 하나님 앞에 넙죽 엎드려 회개하여 용서를 받았다. 그 회개시가 시편 51편이다. 그러나 그 범죄에 대한 값은 혹독히 치러야 했다. 하나님은 죄는 용서하시되 그 죄의 값은 지불하게 하신다는 것을 보여 주셨다.

다윗은 범죄 이후에 너무 아픈 상처와 고난을 당하였다. 아내 밧세바가 낳은 아들이 죽었고, 큰아들 암논이 딸 다말을 강간하였고, 다말의 친오빠 압살롬이 암논을 죽였고, 아들 압살롬이 아버지를 반역하였다. 압살롬은 백성들이 보는 앞에서 아버지의 후궁들과 동침하였고, 아버지 다윗을 죽이겠다고 칼을 들고 뒤를 쫓았고, 충신들이 배신하는 불행한 사건이 일어난 것이다.

그러나 하나님께서는 여전히 다윗의 편이셨다. 압살롬과 뛰어난 지략가인 아히도벨의 모략을 다윗의 충신 후새를 통해 막아 주셨다. 압살롬은 다윗의 군사들과의 전쟁에서 패하여 죽었다. 위기를 이긴 다윗은 승리보다 자신의 범죄 때문에 아들을 잃은 슬픔이 더 컸다. 그러나 요압과 그의 군사들은 그 깊은 뜻을 헤아리지 못하고 원망만 하고 있었다.

아픔 속에서도 다윗은 더 겸손하게 하나님을 의지함으로 의인의 모델이 되었다. 반역으로 돌아섰던 민심도 돌아왔고, 저주하던 시므이도 용서하고, 므비보셋도 받아들이고, 위기 때 도움을 주었던 바르실래를 축복하였다. 다윗은 하나님께서 주신 승리에 피를 흘리지 않는 의인이었다.

19장 40절 - 20장 세바의 반역

다윗이 아들과의 전쟁에서 아들이 죽는 아픔을 안고 돌아올 때, 이스라엘 10지파와 유다지파 간에 충성경쟁이 벌어졌다. 세바가 불만을 품었던 이스라엘의 마음에 불을 질러 반역했지만, 하나님께서 막아주셨다. 다윗에게 하나님은 늘 의지가 되시고, 피난처이시고, 반석이시고, 요새이셨다.

21장: 기브온 사람들의 억울함을 들어주심, 전쟁에 함께했던 장수들

다윗은 전쟁이 마무리된 후, 삼년 기근을 겪었다. 그 원인은 여호수아 때 기브온 사람들이 하나님과 맹세하고 언약을 맺었었는데(수9장), 그들이 유다지파에게 충성한다는 이유로 사울왕이 하나님과의 약속을 무시하고 기브온 사람들을 죽였기 때문이었다. 다윗은 사울 족속을 기브온 사람들에게 내어 주어서 피 값을 갚게 하여 억울함을 해결해 주었다. 다윗이 사울과 요나단을 뼈를 그들과 함께 장사지낸 후에 비로소 하나님께서 그들의 기도를 들어주셨다. 하나님께서는 오래전에 지나간 작은 약속하나도 잊지 않으시고 소중하게 여기심을 일깨워 주셨다.

그리고 이후에 블레셋과의 전쟁에서 다윗을 도왔던 장수들을 소개하고 있다.

22장: 다윗의 승전 시

시편 18편에도 기록된 승전 시이다. 다윗에게 여호와 하나님은 반석이시요, 요새이시고, 구원자이시며, 언제나 함께 하셔서 싸워주시고, 이기게 하시는 하나님이셨다. 하나님께서 다윗이 승리하도록 도와주신 것은 다윗이 말씀을 떠나지 않았고, 의로웠고, 깨끗하였기 때문이라고 스스로 고백했다. 그리고 다윗의 원수들은 의지가 없지만, 다윗은 항상 자신을 위해 싸워 주시고, 구원해 주시는 하나님이 계시기 때문에 항상 감사하고 찬양해야 함을 고백했다.

23장: 다윗의 고별설교와 다윗과 함께 했던 용사들

다윗의 고별 설교 내용이다. 공의로 다스리고 하나님을 경외함으로 다스리는 자는 돋는 아침 해와 같고, 구름 없는 아침 같고, 비 온 후의 광선으로 땅에서 움이 돋는 새 풀과 같아서 구비하여 부족함이 전혀 없게 하시고, 모든 소원을 들어주신다. 하지만 악한 자는 가시나무 같아서 붙잡을 수도 없고 결국 불사름이 될 것을 경고했다.

고난의 세월에 생사고락을 함께했던 자랑스럽고 용맹스러운 다윗의 용사들을 소개했다. 하나님께서는 하나님의 말씀을 순종하고, 의를 행하는 자들에게는 늘 훌륭한 사람들을 붙여 주셨다.

24장: 다윗의 두 번째 범죄 – 인원계수, 자기과시

다윗이 번성함으로 교만해져서 자신의 업적을 과시하려다가 갓 선지자를 통해 책망을 받고 징계의 채찍을 맞게 되었다. 다윗은 갓 선지자를 통해 7년 기근의 채찍, 대적으로부터의 3년간 도피의 채찍, 3일간의 전염병 재앙의 채찍 중에 어떤 채찍을 맞을 것인지 선택을 요구받았다.

다윗은 하나님을 너무 잘 알기 때문에 3일간 전염병의 채찍을 선택하였고, 전염병으로 많은 사람이 죽어갔다. 하지만 다윗은 즉시 하나님께로 나아가 눈물로 회개하고, 선지자 갓의 말대로 아라우나(오르난)에게서 은 오십 세겔로 타작마당과 소를 사서 번제와 화목제를 드렸다. 결국, 하나님께서 다윗의 기도를 들으시고 재앙의 채찍을 거두어 주셨다. 죄를 짓고 도피하기보다 채찍을 맞아도 하나님께 맞겠다는 다윗의 신앙을 보여 주셨다.

■ 다윗이 정복했던 다윗 왕국

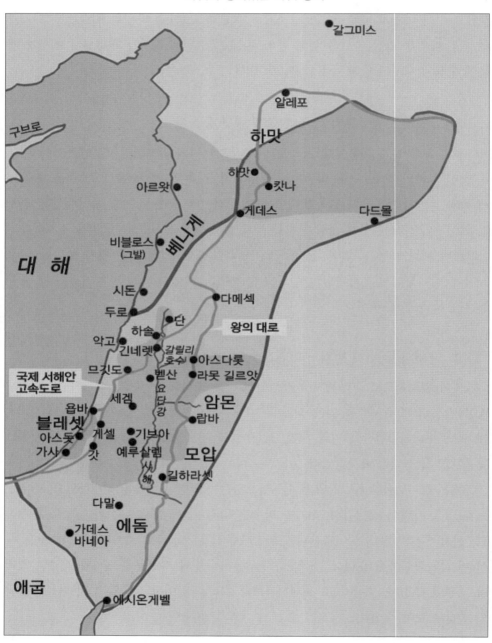

갈그미스

알레포

하맛

구브로

아르왓

하맛
캇나

게데스

다드몰

비블로스
(그발)

베니게

대 해

시돈

두로
하솔
단
다메섹

악고
긴네렛
갈릴리
호수
아스다롯

왕의 대로

므깃도
벧산
라못 길르앗

국제 서해안
고속도로

세겜
요
단
강
암몬

욥바
람바

블레셋
게셀
기브아

아스돗

가사
갓
예루살렘
모압

사
해
길하라셋

다말

가데스
바네아
에돔

애굽

에시온게벨

열왕기상

다윗의 일대기가 마쳐지고, 솔로몬이 왕을 계승하여 다윗의 숙원사업이었던 성전을 건축하고 번영하지만, 솔로몬의 교만과 타락으로 나라가 남북으로 두 조각이 나고, 북이스라엘과 남유다 왕국이 여로보암의 죄와 아합의 범죄로 인하여 위기에 처하게 된다.

그래서 하나님께서 그들을 일깨우고 회개시키기 위해 긴급 메신저들을 보내셨는데, 그들을 선지자라고 한다. 열왕기에 대부분의 선지자들이 등장하는데, 성경을 기록한 선지자들도 있고, 엘리야나 엘리사처럼 사역에만 등장하는 선지자들도 있다.

열왕기는 열왕들의 이야기지만, 열왕들의 삶과 역사를 모두 다루지는 않고, 하나님께서 말씀하시고자 하는 부분만 의도적으로 기록하였다.

구약 성경 중에서 모세오경과 함께 가장 많은 분량을 차지하는 부분이 열왕기상·하이다. 성문서와 포로 귀환 시기에 쓰인 학개 스가랴 말라기를 제외한 구약의 모든 예언서가 열왕기 시대에 속해 있기 때문이다.

열왕기상의 이야기는 다윗이 아도니야의 반역을 막고 선지자 나단과 함께 솔로몬을 왕으로 세우는 것으로 출발한다. 솔로몬은 왕이 된 후에 가장 먼저 다윗의 유언대로 아도니야와 시므이와 요압 등 정치적 앙금을 모두 제거하고, 하나님께 일천번제를 드린 후, 백성을 잘 다스릴 수 있도록 듣는 마음과 분별력을 구하여 지혜의 왕이 되었고, 부귀와 명예까지 얻어 최고의 번영을 누렸다.

솔로몬은 두로 왕 히람의 도움을 받아서 7년에 걸쳐 성전을 건축하고 언약궤를 모신 후에 14일간 성대한 봉헌식을 하였다. 하나님은 이방 우상처럼 컴컴한 성전 건물 안에 거하시는 작은 동네 잡신이 아니다. 하나님은 성전 안에 거하시는 분이 아니라 하나님의 이름과 마음과 눈이 머무는 곳임을 분명히 가르쳐 주셨고, 하나님의 말씀을 불순종하면 아무리 하나님의 이름과 명예를 둔 성전일지라도 집어 던질 것을 경고하셨다.

솔로몬은 신명기(17:16-20)에 경고한 말씀을 어기고, 권력과 부와 여자를 의지하여 타락함으로 징계를 당하고 나라가 남북으로 분열되었다. 인간은 아무리 위대하고 지혜롭고 능력이 있어도 말씀을 불순종하면 타락할 수밖에 없는 연약한 존재이다.

솔로몬의 사후에 르호보암이 남 왕국의 왕이 되었고, 여로보암은 북쪽 왕이 되었다. 여로보암은 남쪽 경계인 벧엘과 북쪽 경계인 단에 금송아지를 만들고, 레위인들과 제사장들도 추방하고, 일반 백성으로 제사장을 삼고, 절기도 바꾸는 죄를 범하였다. 여로보암의 죄가 전통이 되어 죄의 꼬리표가 북 왕국 왕들을 끝까지 따라다녔고, 그로 인해 징계를 당하였다.

시므리 왕 때에 왕궁 디르사가 불타서 오므리 왕 때에 사마리아 성을 건설하고 수도로 삼았다. 오므리 왕조는 앗수르의 문헌에도 기록될 정도로 강성했지만, 성경에는 오므리 왕보다는 아합 왕의 타락에 초점을 둠으로써 성경이 역사적 정보보다 신앙에 초점을 두었다는 것을 알 수 있다.

북이스라엘은 여로보암에 의해 만들어진 금송아지와 아합이 바알 제사장의 딸 이세벨과 결혼하여 끌어들인 바알 신앙으로 더욱 타락하였다.

아합 왕 때에 바알 우상숭배로 북이스라엘이 크게 타락함으로 하나님께서 긴급히 엘리야 선지자를 보내주셨고, 바알 선지자들과의 기도대결에서 바알이 하나님이 아니라 여호와 하나님만이 참 하나님이라는 것을 증명해 주셨지만, 이스라엘은 회개하지 않았다. 오히려 엘리야가 이세벨의 미움을 받아 브엘세바와 호렙 산으로 도피 생활을 하다가 호렙 산에서 하나님을 만나서 하사엘을 아람 왕으로 세우고, 예후를 이스라엘의 왕이 되게 하고, 엘리사를 선지자가 되게 하라는 세 가지 미션을 받았고, 바알에게 무릎 꿇지 않은 7,000인을 예비해 놓았다는 위로의 말씀을 받았다.

아합 왕은 나봇의 포도원에 대한 욕심 때문에 병이 날 정도로 소심하고 나약한 자였지만, 그의 아내 이세벨은 나봇을 죽이고 포도원을 빼앗아 줄 만큼 강한 주도형이었다. 결국, 아합과 이세벨은 악행을 책망받았고, 아합 왕은 미가야 선지자의 예언대로 거짓 영에 이끌려 길르앗 라못 전투에서 죽고, 엘리야 예언대로 그 피를 개들이 핥았다.

열왕기상 22장 중에 솔로몬 이야기 1-11장까지 다루었고, 다른 왕들과 달리 아합과 엘리야 이야기를 17장부터 22장까지 비중 있게 다룬 것은 바알 숭배가 얼마나 심각했는지를 반증해 준다. 이때부터 하나님께서 많은 선지자들을 보내기 시작했는데, 타락의 원인은 왕이나 제사장, 레위인들에게 있었다. 그들이 역할과 사명을 다하지 못한데서 비롯된 것이다.

1장-2장: 다윗의 죽음과 솔로몬의 즉위

다윗이 나이 많아 후계자를 세워야 할 때, 장자였던 아도니야가 선수를 치지만, 선지자 나단이 밧세바와 함께 다윗을 설득하여 약속대로 솔로몬이 왕으로 세워졌다. 다윗의 유언대로 솔로몬은 아도니야와 시므이와 요압 등 앙금을 모두 제거하였고, 다윗의 왕위를 온전히 계승하였다.

3장-10장: 솔로몬의 통치

솔로몬이 왕이 된 후 백성을 잘 다스릴 수 있는 지혜를 얻기 위해 일천번제를 드렸고, 하나님께 듣는 마음과 선악을 분별할 수 있는 분별력을 구하였다. 솔로몬이 구한 것이 하나님의 뜻에 합하므로 하나님께서 지혜와 더불어 구하지도 않은 부와 명예까지 덤으로 선물을 주셔서 최고의 번영을 누린 왕이 되었다(4장). 먼저 무엇을 구해야 하는지를 보여주셨다.

5장-7장: 솔로몬이 성전 건축을 준비하고[39], 두로 왕 히람의 도움을 받아서 성전과 왕궁 건축 사업을 마무리하였다. 성전건축에 7년 왕궁건축에 13년, 합하여 20년간의 긴 건축 사업이었다. 20년간 하나님의 말씀을 순종할 때에는 온 나라가 태평하고 번영하였다는 것을 보여 주고 있다.

8장: 성전을 건축하고 언약궤를 모심으로 성전 건축 사업이 완성되었다. 솔로몬은 다윗에게 언약하신 대로 성전을 건축하고 언약궤를 모셔 온 후, 성전을 봉헌하고 다윗에게 허락하신 말씀의 약속대로 축복해 주실 것을 기도하였고, 민족이 성전을 향하여 기도할 때, 다 듣고 이루어 주시기를 기도하였다. 어떤 죄를 범해도 이 성전을 향하여 회개하고 기도하면 용서해 주시고, 이방인들일지라도 이 성전을 향해 기도하면 이루어 주실 것을 기도했다. 마지막으로 온 이스라엘에게 축복하되 모세를 빙자해서 말씀 하신 모든 것이 다 이루어졌음을 인식하고 말씀을 떠나지 않고, 그 말씀의 법과 계명을 따라 살 것을 명령하고 축복하였다.

기도를 마치고 솔로몬은 14일간 성대한 봉헌 축제를 열었다.

■ 솔로몬성전

솔로몬 성전의 구조 열왕기상 6장의 설계도에 의한 솔로몬 성전 복원도

① 제단
② 보아즈
③ 현관
④ 순금등
⑤ 백향목으로 인테리어
⑥ 지성소
⑦ 그룹
⑧ 바다
⑨ 야킨
⑩ 대야
⑪ 놋받침
⑫ 턱(기둥대신 턱으로 만들었다)
⑬ 떡상
⑭ 골방(제사도구, 제사장들 옷, 제물 보관)
⑮ 불박이 교창
⑯ 분향단
⑰ 중간에 계단
⑱ 다락

39) 역대상 28장-29장에는 성전 건축 준비와 성전 설계도를 다윗이 준비한 것으로 기록하고 있다.

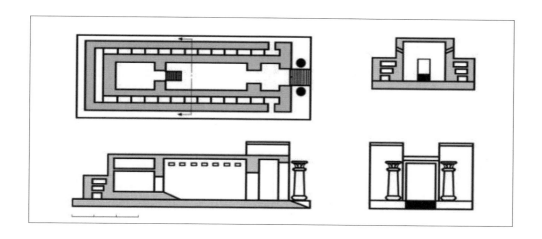

9장: 하나님께서 솔로몬의 봉헌기도에 응답해 주셨다. 하나님은 성전 건물 안에 계신 분이 아니라, 성전에는 하나님의 이름과 마음과 눈이 머무는 곳임을 일깨워 주시고, 오직 하나님의 말씀을 순종할 것을 명하셨다. 만약에 하나님의 말씀을 불순종하면, 하나님의 이름과 명예를 둔 성전일지라도 집어 던져 버릴 것을 경고하셨는데, 결국 말씀을 불순종하여 바벨론에 포로로 잡혀갈 때 다 처참하게 파괴되고 불타버리고 말았다.

9장 15절부터 10장까지 하나님께서 얼마나 솔로몬을 영화롭게 하셨는지를 그 업적과 지혜와 부와 영광을 보여 주셨다.

11장: 솔로몬의 타락과 이스라엘의 분단

솔로몬은 신명기 17장 16절-20절에 경고한 말씀을 어기고, 권력과 부와 여자를 의지하였다. 솔로몬이 1,000명의 이방 여자들의 미혹을 받아 하나님을 떠나 우상을 숭배했고, 우상을 위해 산당을 지어주는 죄를 범하고 말았다. 그래서 하나님께서 친히 두 번이나 나타나셔서 권고했지만, 하나님의 말씀을 듣지 않았다. 결국, 솔로몬은 하나님께서 다윗에게 "만일 죄를 범하면 내가 사람의 매와 인생의 채찍으로 징계려니와..."(삼하7:14)라고 언약하신 대로, 에돔 사람 하닷과 수리아 왕 르손을 들어 징계하셨고, 실로의 선지자 아히야를 통해(11:29) 솔로몬의 신복 여로보암에게 10개 지파를 쪼개 주시고, 그에게 다윗과 같이 견고한 집과 이스라엘을 세워 주신다는 언약을 맺었다.

12장-13장: 남유다 왕 르호보암과 여로보암의 범죄

솔로몬의 아들 르호보암이 왕위를 계승하지만, 르호보암은 장로들과 의인들의 말을 거부하고 불량한 친구들의 말을 좇아 솔로몬보다 더 과중한 건축사업과 세금을 부과하여 북쪽 백성들로부터 외면을 당하였다. 결국, 북이스라엘 백성들은 여로보암을 왕으로 내세웠다.

하나님께서 여로보암에게도 다윗과 같이 은혜의 언약을 세워 주셨지만, 그는 북이스라엘 백성이 남 유다에 속한 예루살렘으로 제사하러 가면 백성들의 마음을 빼앗길까 염려하여 하나님의 말씀을 어기고 예루살렘 성전으로 가는 길을 막고, 남쪽 경계 벧엘과 북쪽 경계 단에 금송아지를 만들어 경배하게 하는 중대한 죄를 범하고 말았다. 그리고 이에 항의하는 레위인들과 제사장들을 모두 추방하고, 하나님을 잘 모르는 보통백성으로 아무나 제사장을 삼고, 절기도 바꾸는 죄를 범하였다(왕상 12:31, 13:33).

그래서 하나님의 사람으로 등장하는 선지자가 이를 규탄하지만, 끝까지 회개하지 않았고, 모든 북이스라엘 왕들이 죄를 범하게 하는 죄악의 뿌리가 되고 말았다.

14장-16장

북이스라엘 ⇒ 여로보암-나답 / 바아사-엘라 / 시므리 / 오므리-아합
남유다 ⇒ 르호보암 - 아비얌 - 아사

여로보암이 죽고 그의 범죄로 말미암아 북이스라엘 왕조는 칼이 떠나지 않았다.

반역의 칼로 왕조가 바뀌어도 역시 여로보암의 죄로부터 떠나지 않았다.[40] 여로보암 이후의 모든 왕들에게는 "여호와 보시기에 악을 행하되 여로보암의 길로 행하며 그가 이스라엘에게 범하게 한 그 죄 중에 행하였더라"는 죄의 꼬리표가 붙었다.

여로보암의 아들 나답도 여로보암의 길로 행하여 바아사의 칼에 죽고 바아사와 그 아들 엘라도 여로보암의 길로 행하여 시므리의 칼에 죽었다. 시므리는 7일간 왕 노릇을 하고 오므리에 의해 죽었다.

북이스라엘의 수도가 세겜에서 디르사로 옮겨졌지만, 시므리가 디르사 왕궁을 불로 태워버려서 오므리 왕이 6년 후에 은 두 달란트로 세멜에게서 사마리아 산을 사서 그 위에 성읍을 건축하고, 그 성읍 이름을 세멜의 이름을 따서 사마리아라고 불렀다(왕상16:24). 오므리 왕은 사마리아를 수도로 삼아 본격적인 사마리아 시대를 열고, 그때부터 사마리아와 에브라임은 남 유다의 예루살렘처럼 북이스라엘의 상징이 되었다.

오므리 왕은 그 세력이 강하여 앗수르의 문헌에도 기록될 정도였으나, 오므리보다 아합 왕의 타락에 초점을 둔 것은 결국 성경이 역사적 정보를 제공해 주는 책이 아니라 신앙에 초점을 둔 것임을 알 수 있다.

오므리의 아들 아합은 시돈의 왕 겸 제사장인 엣 바알의 딸 이세벨과 결혼하였고, 이세벨은 유약한 아합의 마음을 움직여서 온 이스라엘로 하여금 바알을 숭배하게 하였다. 아합 왕 때부터 여로보암의 금송아지 우상숭배에 바알 숭배사상까지 더해져서 이스라엘을 크게 병들게 하였다.

솔로몬이 죽은 후 남 유다 왕이 된 르호보암도 범죄 함으로 애굽으로부터 매를 맞고 솔로몬의 금 방패와 성전의 보물을 다 빼앗기는 수모를 당하였다. 북이스라엘 여로보암과도 전쟁이 끊이지 않았다.

· ·

40) "나라를 다윗의 집에서 찢어내어 네게 주었거늘 너는 내 종 다윗이 내 명령을 지켜 전심으로 나를 따르며 나 보기에 정직한 일만 행하였음과 같지 아니하고, 네 이전 사람들보다도 더 악을 행하고 가서 너를 위하여 다른 신을 만들며 우상을 부어 만들어 나를 노엽게 하고 나를 네 등 뒤에 버렸도다. 그러므로 내가 여로보암의 집에 재앙을 내려 여로보암에게 속한 사내는 이스라엘 가운데 매인 자나 놓인 자나 다 끊어 버리되 거름 더미를 쓸어버림 같이 여로보암의 집을 말갛게 쓸어버릴지라. 여로보암에게 속한 자가 성읍에서 죽은즉 개가 먹고 들에서 죽은즉 공중의 새가 먹으리니 이는 여호와께서 말씀하셨음이니라." (왕상14:8–11)

르호보암의 아들 아비얌도 온전치 못했지만, 하나님께서 다윗의 등불(후손)을 끄지 않겠다는 약속 때문에 그를 지켜 주셨고, 아사 왕은 우상을 제하고 개혁하는 왕이었으나 산당은 제하지 않았고, 병들었을 때 하나님을 의지하지 않는 불신앙의 모습을 보였다.

17장–22장: 아합 왕과 이세벨 그리고 엘리야

여로보암과 함께 북이스라엘의 악한 왕의 대명사인 아합 왕과 악한 여인의 대명사인 이세벨이 북이스라엘을 통치하면서 북이스라엘에게 여로보암의 죄에 바알 신앙과 아세라 우상 신앙을 더함으로 북이스라엘은 최악의 상황으로 치닫게 되었다.

그래서 하나님께서 긴급하게 엘리야 선지자를 보내서 삼 년 반 동안 비를 오지 않게 하고, 아합을 피하여 도망을 다녔다. 가뭄 가운데서도 하나님은 까마귀를 통해서 선지자를 먹이시고, 시돈에 속한 사르밧에서는 가난한 한 과부를 만나 생계를 책임지시는 이적을 보여주셨다(17장).

3년이 지난 후 엘리야가 하나님을 경외하는 왕국 관리 오바댜를 통하여 갈멜 산에서 아합 왕을 만났다. 엘리야는 바알선지자 450명, 아세라 선지자 400명을 불러 놓게 하고, 여호와 하나님과 바알 하나님 중 누가 참 하나님인지 단을 쌓고 기도 대결을 하였다. 엘리야는 그들에게 "송아지 둘을 우리에게 가져오게 하고, 그들은 송아지 한 마리를 택하여 각을 떠서 나무 위에 놓고, 불은 붙이지 말며, 나도 송아지 한 마리를 잡아 나무 위에 놓고 불은 붙이지 않고, 너희는 너희 신의 이름을 부르라. 나는 여호와의 이름을 부르리니 이에 불로 응답하는 신 그가 하나님이니라."(왕상 18:23–24)라고 제안하였다.

백성들이 엘리야의 제안을 옳게 여겨서 단을 쌓고 먼저 바알 선지자들이 하루 종일 기도했지만, 아무 응답이 없었다.

엘리야는 오히려 번제물과 나무에 물이 흐를 만큼 세 번이나 물을 붓고 하나님을 향하여 "여호와여 내게 응답하옵소서, 내게 응답하옵소서, 이 백성에게 주 여호와는 하나님이신 것과 주는 그들의 마음을 되돌이키심을 알게 하옵소서."(왕상18:37)라는 한 마디의 기도에 불로 응답하셨다.

이 사건을 통해서 바알과 아세라는 아무 생명도 없는 죽은 신이고, 여호와 하나님만이 살아계신 하나님이심을 증명하였다. 그리고 엘리야는 바알 선지자들을 모두 기손 시내로 끌고 가서 죽였고, 엘리야의 기도로 비를 내려 주심으로 하나님만이 참 하나님이심을 증명하였다(18장).

그러나 그 사건으로 이스라엘이 회개하고 하나님을 믿은 것이 아니라 오히려 엘리야가 이세벨의 미움을 받아 도피 생활을 해야 했다. 엘리야가 브엘세바 광야에서 죽기를 구하다가 천사의 위로와 도움을 받고 40주야를 달려 시나이 반도 호렙 산까지 도피했다. 엘리야는 그곳에서 하나님을 만나서 자신만 남았다고 탄식할 때, 하나님께서 엘리야에게 세미한 음성으로 만나 주셨다. 하나님은 지진이나 광풍이나 불 가운데 계신 분이 아니시고, 세미한 음성(말씀) 속에 계셨다.

하나님은 엘리야에게 세 가지 미션을 주셨다. 첫째는 하사엘을 아람 왕이 되게 하는 일, 둘째는 예후에게 기름을 부어 이스라엘의 왕이 되게 하는 일, 셋째는 엘리사에게 기름을 부어 엘리야를 대신하여 선지자가 되게 하는 일이다. 그리고 바알에게 무릎 꿇지 않은 7,000명이 예비 되었음을 일깨워 주셨다(19장). 단순한 숫자가 아니라 그만큼 많이 있다는 뜻이다.

하나님께서 아합 왕에게 아람왕 벤하닷을 멸할 수 있도록 기회를 주셨지만, 말씀을 불순종하고 벤하닷을 살려줌으로써 버림을 받았다. 한 젊은 선지자를 보내서 "여호와의 말씀이 내가 멸하기로 작정한 사람을 네 손으로 놓았은즉, 네 목숨은 그의 목숨을 대신하고 네 백성은 그의 백성을 대신하리라."(왕상20:42)는 경고를 받았다(20장).

21장 아합 왕은 나봇의 포도원이 탐나서 고민으로 식사도 하지 않고 드러누울 정도로 아주 유약한 왕이었다. 사악한 이세벨이 나봇을 돌로 쳐 죽이고 그 포도원을 빼앗아 주었다. 하나님은 그 죄악을 갚되 "개들이 나봇의 피를 핥은 곳에서 개들이 네 피 곧 네 몸의 피도 핥을 것이며, 개들이 이스르엘 성읍 곁에서 이세벨을 먹을 것"임을 말씀하셨고, 결국 말씀대로 이루어졌다. 아합 왕은 나봇의 포도원 사건을 통해서 사악한 우상숭배자인 이세벨의 절대적인 영향력 아래 있었다는 것을 알 수 있다. 특히 아합 왕과 남 유다 왕 여호사밧이 사돈을 맺음으로 바알신앙이 남 유다에게도 영향을 주어 점점 위기로 치닫게 되었다.

아합 왕이 남유다 왕 여호사밧을 청하여 아람 사람들과의 전쟁에 나가기 전에 400명의 거짓 선지자들에게 물었는데, 모두 길르앗 라못에 가서 싸우면 이길 것이라고 길한 예언을 하였지만, 유독 미가야 선지자만 불길한 예언을 하였다. 미가야 선지자의 예언대로 하나님께서 거짓 선지자들에게 거짓 영을 불어넣어 거짓말을 믿게 함으로 길르앗 라못 전투에 나가서 우연히 적병이 쏜 화살에 죽었고, 말씀대로 그 피를 개들이 핥았다.

열왕기상이 22장이지만, 엘리야 이야기가 17장부터 22장까지 6장의 분량이나 차지한다. 열왕기하도 엘리야의 제자 엘리사의 이야기가 25장 중 1장부터 9장까지 9장이나 등장한다. 그 당시에 그만큼 비중 있게 깊이 다룬 것은 그 시대가 여로보암의 죄와 아합이 이세벨을 통해 끌고 들어온 바알 신앙이 얼마나 심각했는지를 반증해 주고 있다.

이때부터 하나님께서 본격적으로 선지자들을 보내기 시작하셨다. 선지자를 보낸다는 말은 왕이나 제사장, 레위인들이 제 역할을 다 하지 못하고 있다는 말이다.

■ 바알　　　　■ 아세라　　　　■ 아스다롯

그 당시에 이스라엘 땅은 곧 말씀이었다. 블레셋 사람들이 거주하는 곳이 평야였고, 이스라엘 백성들이 거주한 곳은 주로 중안 산지였다. 서쪽으로는 바다, 동쪽으로는 광야와 바다보다 낮은 계곡, 요단 동쪽 지역이 등장한다.

팔레스틴 지역 단면도

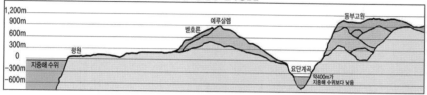

동서로 본 팔레스틴의 종단면

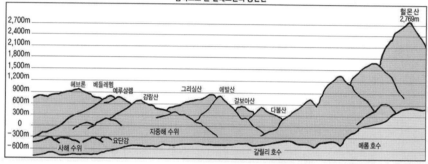

남북으로 본 팔레스틴의 종단면

■ 남유다, 북이스라엘

열왕기하

열왕기하는 엘리야의 승천과 그 제자 엘리사의 등장으로 시작하는데, 엘리야는 열왕기상 17장에서 열왕기하 2장까지 등장하고, 엘리사는 열왕기하 13장까지 등장한다.

그 당시에 그만큼 바알신앙이 심각한 수준이었다는 것을 알 수 있다. 엘리야와 엘리사는 주로 북이스라엘의 바알 신앙 때문에 등장한 선지자들이었다.

당시에 바알신앙은 눈으로 보고 피부로 느껴지는 농경사회 토속신앙이라서 그 영향력이 막강했다. 당시에 제사장이나 레위인들의 교육수준은 바닥이었고, 성경도 개인이 소장할 수 없었기 때문에 구전만을 의지하고 있었다. 성경은 안식년에 한 번 읽어주는 정도였는데, 그것도 지켜지지 않았고, 구전마저도 희미해졌고, 형식적으로 안식일과 절기 전통만 지키던 영적으로 무던 시대여서 매일 눈으로 보고 몸으로 경험하는 바알 신앙은 대단한 수준이었다.

하나님께서 이스라엘 백성들의 타락을 막고, 여호와만이 하나님이심을 알게 하시고자 선지자들을 부지런히 보내셨지만, 그들이 깨닫지 못하고, 회개하지도 않아서 북이스라엘은 앗수르에 의해 멸망당하고, 남 유다 왕국은 바벨론에 포로로 잡혀가야 했다.

열왕기하 전반부에는 엘리야와 엘리야가 등장하고, 중반부에서는 오바댜, 요나, 요엘, 호세아, 아모스, 이사야, 미가 선지자가 등장하고, 후반부 요시야 왕 이후에는 나훔, 스바냐, 하박국, 예레미야, 다니엘, 에스겔 선지자들이 등장한다. 수많은 선지자들이 등장할 만큼 위기의 시대였다. 선지자들은 주로 위기 때에 회개와 심판을 외치는 메신저로 등장했다.

열왕기상 22장에서 거짓 선지자들이 400명(6절)이나 등장하듯이, 그 이후에도 하나님께서 세우신 참 선지자들보다 하나님께서 세우지 않았어도 스스로 일어나 자신들의 생각을 외치는 거짓 선지자들, 정치적인 위선자들이 더 많았다. 과거나 현재나 거짓 선지자들을 잘 분별해야 한다.

열왕기하에서 북이스라엘은 호세아왕 때(BC 722년)멸망 당하고, 유다 왕국은 하나님께서 보낸 선지자들의 말씀을 듣지 않고 무시함으로 1차, 2차, 3차(BC 605년, 597년, 586년)로 바벨론에 포로로 끌려가고 말았다.

1-2장: 엘리야의 승천과 엘리사 선지자

엘리야 선지자가 엘리사에게 사역을 위임하고 회리바람을 타고 승천했고, 엘리야의 영감을 갑절이나 받은 엘리사가 본격적으로 능력으로 사역을 시작했다. 엘리야가 등장할 때부터 제사장들이 제대로 활동하지 않았기 때문에 선지 학교와 선지자의 제자들이 등장하기 시작했다. 선지자의 제자 이야기는 엘리사 때에만 등장하지만, 이름 없는 선지자들이 선지자들의 제자들이라고 볼 수 있다.

3-9장: 엘리사의 활동

엘리사도 열왕기하 3장-9장까지 활동을 한다. 3장에서 엘리사는 남유다의 여호사밧의 청함으로 이스라엘을 배반한 모압과의 전투를 돕는다. 하나님께서 엘리사를 통해 비도 오지도 않았는데, 골짜기 개천을 파서 광야 골짜기에서 물이 흐르게 하였고, 아침 해가 그 물에 비치므로 맞은편에서는 붉은 피같이 보임으로 이스라엘과 유다 백성들이 서로 싸우는 것으로 오인하게 하셔서 모압이 패하게 하셨다.

4장: 선지자의 제자들

선지자의 제자가 먼저 죽어 과부가 된 여인과 그 가족의 어려움을 도와주시되, 준비된 그릇만큼 기름을 채워주셨다. 자식이 없던 수넴 여인은 엘리사를 극진히 대접하고 섬김으로 축복받아 아들을 선물로 받았고, 그 아이가 병들어 죽었을 때, 엘리사를 통해 다시 살려 주셨다.

길갈에서 선지자의 제자들이 양식이 없어서 독이 든 들 호박국을 끓여 먹었을 때, 가루를 넣어 해독해주셨고, 마치 오병이어의 기적처럼 보리떡 20개와 채소 한 자루로 많은 제자들이 먹고도 남게 하셨다. 당시에 말씀을 떠나 타락함으로 선지자와 그의 제자들이 인정도 못 받고, 먹을 양식도 제대로 공급받지 못하고 있었다는 것을 알 수 있다.

5장: 아람의 나아만 장군의 나병 치유

아람의 군대장관 나아만이 이방인이지만 말씀에 순종하여 나병을 고친 이적 이야기와 엘리사의 신하 게하시가 탐욕으로 엘리사와 나아만 장군을 속이는 죄를 범하여 나병의 징계를 당한 이야기이다.

6장: 가난한 선지자의 제자, 자식을 삶아 먹는 사마리아

가난한 선지자의 제자들이 집을 짓기 위해 빌려온 도끼가 물에 빠져 버렸을 때, 엘리사가 그 도끼를 떠오르게 하는 이적과 아람 왕이 전쟁을 준비할 때마다 엘리사의 예지의 능력에 전략이 노출되는 것을 알고 아람 왕이 엘리사를 치려고 쳐들어왔을 때, 게하시의 눈을 열어 하나님께서 하늘의 불 말과 불 병거로 지켜 주심을 보여주셨고, 엘리사를 구원해 주시는 것을 보여 주셨다.

그 후에 아람왕 벤하닷이 사마리아를 에워쌈으로 성안에 주려서 자식을 삶아 먹어야 하는 불행한 사건이 벌어졌다. 그때 엘리사가 구원의 말씀을 전해주지만, 그들은 믿지 못하였다.

7장: 엘리사를 통한 구원과 불신앙

엘리사를 통해 말씀하신 대로 사마리아를 포위하고 있던 아람군대가 환청을 들고, 헷 왕과 애굽 왕의 응원군이 온 것으로 착각하여 곡식과 더불어 모든 장비를 버려두고 도망하였다. 하나님은 아람 사람들의 양식을 빼앗아 이스라엘에게 주신 것이다. 이를 믿지 않았던 자들은 하나님께서 엘리사를 통하여 말씀하신 대로 굶주린 무리들에게 밟혀 죽고 말았다.

8장: 하사엘이 아람 왕이 될 것을 예언, 아합과 여호사밧 사돈 맺다.

4장에서 엘리사가 선지자를 지극정성으로 섬겨서 아들을 얻었던 수넴 여인에게 칠년 기근을 피할 것을 예고해 줬는데, 그가 풍요로운 땅 블레셋에 피했다가 7년 만에 돌아와서 다시 기업을 회복하였다.

아람 왕 벤하닷이 병들었을 때, 벤하닷이 엘리사에게 하사엘을 보냈는데, 엘리사가 하사엘이 왕이 될 것을 예언하였고, 하사엘이 이스라엘에게 악을 행할 것을 예고했다.

유다왕 여호람이 이세벨의 딸 아달랴와 결혼하여 아합의 집안과 유다 왕 여호사밧 집안이 사돈이 되었고, 그가 8년간 치리하면서 바알을 숭배했지만, 다윗 때문에 등불을 끄지 않으셨다. 그의 아들 아하시야도 아달랴의 영향으로 바알 신앙을 버리지 못했다.

아합의 아들 요람(여호람)이 아람 왕 하사엘과 전쟁 중에 부상을 당하여 치료를 위해 이스르엘로 돌아 왔을 때, 유다왕 아하시야가 문병을 왔다.

9장: 예후왕조 등장과 오므리 왕조의 최후

엘리사는 하나님의 명을 따라 예후에게 기름 부어 왕으로 삼고, 예후는 아합이 끌어들인 바알 신앙을 징계하는 일에 도구로 쓰였다.

기름부음을 받은 예후는 전쟁 중에 아람 왕과의 전쟁에서 부상을 당한 요람 왕에게 돌아와서 요람 왕과 남 유다의 아하시야를 쳐 죽였고, 이세벨도 죽였다. 엘리야가 예언한 대로 이세벨은 개밥이 되었고, 그 시체가 이스르엘 토지의 거름이 되었다. 이렇게 흥왕했던 오므리 왕조는 최후를 맞이하고 예후 왕조가 시작되었다.

10장: 바알 신앙을 징계한 예후

하나님의 말씀을 순종하여 예후는 바알신앙을 제거하는데 앞장섰다. 바알 신앙의 뿌리인 아합의 아들 70명을 죽이고, 아합의 집에 속한 자들은 모두 죽였고, 남 유다 왕 아하시야의 형제들도 죽였다.

그리고 백성 중에서 바알 숭배자들을 구별하기 위해 예후 자신이 독실한 바알 숭배자로 위장한 후 바알에게 속한 자들을 다 불러 모아놓고 이스라엘 중에서 바알 숭배자들을 멸하였다. 하지만 불행하게도 여로보암의 죄로부터는 떠나지 못했다.

예후가 28년 동안 바알 신앙을 진멸한 공로로 그 후손들이 4대를 보장 받았지만, 전심으로 하나님의 말씀을 지키지 않았고, 여로보암의 죄에서 떠나지 않아서 북이스라엘의 비극을 끊어내지 못했다.

11장: 남유다의 악한 여왕 아달랴의 등장

아하시야가 죽고 그의 어머니 이세벨의 딸, 아달랴가 정권을 잡고 왕의 자손들을 모두 멸절 시켰다. 그러나 아하시야의 누나 여호세바가 아하시야의 아들 요아스와 유모를 숨겨서 살려냈다. 요아스는 대제사장 여호야다의 도움으로 성전에서 6년간 숨어 지내다가 일곱째 해에 대제사장 여호야다에 의해 왕으로 등극하고 아달랴는 죽임을 당하였다.

대제사장 여호야다가 백성으로 하여금 하나님과 언약을 맺게 하고, 왕과 백성들 사이에도 언약을 세우고 바알의 신당을 제하였다.

12장: 요아스 왕과 여호야다의 통치

북이스라엘 예후 왕 제7년에 유다 왕이 된 요아스는 여호야다의 섭정으로 40년간 통치하면서 성전을 보수 하도록 헌금제도를 만들기도 했다. 그러나 여호야다가 죽은 후에는 우상을 숭배하여 여호야다의 아들 스가랴가 우상숭배를 책망하였는데, 요아스는 책망하는 스가랴를 성전에서 돌로 쳐 죽이는 불행한 일을 저질렀다. 이로 인해 밀로 궁에서 반역의 칼로 죽임을 당하였고, 그의 아들 아마샤가 왕이 되었다. 불행하게도 요아스는 예수님의 족보에도 등장하지 않는다.

13장: 엘리사의 죽음

북이스라엘 예후의 아들 여호아하스도 여전히 여로보암의 죄에서 떠나지 않았기 때문에 아람왕 하사엘에게 징계를 당하였다. 하나님은 엘리사를 통하여 북이스라엘 요아스 왕에게 기회를 주시기 위해 화살로 땅을 칠 것을 명했는데, 성의 없이 세 번만 침으로 기회를 상실하여 아람을 세 번만 치도록 허락 받았다.

요아스 왕 때에 엘리사가 병들어 죽었는데, 죽어서까지 그 뼈에 닿는 자는 살아나는 기적이 일어났다. 이것이 전통이 되어 지금도 시내산 수도원 같은 곳에는 기적을 바라며 수도사들의 해골을 모아 놓는다.

하사엘이 죽고 벤하닷이 왕이 되었을 때, 엘리사의 예언대로 요아스가 벤하닷을 세 번 무찌르고 이스라엘 성읍을 회복했다.

14장: 유다 왕 아마샤, 북이스라엘 왕 여로보암 2세

유다왕 아먀샤도 요아스와 같았으나 아버지 살해에 대한 보복은 하지 않았다. 에돔과의 전쟁에서 승리한 후 교만해져서 북이스라엘 요아스에게 시비를 걸었다가 전쟁에서 패하여 성벽이 헐리고 성전과 왕궁 곳간의 금은과 기명을 빼앗기는 수모를 당하였다. 마지막에는 예루살렘에서 반역을 당하여 라기스로 도망했다가 그곳에서 죽임을 당했고, 그 아들 아사랴(웃시야)가 왕이 되었다. 아마샤도 예수님의 족보에서 빠졌다.

북이스라엘도 요아스가 죽고 여로보암 2세가 왕이 되어 41년간 통치하면서 이스라엘 영토를 회복했다. 여로보암 2세는 북이스라엘 왕 중에 가장 큰 업적을 남기지만 열왕기에는 특별한 기록이 없고, 이때에 호세아 선지자와 아모스 선지자가 등장하여 이스라엘의 죄악상을 고발했다.

이 시대에 선지자 요나도 등장한다(14:25). 여로보암 2세도 여로보암의 죄에서 떠나지 않았고, 그가 죽은 후 그의 아들 스가랴가 왕이 되었다.

15장: 유다 왕 아사랴(웃시야), 요담

북이스라엘 왕 스가랴 / 살룸 / 므나헴 - 브가히야 / 베가

아사랴도 하나님 보시기에 정직히 행하였으나 산당은 제하지 않았고, 하나님 앞에 교만하여 제사장만이 드릴 수 있는 제사와 분향을 하다가 책망받고 나병환자가 되어 별궁에 거하면서 그의 아들 요담이 대신 나라를 다스렸다. 요담도 산당을 제하지 않았고, 성전 윗 문을 건축했다. 요담이 죽고 아하스가 대신 왕이 되었다.

북이스라엘은 살룸이 반역하여 스가랴를 죽였고, 결국 예후 왕조도 종말을 고하고 말았다. 살룸은 므나헴의 반역으로 죽고, 므나헴의 아들 브가히야는 베가의 칼에 죽었다. 이렇게 모든 왕들이 여로보암의 죄에서 떠나지 않으므로 하나님의 말씀대로 북왕조는 심판의 칼이 떠나지 않았다.

16장: 아하스의 타락과 선지자들의 등장

유다왕 아하스는 타락해서 이방신을 섬겼고, 자기 아들을 불 가운데 지나가게 할 뿐 아니라 산당과 나무 아래서 분향하였다. 그리고 아람 왕 르신과 북이스라엘 왕 베가의 연합군이 공격할 때, 선지자 이사야가 예루살렘이 구원받을 것을 확신시켜 주었지만, 말씀을 무시하고 앗수르 왕 디글랏빌레셀에게 도움을 요청하고 예물을 바치는 어리석음을 범하였다.

또한, 제사장 우리야에게 명하여 다메섹에서 보았던 우상 제단의 디자인을 따라 성전의 제단을 자기 마음대로 바꾸는 죄를 범하였다.

웃시야(아사랴) 말기부터 하나님께서 아모스, 호세아, 이사야, 미가 같은 선지자를 보내셔서 그들의 악행을 꾸짖고, 장차 그들에게 임할 심판과 회복에 대하여 말씀하셨다.

17장: 호세아 왕과 북이스라엘의 멸망(히스기야 왕 6년)

베가를 치고 왕이 된 호세아 왕은 북이스라엘의 마지막 왕이다. 호세아가 앗수르의 종이 되어 조공을 바치다가 앗수르를 배신하고 애굽을 따르므로 앗수르 왕 살만에셀이 쳐들어와서 멸망시켰다(BC 722년).

북이스라엘이 멸망한 것은 하나님 여호와의 모든 명령을 버리고 자기들을 위하여 송아지 형상을 만들고, 아세라 목상을 만들고, 하늘의 일월성신을 경배하고, 바알을 섬기고, 자기 자녀를 불 가운데로 지나가게 하고, 복술과 사술을 행하고, 스스로 팔려 여호와 보시기에 악을 행하여 하나님을 격노하게 하였기 때문이다(왕하17:16-18).

■ 앗수르제국

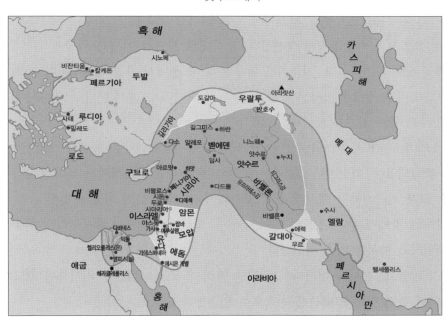

그때에 앗수르 사람들이 이스라엘 사람들을 앗수르로 끌고 갔고, 앗수르 사람들을 사마리아로 이주시켜서 정체성을 말살시켜버렸다. 이는 출애굽 때부터 쏟으신 하나님의 사랑을 배신하고 권고의 말씀을 불순종하고 우상을 숭배한 결과였다. 그래도 많은 기회를 주시고 선지자들을 통해 회개할 것을 촉구하였으나 말씀을 듣지 않아서 결국 말씀하신 대로 앗수르에 사로잡혀가서 영원히 역사 속에서 사라지고 말았다.

앗수르 사람들이 사마리아에 이주하여 살면서 자주 재앙이 일어났는데, 그들은 그 땅의 신이 노했다고 생각해서 사마리아에서 잡아온 제사장을 보내서 하나님을 섬기게 했고, 그곳에서 각자 자신들의 신들을 섬기게 하였다. 사마리아에는 오늘날에도 그리심산에 사마리아 오경으로 예배하는 자들이 남아 있다.

앗수르 사람들이 북이스라엘 사람들의 정체성을 말살 시켜 혼혈인이 되었기 때문에 그 이후부터 신약시대까지 정통성을 인정받지 못하였다. 오늘날에도 사마리아인들은 정통성을 인정받지 못하고 유대인들에게 부정한 사람들로 배척을 당하고 있다.

18장-20장: 히스기야 왕과 이사야 선지자

유다의 왕 아하스의 아들 히스기야 왕은 하나님 여호와를 의지하여 떠나지 않았고, 하나님 보시기에 정직히 행하였다. 말씀대로 산당과 아세라 목상을 찍었고, 구리 뱀 우상도 제거하였다. 지금까지 유다 여러 왕 중에서 가장 개혁적이었고, 하나님과 연합하여 모세에게 명하신 말씀을 잘 지킨 왕이다. 그래서 어디로 가든지 형통했고, 앗수르 왕도 섬기지 않았다.

히스기야 6년에 북이스라엘이 하나님의 말씀을 떠나 언약을 배반함으로 앗수르에 의해 함락되었다. 히스기야 14년에는 앗수르 왕 산헤립이 올라와서 유다를 침공하였는데, 그때 히스기야가 성전과 왕국 곳간의 은과 성전 문과 기둥에 입힌 금을 벗겨서 앗수르 왕에게 주는 수모를 겪어야 했다. 또다시 산헤립이 쳐들어와서 예루살렘을 포위하고 항복할 것을 강요했다. 히스기야는 랍사게의 온갖 모욕과 회유에는 흔들리지 않았고, 선지자 이사야의 권고를 따라 오직 하나님만을 의지하며 기도했고, 이사야를 통하여 하신 말씀을 전적으로 순종했다(18장).

히스기야는 위기 속에서 애통하며 하나님 성전에서 기도했다. 그리고 선지자 이사야에게 사람을 보내서 곤란과 책벌과 능욕의 날에 아이를 낳을 때가 되었으나 해산할 힘이 없으니 기도해 달라고 요청했는데, 지켜주시고, 싸워주실 것이라고 이사야를 통하여 응답해 주셨다. 약속하신 말씀대로 그 밤에 하나님의 사자들에 의해 18

만 5천 명의 앗수르 군대가 몰살당했다. 산헤립도 니느웨에서 그의 신 니스록 신전에서 신하들의 칼에 맞아 죽었고, 그의 아들 엘살하돈이 왕이 되었다(19장).

히스기야가 병들어 죽게 되었을 때, 하나님께 기도하여 15년의 생명을 연장받았고, 그 증거로 해 그림자가 십도나 뒤로 물러가게 해주셨다. 15년 생명 연장이 좋은 것만은 아니었다. 히스기야가 병들었다가 회복되었다는 소식을 들은 바벨론 왕 브로닥발라단이 문병 차 사자들을 보냈는데, 히스기야가 자기 보물창고와 군기고, 창고는 물론 나라 안에 소중한 것을 다 보여 줌으로 바벨론 침공의 빌미를 제공했고, 그 기간에 유다 왕 중에 가장 악한 왕이었던 므낫세를 낳아 암울하고 불행한 미래를 남겼다.

21장: 므낫세 왕과 아몬 왕

므낫세는 12세에 왕이 되었고, 55년간이나 통치하였다. 그는 히스기야가 생명을 15년 연장받은 후 3년째 되는 해에 태어났고, 유다 왕 중에서 가장 오랫동안 통치한 왕이다.

므낫세는 아버지 히스기야의 정책에 반대하여 55년간 이웃나라와 화친정책을 쓴다는 명분으로 히스기야가 헐어버린 산당을 다시 세우고, 바알과 아세라상을 세우고, 성전 두 마당에 일월성신을 위해 제단을 쌓고, 자기 아들을 불 가운데 지나가게 하는 등 이방 민족보다 더 심하게 우상을 숭배하고 악을 행하였다. 그의 아들 아몬도 마찬가지로 악을 행하다가 궁중에서 신복들에게 죽임을 당하고 그의 아들 요시야가 왕이 되었다. 역대하에서는 말년에 어느 정도 회개한 것으로 기록하고 있다.

22장-25장: 요시야 왕의 개혁과 1,2,3차 바벨론 포로

요시야는 8살에 왕이 되어 31년을 통치했다. 평생에 하나님 보시기에 정직하게 살았고, 다윗의 길로 행하고 좌로나 우로나 치우치지 않았다.

왕이 된지 18년째(26세) 되는 해에 대제사장 힐기야를 통하여 성전을 수리하다가 율법책(모세오경)을 발견하였다. 발견했다는 이야기는 그때까지 성경을 읽지도 않고 가르치지도 않았다는 것을 의미한다. 그들의 신앙이 단순한 전통에 의지하고 있었다는 것을 말한다. 전통에는 잘못된 전통이 많기 때문에 전통에 의지하는 신앙은 아주 위험하다.

요시야는 서기관 사반이 읽어주는 그 말씀을 듣고 비로소 18년 동안 보고도 보지 못했던 불의하고 악한 전통을 분별하게 되었다. 그동안에는 눈은 있어도 보지 못한 것이다. 요시야 왕은 나름대로 잘하고 있다고 믿었는데 말씀을 보고 들은 후에야 비로소 자신들이 무슨 짓을 하고 있었는지 깨닫고, 회개하였다. 요시야 왕은 여선지자 훌다를 통하여 하나님께 물은 후, 온 백성과 지도자들을 다 모아놓고 성경을 읽어주고 언약의 말씀을 통하여 문제점을 일깨워주고 대대적인 개혁을 단행했다(22장).

요시야 왕은 유다와 예루살렘의 모든 장로와 백성들을 성전에 모으고 언약의 책에 기록된 모든 말씀을 읽어 주고, 그 언약의 말씀을 이루기로 언약했다. 그리고 대제사장 힐기야와 부제사장과 문지기들에게 명령하여 므낫세가 세웠던 바알과 아세라와 모든 산당과 일월성신을 위하여 만든 그릇과 우상들을 제하였고, 우상 제사장들을 폐하고, 성전 안에 있는 아세라 상을 찍어내고, 모든 제단을 헐고 빻아서 그 가루를 기드론 시내에 쏟아 버렸다. 벧엘까지 가서 제단과 아세라 상을 찍고 불살랐다. 열왕기상 13장에 하나님의 사람이 여로보암을 향해 예언한 말씀대로 다 이루어졌다. 하나님의 말씀은 세월이 지나도 반드시 그 정하신 뜻을 이루신다.

요시야는 율법서에 기록된 대로 유월절 절기를 지켰다. 다윗 이후 유월절과 모세의 율법을 철저하게 지킨 왕은 요시야 전에도 없었고, 후에도 없었다(역대하 30장에는 히스기야도 유월절을 지켰다고 한다).
그 당시 애굽의 바로 느고는 BC 612년에 바벨론에 패하여 세력이 약해져서 지중해 서쪽으로 내려오는 앗수르를 치고, 바벨론의 세력 확장을 막고 새로운 지중해 동쪽의 패권자가 되기 위해 북쪽 유프라테스 강가의 갈그미스로 진군하는 중이었는데, 요시야가 므깃도에서 이를 저지하다가 BC 609년에 전사하고 말았다. 하나님의 뜻을 어기고 자신의 의지로 나갔다가 화를 당한 것이다.[41]

애굽은 갈그미스에서 바벨론에게 패한 후부터 바벨론의 속국이 되었고, 그 후로 애굽(이집트)은 선지자들의 예언대로 오늘날까지 약소국으로 전락하고 말았다.

요시야 왕 때부터 활동한 선지자는 나훔, 스바냐, 하박국, 예레미야, 다니엘, 에스겔이다. 선지자들을 보내되 부지런히 보내셔서 일깨우셨지만 악한 왕들이 듣지 않았다.

요시야가 죽고 장자 엘리야김이 왕이 되어야 하는데, 그는 조금 자질이 부족해서 둘째 아들 여호아하스를 왕으로 세웠다. 그는 아버지와는 달리 하나님 보시기에 악한 왕이었다. 애굽 왕 바로 느고가 그를 폐위시키고 애굽으로 잡아갔고 거기서 죽었다. 그리고 큰아들 엘리야김을 세우고 이름을 여호야김으로 개명했다. 그도 역시 악한 왕이었다(23장).

24장에서 여호야김 때에 바벨론이 쳐들어와서 그가 3년간 바벨론을 섬기다가 배반함으로 갈대아와 아람과 모압, 암몬 자손의 부대를 보내서 치게 하셨는데, 이는 므낫세가 지은 죄 때문이었다. 그때에 여호야김이 바벨론으로 끌려가서 죽었다. 이때가 BC 605년 1차 포로기인데, 이때 다니엘이 포로로 잡혀갔다. 그들이 선지자들의 외침에 귀를 막고 듣지 않은 결과였다(왕하24:1-4, 대하36:5-7, 단1:1-7).

그리고 그의 아들 여호야긴이 18세에 왕이 되었는데, 그도 그의 아비와 다를 바

41) "요시야가 성전을 정돈하기를 마친 후에 애굽 왕 느고가 유브라데 강 가의 갈그미스를 치러 올라왔으므로 요시야가 나가서 방비하였더니, 느고가 요시야에게 사신을 보내어 이르되 유다 왕이여 내가 그대와 무슨 관계가 있느냐 내가 오늘 그대를 치려는 것이 아니요 나와 더불어 싸우는 족속을 치려는 것이라 하나님이 나에게 명령하사 속히 하라 하셨은즉, 하나님이 나와 함께 계시니 그대는 하나님을 거스르지 말라 그대를 멸하실까 하노라 하나 요시야가 몸을 돌이켜 떠나기를 싫어하고 오히려 변장하고 그와 싸우고자 하여 하나님의 입에서 나온 느고의 말을 듣지 아니하고 므깃도 골짜기에 이르러 싸울 때에 활 쏘는 자가 요시야 왕을 쏜지라 왕이 그의 신하들에게 이르되 내가 중상을 입었으니 나를 도와 나가게 하라."(대하35:20-23)

가 없는 악한 왕이었다. 통치 3개월 만에 597년 바벨론의 느브갓넷살이 쳐들어와서 성전의 모든 보물을 다 가져가고, 예루살렘의 모든 백성과 지도자들, 용사 1만 명과 장인과 대장장이를 사로잡아가고 천민들만을 남겨 놓았다. 이것이 2차 포로인데, 에스겔이 이때 포로로 잡혀 갔다. 예레미야의 애타는 눈물의 호소도 듣지 않은 결과였다.

여호야긴이 포로로 끌려간 후 바벨론 왕이 요시야의 셋째 아들 맛다니야를 왕으로 세우고 이름을 시드기야로 개명을 하였는데, 그도 역시 악한 왕이었다(24장).

예레미야와 에스겔이 애타게 외쳐도 듣지 않았고, 시드기야 9년에 바벨론을 배반함으로 바벨론 왕 느브갓네살이 올라와서 시드기야 11년에 예루살렘을 포위하였다. 느브갓네살에 의해 성벽은 파괴되었고, 시드기야가 야밤에 도주하다가 잡혀가서 그가 보는 앞에서 두 아들이 죽었고, 두 눈이 뽑힌 채로 쇠사슬에 결박되어 끌려가서 죽었다. 성전은 파괴되고 불타버렸다. 성전의 모든 보물과 기명들도 모두 빼앗기고 말았다. 선지자 예레미야의 애타는 호소를 무시했다가 말씀의 예언대로 그렇게 된 것이다.

예레미야가 예언한 대로 북이스라엘이 말씀을 불순종해서 망하는 것을 보고도 깨닫지 못하고, 선지자들을 보내서 일깨우지만 듣지 않았기 때문에 결국은 남유다 왕국도 586년에 바벨론에 의해 완전히 멸망당하였고, 바벨론에 포로로 사로잡혀 가고 말았다. 예루살렘과 성전은 짐승도 살 수 없는 황폐한 곳이 되었다.

포로 이후에 유다와 예루살렘은 왕이 없으므로 그달랴 총독을 파송하여 다스리게 했고, 예레미야는 바벨론 왕이 자유를 주었지만, 유다 땅에 머물러 있기를 원했다. 그 후 이스마엘이 그달랴 총독을 미스바에서 암살하고 애굽으로 도망하였는데, 이때에 예레미야도 함께 애굽으로 끌려갔다(렘39장~44장).

예레미야는 눈물의 선지자였다. 그는 유다 백성으로부터 외면을 당해도 48년 동안 하나님 말씀을 끝까지 선포했고, 그들은 처참하게 파괴되고 바벨론에 끌려간 후에 비로소 깨달았다.

하박국도 예루살렘 파괴 직전에 바벨론을 진노의 막대기로 쓰실 것을 알고 화를 외쳤던 선지자다.

스바냐는 요시야 때의 선지자이다. 그들의 범죄로 여호와의 큰 날을 선포하고 주변 나라들의 심판과 예루살렘의 심판과 회복에 관해 기록했다.

오바댜는 에돔의 멸망에 대하여 쓴 책이다. 유다 백성이 느브갓네살의 침공을 받아 남쪽으로 피난 갈 때 은신처 제공을 거절하고, 유다가 재난을 당하는 것을 보고 쾌재를 불렀지만, 결국 하나님의 심판을 받을 것을 경고한 말씀이다.

바벨론 포로기에 큰 변화가 일어났다. 바벨론에서는 앗수르와는 달리 집단촌을 형성할 수 있어서 유대인의 정체성을 유지할 수 있었다. 그들은 그곳에서 정체성을 유지하기 위해 회당을 세우고 회당 중심으로 말씀 공동체를 형성하였다. 그리고 이스라엘이 아니라 유대인, 유대교라는 특별한 정체성을 만들어 냈다. 그들은 포로 중에도 민족의 정통성을 지키기 위해 지파와 가족관계를 말해주는 족보를 신중하게 기록해 두었다.

그들은 포로기 동안에 말씀을 떠난 자신들의 어리석음을 깨달았다. 바벨론에서 땅도 성전도 모두 없어졌기 때문에 자연스럽게 성경이 주목을 받기 시작했고, 토라에 대한 애착과 연구가 시작되어 율법학자라는 직업도 만들어졌다. 성전이 없으므로 기도하고 성경을 연구하기 위한 장소로 회당이 만들어졌고, 후에는 유대인 열 가정이 모이면 어디에서나 회당을 세워야 한다는 법령이 만들어졌다.

직업에도 변화가 있었다. 그들이 가나안 땅에 살 때는 주로 농업과 목축업이었지만, 바벨론으로 이주해 온 사람들 대부분이 귀족들, 지도자들, 기술자들, 지식층들이었다. 그들 중에 다니엘과 세 친구, 에스겔, 스룹바벨, 모르드개 같은 자들도 있었다. 그들은 중요한 요직에 있으면서 정치와 법과 행정을 배우기도 하였고, 그 외에 다른 사람들은 금장색이나 향품 장사 등, 주로 상업에 종사하게 되었다.

그들 중 일부는 1, 2, 3차에 걸쳐 귀환하지만, 나머지는 온 세계에 흩어져 살았는데, 우리는 그들을 디아스포라 유대인(흩어진 이민자)이라고 한다. 그들이 헬라시대와 로마시대를 거치면서 초대교회 때까지 지중해 주변 중요 도시에 흩어져서 상업과 무역업에 종사했다. 그들은 그곳에서 자연스럽게 회당 공동체를 이루었고, 그 회당은 사도들이 복음을 전할 때 중요한 징검다리 역할을 할 수 있었다. 하나님의 놀라운 섭리가 아닐 수 없다.

당시 바사제국의 국제 언어는 아람어였다. 아람어는 히브리 방언으로 예수님 당시까지도 아람어를 주로 사용하였다.

순번	말씀으로 예언 함	예언의 말씀이 성취됨
1	열왕기상 13장 1–3절	열왕기하 23장 16–18절
2	열왕기상 14장 6–16절	열왕기하 15장 29절
3	열왕기하1장 6절	열왕기하1장 17절
4	열왕기하3장 17절	열왕기하3장 20절
5	열왕기하5장 10절	열왕기하5장 14절
6	열왕기하7장 1절	열왕기하7장 16절
7	열왕기하9장 4–10절	열왕기하 10장
8	열왕기하 21장 10–15절	열왕기하 24장 2절

열왕기하는 예언 된 하나님의 말씀이 성취된 역사적 현장이었다.

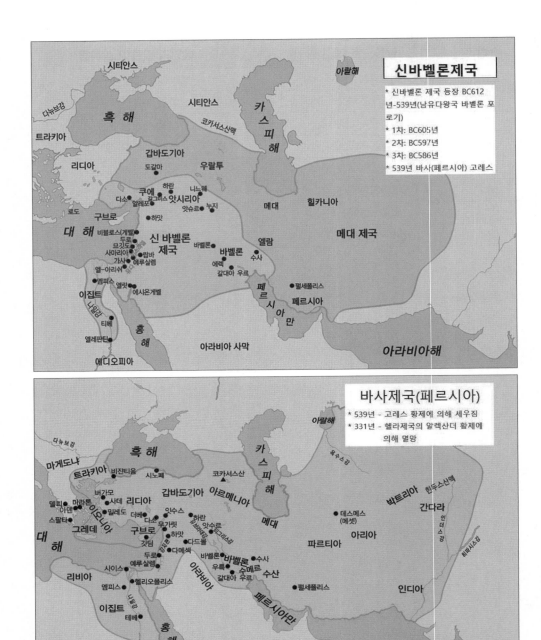

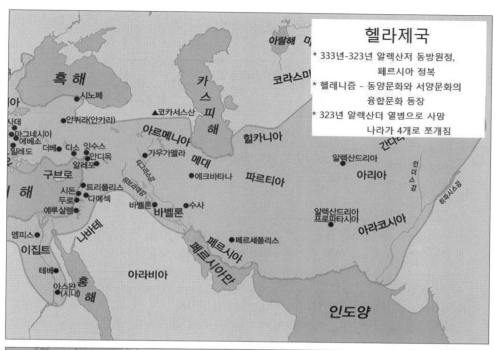

헬라제국

* 333년-323년 알렉산저 동방원정,
  페르시아 정복
* 헬레니즘 - 동양문화와 서양문화의
  융합문화 등장
* 323년 알렉산더 열병으로 사망
  나라가 4개로 쪼개짐

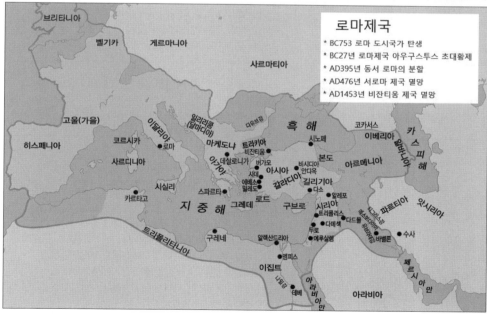

로마제국

* BC753 로마 도시국가 탄생
* BC27년 로마제국 아우구스투스 초대황제
* AD395년 동서 로마의 분할
* AD476년 서로마 제국 멸망
* AD1453년 비잔티움 제국 멸망

◆ 북이스라엘, 남유다 열왕 대조표 (참조: 열왕기와 역대기)

(북) 이스라엘			
	이름	통치기간	특 징
1	① 여로보암 왕상13:1~14:31	931–910 22년	– 북이스라엘 건국자 – 벧엘과 단에 금송아지 우상숭배 시작, 이스라엘 죄 　악의 뿌리가 됨 – 제사장, 레위인을 추방시키고 일반 백성을 제사장으 　로 세움 – 권력욕으로 타락
2	나답 왕상15:25–32	910–909 2년	– 여로보암의 아들, 바아사에 의해 암살 – 여로보암의 죄를 떠나지 않음
3	② 바아사 왕상15:33~16:7	909–886 24년	– 여로보암의 죄를 떠나지 않은 악한 왕, – 여로보암 왕조징계 – 남 유다 아사와 전쟁
4	엘라 왕상16:15–20	886–885 2년	– 여로보암의 죄를 떠나지 않은 악한 왕 – 바아사의 죄로 인해 대가 끊김 – 만취 중 시므리에게 암살당함
5	③ 시므리 왕상16:15–20	885 7일	– 여로보암의 죄를 떠나지 않은 악한 왕, 바아사 왕조 　멸망시킴 – 오므리와 대치 중에 디르사 왕궁에 불을 놓고 자살함
6	④ 오므리 왕상16:21–28	885–874 12년	– 여로보암의 죄를 떠나지 않은 악한 왕, 크게 번영 – 사마리아 성 건축 수도를 디르사에서 사마리아로 옮김
7	아 합 왕상16:29–22:40	874–853 22년	– 여로보암의 죄를 떠나지 않은 악한 왕 – 두로 왕이며 제사장인 엣바알의 딸 이세벨과 결혼하 　여 바알 우상을 끌어들인 가장 악한 바알 숭배자 – 이때부터 엘리야 등장(왕상17장 –22장) – 본격적인 타락의 시작으로 이때부터 선지자들과 선 　지 제자가 등장하였다. – 위기 때에 선지자 등장

(남) 유 다			
	이름	통치기간	특 징
1	르호보암 왕상12:1–24 대하10:1~12:16	931–913 17년	– 의인의 말 무시, 불량한 친구들의 말을 듣고 악한 통치로 왕국 분열 – 애굽 왕 사식의 침략으로 왕궁과 성전의 보물을 모두 빼앗김 – 깨닫고 겸비함
2	아비얌 왕상15:1–8 대하13:1–22	913–911 3년	– 르호보암과 같은 길을 갔으나 하나님 의지함 – 여로보암과 전쟁에서 하나님을 의지하여 승리
3	아 사 왕상15:9–24 대하14:1~16:14	911–870 41년	– 일평생 하나님 앞에서 온전히 행했으나 산당은 없애지 못함. – 우상을 타파하고 타락한 황후까지 폐위시킴 – 후에 북이스라엘왕 바아사와의 전투에서 하나님을 의지하지 않고 뇌물을 주고 아람왕 벤하닷을 의지하다가 선견자 하나니의 책망을 받았을 때, 하나니를 옥에 가두는죄를 범함 – 발에 병이 들었을 때, 하나님을 의지 하지 않고 의원을 의지하는 과오를 범해서 병으로 죽게 됨
4	여호사밧 왕상22:41–50 대하17:1~20:37	873–848 25년	– 말씀의 가르침에 힘쓰고, 하나님 보시기에 비교적 정직한 왕 – 아합 왕과 사돈을 맺음으로 선견자 예후로부터 책망 받음 – 역대 하에서는 상당한 비중을 두고 기록한 왕
5	여 호 람 왕하8:16–24 대하21:1–20	848–841 8년	– 이세벨의 딸 아달랴와 결혼하여 아합의 집과 같이 바알 우상을 끌어들인 하나님보시기에 악한 왕 – 악한 왕이었지만 다윗의 언약 때문에 긍휼을 얻은 왕 – 엘리야를 통하여 재앙을 당하고 하나님께서 치심으로 무서운 중병으로 죽게 됨 – 이 때 에돔이 배반함, 이 때 오바댜 선지자 등장

(북) 이스라엘			
	이름	통치기간	특 징
8	아하시야 왕상22:51 – 왕하1:18	853–852 2년	– 이방신을 의지하다가 선지자 엘리야의 책망을 받고 말씀대로 병들어 죽었다. – 엘리야 사역
9	여호람(요람) 왕하3:1–9:37	852–841 12년	– 아하시야의 동생 – 아합이 세운 바알의 주상을 제하지만 느밧의 아들 여로보암의 죄에서 떠나지 않았다. – 아합의 집에 예언한 것이 다 이루어짐 – 엘리야 승천 – 엘리사 사역시작 – 선지학교와 생도 – 예후에게 살해됨 – 오므리 왕조 끝남
10	⑤ 예후 왕하9:1–10:36	841–814 28년	– 엘리사의 예언대로 왕이 되고 다윗과 같은 언약을 받고 바알 숭배자들을 근절하지만 다윗과 같이 행하 지는 못함 – 종교개혁의 공로로 4대가 왕이 될 것을 약속받았다 – 여로보암의 죄에서는 떠나지 않았다. (송아지 숭배)
11	여호아하스 왕하13:1–9	814–798 17년	– 여로보암의 죄에서 떠나지 않음으로 아람의 침략과 학대를 당할 때 하나님께서 그들의 기도를 들어 주셨 지만 여전히 여로보암의 죄를 떠나지 않았다. – 아람 왕이 백성을 진멸하여 마병 오십과 병거 10승 과 보명 일만을 남겨 놓았다.
12	요아스 왕하13:10–25	798–782 16년	– 여로보암의 죄를 떠나지 않았다. – 여호아하스가 아람 왕 하사엘에게 빼앗겼던 성읍을 벤하닷이 다스릴 때, 엘리사의 예언대로 세 번 쳐서 회복했다. – 엘리사의 후원을 받았던 왕이다. – 엘리사가 이때에 죽었다.
13	여로보암 2세 왕하14:23–29	782–753 41년	– 북이스라엘을 가장 번영케 한 왕. 그러나 우상숭배 로 부패한 왕 – 여로보암의 죄를 떠나지 않은 악한 왕 – 호세아, 아모스, 요나선지자 등장

	이름	통치기간	특징
			(남) 유 다
6	아하시야 왕하8:25–29 대하22:1–9	841 1년	– 이세벨의 딸 아달랴의 아들 – 아합과 아달랴의 영향으로 바알 신 숭배 – 42세에 늦게 왕이 되었으나 우유부단하고 유약한 왕 – 북이스라엘의 개혁자 예후에게 살해 됨
7	아 달 랴 왕하11:1–21 대하22:10–23:21	841–835 6년	– 여호사밧의 며느리 – 여호람의 아내 – 아하시야의 모친 – 이세벨의 딸 – 열광적인 바알 숭배자 – 손자들을 학살하고 스스로 왕이 됨 – 대제사장 여호야다의 개혁 때 백성들의 칼에 살해됨
8	요 아 스 열왕기하12:1–21 대하24:1–27	835–796 40년	– 아달랴 학살 때, 아하시야 왕의 누이 여호세바의 도움으로 생명을 건졌다. – 대제사장 여호야다의 도움으로 7세에 왕이 되고 여호야다가 섭정을 하였다. – 성전을 보수 하는 등, 의로운 왕이었으나 여호야다 사후에 하나님을 버리고 아세라 목상과 우상을 섬겼다. – 선지자들의 경고도 무시하고, 여호야다의 아들 제사장 스가랴가 이를 책망할 때 성전에서 돌로 쳐 죽임으로 은혜를 원수로 갚은 왕 – 스가랴 사건으로 반역자들의 칼에 죽음 – 요엘 선지자 등장
9	아 마 샤 왕하 14:1–22 대하25:1–27	796–767 29년	– 말씀의 약속대로 요아스를 죽인 자들을 죽였으나 그 자녀들은 죽이지 않았다. – 정직했으나 후에 교만해져서 하나님을 버리고 세일 자손의 신을 섬겼다. 우상숭배를 책망하는 선지자들의 말을 거부함으로 인하여 하나님께 징계를 받아 북이스라엘 에게 예루살렘 성벽이 헐리고 왕궁보물과 백성이 잡혀갔다. – 배신의 칼에 죽었다.
10	웃시야 (아사랴) 왕하 15:1–17 대하26:1–23	791–740 52년 791–767까지 아마샤와 함께 통치함	– 하나님 보시기에 정직하고 강성하고 번영함 – 후에 교만하여 스스로 번제를 드리다가 나병환자가 되고, 아들 요담이 섭정하여 함께 통치함. – 이때부터 호세아, 아모스, 이사야 선지자가 등장함

(북) 이스라엘				
	이름	통치기간	특 징	
14	스가랴 왕하15:8–12	753–752 6개월	– 여로보암의 죄를 떠나지 않은 악한 왕 – 살룸에게 피살됨 – 예후 왕에게 말씀하신 것이 모두 이루어짐 예후왕조가 끝남	
15	⑥ 살룸 왕하15:13–15	752 1개월	– 므나헴에 의해 피살됨	
16	⑦ 므나헴 왕하15:16–22	752–742 10년	– 여로보암의 죄를 떠나지 않았다. – 앗수르 왕 불에게 조공을 바침	
17	브가히야 왕하15:23–26	742–740 2년	– 여로보암의 죄를 떠나지 않았다. – 베가에게 피살됨	
18	⑧ 베가 왕하15:27–31	740–731 20년	– 여로보암의 죄를 떠나지 않았다. – 앗수르의 공격으로 백성들이 포로로 잡혀감 – 호세아에 의해 살해 됨	

19	⑨
	호세아
	왕하17:1–16
	북이스라엘
	마지막왕
		731–721
		9년
			– 앗수르에게 조공을 바치다가 배신하고 애굽과 동맹을 맺
			  어 앗수르의 공격을 받고 사마리아가 함락 됨
			– 하나님의 말씀을 불순종하고 우상을 숭배하다가 앗수르
			  에 의해 북 이스라엘이 완전히 멸망함(BC 722년)	

- ①–⑨는 북왕국에 있었던 9개의 왕조를 가리킨다. 북이스라엘은 솔로몬 이후 여로보암이 왕이 되었으나, 하나님의 말씀을 떠나서 말씀하신 대로 칼이 떠나지 않아 9번이나 반역의 칼로 왕조가 바뀌었다.

- 유다지파가 다윗 왕조를 이어갔다. 솔로몬 이후 르호보암으로 이어지는 남 유다 계보는 아하시야의 모친 아달랴(아합과 이세벨의 딸)가 왕자들을 모두 죽이고 바알 신앙을 세우고자 할 때, 요아스가 누나 여호세바와 대제사장 여호야다의 도움으로 살아남아서 왕조를 이어갔다. 남 유다 왕국은 다윗과의 언약을 기억하셔서 아달랴 여왕 외에는 20대까지 한 왕조로 이어갔다.

(남) 유 다			
	이름	**통치기간**	**특 징**
11	요 담 왕하15:32–38 대하27:1–9	750–735 16년 750–740 웃시야나병 섭정 기간	– 문등병자인 아버지를 돕고 섭정을 함 – 이사야의 영향하에 선한 왕 – 호세아, 이사야, 미가 선지자 활동
12	아하스 왕하 16:1–20 대하28:1–27	732–716 16년 735–732 요담섭정기간	– 앗수르를 의지하고, 이방 우상풍습을 수입하여 산당을 세우고, 우상 숭배와 아들을 불 가운데 지나가게 함 – 사방에서 공격을 받고 약해져서 앗수르의 조공 국이 됨 – 호세아, 이사야, 미가 선지자 활동

13	히스기야
	왕하18:1–20:21
	대하29:1–32:33
		716–687
		29년
			– 하나님을 온전히 의지함, 우상으로 더러워진 성전을 깨
			  끗하게 보수하고, 솔로몬 이후 처음으로 유월절과 무교절
			  절기를지켰다. 우상을 찍어 버리고, 산당과 우상의 단을
			  파괴하였다.
			– 제사를 회복함 수로 건설(기혼 샘⇒ 실로암까지)
			– 병들었을 때, 기도로 15년 생명을 연장 받음(이때 므낫세
			  탄생)
			– 교만으로 바벨론포로 빌미 제공함
			– 앗수르에서 완전독립
			– 이사야, 호세아, 미가 선지자 활동

14	므 낫 세 왕하21:1–18 대하33:1–20	696–642 55년	– 아버지 히스기야의 정책에 불만을 품고 호족 정책으로 이방 우상숭배를 장려한 가장 악독 한 왕 – 55년간 우상의 문화가 뿌리 깊이 내려짐 – 말년에 하나님께 회개함 – 이사야 순교 – 나훔 선지자 활동
15	아몬왕하 21:19–25 대하33:21–25	642–640 2년	– 므낫세를 따라 우상을 숭배한 악한 왕, – 므낫세 보다 더 타락 – 신하에게 피살됨

(북) 이스라엘			
이름	통치기간	특 징	

〈남.북 왕조의 상호관계〉

- 처음 80년: 서로 계속해서 싸웠다.
- 다음 80년: 서로 평화를 유지했다.
- 마지막 50년: 간헐적으로 끝까지 싸움

※ 왕들의 통치연도는 섭정연수. 즉위년의 포함 여부에 따라 약간씩의 차이가 있고, 고대에는 연대기가 정확하지 못하기 때문에 연대기가 다소 차이가 있다.

성경 연대기는 열왕기 6장1절이 근거

- 이스라엘 자손이 애굽 땅에서 나온 지 사백 팔십 년이요, 솔로몬이 이스라엘 왕이 된 지 사년 시브월 곧 이월에 솔로몬이 여호와를 위하여 전 건축하기를 시작하였더라." 는 내용을 근거로 삼고 있다.

		(남) 유 다	
	이름	통치기간	특 징
16	요 시 야 왕하22:1–23:37 대하34:1–35:27	640–608 31년	– 가장 의로운 왕 – 성전을 수리하다가 모세오경 율법서 발견, – 말씀대로 철저한 개혁단행, 온전한 유월절 절기지킴 – 바로를 막다가 므깃도에서 전사 – 예레미야, 하박국, 스바냐 선지자 활동
17	여호아하스(요시 야의 둘째아들) 왕하3:30–34) 대하36:1–4	608 3개월	– 하나님보시기에악을 행함 – 바로에 의해 폐위 되고 애굽에 잡혀가서 거기서 죽음 – 예레미야 선지자 활동
18	여호야김(엘리야 김–요시야의 큰 아들) 왕하23:34~24:7 대하36:5–8	608–597 11년	– 애굽왕 바로에 의해 세워진 왕 – 하나님 보시기에 악을 행함 – 1차 바벨론 포로 – 다니엘 포로 (포로 시에 귀족이나 기술자 등. 고급인력만 을 포로로 잡아갔다.) – 예레미야, 다니엘, 하박국
19	여호야긴(여호야 김의 아들) 왕하24:6–17 대하36:8–10	597 3개월	– 2차 바벨론 포로(예루살렘 거민,지도자, 용사, 장인, 대장 장이) – 성전기물 빼앗김 – 에스겔 포로 – 예레미야, 다니엘
20	시드기야 (요시야의 아들) 마지막 유다 왕 왕하24:1~25:30 대하36:11–21	597–586 11년	– 바벨론에 의해 즉위. 바벨론을 배반했다가 느브갓네살에 게 두 아들을 잃고, 두 눈이 뽑힌 채 끌려가서 죽음 – 3차 포로, 예루살렘 멸망(예레미야 애가)선지자 예레미야 의 말을 거역한 결과였다. – 예레미야를 여러번 죽이려 했다. – 예레미야, 에스겔, 다니엘

역대기상·하 배경

역대기는 히브리 성경에서 맨 마지막에 위치하지만, 70인역을 따르는 우리말 성경에서는 열왕기상·하와 에스라 느헤미야 사이에 위치해 있다.

역대기의 히브리어 명칭은 '디브레이 하 야밈'으로 "날마다의 사건들" 헬라어 명칭은 '파랄레이포메논'으로 "삭제된 것들" 또는 "지나쳐 버린 것들"이라는 뜻이다. 라틴어 성경 불가타도 처음에는 헬라어 성경 이름을 사용하다가 "하나님 역사 전체에 관한 역대기"라는 긴 이름을 썼는데, 그 이름을 줄여서 "역대기"(歷代記)라고 하였다.

BC 539년경에 바사(페르시아)왕 고레스가 바벨론 제국을 멸망시키고 지중해 동쪽 제국의 주인이 되면서 73년간(BC 612–539)의 바벨론 제국시대는 끝이 났다. BC 538년 고레스 황제는 바벨론 지역에 포로로 사로잡혀온 민족들이 귀환하도록 허락하였는데, 특별히 유대인들에게는 모든 귀향 비용뿐만 아니라 성전건축비를 아끼지 않고 지원하였다.

1차, 2차, 3차 포로귀환(BC 538, 458, 444) 이후의 이스라엘의 역사는 역대기상·하와 에스라 느헤미야, 그리고 그 당시에 예언자였던 학개, 스가랴, 말라기에만 등장한다. 구약성경 바사(페르시아)제국의 마지막 왕은 다리오 2세(423–404)였고, 이후의 역사는 구약과 신약의 중간기 역사이다.

역대기상·하는 포로 귀환 이후에 이스라엘의 역사를 아담 때부터 역대기를 기록하는 시기까지 연결된 역사의 연속성 속에서 남은 자의 사상, 곧 유다지파의 관점과 율법과 선지자의 관점, 그리고 하나님의 목적을 이루어 가시는 성취적 관점에서 재

평가하면서 새롭게 쓴 역사이다. 그래서 열왕기와 관점이 다른 것이다.

유다 백성들이 예레미야의 예언대로 70여 년만에 회복을 기대하는 설렘을 안고 포로에서 귀환하지만, 성전건축은 지연되고, 여전히 바사제국의 속국이 되어 있으면서 신앙과 정체성의 혼란을 겪고 있었다.

무엇보다 그들은 성전건축의 완성, 북이스라엘과의 관계, 땅 문제, 그리고 혈통에 따른 정체성 문제 등 누가 진정한 이스라엘인가? 이스라엘 공동체의 정체성은 무엇인가? 라는 문제와 아직도 선민 이스라엘에 대하여 하나님께서는 관심을 가지고 계신가? 다윗의 언약은 아직도 유효한가? 라는 질문을 안고 있었다.

그래서 그들은 새로운 해석을 통하여 신앙의 정체성을 확립하기 위해 다윗과 솔로몬을 거룩한 신앙공동체의 지도자로 내세우고 그들의 죄에 대하여 언급하지 않고, 북이스라엘의 부정한 역사에 대하여 언급하지 않았다. 그들은 말씀으로 회복된 공동체임을 강조하고, 족보의 순수성을 근거로 참 이스라엘이 누구인지를 역사적 연속성 속에서 자신들의 정체성을 밝히고자 하였다.

역대기와 에스라 느헤미야는 남북 왕국과 포로기를 언급하지만, 족보를 통하여 남유다 왕국의 정통성에 초점을 맞췄다. 성전과 말씀의 회복을 강조하여 예루살렘 성전만이 정통성과 회복의 상징이며, 유다지파만이 종교적, 정치적으로 다윗의 전통을 이어갈 유일한 혈통임을 주장하였다. 족보를 살펴보면 아브라함과 이삭과 야곱, 유다, 레위, 베냐민 지파, 다윗이 중요한 역할로 등장한다.

그리고 아직 이루어지지 않은 회복을 위해 하나님께서 하나님 뜻에 맞는 메시야를 보내 주실 것에 대한 기대가 싹트기 시작하지만, 에스라 느헤미야에서는 메시야에 대한 기대보다는 성전을 재건하고 열방 가운데 구별된 예배 공동체를 세우는데 집중하고, 학개 스가랴, 말라기 선지자들을 통하여 장차 오실 메시야를 대망하게 하였다.

역대기상

아담에서 사울까지의 족보와 귀환자 족보	1–9장
사울의 죽음과 원인	10장
다윗왕국, 예루살렘에서의 통치	11–17장
다윗의 전쟁들	18–20장
다윗의 인구조사	21장
다윗의 성전건축 준비와 솔로몬 왕 계승	22–29장

1장-9장: 족보 이야기, 10장: 사울 이야기

족보는 분명한 의도를 가지고 기록하였다. 1:1–2:2 족보는 창세기에서 가져오지만, 가인과 데라, 나홀의 족보는 기록하지 않았다. 오경의 내용을 수시로 인용하지만, 사사기의 내용은 전혀 인용하지 않았다.

2:3–4:10절까지 족보는 주로 자신들의 신앙의 정통성을 살리기 위해 유다지파와 다윗, 솔로몬을 중심으로 다루고 있다.

4:11–5:26, 7:1–8:40절까지는 그 외에 지파에 대하여 간략하게 다루고, 6:1–81절까지는 레위지파를 중심으로 다루면서 광야 성막과 제사제도 등에 대하여 언급하였고, 마지막 9장에서는 포로에서 돌아온 귀환자들을 다루고 있다.

9:35–44절까지 사울 왕의 족보에 대하여 간략하게 다루었다. 10장에서 사울에 대

한 이야기는 생략되고, 사울 왕이 길보아 산에서 블레셋과의 전쟁에서 죽게 된 이야기와 그렇게 된 배경, 곧 하나님의 말씀을 지키지도 않고, 하나님께 묻지도 않고, 신접한 자를 청하여 범죄 함으로 죽게 된 이야기를 다루었다. 그리고 그 나라를 빼앗아 이새의 아들 다윗에게 주게 된 이야기를 기록하였다.

11장-20장: 다윗 왕국

다윗에 대한 기사지만, 사무엘상·하와 다른 점은 다윗이 장인 사울에게 쫓겨 다닌 이야기, 다윗의 범죄 이야기 곧 우리야의 아내 밧세바 사건, 그 아들의 죽음, 큰아들 암논이 딸 다말을 강간한 사건, 다말의 오빠 압살롬이 암논을 죽인 사건, 압살롬이 다윗을 반역한 사건, 압살롬이 다윗의 후궁들과 동침한 사건, 세바의 반역사건 등은 다루지 않았다.

12장에는 사무엘에 나오지 않는 베냐민 지파와 갓지파, 므낫세 지파와 그 외에 다윗을 도와주었던 군사들에 대한 기록이 담겨져 있다.

사무엘하 22장에서 다룬 다윗의 승전 시는 시편 18편으로 등장하지만, 역대기상 16장에 기록된 감사 시는 시편 96:1-13, 105:1-15, 106:47-48에 기록되었다.

21장: 다윗의 교만 – 인구조사

사탄이 다윗의 마음을 충동하여 인구를 조사케 함으로 매를 맞는 이야기이다. 교만함을 책망받고 3년 기근, 석 달 동안 적군에게 패하여 쫓기는 일, 3일간의 전염병 중에서 한 가지를 선택해야 하는 위기에 처했다. 다윗은 3일간 전염병을 택하였다. 그리고 오르난 타작마당에서 제사를 드림으로 사함을 받은 이야기가 기록되었다. 특히 모세가 광야에서 지은 성막과 번제단이 기브온 산당에 있었지만, 다윗이 여호와의 천사의 칼이 두려워 오르난에서 제사를 하였다.

22장-29장: 다윗의 성전건축 준비와 솔로몬 왕위 계승

22장에서 사무엘하 23장의 고별 설교와 열왕기상 1장의 솔로몬 왕 위임식과는 달리 역대기에서는 다윗은 자신이 죽기 전에 솔로몬을 위해 성전건축을 철저히 준비한 것으로 기록하였고, 솔로몬에게 마음과 뜻을 다 바쳐서 하나님을 구하고, 성전을 건축하여 언약궤를 모실 것을 당부하였다.

23장-26장: 레위인들, 제사장들, 찬송을 맡은 자들, 성전문지기의 직분

다윗이 나이가 많아 아들 솔로몬을 이스라엘의 왕으로 삼고, 모든 방백과 30세 이상 되는 제사장과 레위 사람들을 모으고 각자 사역의 역할을 가르쳐 주었고, 20세 이상 되는 레위인들을 구별하여 성전에서 그 직무를 수행하도록 하였다.

모세가 성막을 세우고 직무를 맡겼던 레위지파의 역할이 정착된 성전이 세워짐으로 바뀌었다. 이동용 성막일 때는 고핫(그핫), 게르손, 므라리 지파사람들이 메고 수레에 끌고 다녔는데, 이제 그 역할이 끝나고 새로운 미션이 주어진 것이다. 다윗시대에 와서 성전건축과 함께 그 역할이 완전히 바뀐 것이다. 여기서 그 역할을 부여하고 있다.

24장: 제사장 직무

엘르아살의 자손 16명, 이다말의 자손 중 8명 − 제사장들 24명을 24개 조로 나눠서 성전에서 조별로 그 직무를 수행하도록 했다.

25장: 찬양대 직무

아삽, 헤만, 여두둔의 자손 중에서 구별하여 수금과 비파와 제금을 잡고 신령한 노래 곧 찬양의 직무를 맡겼다. 그들과 모든 형제 곧 여호와 찬송하기를 배워 익숙한 자 288명을 12명씩 24개로 나눠 제비 뽑아 직무를 담당하게 하였다.

26장: 문지기 직무

고라와 므라리 자손 중에서는 제비 뽑아 동쪽 문, 서쪽 문, 남쪽 문, 북쪽 문에서 성전 문지기 직임을 수행하게 하였다.

그 외에 사람들은 성전 곳간을 담당하였고, 어떤 이들은 성전 밖에서 관원과 재판관이 되었다. 이렇게 모든 제사장들과 레위인들이 성전을 중심으로 각자의 위치에서 사역을 할 수 있도록 철저하게 역할을 준비시킨 것을 볼 수 있다.

27장: 모든 가문의 우두머리와 관원들

이스라엘의 모든 자손의 모든 가문의 우두머리와 천부장과 백부장과 왕을 섬기는 관원들을 나눠서 각 반열이 1년 한 달씩 봉사를 하게 하였고, 각 지파마다 관할하는 지도자들을 두었다. 또한, 왕의 재산을 관리하는 자들도 구별하여 세웠다.

28장: 다윗이 성전 건축 지시

다윗이 각 지파의 어른과 왕을 섬기는 반장들, 천부장들, 백부장들 및 왕과 왕자의 재산을 관리하는 감독, 내시, 장사와 모든 용사들을 예루살렘으로 소집하고, 자신에게는 하나님께서 성전 건축을 허락하지 않으셨다는 것을 일깨워주고, 솔로몬과 함께 성전을 건축하고 하나님의 모든 계명을 구하고 지키라고 권고했다.

솔로몬에게도 이르기를 성전을 건축하는 축복을 받았으니, 하나님을 알고 온전한 마음과 기쁜 뜻으로 섬길 것을 권하였다. 그리고 하나님께서 자신에게 주신 성전 설계도를 전해주고, 레위인들과 기술공들의 도움을 받아 두려워하지 말고 강하고 담대하여 성전 건축에 힘쓸 것을 지시했다.

29장: 성전건축에 쓰일 예물들, 다윗의 감사기도

다윗이 온 회중을 모으고 성전 건축에 쓰일 예물을 요청하였고, 이에 모든 가문의 지도자들과 모든 지파의 지도자들과 천부장과 백부장과 왕의 사무관이 다 자원하는 마음으로 예물을 드려 성전 건축 준비가 끝났다.

다윗은 모두가 즐거운 마음으로 드릴 수 있음을 감사하고 송축하였고, 솔로몬에게 정성된 마음을 주셔서 주의 계명과 율례를 다 지켜 행하고 준비된 것으로 성전을 건축할 수 있도록 도와달라고 기도하였다.

이튿날 다윗이 온 회중 앞에서 솔로몬과 사독을 기름 부어 세웠고, 모든 방백과 용사, 다윗의 모든 아들들이 솔로몬에게 복종할 수 있도록 여호와께서 솔로몬을 높여 주셨다.

역대기하

솔로몬과 성전	대하 1–9장
르호보암부터 여호사밧까지	대하 10–20장
여호람부터 아하스까지	대하 21–28장
히스기야부터 포로까지	대하 29–36장

1장: 지혜를 구한 솔로몬

솔로몬이 일천번제를 드리고 지혜와 지식을 구할 때, 하나님께서는 솔로몬이 구하지도 않은 엄청난 부와 재물과 영광도 주셨다.

2장–4장: 성전과 왕궁 건축 준비와 성전건축

열왕기와 같이 성전과 왕궁 건축을 결심하고, 두로 왕 히람의 도움을 받아 성전건축을 준비한 후, 예루살렘 모리아산, 오르난 타작마당에 성전을 건축하였다. 그리고 그 안에 쓰일 성전기물들을 만들었다.

5장: 성전 건축 후 언약궤를 모심

솔로몬이 건축을 마치고 언약궤를 다윗 성, 곧 시온에서 메어 올렸고, 찬양대들이 찬양하며 감사할 때 하나님의 영광이 나타났다.

6장-7장: 솔로몬의 축복과 기도, 성전 낙성식, 하나님의 응답

솔로몬은 온 백성을 모아 놓고 축복한 후, 하나님 앞에 무릎 꿇고 기도하였다. 하나님께서 말씀하신 대로 성전을 건축하였으니, 이 성전을 향하여 구하는 모든 기도를 응답해 달라고 간구하고, 성전 낙성식을 성대히 치렀다.

하나님께서 솔로몬의 기도를 들으시고, 말씀을 잘 지키면, 다윗에게 언약한 대로 축복해 주시지만, 말씀의 명령을 버리면 속담거리와 이야깃거리가 될 것임을 경고하셨다.

8장-9장: 솔로몬의 업적과 부와 지혜

20년 동안 건축 사업을 마친 솔로몬에게 하나님께서 얼마나 축복하셨는지 그 업적을 기록하였다. 9장에서는 스바의 여왕이 솔로몬의 명성을 듣고 와서 그 지혜와 영화를 보고 황홀해 하고, 엄청난 예물을 주고 본국으로 돌아갔다. 그 외에 솔로몬의 세수입과 그의 재산과 지혜가 천하의 모든 왕보다 크다는 것을 보여주었다.

10장-12장: 북이스라엘의 반역과 르호보암

열왕기상과 같이 르호보암이 그 아비 솔로몬보다 더 무거운 정책을 쓰겠다고 악한 생각으로 도전했다가 실로사람 아히야의 예언대로 북이스라엘이 여로보암과 함께 배반하여 왕국이 분열되었다.

르호보암이 열왕기와는 달리 요새와 성읍을 건축하고 무기를 준비하고 성읍들을 크게 강화하였다. 그때에 북이스라엘 여로보암이 송아지 우상을 세우고 우상을 위한 제사장을 따로 세움으로 제사장들과 레위 사람들이 남쪽 유다 지방으로 내려와 3년 동안 섬김으로 르호보암이 강성했다고 기록하였다. 그러나 르호보암이 나라가 강성해짐으로 하나님의 말씀을 버려서 애굽 왕 시삭을 통하여 징계를 당하였지만, 그가 스마야의 말씀을 듣고 겸비하여 다 멸하지는 않으셨다. 그의 아들 아비야가 왕이 되었다.

13장: 아비야와 여로보암의 전쟁

여로보암 18년에 유다 왕이 된 아비야가 하나님을 의지하여 북이스라엘 왕 여로보암과 싸워서 크게 이겼다. 아비야에 대한 기록이 열왕기(15:1-8)보다 3배가량 길게 기록하였고, 역대기에서는 아주 긍정적인 평가를 내렸다.

14장-16장: 유다 왕 아사의 개혁

아비야의 아들 아사 왕(BC 910-869)에 관한 내용이 열왕기(15:9-24)보다 더 구체적으로 기록하였고, 아사 왕의 치적에 대하여 특별히 강조되었다. 아사 왕은 처음 10년은 의로운 통치로 평화를 누렸고, 구스 군대도 하나님을 의지하여 격퇴시켰다(14장). 그리고 선지자 아사랴의 권고의 말을 듣고 마음을 강하게 하여 온 땅에서 가증한 것을 제하는 개혁적인 모습을 보여 줌으로 20년간 태평을 누렸으나(15장), 36년에 북 왕국이 침략해 왔을 때는 하나님을 의지하지 않고 아람 군대의 지원을 요청하는 어리석은 일을 하였다(16:1-6). 그리고 그 행위를 책망하는 선견자 하나니를 옥에 가두고 백성을 학대하는 죄를 범하였다(16:7-10). 결국, 39년에 발에 병이 들었지만, 하나님을 의지하지 않고 의원을 의지함으로 징계를 당하여 왕 위에 오른 지 41년 되는 해에 병으로 죽었다. 전반부에는 순종하여 축복을 받았으나, 후반부에서는 불순종으로 심판을 당하였다.

17장-21장3절: 유다 왕 여호사밧의 통치

여호사밧의 통치에 관한 내용도 열왕기보다 두 배 이상 자세하게 기록하였다. 그는 안팎으로 유다 왕국을 견고하게 세웠다. 견고한 성읍에 군대를 두고, 산당과 아세라 우상을 제하고 율법을 교육시켰다. 그리고 여러 성을 건축하고 왕권을 더욱 견고하게 세웠다(17장).

여호사밧은 통치 기간 중 북이스라엘의 아합 왕과 사돈을 맺고 아합의 권유를 따라 아람(시리아)의 길르앗 라못을 치기 위해 연합작전을 펼쳤으나, 미가야 선지자의 예언대로 아합 왕은 그 전쟁에서 죽었고, 여호사밧은 위기를 모면하였다(18장).

그가 예루살렘으로 돌아왔을 때, 선지자 예후는 아합과의 동맹을 책망하였고, 모든 백성과 함께 율법을 따라 공의로운 통치를 하도록 했다. 그리고 예루살렘에 레위 사람들과 제사장들과 족장들 중에 사람을 세워 공의롭게 재판을 하게 했다(19장).

그 후에 모압, 암몬 자손들이 침입해왔을 때, 하나님께서 여호사밧의 기도를 들으셔서 승리하게 하셨다. 여호사밧 말기에 해상의 경제권을 장악하여 이득을 보기 위해 북방 이스라엘의 악한 왕 아히시야와 동맹을 맺었으나 하나님께서 배를 파손시켜서 항해를 포기하게 하셨다.

여호사밧은 그 아비 아사의 길로 행하여 하나님 앞에 정직히 행하였으나 산당은 제하지 못했다(20장).

21장: 유다 왕 여호사밧의 아들 여호람의 통치

여호사밧이 죽고 그 뒤를 이어 그의 아들 여호람이 왕이 되었고, 왕이 된 후 권력 유지를 위해 왕자들과 방백들 일부를 살해했다. 그는 아합의 딸과 결혼해서 하나님 보시기에 악을 행하였으나, 하나님께서 다윗과의 언약 때문에 등불은 끄지 않으셨다. 악한 통치로 인해 에돔과 립나가 배반하였다. 그는 하나님 앞에서 악을 행하여 징벌을 받아서 불치병으로 창자가 빠져나와 죽는 불행을 겪었다.

22장: 유다 왕 아하시야의 통치

아하시야의 통치에 대하여 역대기는 열왕기보다 적게 다루었는데, 열왕기에서는 예후의 혁명과 오므리 왕조의 몰락에 초점을 맞췄기 때문이다. 역대기는 유다의 죄악에 대하여 어김없이 하나님의 심판이 따른다는 것에 초점을 두었다. 그래서 아하시야도 패역함과 북방 배교 세력과의 동맹으로 예후에 의해 1년 만에 죽고 말았다.

이세벨의 딸 아달랴가 왕조의 씨를 진멸하는 중에 대제사장 여호야다의 아내이며, 여호람의 딸이며, 아하시야의 누이인 여호사브앗이 아하시야의 아들 요아스를 구원했다.

23장 1절-24장 27절 이세벨의 딸 아달랴에 대한 반역

요아스는 아달랴가 통치하는 6년 동안 숨어 지내다가 대제사장 여호야다에 의해 왕으로 추대되었고, 아달랴의 폭정은 끝이 났다. 역대기에서는 요아스에 대하여 3가지 나누어 정리하였다. 첫째는 다윗 왕가의 왕권 회복(23장), 둘째는 여호야다와 요아스의 선정으로 평화를 누린 이야기(24:1-16), 셋째는 대제사장 여호야다 사후에 요아스가 타락하여 징벌받게 되는 이야기를 다루었다. 요아스가 우상숭배를 할 때, 그것을 경고하는 여호야다의 아들 스가랴를 성전 뜰에서 돌로 쳐 죽이는 악행을 저질러 아람 사람들을 통하여 징벌당하였고, 신하들의 칼에 살해 되었다(24장).

25장: 유다 왕 아마샤의 통치

아마샤도 역대기에서는 두 부분으로 나누었다. 첫째는 하나님의 말씀을 순종함으로 에돔과의 전쟁에서 승리하는 이야기(1-13), 둘째는 우상 숭배와 교만으로 징벌을 받아 북이스라엘과의 전쟁에서 패전하고 라기스에서 반역의 칼로 죽는 이야기이다.

26장: 유다 왕 웃시야의 통치

요아스나 아마샤와 마찬가지로 웃시야 왕도 전반부에서는 의로운 왕으로 순종과 충성스러운 믿음으로 강성했다(4-15). 후반부에서는 그가 강성해졌을 때, 교만하여 악을 행하되 성전에서 제사장 아사랴와 80명의 제사장들의 권고에도 불구하고 제사장들만이 하는 분향을 직접 하려다가 징벌을 받아 나병에 걸려 별궁에 거하게 되고, 그 아들 요담이 섭정을 하였다(16-21). 웃시야 말기부터 이사야 선지자가 활동을 시작했다.

27장: 유다 왕 요담의 통치

부친 웃시야가 나병에 걸려 섭정을 하였다(BC 750-740). 그는 섭정 기간을 포함해서 16년을 다스렸고(BC 750-735), 정직한 왕으로 기록되었다. 건축 사업에 힘썼고, 암몬 자손이 다시 조공을 바치기 시작했다.

28장: 유다 왕 아하스의 통치

아하스가 다윗의 길로 행하지 않고, 북이스라엘처럼 바알 숭배와 이방 사람들의 가증한 길로 타락하여 죄를 범함으로 하나님께서 아람 왕과 북이스라엘 왕의 손에 넘기셨다. 특별히 선지자 오뎃이 등장하여 유다가 죄를 범함으로 북이스라엘을 통하여 징계하지만, 그들의 잔악한 행위는 막아 주셨다.

아하스의 죄로 교만을 낮추기 위해 에돔과 블레셋 사람을 들어 징계할 때, 하나님을 의지하지 않고 앗수르 왕 디글랏빌레셀에 도움을 청했다가 오히려 공격을 당하고 말았다. 아하스는 곤고할 때에 더욱 죄를 범하여 성전에 우상제단을 쌓고 각 성읍에 산당을 세워 하나님을 진노케 하였다.

29장-32장: 유다 왕 히스기야의 통치

역대기에서는 솔로몬 이후 히스기야에 깊은 관심을 보여주었다. 열왕기에서는 히스기야에 대하여 산헤립과의 전쟁을 주 내용으로 등장시키고 요시야 왕을 솔로몬 이후 가장 개혁적이고 의로운 왕으로 내세우지만, 역대기에서는 히스기야가 가장 개혁적이고 제사와 절기를 회복시킨 왕으로 등장한다. 히스기야 이야기는 열왕기 18장-20장과 비슷한 분량이지만, 내용은 1/4가량만 유사한 자료일 정도로 전혀 다른 각도에서 히스기야를 재조명하였다.

히스기야는 그의 부친 아하스 왕의 타락으로 혼란한 암흑기에 왕이 되어 우상을 척결하고, 성전을 정화시키고, 절기 신앙을 온전히 회복시켜서 앗수르의 지배로부터 벗어날 수 있었다. 파멸과 암흑 속에서 하나님과의 관계가 회복된 것이다.[42]

29:3-30:27절까지의 성전 정화 작업과 성전제사 회복, 그리고 유월절 절기 준비와 절기 행사에 대한 기록이다. 열왕기에는 없는 내용이다.

. . . .

42) "유다 온 회중과 제사장들과 레위 사람들과 이스라엘에서 온 모든 회중과 이스라엘 땅에서 나온 나그네들과 유다에 사는 나그네들이 다 즐거워하였으므로, 예루살렘에 큰 기쁨이 있었으니 이스라엘 왕 다윗의 아들 솔로몬 때로부터 이러한 기쁨이 예루살렘에 없었더라. 그때에 제사장들과 레위 사람들이 일어나서 백성을 위하여 축복하였으니 그 소리가 하늘에 들리고 그 기도가 여호와의 거룩한 처소 하늘에 이르렀더라."(대하30:25-27)

31장: 히스기야의 종교개혁

히스기야는 종교개혁에 박차를 가하여 온 나라의 우상을 제하고 성전제사와 십일조를 회복시켜서 철저하게 제사장과 레위인들의 생활을 보장해주고, 율법과 계명의 말씀을 회복시키고, 온 백성과 함께 하나님을 찾고 한마음으로 행하여 형통하였다.

32장: 산헤립이 히스기야를 괴롭힘

앗수르의 산헤립 왕의 등장은 열왕기와 같은 내용이지만, 열왕기보다 축소되었다. 히스기야는 산헤립이 예루살렘을 침공하였을 때에도 신실하게 하나님을 의지하고 기도할 때, 한 천사를 보내서 교만한 산헤립을 물리쳐 주셨다. 이 일이 소문나서 여러 사람이 예물을 가지고 와서 축하해 주었고, 히스기야가 모든 나라의 눈에 존귀하게 되었다. 그러나 말년에 병들어 죽게 되었을 때, 기도하여 치유를 받았지만, 하나님의 은혜에 감사하지 않고 교만하여 경고를 받지만, 뉘우침으로 그 생전에는 재앙을 당하지 않았다. 열왕기하에 생명을 15년 연장받은 이야기는 나오지 않는다.

33장: 유다 왕 므낫세의 통치

므낫세는 히스기야가 중병에서 회복된 후에 낳은 아들이다. 12세에 왕이 되어서 55년 동안 가장 오랜 기간을 통치하였다. 열왕기에서는 므낫세가 바알과 아세라와 일월성신을 섬긴 악행만 기록하였지만, 역대기에서는 그의 악행뿐 아니라 그가 회개한 긍정적인 모습도 보여주었다. 역대기에서는 하나님 말씀을 불순종하여 바벨론으로 끌려가는 환난을 당한 후에 크게 겸비하여 회개하고 개혁하여 우상을 타파한 것으로 기록하였다.

그의 아들 아몬은 2년간 왕이 되어 므낫세의 악행을 본받았으나 끝까지 회개하지 않음으로 신하의 반역의 칼에 죽었다.

34장-35장: 유다 왕 요시야의 통치

요시야 왕의 치적과 종교개혁에 관한 내용이다(BC 640-609). 요시야가 왕이 된 후 우상을 척결하였는데, 열왕기와 다른 부분은 열왕기에서는 이미 개혁 정책을 쓰고 있었고, 율법 책을 발견한 후 회개하고 말씀대로 더 대대적인 우상타파와 개혁 작업을 한 것으로 더 세세하게 다루지만, 역대기에서는 대대적인 종교개혁이 먼저 등장하고 이후에 율법 책을 발견하고 회개한 후 그 언약의 말씀을 따른 것으로 기록하고 있다. 이것은 요시야의 종교개혁이 형식적인 것이 아니라 말씀대로 언약의 회복차원에서 이루어진 것임을 보여주고 있다.

35장: 성경말씀대로 유월절을 지킨 요시야 왕

요시야 왕 8년에 유월절 절기를 지킨 이야기이다. 열왕기보다 더 상세하게 절기에 대하여 다루었고, 요시야처럼 온전하게 절기를 지킨 것이 사무엘 이후 처음이었음을 강조하였다.[43]

36장: 유다의 마지막 왕들과 예루살렘의 멸망, 바벨론 포로

요시야 사후에 유다 왕국은 급격히 쇠락하여 결국 바벨론에 멸망당하였다. 요시야의 세 아들과 손자 이야기인데, 그들의 불신앙과 타락이 바벨론 포로를 재촉하는 결과를 가져왔다.

여호아하스는 애굽 왕 바로 느고에 의해 폐위되고 애굽으로 잡혀갔다. 느고는 엘리야김을 여호야김으로 개명하고 대신 왕으로 세웠지만, 11년간 하나님 보시기에 악을 행하여, 바벨론 느브갓네살에 의해 성전기구와 함께 1차 포로로 끌려갔다.

여호야김의 아들 여호야긴도 악을 행하여 3개월 만에 성전 기명과 함께 2차 포로로 끌려갔고, 여호야긴의 숙부 시드기야가 왕이 되지만, 그도 마찬가지로 하나님 보시기에 악을 행하고 선지자 예레미야로 하신 말씀을 불순종하여 3차 포로로 끌려가고, 성전 보물도 빼앗기고, 성전은 파괴되는 등, 예레미야를 통하여 하신 말씀이 이루어졌다. 역대기는 이방 왕 고레스 황제를 통하여 허물어진 성전을 건축하라는 명령과 함께 마무리된다.

. . . .

43) "선지자 사무엘 이후로 이스라엘 가운데서 유월절을 이같이 지키지 못하였고 이스라엘 모든 왕들도 요시야가 제사장들과 레위 사람들과 모인 온 유다와 이스라엘 무리와 예루살렘 주민과 함께 지킨 것처럼은 유월절을 지키지 못하였다."(대하35:18)

에스라

　　탈무드나 히브리 전통에서는 에스라-느헤미야를 한 권의 책으로 보았지만, 기독교인들의 영향으로 두 권의 책으로 나뉘었다.

　　바벨론 이야기는 다니엘서1-5장에 기록되어 있다. 바벨론은 벨사살이 죽고 539년 바사(페르시아)왕 고레스에 의해 멸망하였다. 바사제국 고레스황제의 등장은 유대인들에게 중대한 변화를 가져왔다. 고레스는 이사야, 예레미야의 예언대로 포로들을 고향으로 되돌려 보내고 하나님의 성전을 회복시켜 주는 정책을 시행하였다.

　　고레스는 유대인들에게 조서를 내려 귀환을 허락해 주었고, 성전을 건축하게 하였다. 성전건축을 위한 모든 물자도 아낌없이 지원해 주었고, 포로 당시 가져왔던 성전 기물들도 다 돌려보냈다.

　　이미 바벨론 왕 느브갓네살도 예레미야를 통하여 하신(렘25장, 29장, 39-40장) 말씀을 들었고, 페르시아의 고레스도 유대인의 선지자들로부터 예언의 소리를 듣고 있던 터라 본인들이 왕이 된 것이 여호와 하나님의 은혜요, 덕택임을 알고 있었다(스1:1-3, 사44:28, 45:1-3).

　　에스라서는 예레미야를 비롯한 선지자들을 통하여 예언하신 말씀대로 포로에서 귀환하게 된 이야기를 다루고 있다. 1장부터 6장까지는 BC 538년 스룹바벨에 의한 1차 귀환 이야기를 다루고, 7장부터 10장까지는 BC 458년 에스라에 의한 2차 귀환 이야기를 다루고 있다.

1장-2장: 고레스 칙령, 세스바살(스룹바벨)의 1차 귀환, 귀환자 명단

1장에서 고레스 황제의 칙령으로 BC 538년에 1차 귀환이 이루어졌다. 유다와 베냐민 족장들과 제사장들과 레위사람들과 그 마음이 하나님께 감동을 받고 예루살렘 성전을 건축하고자 하는 헌신자들이 일어났고, 그들 모두가 기쁨으로 예물을 드렸다. 고레스 황제는 바벨론 포로 때 **빼앗아** 왔던 성전 기물들을 세스바살에게 다 내어 주었다.

세스바살은 1장과 5장에만 간단하게 나올 뿐 어느 곳에도 나오지 않는다. 성전기초를 놓았다고 5장에 말하는데, 학개나 스가랴는 그를 스룹바벨로 이야기하고, 예수님의 족보에도 스룹바벨로 등장한다. 현대 학자들은 다르게 보지만, 성경 전체의 흐름이나 내용으로 보아서는 동일 인물로 보는 것이 바람직하다.

2장에는 바벨론에 포로로 잡혀갔던 자들의 자손 중에 귀환한 사람들의 족보를 기록하고 있다. 각 족장들의 후손과 제사장들, 레위인들, 느디님 사람들, 솔로몬 신하의 자손들, 그 외에 족보가 불분명한 사람들에 관한 기록이다. 족보는 역대기 서론에 다룬 것처럼 누가 참 이스라엘인가라는 민족의 정체성 확립차원에서 다루었기 때문에 족보는 그들의 생명과 같았다.

3장: 성전 건축 준비- 2년간 준비 후 기초를 놓았다.

예루살렘에 돌아온 그들은 율법서에 기록된 대로 번제와 초막절과 월삭을 지켰지만, 성전건축을 위한 기초는 미처 놓지 못한 상태였다. BC 538년 귀환해서 BC 536년까지 약 2년간은 두로와 시돈의 목수와 석수를 고용하여 백향목을 욥바 해변까지 운송해 오는 등 건축을 준비하는 시기였다. 20세 이상 되는 레위인들을 현장 감독으로 세워 건축을 준비했고, 드디어 귀환 후 2년 만에 성전 기초를 놓았다. 성전기초를 놓을 때, 솔로몬 성전을 보았던 자들은 감격에 벅차서 대성통곡을 하였고, 나머지는 기쁨으로 인하여 크게 함성을 지르기도 했다.

4장: 대적자들의 훼방

성전 기초를 놓고 공사가 시작되면서 이미 그 땅에 자리를 잡고 살던 주변 부족들이 유대인의 귀환을 달갑게 여기지 않았다. 성전이 건축되면 자신들의 입지가 약해지기 때문에 적극적으로 훼방하기 시작하였다. 특히 에살핫돈 때에 사마리아에 들어와 살게 된 사마리아인들은 자신들도 하나님을 섬기고 있다며 함께 성전건축을 하게 해달라고 요구하였다. 그러나 유대인들은 정통성에 저해가 되기 때문에 제안을 거부하였다.

그들의 훼방은 성공적이어서 BC 530년에 고레스가 죽고 캄비세스가 즉위하고, 그 뒤에 다리오가 즉위한 후(BC 522) 2년(BC 520)까지 16년간 성전 건축이 중단되었다.

그런데 성전건축을 훼방하는 대적들의 이야기는 BC 520년대 이야기인데, 중간에 갑자기 40년-60년 이후의 이야기인 아하수에로(BC 486-464)와 아닥사스다(BC 464-423)가 등장하여 읽는 이로 하여금 당황하게 한다. 그 이유는 에스라가 자신과 느헤미야의 귀환 시기 곧 성곽을(예루살렘 외곽 성벽 건축 444년경) 건축할 때까지도 훼방이 계속되고 있었다는 것을 설명하기 때문이다. 마지막 절에는 다시 성전건축시기로 돌아가서 다리오 왕 제2년(BC 520년)에 훼방이 중단되었고, 이때부터 건축이 다시 시작되었다고 강조했다.

5장-6장: 학개, 스가랴의 독려로 성전건축 재개와 봉헌

핍박으로 성전 건축이 중단된 후, 지금은 때가 아니라는 생각이 지배적이어서 다시 건축하고자 하는 의지가 없었다. 그래서 하나님께서 학개와 스가랴 선지자를 보내셔서 성전건축을 멈추고 자신의 안위를 위해 살아갈 때 잘 된 일이 무엇이 있는지 돌아보라고(학1장) 강력하게 책망하고, 스스로 굳세게 서서 일하라고 용기를 주셨다. 스룹바벨을 통하여 기초 돌을 놓았으므로 반드시 그를 통해 마치게 될 것을 확신시켜 줬고(슥4:9), 그를 인장으로 삼을 것을 확신시켜 주었다(학2:23). 하나님은 계획을 세우시고 이랬다 저랬다 하시는 분이 아니라는 것을 일깨워 주신 것이다.

대적자들이 더 심하게 훼방을 했지만, 학개와 스가랴 선지자들을 통하여 격려와 권고를 받고 용기를 얻어 성전건축을 계속했다. 총독 닷드내와 스달보스내와 아비삭은 다리오에게 이들이 성전을 건축하는 것은 고레스 황제의 조서 때문이라고 보고하였고, 다리오 황제는 보물전각에서 그 조서를 확인하였다. 그래서 다리오는 성전건축에 드는 모든 물자와 제물을 아낌없이 지원해주고, 훼방하는 자들은 그 집의 기둥뿌리를 뽑아 버리고 거름더미로 만들라고 강력한 조서를 내려 확실하게 지원해주었다.

대책 없이 중단되었던 성전건축이 하나님의 강력한 후원으로 다리오 2년에(BC 520) 다시 시작하여 BC 515년, 5년 만에 완공하여 봉헌하였다. 사람이나 주변 환경을 두려워하지 않고 전적으로 하나님을 신뢰하고 선지자들을 통하여 하신 말씀을 순종한 결과였다.

7장-8장: 에스라에 의한 2차 귀환

아론의 16대손인 에스라가 BC 458년에 2차로 귀환하였다. 그는 모세의 율법에 익숙한 학자였고, 하나님의 은혜로 바사 왕에게 구하는 것은 다 얻는 자였다. 에스라는 율법을 연구하여 준행하며 율례와 규례를 이스라엘에게 가르치기로 결심하고 사명감을 안고 귀환하였다.

에스라는 아닥사스다 왕이 특별히 후원을 아끼지 않았고, 조서까지 내려서 하나님의 말씀의 명령을 지키지 않으면 죽이거나, 귀양을 보내거나, 가산을 몰수하고, 옥에 가둬도 된다는 놀라운 권세까지 주었다. 에스라는 하나님의 놀라운 은혜를 찬양하였다.

8장에는 에스라와 함께 귀환했던 백성들의 계보이다. 돌아올 때 레위사람이 없어서 명철한 레위인 38명과 느디님 사람들 220명을 지명하여 불러왔다. 그는 돌아올 때 사람의 도움을 청하지 않고, 오직 하나님만 의지하고 기도하여 하나님의 선하신 도우심으로 안전하게 예루살렘에 돌아왔다. 2차로 귀환한 사람들은 1,496명 정도였다.

9장-10장: 에스라의 회개기도와 개혁

1차 귀환 후 80년 만에 2차로 에스라가 돌아왔을 때, 백성들과 제사장들과 레위 사람들이 가나안, 브리스, 여부스, 암몬, 모압, 애굽, 아모리 사람들의 가증한 일을 하고, 그들과 혼인하는 등, 거룩한 자손이 그들과 섞여 있었다.

그중에 지도자들이 더 앞장서서 죄를 짓고 있다는 말을 듣고 너무 기가 막혀서 속 옷과 겉옷을 찢고 머리털과 수염을 뜯으며 본인이 죄를 지은 것처럼 애통하며, 조상 때부터 지금까지 베푸신 하나님의 큰 사랑과 은혜를 잊고 하나님을 배신한 그들을 위해 두 손을 들고 회개하며 기도했다.

에스라가 회개기도할 때에 백성의 큰 무리와 아이들이 모인 자리에서 스가냐가 회 개하고 이방 여인들을 돌려보내기로 작정하였다는 보고를 하였다. 에스라는 그 즉시 제사장들과 레위인들과 온 이스라엘에게 맹세시켰다. 그리고 온 백성을 예루살렘에 모아 놓고 절대 미루지 말고 즉시 죄를 자복하되, 그 지방 사람들과 이방 여인을 끊을 것을 명령하고, 이방 여인들을 아내로 맞이한 자들을 조사하여 그 명단을 공개하였다.

고대 사회에서 남자는 밖에서 일을 하고, 여인들은 집안일을 하면서 자녀를 양육했다. 여인들은 집안일이나 교육을 할 때, 자기가 섬기던 신의 종교의식이나 문화를 따랐기 때문에 아이들이 어려서부터 이방 신과 우상의 문화에 길들여질 위험이 있었고, 남자들도 여자에게 미혹되어 하나님을 떠날 위험이 많았다. 그래서 하나님께서 모세오경을 통하여 이방 여인과의 결혼을 강력하게 금하신 것이다(레18장, 20장, 신7:1-11).

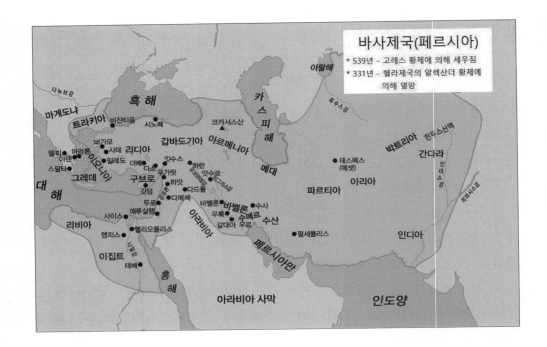

바사제국(페르시아)
* 539년 - 고레스 황제에 의해 세우짐
* 331년 - 헬라제국의 알렉산더 황제에
    의해 멸망

느헤미야

1차 귀환 때 스룹바벨을 통해 성전을 건축하였고, 2차 귀환 때는 에스라가 말씀을 가르쳐 신앙을 회복시켰다. 느헤미야는 3차 귀환 이야기이다. 느헤미야서는 허물어진 예루살렘 성벽 건축 이야기, 제사장과 레위인들의 사역 회복 이야기, 백성들의 십일조와 온전한 신앙회복, 부정한 이방 풍속을 개혁한 이야기를 다룬다.

느헤미야는 선지자도 아니고, 제사장도 아니고 평신도로서 부르심을 받은 자이다. 그는 바사제국 바사 왕 아닥사스다1세의 술 맡은 관원으로서 영향력 있는 지위에 있었다. BC 444년 고향땅 유다의 참상을 듣고 황제의 허락을 받고 총독의 자격으로 예루살렘에 가서 성벽을 건축하고 유대인들의 신앙을 개혁시켰다.

1장: 예루살렘의 환난 소식을 듣고 회개 기도하는 느헤미야

느헤미야는 아닥사스다 왕 20년(444년)에 수산 궁에서 술 관원으로 있었다. 느헤미야는 예루살렘에서 온 하나니와 그 동료로부터 그곳에 남아 있는 자들이 큰 환난과 능욕을 당하고, 예루살렘 성은 허물어지고, 성문은 불탔다는 소식을 듣고, 하나님 앞에 자신이 죄를 지은 것처럼 금식하고 회개하며 그들에게 긍휼을 베풀어 주시기를 간절히 기도하였다.

2장: 느헤미야의 귀환과 성벽건축 계획

느헤미야가 슬픈 소식을 듣고 왕 앞에서 수심이 가득하였고, 왕은 그 이유를 물었다. 왕의 음식과 생명을 책임지는 자가 왕 앞에서 근심 어린 표정을 짓는 것은 아주 위험한 행동이었다. 그는 위기의 순간에 하나님께 기도하고, 예루살렘의 안타까운 소식을 전하였고, 하나님께서 아닥사스다 왕의 마음을 움직여 주셔서 특별휴가와 함께 재정과 물자와 군사까지 후원 받고, 조서까지 내려줘서 예루살렘으로 아주 쉽게 귀환할 수 있었다.

느헤미야는 귀환 후에 밤중에 은밀히 현장 조사를 마치고 대책을 세운 후에 백성들을 권고하고 설득하였다. 귀환 소식과 성벽건축 소식을 들은 호론 사람 산발랏과 암몬 사람 도비야와 아라비아 사람 게셈이 훼방하기 시작했으나 하나님을 신뢰했기 때문에 개의치 않았다.

3장: 예루살렘 성벽 거축

느헤미야는 공사를 대략 42개 정도의 공구로 나눠 설계하고 각 공구별로 족장들에게 일을 나누어 주었다. 그리고 지혜롭게 각 공구에서 동시에 성벽공사와 12개의 성문 보수공사가 이루어지도록 하였다.

4장: 대적자들의 훼방 중에도 흔들림 없이 계속되는 성벽공사

산발랏과 암몬사람 도비야의 비웃음과 조롱에도 불구하고 흔들림 없이 하나님 앞에 기도하면서 온 마음을 다해 공사를 진행하였다. 결국, 전체 공구가 다 연결되고 높이가 절반쯤 건축되었다.

그 소식을 들은 산발랏과 도비야와 아라비아 사람들과 암몬 사람들과 아스돗 사람들이 더 격분해서 훼방하지만, 그들은 하나님께 더 힘 있게 기도하면서 파수꾼을 두어 주야로 방비하면서 공사를 진행하였다. 훼방 자들은 동족들을 이용하여 회유하기도 하고, 협박도 하지만 흔들리지 않았다. 비상시를 대비하여 나팔수들을 곁에 두고, 건축자들은 한 손에 병기를 잡고 한 손으로는 짐을 나르게 하였다. 밤낮을 맞교대하면서 옷도 벗지 않고, 물을 길어갈 때도 병기를 잡을 정도로 철저하게 대비를 하였다. 느헤미야는 영적으로나 육적으로 빈틈없이 철저하게 준비하고, 사람들의 마음을 하나로 묶는 놀라운 리더십을 발휘하였다.

5장: 내부의 문제를 해결하는 느헤미야

외부도 어려움이 있었지만, 내부에도 문제가 많았다. 백성들 중에 빈부 격차가 심했고, 세금 문제로 경제적 어려움이 많았다. 그런데도 동족끼리 저당 잡고, 이자놀이를 하고, 심지어는 자녀들을 종으로 파는 경우까지 생겨서 사기가 떨어지는 요인이 되었다. 이를 보고 격분한 느헤미야가 귀족들과 백성의 지도자들을 꾸짖고, 이자받기를 금하였다. 느헤미야도 백성의 고통을 분담하기 위해 모범적으로 자신이 받아야 할 총독의 녹을 반납했고, 어려운 사람들을 위해 자신에게 주어진 식량도 함께 나눔으로 백성의 사기를 북돋우었다.

6장: 어떤 음모도 이겨 나가는 느헤미야, 성벽건축 완성

훼방 자들이 성벽 건축을 마치고, 성전 문짝을 달기 전까지 온갖 음모를 꾸미며 훼방하지만, 느헤미야의 믿음은 조금도 흔들리지 않았다. 반역의 음모와 거짓 편지로 회유도 하고, 내부 조직에 뇌물을 줘서 음모를 꾸미기도 하지만, 하나님께서 지혜와 명철을 주셔서 절대 속지 않았다.

많은 훼방과 어려움이 있었지만 놀랍게도 52일 만에 준공하였다. 대적자들은 이 일이 하나님께서 이루신 일임을 깨닫고 크게 낙담하였다.

7장: 지도자 세우기와 포로 귀환자 리스트

느헤미야는 성벽 건축을 마치고 문짝을 달고, 문지기와 노래하는 자들과 레위 사람들을 세운 후, 하나님을 경외하는 충성스러운 동생 하나니와 영문의 관원 하나냐로 하여금 예루살렘을 다스리게 하였다. 성읍은 큰데 주민이 많지 않았고, 가옥도 건축되지 못했기 때문에 성문을 철저하게 단속해야 했다.

느헤미야가 귀족과 민장과 백성을 모아 계보를 따라 등록했는데, 1차 귀환 때 귀환한 자들의 명단을 확보하고 기록했다. 등록된 제사장들과 레위인들, 문지기들, 노래하는 자들, 느디님 사람들, 온 이스라엘 자손이 각기 자기의 성읍에 거주했다.

8장: 모든 백성을 모아 나무 강단에서 율법 책 낭독과 해석

7월 초하루 모든 백성이 수문 앞 광장에 모였을 때, 학사 에스라가 율법 책을 새벽부터 정오까지 알아들을 만한 모든 사람 앞에서 읽어줬다. 그때 학사 에스라가 특별히 지은 나무 강단에 섰고, 제사장들은 옆에 앉았다. 에스라가 책을 펴면 모든 백성들이 일어났고, 에스라가 여호와를 송축하면 백성들은 몸을 굽혀 얼굴을 땅에 대고 아멘으로 경배하였다.

그리고 제사장들과 레위인들은 율법의 뜻을 해석하여 깨닫게 하였고, 집회를 마친 후에는 함께 음식을 나누며 기뻐하였다. 이것이 오늘날 예배의 모습과 흡사하다. 신명기 말씀대로(신31:9-13) 7일 동안 성경을 낭독하며 초막절 절기를 지켰다.

9장-10장: 금식하며 죄를 자복하며 회개기도를 하고 언약에 인봉함

온 이스라엘 백성이 모여서 금식하며 모든 이방 사람들과 절교하고, 자기 죄와 조상의 허물을 자복하고 낮 사분의 일은 성경을 읽고, 낮 사분의 일은 죄를 자복하며 하나님께 경배하였다. 대표자들이 큰 소리로 아브라함의 택하심부터 시작해서 출애굽과 가나안 정복, 바벨론 포로와 귀환에 이르기까지 베푸신 하나님의 사랑을 고백하면서 큰소리로 대표기도를 했고, 언약을 세우고 서명하였다.

언약하고 서명한 자들을 10장에 기록하였다. 그 남은 백성과 제사장들과 레위인들, 문지기들, 노래하는 자들, 느디님 사람들은 이방인과 절교하고, 율법을 준행하는 모든 자들로 하여금 오직 모세를 통하여 주신 하나님의 말씀대로 살 것을 저주로 맹세케 하였다.

느디님 사람들은 이방인으로서 유대인이 된 사람들이 대부분이다. 성전에서 물 긷고 장작 패는 기브온 사람들이 대표적인 사례이다.

11장-12장: 예루살렘에 거주하는 백성, 제사장, 레위인, 성벽 봉헌

백성의 지도자들은 예루살렘에 거주하였다. 그 남은 백성은 제비 뽑아서 십분의 일만 거룩한 성 예루살렘에 거주하게 하고, 나머지는 다른 성읍에 거주하게 한 후,

그 명단을 기록하였다. 12장에서는 1차 귀환 때에 돌아온 제사장들과 레위인들의 명단을 기록하였다.

그리고 예루살렘 성벽 봉헌식을 위해 레위인들을 총동원해서 제금과 비파와 수금을 타며 감사와 찬양을 하게 하였다. 그리고 제사장들과 레위인들을 성결케 하고, 백성과 성문과 성벽을 정결케 한 후, 서편에서 무리를 둘로 나누어 한 무리는 성벽 오른쪽으로, 한 무리는 성벽 왼쪽으로 가면서 감사와 찬양을 하였다. 두 무리는 성벽을 돌아 동편 성전에서 만나서 감사 봉헌 예배를 드렸다.

그리고 그날에 사람을 세워 곳간을 맡기고 제사장들과 레위 사람들에게 준 거제물과 처음 익은 것과 십일조를 곳간에 쌓게 하였다. 그리고 그곳에서 레위인들이 쓸 몫을 나눠 주었고, 제사장들에게도 성별하여 주었다.

13장: 느헤미야의 개혁

성벽 봉헌을 하고 모세의 책을 낭독한 후 총회에 들어오지 못할 자들을 구별하였다.

느헤미야가 없는 사이에 제사장 엘리아십이 도비야와 연락하여 성전 십일조 창고를 비우고 이방인 도비야에게 세를 내준 사건이 발생하였다. 그때가 아닥사스다 왕 32년이다(BC 432). 느헤미야가 그 소식을 듣고 왕에게 휴가를 청하고 다시 돌아와서 도비야의 세간을 그 방 밖으로 집어 던지고 그 방을 성결케 한 후에 다시 십일조와 헌물을 채워 놓았다.

느헤미야가 조사한 결과 레위인들에게 십일조와 헌물의 몫을 주지 않음으로 레위인과 노래하는 자들이 자기 밭으로 도망가 버린 것이다.

느헤미야는 민장들을 불러 꾸짖고, 레위인들을 다시 불러 모았다. 그리고 다시 십일조를 그 곳간에 채운 후 나눠 주도록 하고, 고지기를 두어 관리하게 하였다.

그때에 말라기 선지자도 십일조와 헌물에 대하여 강하게 책망하였다. 백성들이 십일조와 헌물을 드려서 십일조 창고와 곳간을 채워야 레위인들과 제사장들에게 그 몫을 나눠 줄 수 있고, 그들이 아무 염려 없이 거룩한 사역에 집중해야 백성들도 그들로부터 하나님의 말씀을 잘 가르침 받아, 말씀을 잘 지킴으로 복을 받을 수 있기 때문이다.

　그리고 안식일을 지키지 않는 무리를 꾸짖어 안식일에 장사를 금하고, 안식일에는 성문을 잠가서 다시는 장사꾼들이 출입하지 못하도록 개혁을 하였고, 이방 여인들과 혼인한 사람들도 개혁의 대상이 되었다. 느헤미야는 자신에게 주어진 사명을 다하여 개혁을 완성하였다. 그리고 자랑스럽게 하나님 앞에서 "하나님 저 잘했지요. 그러니까 복 주세요."라고 기도하는 아름다운 모범을 보여 주었다.

에스더

에스더서는 아하수에로 왕(BC 486–464) 때, 곧 1차 귀환과 2차 귀환 사이의 사건
이다. 고레스 황제 때 스룹바벨에 의해 1차(BC 538년) 귀환한 후, 페르시아에 남아
있던 유대인들과 페르시아 전 제국에 흩어져 살던 유대인들의 사정을 다룬 이야기
이다. 선지자들을 통하여 예언한 대로 그들이 언제 어디서나 하나님을 의지하면 하
나님께서 함께하시고 지켜 주시고 은혜 베푸신다는 것을 일깨워 주셨다.

하나님께서 포로 된 땅에서도 하나님의 말씀과 믿음의 정절을 지키는 언약 백성
을 돌보기 위해 에스더를 왕비로 예비하시고, 모르드개를 통해 아하수에로 왕의 암
살음모를 밝혀내게 하셨다. 하나님은 모르드개와 에스더를 통하여 유대인을 몰살시
키려던 하만의 악한 계략으로부터 보호하시고 오히려 에스더는 왕비가 되고, 모르
드개는 왕의 다음 가는 치리 자가 되게 하셨다.

바벨론 2차 포로기에 유다 왕 여고냐(여호야긴)가 포로로 잡혀 올 때, 베냐민 지파의
모르드개와 그의 삼촌도 함께 왔다. 그의 삼촌이 바사에서 에스더라고 하는 딸을 낳고
일찍 죽어, 모르드개가 그를 딸처럼 키웠다. 그 당시 아하수에로 왕의 왕비 와스디가
왕의 말을 거부했다가 폐위되면서 새롭게 왕비를 간택하였는데, 유대인이었던 에스더가
왕비로 간택되었고, 모르드개는 우연히 대궐문 앞에서 왕의 내시들에 의한 암살 음모
를 듣고 에스더를 통하여 왕에게 알렸는데, 이것이 이후에 위기를 넘기고 화가 복이 되
게 하는 과정이 되었다. 언약백성을 지키기 위한 하나님의 보이지 않는 준비였다(1–2장).

그때 하만이라고 하는 자가 고위직에 있었는데, 모든 사람들이 자신에게 꿇어 절하지만, 모르드개는 절하지 않았다고 해서 하만은 자신에게 절하지 않는 유대인을 몰살시키고 모르드개를 장대에 높이 매달아 죽이려고 계략을 꾸몄다(3-4장).

모르드개는 그 위기를 극복하기 위해 에스더에게 왕비가 되게 하신 이유를 일깨워 주었고, 담대하게 왕에게 나가 이 사실을 알리게 했다. 당시에는 왕비라도 함부로 먼저 왕에게 다가가면 목숨을 잃을 수 있었다. 그래서 에스더가 온 백성과 함께 금식하며 기도한 후, 목숨을 담보로 "죽으면 죽으리이다."라는 신앙고백과 함께 왕에게 나갔는데, 하나님께서 왕의 마음을 움직여 주셨다. 하만은 계속 모르드개를 장대에 매달아 죽이기로 계략을 꾸몄는데(5장), 밤중에 왕이 잠이 오지 않아 역대일기를 읽다가 모르드개가 내시들의 반역을 밝히고도 보상을 받지 못했다는 것을 알고 왕 다음으로 큰 권력자가 되게 하셨다(6장).

그리고 에스더는 왕을 위해 잔치를 베푼 후 하만의 죄악을 밝혀내고, 결국 하만이 모르드개를 매달아 죽이려고 준비한 큰 장대에 자신이 매달려 죽었고, 유대인들은 위기에서 구원받게 되었다(7장).

하만이 유대인들을 몰살시킬 날을 제비 뽑았었는데, 신기하게도 마지막 달이 뽑혔다. 기간이 짧으면 위기를 모면할 수 없었는데, 하나님께서 유대인들을 구원하시고, 화가 복되게 하시려고 제비 뽑는 것까지 간섭하신 것이다. 모르드개가 왕의 다음이 되는 관리로 임명된 후 즉시 왕에게 조서를 받아 큰 제국 127도에 급하게 조서를 보냄으로 유대인들을 구원할 수 있었다(8장).

유대인을 죽이려고 제비 뽑았던 일이 전세가 역전되어 악한 하만과 그 집안이 당하고 말았다. 그때 죽임당하기 위해 제비 뽑혔지만, 하나님의 은혜로 구원받을 수 있었다. 그 구원 받은 날을 기념하여 해마다 12월 14일과 15일을 부림절로 지키기 시작했다(9-10장).[44]

. . . .

44) 제비 뽑는다는 말이 부르이다. 그래서 그 제비 뽑은 날을 부림절로 지키게 되었다.

성문서

히브리 성경은 모세오경(토라), 예언서(느비임), 성문서(케투빔)로 나누고, 앞 자를 따라 "타나크"라고 한다. 성문서 "케투빔"은 "기록된 것들"을 의미한다.

히브리 성경 성문서는 "룻기-시편-욥기-잠언-전도서-아가서-애가-다니엘-에스더-에스라-역대기"를 말하는데[45], 우리말 성경에서 성문서는 70인역에서 "하기오그라파" "거룩한 문서"라고 부른 것을 그대로 사용하여 "욥기-시편-잠언-전도서-아가서"를 성문서라고 한다.

토라(모세오경)가 이스라엘의 삶의 지침으로 제시되었는데[46], 바벨론 포로기 이후 시대의 변천과 삶의 정황에 따라 아브라함의 언약과 모세의 율법, 선지자들의 말씀을 그대로 적용하는데 한계를 느꼈다. 그래서 새로운 환경 속에서 그들의 신앙과 일상적인 삶, 일상적인 지혜, 일상적인 통찰, 일상적인 관계의 문제를 어떻게 접근하고 풀어갈 것인가에 대한 고민으로 탄생한 것이 성문서이다.

그래서 성문서는 일상의 삶을 통해 체득하거나, 말씀을 떠나서 겪었던 아픔들, 고난과 위기 속에서 구원해주신 하나님의 사랑 등, 직접적인 신앙의 체험을 통해 고백한 시와 격언형식으로 이루어져 있다.

· · · · · · · · · · · · · · · · · · · ·

45) 이것은 바벨론 전통을 따른 것이고, 팔레스틴 전통은 역대기를 가장 앞에 놓는다.
46) 그 당시에는 모세오경만이 성경으로서의 절대적인 권위를 가지고 있었다.

욥기

욥기는 욥기서의 주인공인 "이욥"의 이름을 따라 욥기라고 지은 것이다. "이욥"은 "회개하다. 돌아오다."라는 뜻으로 하나님께 "돌아온 자"를 의미한다. 욥기 이야기는 대부분 BC 2000년대 무렵 족장시대 이야기로 이해하고, 욥기가 기록된 시기는 모세 이전 시대 혹은 솔로몬시대로 보고 있다.

욥기는 왜 온전히 하나님만을 신실하게 섬기는 의인 욥이 이해할 수 없는 고난과 시험을 당해야 하는가? 왜 하나님은 악인의 형통함을 방관하시는가? 하나님은 진짜 공의로우신 하나님이신가? 대한 해답을 제시해 주고 있다.

사탄과 불신자들은 의인들이 하나님을 사랑하고 섬기는 것은 이기적인 목적과 조건 때문이며, 고난을 당하는 것은 죄를 범했기 때문이라고 참소하지만, 하나님은 의인 욥을 통해서 사탄의 생각이 틀렸다는 것을 입증하셨다.

욥기는 의인들이나 악인들이 살고 있는 이 세상이 하나님의 나라가 아니라 죄와 사망 곧 사탄이 왕 노릇 하는 죄악 세상이라는 사실과 공의로운 하나님이시지만, 매사에 인과응보의 법칙으로만 일하시는 분이 아니시고 마지막 심판 때까지 끝없는 긍휼과 용서로 일하시고, 인내로 마지막 정하신 날까지 기다리시는 사랑의 하나님이시라는 사실을 알고 읽어야 한다.

욥도 이해할 수 없는 엄청난 고난과 고통과 함께 친구들의 정죄와 비난을 당하면서 그 고난은 하나님께서 주신 고난이라고 생각하고, 하나님을 원망하며 불평하며 호소하였으나, 희망은 버리지 않았다. 욥은 마지막에 하나님의 말씀을 통하여 깨달음을 얻고, 자신의 원망과 교만을 부끄러워하고 회개하여 이전보다 더 크게 복을 받았다.

욥은 하나님께서 자랑하는 온전하고 경건하고 동방에서 가장 훌륭한 사람이었다(1-5).
사탄이 욥을 시기하여 욥을 시험하였다. 욥은 하루 사이에 자녀와 재산을 잃었다
(6-19). 스바 사람에게 소와 나귀를 빼앗기고 종들은 칼로 죽었고(15), 하늘에서 불이
떨어져 양과 종을 불살라졌고(16), 갈대아 사람들이 약대를 빼앗아가고 종을 죽이고
(17), 큰 사람이 와서 집 네 모퉁이를 쳐서 자녀들이 죽임을 당하였다(19).

그러나 욥은 엄청난 재앙 중에도 "주신 이도 여호와시오, 거두신 이도 여호와시
오니 여호와의 이름이 찬송을 받으실지니이다."(21)라고 하나님을 찬송하고 원망하지
않았다(22).

두 번째 사탄의 시험으로 욥은 악창으로 만신창이가 되었고, 아내가 배신을 했고,
동방에서 위로하러 온 세 친구 엘리바스, 빌닷, 소발도 욥을 정죄하여 힘들게 했다.
욥기는 욥을 정죄하는 그 세 친구와의 대화를 통하여 의인이 왜 고난을 당하는가?
라는 질문이 이어진다(2:1-13).

욥과 세 친구의 대화

문병 온 세 친구 엘리바스, 빌닷, 소발은 욥이 고난을 당하는 것은 죄 때문이라고
인과응보의 법칙을 강조하였다. 하나님은 의인에게는 복을 주시고 악인에게는 저주
하신다는 논리이다. 그러므로 욥은 죄 때문에 고난을 당하고 있으니까 죄를 회개하
라는 것이다.

첫 번째의 대화: 3장 1절-14장 22절

- 욥의 탄식(3:1-26) 모든 것을 잃고, 죽도록 괴로운 고통의 질병 속에서 자신이 태
  어난 날을 저주하였다.
- 엘리바스의 말(4:1-5:27): "죄 없이 망한 자 누구인가?"(4:7), "나 같으면 하나님께
  구하고 하나님을 의탁하리라."(5:8)

– 욥의 답변(6:1–7:21): 죄는 징벌을 받지만, 자신의 고난이 죄의 결과라는 사실은 부인하였다. "내게 가르쳐서 나의 허물을 깨닫게 하라. 내가 잠잠하리라."(6:24) 욥은 자신의 죄 때문이 아니라 하나님께서 자신에게 곤고를 주신다고 생각했다. "전능자의 화살이 내게 박히매 나의 영이 그 독을 마셨나니 하나님의 두려움이 나를 엄습하여 치는구나."(6:4) "사람을 감찰하시는 이여 내가 죄를 범하였던들 주께 무슨 해가 되오리이까? 어찌하여 나를 당신의 과녁으로 삼으셔서 내게 무거운 짐이 되게 하셨나이까?"(7:20)

– 빌닷의 말(8:1–22): 욥의 고난은 죄의 결과이며 하나님께서 공의에 의해 심판한 것이라고 하였다. 자녀가 죽은 것도 죄 때문이라고 정죄하였다(8:4). 욥이 회복되려면 부지런히 기도하고, 청결하고 정직하게 살면(8:6), "네 시작은 미약하였으나 네 나중은 심히 창대하리라"(8:7)고, 모든 원인을 욥이 하나님을 잊었기 때문이라고 고발하였다.

– 욥의 답변(9:1–10:22): "진실로 내가 이 일이 그런 줄을 알거니와 인생이 어찌 하나님 앞에 의로우랴."(9:2) "하나님이 빼앗으시면 누가 막을 수 있으며 무엇을 하시나이까? 하고 누가 물을 수 있으랴"(9:12), "그가 폭풍으로 나를 치시고 까닭 없이 내 상처를 깊게 하시며, 나를 숨 쉬지 못하게 하시며 괴로움을 내게 채우시는구나."(9:17–18) "세상이 악인의 손에 넘어갔고 재판관의 얼굴도 가려졌나니 그렇게 되게 한 이가 그가 아니시면 누구냐"(9:24) 이렇게 욥은 괴로움 때문에 불평과 함께 빌닷에 대한 응답을 멈추고 하나님을 향하여 그가 당한 고난의 이유를 가르쳐 줄 것을 간청하였다(10:2).

– 소발의 말(11:1–20): 욥이 말이 많다고 정죄하였다. 엘리바스나 빌닷보다 더 강하게 스스로 잘난체하지 말라고 비난하면서 하나님께서 욥의 죄를 잊고 있어서 그렇지 욥이 당하고 있는 고난은 욥의 죄에 비하면 아주 작은 것이라고 정죄하였다(11:6).

– 욥의 답변(12:1–14:22): 욥은 세 친구 모두에게 항변하기를 "너희만 참으로 백성이로구나. 너희가 죽으면 지혜도 죽겠구나. 나도 너희같이 생각이 있어 너희만 못하지 아니하니 그 같은 일을 누가 알지 못하겠느냐" "너희 아는 것을 나도 아노니 너희만 못하지 않으니라"(13:2) "너희는 거짓말을 지어내는 자요, 다 쓸모없

는 의원이니라."(13:4)라고 자신이 그들보다 못하지 않음을 강조하면서 잠잠하라고 면박을 주었다. "참으로 나는 전능자에게 말씀하려 하며 하나님과 변론하려 하노라"라고 자신이 겪는 고난의 의미를 아무 해답도 줄 수 없는 불의하고 악한 친구들과의 대화가 아니라 하나님께 묻고자 하였다.

두 번째의 대화 15:1-21:34

- 엘리바스의 말(15:1-35): 처음보다 더 강하게 "네 죄악이 네 입을 가르치나니 네가 간사한 자의 혀를 좋아하는구나. 정죄한 것은 내가 아니요, 네 입이라 네 입술이 네게 불리하게 증언하느니라."(15:5-6)라고 욥을 면박하였다. 욥이 세 친구보다 더 지혜롭고 의롭다는 말에 "하나님의 오묘하심을 네가 들었느냐 지혜를 홀로 가졌느냐. 네가 아는 것을 우리가 알지 못하는 것이 무엇이냐 네가 깨달은 것을 우리가 소유하지 못한 것이 무엇이냐"(15:8-9)라고 반박하였다.

- 욥의 답변(16:1-17:17): 욥은 친구들과의 불필요하고 형식적인 위로와 헛된 대화보다는 하나님께 그의 원망을 토로하였다. "지금 나의 증인이 하늘에 계시고 나의 중보자가 높은 데 계시니라. 나의 친구는 나를 조롱하고 내 눈은 하나님을 향하여 눈물을 흘리니, 사람과 하나님 사이에 인자와 그 이웃 사이에 중재하시기를 원하노니"(16:19-21) 라고 하나님께서 대답해 주시기를 요구하였다. 욥은 고통 속에 탄식하면서도 의인은 하나님께서 인정하신다는 것을 확신했다. "의인은 그 길을 꾸준히 가고 손이 깨끗한 자는 점점 힘을 얻느니라"(17:9)

- 빌닷의 말(18:1-21): 계속되는 욥의 긴 답변에 언제 말을 그치겠느냐면서 욥에게 잘못을 깨달을 것을 강조하고, 악인의 형벌에 대하여 말한다.

- 욥의 답변(19:1-29): "너희가 내 마음을 괴롭히며 말로 나를 짓부수기를 어느 때까지 하겠느냐. 너희가 열 번이나 나를 학대하고도 부끄러워 아니하는구나. 비록 내게 허물이 있다 할지라도 그 허물이 내게만 있느냐"(19:2-4) 자신에게 고통만 주는 교만한 친구들을 책하면서 분명히 자신은 이유 없이 고난을 당하여 사랑하는 주변 사람들이 다 떠났고 조롱거리가 되었다고 탄식한다. "나의 가까운 친

구들이 나를 미워하며 내가 사랑하는 사람들이 돌이켜 나의 원수가 되었구나. 내 피부와 살이 뼈에 붙었고 남은 것은 겨우 잇몸뿐이로구나"(19:19-20).

"나의 친구야 너희는 나를 불쌍히 여겨다오 나를 불쌍히 여겨다오 하나님의 손이 나를 치셨구나. 너희가 어찌하여 하나님처럼 나를 박해하느냐 내 살로도 부족하냐"(19:21-22)고 고통스러운 탄식이 이어진다. 그래도 욥은 "내 가죽이 벗김을 당한 뒤에도 내가 육체 밖에서 하나님을 보리라"(19:26)고 하나님을 향한 희망을 버리지 않았다.

- 소발의 말(20:1-29): 악인은 아무리 속여도 반드시 형벌을 받게 됨을 강조하고, 욥이 악한 자이기 때문에 벌을 받고 있다는 것이다.

"이는 악인이 하나님께 받을 분깃이요 하나님이 그에게 정하신 기업이니라."(20:29)

- 욥의 답변(21:1-34): 욥은 그들의 정죄에 악인도 형통하고 번영할 수 있다는 것을 강조하였다. 번영이나 형통을 가지고 그 사람을 선악 간에 분별할 수 없다는 것이다. 그런 말은 거짓말이라는 것이다.

세 번째의 대화 22:1-31:40

- 엘리바스의 말(22:1-30): 이제 죄를 고백하라는 권유보다 한 단계 넘어서 욥과는 상관이 없는 말도 안 되는 구체적인 죄목을 들어 공격하였다. "네 악이 크지 아니하냐. 네 죄악이 끝이 없느니라. 까닭 없이 형제를 볼모로 잡으며 헐벗은 자의 의복을 벗기며, 목마른 자에게 물을 마시게 하지 아니하며, 주린 자에게 음식을 주지 아니하였구나. 권세 있는 자는 토지를 얻고 존귀한 자는 거기에서 사는구나. 너는 과부를 빈손으로 돌려보내며, 고아의 팔을 꺾는구나."(22:5-9) 그래서 두려움과 어둠이 엄습한 것이니까 이제 하나님과 화목하고, 사람들이 너를 낮추면 교만했노라고 고백하고, 하나님께 나가면 구원해 주시고 건지실 것이라 하였다.

- 욥의 답변(23:1-24:25): 친구들과의 대화에 지친 욥은 더 이상 친구들과 대화하지 않고 "내가 앞으로 가도 그가 아니 계시고 뒤로 가도 보이지 아니하며, 그가 왼쪽에서 일하시나 내가 만날 수 없고 그가 오른쪽으로 돌이키시나 뵈올 수 없

구나."(23:8-9)라고 만날 수 없는 하나님을 원망하면서도 "그러나 내가 가는 길을 그가 아시나니, 그가 나를 단련하신 후에는 내가 순금 같이 되어 나오리라"(23:10)는 회복의 희망을 가지고 하나님을 찾으며, 안타까운 마음으로 하나님께 호소한다.

- 빌닷의 말(25:1-6): 욥 자신은 의롭다는 말에 대하여 구더기 같은 인생이 어떻게 권능과 위엄에 찬 하나님과 비교할 수 있느냐고 반박한다.

- 욥의 답변(26:1-31:40): 빌닷의 조언이 무의미함을 강조하고, 창조주 하나님의 위엄에 대하여 고백한다(26장). 욥은 자신의 정당함을 물리치신 하나님, 자신의 영혼을 괴롭게 하신 전능자에게 맹세하기를 친구들의 정죄를 인정하지 못하고 죽기 전에는 자신의 온전함을 포기하지 않을 것을 고백하였다(27:4-5). 욥은 "지혜는 어디서 오며 명철이 머무는 곳은 어디인고?"라고 스스로 질문하고, 만물의 신비와 이치를 깨달을 수 있는 지혜는 오직 주께 있는데 "주를 경외함이 지혜요 악을 떠남이 명철이니라"(28:28)라고 고백하였다. 욥은 "지난 세월과 하나님이 나를 보호하시던 때가 다시 오기를 원하노라"(29:2)는 말과 함께 과거에 자신이 얼마나 의롭게 살았었는지, 그때 자신이 베풀었던 의로운 일들을 모두 열거하면서 자신의 의로움을 설명해 준다(29:12-17, 25). 그러나 지금은 비웃음과 조롱거리가 되었고, 고난 가운데 하나님께 부르짖지만, 응답이 없고, 처참한 고통뿐임을 고백하고 애통해 한다.

욥은 마지막으로 자신의 결백을 주장한다. "만일 내가 허위와 함께 동행하고 내 발이 속임수에 빠랐다면, 하나님께서 나를 공평한 저울에 달아보시고 그가 나의 온전함을 아시기를 바라노라."(31:5-6)는 마음으로 자신은 순결하고 정직했으며(31:1-12), 종들과 과부, 고아, 헐벗은 자들, 가난한 자들을 도와주었고(31:13-23), 욕심을 부리지 않았고(31:24-28), 원수를 저주하지 않았고, 나그네를 잘 대접하였으며(31:29-34), 전능자 앞에서도 그 자신이 떳떳한 생활을 했다는 것을 고백하셨다.

부스 사람 엘리후의 외침 32:1-37:24

엘리후의 등장은 자신이 하나님보다 의롭다는 욥과 욥의 질문에 대하여 답변도 못하면서 막연하게 정죄만 하는 세 사람을 보면서 화가 났기 때문이다. 나이가 많다고 지혜가 있는 것이 아니라며, 그들의 대화를 들으면서 답답해서 견딜 수 없다며 자신의 말을 들어 달라고 호소한다(32장).

엘리후는 하나님께서 "영혼을 구덩이에서 이끌어 생명의 빛을 그들에게 비추려 하심이니라"(33:30)라고 고난당하는 욥에게 잠잠하고 들을 것을 요구하였다. "지혜 있는 자들아 내 말을 들으며 지식 있는 자들아 내게 귀를 기울이라"(34:2)고 외치며 하나님은 공의의 하나님이시기 때문에 단정코 악을 행하시지 않는다는 것을 가르쳤다(34:10).

엘리후는 서로 잘났다고 하는 그들을 향해 "그대가 범죄 한들 하나님께 무슨 영향이 있겠으며, 그대의 악행이 가득한들 하나님께 무슨 상관이 있겠으며, 그대가 의로운들 하나님께 무엇을 드리겠으며, 그가 그대의 손에서 무엇을 받으시겠느냐"(35:6-7)고 누구에게나 죄와 의가 함께 있으며 하나님의 생각과 인간의 생각은 다르다고 가르쳤다.

엘리후는 하나님의 위대하심과 공의에 반해 욥의 무지를 드러내었다. "하나님은 그의 권능으로 높이 계시나니 누가 그같이 교훈을 베풀겠느냐. 누가 그를 위하여 그의 길을 정하였느냐. 누가 말하기를 주께서 불의를 행하셨나이다. 할 수 있으랴"(36:22-23). 크고 위대하신 하나님은 사람이 헤아릴 수 없는 분이며, 만물을 주관하시는 하나님의 놀라운 섭리를 다 깨달을 수 없다는 것을 "욥이여 이것을 듣고 가만히 서서 하나님의 오묘한 일을 깨달으라."(37:14)라고 외치고, 전능자는 너무 크시기 때문에 우리가 찾을 수 없으며, 그래서 사람들은 그를 경외하고, 하나님은 스스로 지혜롭다 하는 모든 자를 무시하신다고 일깨워주었다(37:23-24). 그러면서도 여전히 인과응보의 법칙을 이야기한다. 그러나 욥은 엘리후의 말에 답이 없다.

폭풍 가운데 나타나셔서 하신 하나님의 말씀들 38:1-42:6

그때에 폭풍 가운데 하나님이 나타나셔서 "무지한 말로 생각을 어둡게 하는 자가 누구냐, 너는 대장부처럼 허리를 묶고 내가 네게 묻는 것을 대답할지니라."(38:2-3)"내가 땅의 기초를 놓을 때에 네가 어디 있었느냐 네가 깨달아 알았거든 말할지니라. 누가 그 도량을 정하였었는지, 누가 그 준승을 그 위에 띄었었는지 네가 아느냐. 그 주초는 무엇 위에 세웠으며 그 모퉁이 돌은 누가 놓았느냐..."(38:4-6) 창조의 오묘한 섭리는 누가 알 수 있느냐고 질문하셨다(38-39장).

40장에서 하나님은 하나님을 탓하는 욥에게 질문한다. 그러나 욥은 "보소서 나는 비천하오니 무엇이라 주께 대답하리이까, 손으로 내 입을 가릴 뿐이로소이다. 내가 한 번 말하였사온즉 다시는 더 대답하지 아니하겠나이다."(40:4-5)라고 부끄러워하였다.

하나님께서 두 번째 나타나셔서 스스로 의롭다고 말하는 욥의 교만을 책망하시면서 하마와 악어를 들어 오묘한 하나님의 섭리를 일깨워주셨다(40:15-41:34). 결국, 욥이 하나님 앞에 회개하였다.[47]

결론 42: 7-17

하나님은 엘리바스와 빌닷과 소발에게 "너희가 나를 가리켜 말한 것이 내 종 욥의 말 같이 옳지 못함이니라."라고 책망하시고, 욥에게 가서 자신들을 위해 번제를 드리라고 하셨다. 하나님께서 욥을 기쁘시게 받고 욥은 세 친구들을 위해 기도하였다. 하나님은 욥을 회복시켜 주시고, 욥에게 처음보다 더 크게 복을 주셨다.

인간이 고난을 당하는 이유, 의인이 고난을 당하는 이유, 정의가 무엇인지, 공의가 무엇인지, 왜 악인이 형통한지, 사람의 지혜로 서로 변론하는 것은 어리석은 일일

---

47) "주께서는 못 하실 일이 없사오며 무슨 계획이든지 못 이루실 것이 없는 줄 아오니, 무지한 말로 이치를 가리는 자가 누구니이까 나는 깨닫지도 못한 일을 말하였고 스스로 알 수도 없고 헤아리기도 어려운 일을 말하였나이다. 내가 말하겠사오니 주는 들으시고 내가 주께 묻겠사오니 주여 내게 알게 하옵소서. 내가 주께 대하여 귀로 듣기만 하였사오나 이제는 눈으로 주를 뵈옵나이다. 그러므로 내가 스스로 거두어들이고 티끌과 재 가운데에서 회개하나이다."(42:2-6)

뿐이다. 이 세상의 모든 일은 하나님의 오묘한 섭리로 경영되어지기 때문에 오직 하나님을 경외하고 겸손하게 그 앞에 서서 그 말씀을 듣는 것이 인간의 본분이다.

타락한 이 땅에 사는 날 동안 의인이든지, 악이든지 모든 자들에게 고난은 늘 있는 일일 뿐이다. 모든 고난과 불행은 사탄이 심판을 받고 하나님의 나라가 올 때 비로소 끝이 나는 것임을 깨달아야 한다.

시편

시편을 히브리 성경에서는 "테힐림"(찬양들) 또는 "세페르 텔힐림"(찬양들의 책)이라고 불렀다. "찬양의 책" "시들의 책"이 시편이다.

70인역에서는 "프살모이(Psalmoi)"라고 불렀는데, 이는 현악기에 맞추어 부른 노래들을 말한다. 그래서 영어로 "Psalms"라고 부른다. 성경 배열 순서에 있어서 시편을 다른 지혜서보다 앞에 둔 이유는 다윗의 글이 솔로몬의 글보다 앞에 나와야 한다고 생각했기 때문이다.

시편은 신앙 공동체의 시, 개인의 체험과 고백 시, 찬양의 시, 왕의 시로 이루어져 있다. 시편은 주로 찬양의 시로 이루어져 있다. 수적으로는 탄식 시가 찬양의 시보다 많지만, 탄식 시도 결국은 찬양으로 마무리된다. 시편의 모든 경험과 결론은 모든 사람들이 하나님을 찬양해야 한다고 찬양으로 결론지었다.

시편은 하나님을 섬기는 백성들이 일상의 삶 속에서 하나님의 큰 은혜와 능력을 체험하고 하나님께 드리는 신앙 고백, 위기 속에서 한줄기 희망을 가지고 매달리는 간절한 기도, 하나님의 큰 구원을 찬양하는 찬양, 죄악과 어리석음 속에서 하나님의 큰 은혜와 말씀을 깨닫고 회개하는 회개와 탄식, 하나님의 오묘하신 섭리와 영광과 위엄을 찬양하는 찬양의 내용이 담겨져 있다.

그렇게 시편은 하나님의 영광과 위엄을 느끼게 하고, 다양한 일을 겪는 개인의 신앙생활에 큰 교훈과 위로와 영감을 주는 말씀이기 때문에 제사와 예배 때에 신앙고백과 찬양의 책으로 사용하고 있다.

시편의 저자는 시편의 머리말에 그 시를 쓴 저자와 그 시를 쓰게 된 배경을 설명한 경우도 있다. 머리말에 따른 시편의 저자는 6명이다. 나머지는 무명의 시인들이지만, 시 내용이 다윗의 시와 흡사한 경우가 많다.

① 다윗의 시: 3-9, 11-32, 34-41, 51-65, 68-70, 86, 101, 1-3, 108-110, 122, 124, 131, 133, 138-145 등, 총 73편이다.

② 고라의 자손의 시 : 42, 44-49, 84-85, 87-88, 총 11편이다.

③ 아삽의 시 : 50, 73-83, 총 12편이다.

④ 솔로몬의 시 : 72, 127, 총 2편이다.

⑤ 에단의 시: 89 총 1편이다.

⑥ 모세의 시: 90 총 1편이다.

⑦ 작자 미상의 시가 총 50편이다.

시편은 모세 때부터 다윗 왕, 그리고 바벨론 포로귀환 이후까지 약 1,000년이 넘는 긴 시간 속에 뜨겁게 녹아진, 한없는 하나님의 사랑과 은혜를 찬양하는 찬양과 감사와 간구의 시이다.

시편은 총 5권으로 분류되어 있다. 시편 1-2편은 시편의 서론에 해당한다. 그리고 시편은 매권이 끝날 때마다 송영으로 끝나고, 시편 150편은 전체 시편을 결론짓는 송영으로 마무리된다.

○ 1권: "이스라엘의 하나님 여호와를 영원부터 영원까지 송축할지로다. 아멘 아멘"(41:13)

○ 2권: "그 영화로운 이름을 영원히 찬송할지어다. 온 땅에 그의 영광이 충만할지어다. 아멘 아멘"(72:19)

○ 3권: "여호와를 영원히 찬송할지어다, 아멘 아멘"(89:52)

- 4권: "여호와 이스라엘의 하나님을 영원부터 영원까지 찬양할지어다. 모든 백성들아 아멘 할지어다. 할렐루야"(106:48)
- 5권: "호흡이 있는 자마다 여호와를 찬양할지어다. 할렐루야"(150:6)

〈시편의 분류〉

서론 : (1–2편)	
제1권 : (1편–41편)	제4권 : (90–106편)
제2권 : (42–72편)	제5권 : (107–150편)
제3권 : (73–89편)	
결론: 150편	

시편의 서론: 1–2편

1–2편은 시편 전체의 서론과도 같고, 146–150편은 할렐루야 찬양으로 시작하는 시편 전체의 결론 부분에 해당된다. 모세오경 5권을 매일 읽을 수 있도록 153부분으로 나누었듯이, 시편도 5권과 150편으로 구분해서 모세 오경과 함께 사용하도록 한 것으로 보기도 한다.

총 서론격인 시편 1편에서부터 토라 곧 모세오경인 율법을 주야로 묵상하는 자가 복이 있다고 강조하였다.

1편: 말씀을 따르는 의인과 악인의 꾀, 죄인의 길, 오만한 자를 따르는 악인을 확실히 구별하였다. 의인은 시냇가에 심긴 나무와 같이 항상 풍요롭고 형통하지만, 악인은 바람에 나는 겨와 같아 망하게 된다는 것을 강조하였다.

2편: 하나님께서 함께 하시는 시온 산에 세우신 왕과 하나님이 없는 세상의 왕과 대조했다. 하나님께서 "너는 내 아들이라 오늘 내가 너를 낳았도다." 하신 말씀대로 세우신 왕(예수님)은 하나님이 보장하시지만, 하나님을 대적하는 세상의 왕은 하나님의 진노를 당한다. 그러나 하나님께 피하는 모든 사람은 복이 있다. 이러한 주제는 시편 전체에 흐르고 있다.

시편의 본론

제1권: 1-41편

1권은 다윗의 개인적인 고난과 위기 속에서 하나님께 피하고, 하나님을 전심으로 의지하고 도우심을 구하는 탄식 시가 주를 이룬다. 다윗에게 가장 큰 위기는 사울 왕의 핍박과 아들 압살롬과 충신들의 반역이었다.

제2권: 42-72편

2권은 앞부에서 레위인 고라자손의 시와 아삽의 시로 출발하지만 대부분 다윗의 시로 구성되어 있고, 주로 탄식 시이다.

레위사람 고라의 시는 42-49편까지 등장하는데, 주로 고난과 위기 속에서 하나님의 사랑을 갈망하고 찾는 시, 위기에서 구원해 주시는 하나님을 찬양하고 감사하는 시이다. 다윗 왕 즉위에 대한 시(45편), 다윗의 예루살렘 정복(48편)시가 등장하고, 50편은 아삽의 시이다.

2권 51편부터 시작되는 다윗의 시는 밧세바와의 범죄(51편) 사건으로 출발해서 사울에게 쫓기는 등, 회개와 위기 상황에서 애타게 하나님의 도움을 구하는 시, 하나님의 구원을 찬양하는 시로 이루어져 있다.

2권의 마지막 72편은 제목은 "솔로몬의 시"라고 되어있지만, "솔로몬을 위한 시"라고 할 수 있다. 마무리에 "이새의 아들 다윗의 기도가 여기서 끝났다."라는 기록으로 끝을 맺는 데서 알 수 있다.

제3권: 73-89편

3권은 주로 레위인 중에 성전에서 찬양사역을 담당했던 아삽의 시와 고라 자손의 시로 이루어져 있고, 다윗의 시가 1편, 에단의 시가 1편 들어가 있다.

3권은 다윗 이후 예루살렘 함락에 이르기까지의 국가적인 고난과 위기 상황을 다루고 있다. 아삽과 고라자손들은 의인이 받는 고난, 하나님의 택하신 백성과 나라가 받는 고난 중에 하나님 앞에 탄식하며 부르짖어 간구하는 시이다. 78편은 사마리아 성의 함락을 배경으로 한 긴 내용의 시이다.

제4권: 90-106편

4권은 모세의 기도로 출발한다. 하나님께서 이스라엘 백성들을 떠나시고 심판받는 이스라엘과(7-9), 하나님의 구원과 회복을 간구하는 내용이다(13). 4권에는 저자가 다윗의 시라고 밝힌 시가 2편만 들어가 있다.

하나님이 구원과 회복을 바라는 시가 "새 노래로 여호와께 찬송하라, 즐거이 찬송하라, 내 영혼아 여호와를 찬양하라. 내 영혼아 여호와를 송축하라, 하나님께 감사하라…"는 구원의 하나님을 찬양하며, 감사하자는 내용으로 바뀌어 간다.

마지막 106편에서는 105편에서 아브라함의 선택으로 시작된 역사를 회고하며(105:9), 포로 된 땅에서 하나님의 긍휼을 받고 포로에서 회복되기를 간구하는 것으로 끝을 맺는다(106:46-47).

4권의 배경은 포로로 잡혀간 하나님의 백성들이다. 4권은 주로 통치하시는 여호와를 찬양하는 시가 주종을 이룬다(93, 95-99). 여호와의 왕권, 구원, 우상 숭배에 대한 심판, 신들 위에 뛰어나신 하나님, 여호와의 신실하심, 하나님께서 인도하셨던 역사에 대한 회고 내용이다. 이는 포로 된 땅에서 슬퍼하는 백성들을 위로하기에 적합한 내용들이다.

제5권: 107-150편

5권은 시작부터 "여호와께 감사하라 그는 선하시며 그 인자하심이 영원함이로다."로 출발한다. 동서남북 사방에 흩어진 백성들을 모아 대적의 손에서 구원하신 여호와께 감사한다(107:1-3). 다윗은 마음으로 하나님을 찬양하기로 정하였다. 5권은 대부분 할렐루야 송가와 찬양의 시이다.

다윗은 영원한 주의 나라와 통치, 왕이신 하나님께서 자기를 바라보며 사랑하는 자들을 보호하심을 고백하며 하나님을 찬양한다. 다윗을 위기에서 회복시켜 주신 하나님은 이스라엘 백성을 위기에서 회복시켜 주실 것을 바라며 찬양한다.

5권의 배경과 주제는 바벨론 포로와 이스라엘 백성의 회복이다.

할렐루야 시(111-118), 성전을 올라가는 노래(120-134), 다윗의 시 모음(138-145)이 들어 있다.

하나님께서 열방을 심판하시고, 시온에서부터 열방을 다스리심을 노래하는 시, 110편에 이어서 하나님의 신실하심과 구원, 그의 나라를 노래하는 할렐루야 시편이 나온다(111-118).

119편은 율법의 시로서 백성들이 하나님의 말씀을 사랑할 것을 권고하는 시이다. 율법의 중요성이 더욱 강조되었던 포로 회복 이후에 딱 맞는 시이다. 그래서 히브리어 알파벳 첫 자로 시작하여 8절씩 22개 알파벳 순서대로 기록하여 176절로(22×8=176) 이루어져 있다.

성전에 올라가는 노래는 절기에 예루살렘으로 향하는 순례의 길에서 부른 노래이다. 포로 된 땅에서 예루살렘으로 돌아가는 감격을 안고 성전을 향해 올라가면서 부르는 찬양 시이다(120-134편).

시편 전체의 결론을 내리는 시는 다윗의 감사 찬송 시로 마무리되어진다(138-145).

결시: 146-150편

146-150편은 시편 전체의 결시로 할렐루야 찬양으로 시작하여, 할렐루야 찬양으로 마무리된다. 하나님을 찬양해야 하는 이유를 열거해서 하나님을 찬양하는 것은 지극히 당연함을 강조한다. 천지를 지으신 하나님, 해방자 하나님, 흩어진 백성들을 모으시며 치료하시는 하나님, 모든 만물로부터 찬양받기에 합당하신 하나님, 온 백성, 온 성도, 온 민족에게 찬양받으시기에 합당하신 하나님, 그분의 능하심과 위대하심을 모든 악기를 동원하여 찬양하고, 춤추며 찬양하고, 호흡이 있는 자마다 여호와를 찬양하라는 명령으로 마무리된다.

시편은 하나님의 택하심과 부르심, 고난 속에서도 의의 길로 인도하심, 고난 속에서 회복시켜주심을 찬양하는 내용으로 배열해 놓았음을 알 수 있다.

시편에 사용된 음악 용어들

① 영장에 맞춘 노래(음악 지휘자를 위한 노래; 시 55편)

② 고라 자손의 마스길(음악 연주자)(42편)

③ 영장 여두둔(다윗의 악장의 한 사람)으로 한 노래(39)

④ 스미닛(8줄 현악기)에 맞춘 노래(6편)

⑤ 깃딧(포도주 노래, 또는 가드에서 개발한 악기)에 맞춘 노래(8편)

⑥ 알라못(처녀들; 여성곡)에 맞춘 노래(46편)

⑦ 셀라(청중들이 소리를 높여야 할 부분)

⑧ 소산님(백합화 곡조)에 맞춘 노래(45, 60, 89)

⑨ 아얄렛 샤할(사슴 곡조)에 맞춘 노래(22)

⑩ 요낫 엘렘 르호김(멀리 있는 조용한 비둘기)에 맞춘 노래(56)

⑪ 알다스헷(멸하지 말라)에 맞춘 노래(57-59, 75)

⑫ 뭇랍벤(아들의 죽음의)에 맞춘 노래(9)

⑬ 마할랏에 맞춘 노래(53, 88)

잠언

대부분이 솔로몬의 잠언이기 때문에 그 이름을 따서 책명을 정하였지만, 여러 명의 저자들이 있다. 잠언은 주로 시 형태로 기록되었다.

솔로몬의 잠언은 1장부터 22장 16절까지인데, 1장부터 9장까지를 솔로몬의 1잠언이라고 하고, 10장부터 22장 16절까지를 솔로몬의 2잠언이라고 한다. 솔로몬이 BC 970-930까지 통치하였으므로 솔로몬의 잠언은 그 시기에 쓰여졌다고 볼 수 있다. 25장부터 29장까지는 히스기야의 신하들이 편집한 솔로몬의 3잠언이다. 히스기야는 BC 715-686년까지 왕위에 있었기 때문에 이 시기에 편집되었다고 볼 수 있다.

22장 17절부터 24장 34절은 지혜 있는 사람들의 잠언으로 소개하고 있는데, 22장 17절부터 24장 22절까지는 지혜 있는 사람들의 1잠언이고, 24장 23절부터 34절까지는 지혜 있는 사람들의 2잠언으로 분류한다.

30장은 아굴의 잠언, 31장 1-9절은 르무엘 왕이 기록하였다고 소개하였는데, 이들은 지혜로운 자들이라는 것 외에는 아무런 정보가 없다. 31장 10절부터 31절까지도 현숙한 여인을 칭찬하는 르무엘의 잠언으로 보는데, 각 구절의 첫 단어가 히브리어 알파벳순으로 시작하는 특수한 부분이기도 하다.

잠언은 하나님을 경외할 때, 얻게 되는 지혜로운 삶에 대하여 가르치고 있다. 솔로몬은 1장 서두에 "이는 지혜와 훈계를 알게 하며, 명철의 말씀을 깨닫게 하며, 지혜롭게, 공의롭게, 정의롭게, 정직하게 행할 일에 대하여 훈계를 받게 하며, 어리석은 자를 슬기롭게 하며 젊은 자에게 지식과 근신함을 주기 위한 것이니, 지혜 있는 자는 듣고 학식이 더할 것이요 명철한 자는 지략을 얻을 것이라. 잠언과 비유와 지혜 있는 자의 말과 그 오묘한 말을 깨달으리라. 여호와를 경외하는 것이 지식의 근본이거늘 미련한 자는 지혜와 훈계를 멸시하느니라."(1:2-7)고 분명한 기록 목적과 여호와를 경외하는 것이 지식의 근본임을 밝히고 지혜를 구하라고 가르쳤다.

구약성경에서 율법과 선지서, 성문서로 구분을 하는데, 성문서는 욥기, 시편, 잠언, 전도서, 아가서 같은 지혜서를 말한다. 유대인들에게 제사장과 선지자들 외에 지혜 자들이 등장하여 일상의 삶의 체험과 깨달을 통하여 얻은 지혜로 훈계하였다.

잠언의 구조

1장-9장 ⇒ 솔로몬의 1잠언

1장 - 잠언의 기록 목적과 함께 지혜의 필요성을 강조하였다.

2장 - 지혜를 얻기에 힘쓰라. 지혜를 따라 정직한자 완전한 자가 되라.

3장 - 지혜가 장수와 부요를 준다. 진리를 마음에 새기고 온 마음으로 하나님을 신뢰하고, 의지하고 악을 떠나서 지혜의 권고를 따르고, 지혜를 떠나지 말라. 이웃에게 선을 행하는 자가 영광의 기업을 얻는 지혜자이다.

4장 - 아버지의 지혜와 권고를 들으라. 지혜가 최고이다. 악을 떠나라. 생명의 근원이 되는 마음을 지켜라.

5장 - 자신을 달콤한 음녀로부터 지키고, 아내를 사랑하라.

6장 - 이웃의 담보나 보증이 되지 말라. 게으르지 말라. 남을 속이고 분쟁을 일으키는 일은 하나님께서 미워하신다. 부모의 가르침을 순종하고, 간음을 하지 말라. 심판 받는다.

7장 - 지혜와 명철을 마음 판에 새기고 음녀의 유혹에 빠지지 말라.

8장 - 지혜가 큰 소리로 초청하는 소리를 들어야 한다. 지혜의 가치는 물질보다 뛰어나다. 하나님을 경외하라. 지혜를 사랑하는 자가 사랑을 입는다. 지혜의 근본은 태초이다.

9장 - 지혜 자와 어리석은 자, 지혜 자와 거만한 자의 결과는 다르다.

10장1저-22장 16절 ⇒ 솔로몬의 2잠언

한 절에 한 잠언씩 총 375종의 잠언이다.

대부분 의인과 악인, 부지런한 자와 게으른 자, 지혜 자와 미련한 자, 명철한 자와 지혜가 없는 자, 정직한 자와 사특한 자, 훈계를 좋아하는 자와 징계를 싫어하는 자, 선한 사람과 악을 꾀하는 자, 교만한 자와 겸손한 자, 지혜자의 입과 미련한 자의 입을 대비한 잠언으로 그 생각과 행위의 결과를 예고하였다. 그래서 모든 것이 하나님으로 말미암는다는 것을 깨닫고 하나님을 경외하고, 하나님의 지혜를 의지하는 자가 참 지혜 자임을 강조하였다.

잠언은 지혜에 대한 정의와 '하라' '하지 말라'는 명령으로 이루어져 있다.

22장 17절-24장 22절 ⇒ 지혜자의 잠언

지혜로운 자의 30잠언의 모음이다. 1절씩 이루어진 솔로몬의 2잠언과 달리 2-3절 이루어진 잠언으로 하나님을 의지하고, 진리의 확실한 말씀을 깨닫고, 묻는 자에게 바른 대답을 할 수 있게 하려고 쓴 잠언이다.

①가난한 자, 약자를 압제하지 말라. ②성급한 사람, 화를 잘 내는 자와 교제하지 말라. ③ 빚보증을 서지 말라. ④경계표를 옮기지 말라. ⑤자기 일에 능숙하라. ⑥높은 자들 앞에서 조심하라. ⑦재물 욕심으로 일하지 말라. ⑧인색한 사람의 음식을 먹지 말라. ⑨미련한 자를 가르치지 말라. ⑩고아의 소유를 빼앗지 말라. ⑪자녀를 매로 훈계하라. ⑫지혜롭게 말하라. ⑬하나님을 경외하라. ⑭지혜로 마음을 다스리고, 술 취하지 말고, 먹기를 탐하지 말라. ⑮부모를 공경하고 지혜를 소유하라 ⑯부모를 즐겁게 하라. ⑰음행에 빠지지 말라. ⑱재난, 근심, 탄식, 상처를 당하지 않으려면 술 취하지 말라. ⑲악한 자를 부러워하지 말라. ⑳지혜와 명철과 지식으로 인격을 세워

라. ㉑지식과 지혜로 강하고, 지혜로운 참모를 두라. ㉒어리석은 자는 지혜에 참여하지 못한다. ㉓악을 꾀하는 것은 죄다. ㉔어리석은 자는 낙심하고, 지혜가 없어서 약하다. ㉕곤경에 빠진 사람을 도와주라. ㉖지혜를 구하라. 그것은 송이 꿀 같다. ㉗의인은 넘어져도 일어난다. ㉘남의 불행을 기뻐하지 말라. ㉙악인의 형통은 잠깐이다. 그것을 부러워 하지 말라. ㉚하나님과 왕을 경외하고 변절자와 사귀지 말라.

24장 23절-34절 ⇒ 지혜자의 부록 잠언

악인을 견책하는 자가 복이 있다. 바른말이 참된 우정이다. 준비된 결혼을 하라. 보복심을 품지 말라. 게으르면 가난해진다.

25장-29장 ⇒ 솔로몬의 3잠언

히스기야의 신하들이 편집한 잠언이다.

25장 - 왕의 자질과 행동, 깨끗한 그릇, 자신의 관리, 다툼, 슬기로운 말, 충성된 자, 이웃과의 관계, 원수를 대하는 자세, 참소하는 혀, 자기 마음제어 등의 지혜를 다루었다.

26장 - 미련한 자, 저주하는 자, 게으른 자, 속이는 자, 남의 말 하는 자, 감정이 있는 자, 함정 파는 자, 거짓말하는 자에 대한 가르침이다.

27장 - 내일 일을 자랑하지 말고, 스스로 자랑하지 말라. 미련한 자의 분노는 돌보다 무겁고, 투기는 당할 수 없다. 친구의 아픈 책망은 진심이다. 배부른 자는 꿀도 싫지만, 주린 자는 쓴 것도 달다. 떠돌이가 되지 말라. 친구나 가까운 이웃이 먼 형제보다 낫다. 어리석은 자는 스스로 재앙을 당한다. 타인의 보증을 서지 말라. 축복도 때가 있다. 다툼을 좋아하는 여자는 다스려지지 않는다. 사람은 사람과 부대끼면서 만들어진다. 윗사람을 섬기는 자가 영화를 얻는다. 사람의 마음은 서로 비친다.

사람의 눈은 만족이 없다. 칭찬은 사람됨을 달아본다. 미련함은 벗겨지지 않는다. 자신의 양 떼의 형편과 가축 떼에 집중해야 풍요를 누린다(23-27).

28장 – 의인은 담대하다. 나라는 슬기 있는 자가 다스려야 오래간다. 가난한 자를 학대하는 가난한 자가 더 무섭다. 말씀을 버리면 악인을 칭찬하고, 악인은 정의를 깨닫지 못한다. 가난해도 정직한 자가 낫다. 먹기를 탐하면 욕이 돌아온다. 말씀 없는 기도는 가증하다. 악한 자는 자기 함정에 빠지지만, 성실한 자는 복 받는다. 의인의 의는 영화가 있다. 죄를 숨기면 형통하지 못하고, 경외하는 자는 복 받는다. 가난한 자를 압제하는 관원은 사나운 짐승과 같다. 탐욕을 버리면 오래 산다. 함정으로 가는 살인자는 막지 말라. 성실한 자는 구원받고, 굽은 길로 가면 넘어진다. 수고하는 자는 넉넉하다. 급히 부자가 되고자 하는 자는 형벌 받는다. 재판의 공정성을 잃지 말라. 재물에 눈멀면 궁핍이 오는 것을 모른다. 아첨하는 자보다 꾸짖는 자가 사랑받는다. 욕심은 다툼을 일으키고 하나님을 의지하면 풍족하다. 자기만 생각하는 자는 미련한 자이다. 가난한 자를 도와주지 않으면 저주받는다. 악인이 망하면 의인이 많아진다.

29장 – 책망 받고도 안 바뀌면 갑자기 패망한다. 의인이 많아야 백성이 기쁘다. 지혜를 구하지 않고 창기와 사귀면 재산을 탕진한다. 공의로 다스려야 나라가 튼튼하다. 아첨하는 것은 그물 치는 것이다. 악인은 죄의 종이 되지만, 의인은 노래하며 기뻐한다. 악인은 가난한 자의 사정을 모른다. 미련한 자와의 다툼은 끝이 없다. 피 흘리는 자는 정직한 자를 미워한다. 지혜 자는 화를 다스린다. 지도자가 거짓말을 들으며 따르는 자가 악해진다. 하나님은 의인과 악인 모두에게 빛을 주신다. 왕이 가난한 자를 돌보면 왕위가 견고해진다. 자식을 꾸짖지 않으면 어미를 욕되게 하지만, 징계하면 평안과 기쁨을 얻는다. 계시가 없으면 백성이 교만해진다. 어린 때부터 종의 응석을 받아주면 나중에 다스리기 어려워진다. 화를 잘 내는 사람은 다툼과 죄를 범한다. 교만하면 낮아지고 겸손하면 영예를 얻는다. 도둑과 짝하지 말라. 사람을 두려워하면 올무에 걸리지만, 하나님을 의지하면 안전하다. 의인은 악인을,

악인은 의인을 싫어한다.

30장 1절-33절 ⇒ 아굴의 잠언

1-4 아굴이 하나님 앞에 무지함을 고백하고, 하나님 알기를 갈망하였다.

5-6 하나님의 말씀을 의지하라. 말씀에 더하지 말라. 7-9 아굴의 두 가지 기도 - 허탄과 거짓말 멀리하기, 부해서 하나님을 배신하지도 않고, 가난해서 하나님을 원망하지 않기를 구하였다. 10 남의 일을 훼방하면 저주가 돌아온다. 11-14 네 가지 불의 한 일 - 부모저주, 형식주의, 교만, 가난한 자 압제하는 일. 15-16 네 가지 만족하지 못하는 것들 - 스올, 아기 못 낳는 태, 물로 채울 수 없는 땅, 만족할 줄 모르는 불. 17 부모를 거역하는 자의 저주. 18-20 네 가지 신기한 일들 - 독수리, 뱀, 배가 다닌 흔적, 남녀가 함께한 흔적, 음녀의 자취는 알 수 없다. 21-23 네 가지 용납할 수 없는 일들 - 종이 임금 된 것, 미련한 자가 배부른 것, 꺼리는 여자가 시집간 것, 여종이 안주인이 된 것이다. 24-28 네 가지 땅에 작고 지혜로운 것들 - 개미, 사반(바위너구리), 메뚜기, 도마뱀. 29-31 네 가지 잘 걷고 위풍 있게 다니는 것들 - 사자, 사냥개, 숫염소, 당할 수 없는 왕이다. 32-33 교만했거나 나쁜 계획을 했으면 중지하라. 화를 돋우면 분쟁이 일어난다.

31장 1절-31절 ⇒ 르무엘의 잠언

르므엘 왕의 어머니가 가르친 잠언이다.

2-9 서원으로 얻은 아들에게 성적 타락과 술에 빠져서 법을 잊고 잘못된 판결을 하지 말고, 오히려 사회적 약자를 대변하라고 권고하였다. 10-31 현숙한 여인을 칭찬하는 시이다. 각 절 머리말이 히브리어 알파벳순으로 시작된다. 현숙한 여인은 진주보다 귀하다. 남편에게 믿음을 주고, 선을 행하고, 부지런하며, 지혜롭게 집안 살림을 잘하고, 다른 사람을 잘 돌보고, 남편을 존중하고, 자식들이 감사하고, 남편에게 뛰어난 여자라고 칭찬받고, 하나님을 경외하는 칭찬 받는 여자이다.

잠언은 하나님을 경외함으로 얻게 되는 지혜로운 삶을 이야기하고 있다. 하나님 앞에 경건하고 의로운 사람들은 지혜로운 삶을 살게 된다. 지혜와 어리석음, 의로움과 악함, 삶과 죽음, 지식과 무지, 근면과 나태함, 질서와 무질서, 성공과 실패, 절제와 분노, 신실함과 신실하지 못함, 복종과 반항, 정직과 속임, 정의와 불의, 진리와 거짓, 존귀와 치욕, 칭찬과 비난, 교만과 겸손, 깨끗함과 불결함, 화평과 다툼, 사랑과 미움, 인자와 잔인, 관용과 탐욕, 기쁨과 슬픔, 부와 빈곤, 좋은 친구와 나쁜 친구 등, 두 가지 삶에 대한 특징과 결과에 대하여 대조적으로 다루고 있다.

전도서

전도서를 "코헬렛"이라고 한다. "불러 모은 사람들에게 말하는 사람"이라고 해서 우리말로 전도자라고 번역했고, 전도서라고 한 것이다. 전도서는 유대인들이 장막절 (초막절)에 광야 40년 세월을 추억하면서 읽는 성경이다.

전도서는 인간의 실존에 대하여 다루었다. 솔로몬이 노년에 일생동안 사람들이 욕심내는 모든 것을 다 가져보고 누려본 경험을 바탕으로 내린 결론이 전도서이다. 다 누려보고 다 가져보고 늙어 보니 하나님이 없는 인간의 욕망이 얼마나 헛되고 허무한 것인지를 깨닫고 전도서를 썼다.

그래서 전도서의 주제는 하나님이 없이 사는 모든 삶의 허무함이다. "전도자가 이르되 헛되고 헛되며 헛되고 헛되니 모든 것이 헛되도다."(1:2) 그 허무를 해결할 수 있는 것은 하나님뿐이다. 그 안에서 인생의 참의미를 깨닫고 하나님께서 생명과 함께 주신 분복을 누리는 것이 인생의 축복이다. 그래서 하나님을 경외하는 것이 사람의 본분이 된다는 것이다.

1장: 모든 것이 헛되다

한 세대는 가고 한 세대가 오듯 인간이 해 아래서 수고하는 모든 것이 무익하다는 것을 일깨워 주고 있다. 해 아래에는 새것이 없다. "모든 만물이 피곤하다는 것을 사람이 말로 다 말할 수는 없나니 눈은 보아도 족함이 없고 귀는 들어도 차지 아니하도다."(8) 지혜도 헛되다. "지혜가 많으면 번뇌도 많으니 지식을 더하는 자는 근심을 더하느니라."(12~18)

2장: 헛된 일들을 나열한다. 즐거움도, 웃음도 헛되고, 술, 사업, 남녀, 노비, 재산, 소, 양, 은 금, 보배, 많은 처첩 등도 다 헛되고, 지혜자의 죽음이 우매자의 죽음과 일반이며, 사람이 일평생에 근심하며 수고하는 것이 바람을 잡으려는 것과 같이 무익하고, 슬픔뿐이니 이것도 헛되다는 것이다.

3장: 모든 것이 때가 있고 기한이 있다. 하나님이 모든 것을 지으시되 때를 따라 아름답게 하셨고, 또 사람들에게는 영원을 사모하는 마음을 주셨다. 하나님께서 행하시는 일은 영원하고 더하지도 덜하지도 못하게 한 것은 하나님을 경외하도록 하기 위한 것이다. 인간의 유한함과 한계를 모르기 때문에 갈등이 존재하는 것이다.

그래서 기뻐하며 선을 행하고, 먹고 마시는 것, 수고함으로 낙을 누리는 것과 하나님을 경외하는 것이 인생의 축복임을 가르쳤다.

4장: 학대와 수고와 동무

사람이 학대당하는 것을 보면 차라리 태어나지 않은 것이 좋으며, 서로 다투고 질시하며 욕심을 부리는 것도 헛되다. 헛된 인생은 서로 돕는 자가 필요함을 강조한다. 두 사람이 한 사람보다 나으며, 세 사람은 더 나은 것은 혹시 그들이 넘어지면 하나가 그 동무를 붙들어 일으켜 줄 수 있고, 서로 위로를 줄 수 있기 때문이다.

5장: 하나님을 경외하라. 하나님의 집에 들어갈 때에 발을 삼가야 하고, 가까이하여 말씀을 듣는 것이 제물 드리는 것보다 유익하다. 함부로 조급하게 말하지 말고, 하나님께 서원했으면 반드시 갚아야 한다. 헛된 꿈을 꾸지 말고 오직 하나님을 경외해야 한다.

인간이 재산으로는 만족하지 못한다. 노동자는 잠을 달게 자지만 부자는 그 부요함 때문에 자지 못한다. 부자가 재물을 해가 되도록 소유하는 것도 헛되다. 사람이 벌거벗고 나왔기 때문에 빈손으로 간다는 것을 기억해야 한다.

하나님께서 재물과 부요를 주신 것은 서로 나누고 누리라고 주신 것이다. 사람이

제 몫을 받아 수고함으로 즐거워하게 하신 것이다.

6장: 문제 제기

인간이 자기가 수고하고 얻은 재물과 부요와 존귀와 자녀를 많이 두고 장수하여도 행복을 누리지 못하면 낙태자보다 못하다. 그가 만일 천 년의 갑절을 산다 할지라도 행복을 보지 못하면 마침내 다 한 곳으로 돌아가는 것뿐이니 지혜 자도, 우매자도 헛되다.

7장: 그러므로 지혜가 필요하다.

좋은 이름이 좋은 기름보다 나으며, 죽는 날이 출생하는 날보다 나으며, 초상집이 잔칫집보다 나으며, 슬픔이 웃음보다 나으며, 지혜로운 사람의 책망이 우매자의 노래보다 나으며, 일의 끝이 시작보다 나으며, 참는 마음이 교만한 마음보다 유익하다.

형통한 날에는 기뻐하고, 곤고한 날에는 되돌아보게 하셨다. 그러므로 지나치게 의인도 되지 말고, 지나치게 지혜자도 되지 말아야 하고, 이것도 잡고, 저것도 손을 놓지 아니하는 것이 좋다.

의인은 없다, 선을 행하고 전혀 죄를 범하지 아니하는 의인은 세상에 없다. 모두 다 마찬가지니까 사람들이 저주하는 말을 마음에 두지 말아야 한다. 사람을 잘 만나야 한다. 만남이 문제가 되면 인생이 문제가 된다. 하나님은 세상을 정직하게 지으셨는데 사람들이 꾀를 부려 지저분하게 만든 것이다.

8장: 권위에 대한 교훈

지혜 자가 되고 사물의 이치를 깨달아야 한다. 통치자의 명령을 지키는 것이 지혜이다. 현실에는 모순이 존재한다. 악한 일에 징벌이 속히 임하지 않기 때문에 사람들이 악을 행하는데 담대한 것이다. 세상에서 벌을 받는 의인도 있고 상을 받는 악인도 있다. 하나님께서 하시는 모든 일은 인간이 다 헤아릴 수 없다.

9장: 모두 다 하나님의 손 안에 있다

의인들이나 지혜 자들이나 그들의 행위나 모두 다 하나님의 손안에 있다는 것을 잊지 말아야 한다. 사람이 살면서 사랑을 받을지 미움 받을지 알지 못하는 것은 그것이 미래의 일이기 때문이다. 산개가 죽은 사자보다 낫다. 산자들에게는 죽은 자들에게 없는 소망이 있기 때문이다.

그러므로 하나님이 해 아래에서 주신 모든 헛된 날에 사랑하는 사람들과 함께 즐겁게 살아야 한다. 그것이 평생에 해 아래에서 수고하고 얻은 분복이다. 부지런히 일하며 살아야 한다. 지옥에서는 일도 없고, 계획도 없고, 지식도 없고, 지혜도 없기 때문이다. 사람은 때와 시기를 모른다. 해 아래서 빠른 경주라고 선착하는 것도 아니고, 용사라고 전쟁에서 승리하는 것도 아니다. 지혜자나 명철자라고 해서 재물을 얻는 것도 아니다. 모두 우연과 시기가 맞아야 되는 것이다.

가난한 한 사람의 지혜가 모두를 살리기도 하고, 죄인 한 사람이 많은 선을 무너지게도 한다는 것을 잊지 말아야 한다. 그래서 지혜가 필요하다.

10장: 삶에 대한 조언들

인간의 우매가 지혜와 존귀를 난처하게 만들기도 하고, 우매한 자가 크게 높은 지위들을 얻는 일도 있다. 인간이 잔머리를 굴리면, 거기에 빠지기 마련이다. 철 연장이 무디어졌는데도 날을 갈지 아니하면 힘이 더 들듯이, 준비하고 대비하는 지혜가 필요하다. 우매한 자의 수고는 자신을 피곤하게 할 뿐이다. 권력자는 잔치하거나 취하지 말아야 하고, 게으르지 말아야 한다.

11장: 슬기롭게 인생을 대하는 법

지혜로운 삶을 살아야 한다. 투자하고 베푸는 것이 지혜이다. 아침에 씨를 뿌리고 저녁에도 손을 놓지 말아야 한다. 뿌린 것이 어떻게 될지 염려하지 말고, 오늘 해야 할 일을 하는 것이 지혜이다.

젊은 시절에 마음껏 즐거워하며, 기뻐하며, 마음에 원하는 길들과 눈이 보는 대로 행하여야 한다. 그러나 그 모든 것이 반드시 행한 대로 심판받는다는 것을 잊지 말아야 한다.

12장: 마지막 주는 교훈

젊어서부터 창조주 하나님을 기억하되 흙은 여전히 땅으로 돌아가고, 영은 그것을 주신 하나님께로 돌아가기 전에 기억해야 한다. 세월을 다 보내고 헛되기 전에 하나님을 기억해야 한다.

하나님께서 세운 지혜 자들의 말씀들은 찌르는 채찍들 같고, 회중의 스승들의 말씀들은 잘 박힌 못과 같다는 것을 기억하고 지혜의 가르침을 잘 받아야 한다. 하나님은 모든 행위와 모든 은밀한 것을 선악 간에 심판하실 것이다.

결론은 "일의 결국을 다 들었으니 하나님을 경외하고 그의 명령들을 지킬지어다. 이것이 모든 사람의 본분이니라."(12:13). 이다.

아가서

아가서는 1장에 소개하듯이 솔로몬에 의해 기록되었다. 원문에는 "노래들 중의 노래"(Song of Song)라고 한다. 70인역이나 라틴성경 불가타도 이 명칭을 따랐다. 우리 성경에는 "아름다운 노래의 책"이라고 해서 '아가서'라고 번역하였다.

아가서는 솔로몬이 사랑하는 술람미 여인을 그리워하며 부른 노래이다. 아가서는 개인의 연애편지 같아서 어떻게 하나님의 말씀이 될 수 있느냐는 논란이 많았다. 어거스틴 이후에 아가서는 하나님이 이스라엘 백성을 그의 사랑하는 연인처럼 사모하는 말씀으로 해석해왔다.

아가서는 하나님의 사랑하는 자녀들인 성도들이 그리스도와 함께하는 순결한 사랑 이야기이다. 우리는 그 사랑이 어떻게 시작되어 어떻게 진전되고, 어떤 열매를 맺는가를 발견할 수 있어야 한다.

아가서의 구조

① 신랑과 신부와의 사랑의 만남, 사랑을 구함(1:1–2:7)

② 사랑하는 자를 찾는 신부의 노래, 만남과 헤어짐 (2:8–3:5)

③ 아름다운 신랑, 신부에 대한 신랑 노래, 결혼과 첫날 밤(3:6–5:1)

④ 신랑을 찾는 신부의 꿈, 내 님은 어디에, 신랑을 잃어버림(5:2–6:3)

⑤ 다시 만남, 신부에 대한 신랑의 사랑, 신랑에게 사랑을 고백하는 신부(6:4–8:4)

⑥ 사랑의 아름다움을 노래, 사랑은 죽음처럼 강한 것 사랑이 성숙해짐(8:5–14)

선지서

예언은 그 시대의 특수한 역사와 상황 속에서 주어진 것이다. 예언의 말씀은 그 당시에만 해당하는 것은 아니다. 이미 그 당시에 직접적인 예언도 있지만, 성경 66권 자체를 모두 예언으로 보아야 한다. 이미 하신 말씀, 이루신 말씀을 통하여 또다시 거울처럼 오늘을 조명해 주는 말씀이기도 하고, 미래를 비춰주는 말씀이기 때문이다. 그리고 그 당시의 상황을 통하여 장래 일을 예언하기 때문에 구약의 예언을 그 당시의 일로만 보아서는 안 된다. 예언의 본질은 말씀을 통하여 죄를 일깨워 주고, 회개를 통하여 거룩한 삶을 회복시키고, 구원의 영광에 이르게 하는 것임을 잊지 말아야 한다.

구약에 등장하는 예언자들을 "선지자(나비)" 또는 "선견자(로에)"라고 불렀다. 구약의 예언자들은 시대별로 크게 세 부류로 나눌 수 있다. 첫 번째는 전(前)왕국시대의 선지자들, 왕국시대의 선지자들, 포로귀환 시대의 선지자들이다. 그리고 예언을 기록하지 않은 선지자들과 기록한 선지자들로 구분할 수 있다.

1 전(前) 왕국시대의 예언자들

전(前) 왕국시대의 선지자들로는 모세, 미리암, 여호수아, 드보라, 기드온시대의 익명의 선지자, 사무엘과 그의 제자들 집단 등이다.

모세와 여호수아는 다스리는 지도자이면서 선지자였다. 전(前) 왕국시대는 하나님께서 다스리시는 왕이시기 때문에 모세에게 율법을 주시고, 그 율법을 가르치는 제사장을 세워 주셔서 율법을 몰랐다고 핑계를 대지 못하게 하셨다.

모세와 여호수아 이후에, 가나안 땅에서의 이야기가 사사들의 이야기이다. 그때에 하나님께서 왕이 되셔서 다스리시기 때문에 국가를 위한 높은 세금 부담이 없었고, 권력다툼이 없었기 때문에 평화롭고 안전하였다. 그렇게 평안을 유지하기 위해 가나안 땅에 이방 사람들을 다 몰아내고, 율법을 잘 지켜서 하나님 중심으로 살아야 한다고 강조하였으나, 그들이 하나님의 말씀을 불순종하고 가나안 사람들을 몰아내지 못함으로 그들이 작심하고 자리를 잡고 힘을 키우기 시작했다.

제사장들은 백성을, 가장들은 자녀들을 하나님의 말씀으로 잘 가르치지 않았고, 가나안 사람들은 강성해져 가면서 이방 문화에 점점 물들어 가고, 이스라엘 백성들은 이방 사람들의 지배와 압제를 당하였고, 조공까지 부과해야 하는 상태가 되었다. 하나님의 말씀을 불순종한 결과 모세를 통하여 예언하신 말씀대로 쇠퇴의 길을 걷게 된 시대를 사사시대라고 한다.

사무엘은 타락한 사사시대의 끝 무렵에 등장하여 말씀을 회복한 선지자이다. 사무엘이 등장하기 전에 "이스라엘 자손이 다시 여호와의 목전에 악을 행하여 바알들과 아스다롯과 아람의 신들과 시돈의 신들과 모압의 신들과 암몬 자손의 신들과 블레셋 사람들의 신들을 섬기고 여호와를 버리고 그를 섬기지 아니하므로..."(삿10:6)라는 말씀처럼, 죄의 심각성이 매우 컸다. 심지어는 사무엘이 탄생할 당시에 중앙 성소의 엘리 제사장과 그 아들들은 제사장이면서도 하나님의 제사를 능멸하고, 성소에서 음행을 저질러 백성들로부터 원성을 들어야 했다. 지도자들이 선의 모델이 아니라 악의 모델이 되어 있었다(삼상2:12-17, 22). 결국, 블레셋을 통하여 징계하시고, 전쟁에서 엘리 제사장의 아들 홉니와 비느하스가 죽고, 언약궤도 빼앗기고, 엘리도 죽고 말았다.

그런 영적 혼돈 속에서 "사무엘"이 등장하였고, 이스라엘은 단에서부터 브엘세바까지 그를 선지자로 인정하였고, 그를 통하여 말씀이 회복되었다. 사무엘은 모세나 여호수아같이 탁월한 영적지도자였다. 선지자들의 역할은 회개와 말씀의 회복임을 알 수 있다. 사무엘은 어머니 한나로부터 가정교육을 잘 받았고, 대제사장 엘리로부터 제사장의 역할도 잘 가르침 받았다. 언약궤를 빼앗긴 후에 언약궤는 기럇여아림에 20년간 머물러 있다가 다윗에 의해 예루살렘으로 옮겨졌다. 사무엘은 말씀으로 개혁하기 위해 가르치는 사명에 힘썼고, 바알 숭배와 이방 문화 차단에 주력하였다. 사무엘은 48개 레위인들의 성읍을 심방하며 가르치느라 너무 바빠서 자녀 양육에 실패하였다. 그래서 백성들이 원성을 사서 막무가내로 왕을 요구하여 사울 왕을 세우지만, 하나님의 말씀을 불순종하여 버림받고, 준비 된 다윗을 대신 세우고 열왕들의 이야기로 들어간다.

사무엘 당시에 특별한 일은 "선지자, 생도들"과 "선지자 학교"의 등장이다. 사무엘은 혼자서 48개 성읍을 관리하는데 어려움 겪은 후, 그들을 효율적으로 관리하고 교육하기 위해 학교를 세우고 제자들을 양육하게 되었다(삼상10:5–10, 19:20).

2 왕국시대의 선지자들(예언서를 기록하지 않은 선지자들)

왕국시대의 선지자들은 나단, 갓, 아히야, 하나님의 사람, 벧엘의 늙은 선지자, 잇도, 스마야, 아사랴, 하나니, 예후, 아하시엘, 엘리에셀, 엘리야, 엘리사, 한 선지자(하나님의 사람), 미가야 등이다.

사사시대 말기 사무엘에 의해 사울 왕이 세워졌는데, 그 시대를 왕국시대라고 한다. 사울 왕은 불순종하여 선지자 사무엘에게 책망받고 버려졌다. 버려진 사울에게 성령은 떠나고 악령이 임하였고(삼상13–15장, 16:14), 하나님께서는 사무엘을 통하여 다윗에게 기름을 부으셨다. 그 후 사울은 세움 받은 목적을 상실하고 다윗에게 왕자리를 빼앗길까 봐서 일평생 다윗만 추격하다가 길보아산에서 죽고 말았다. 사울왕은 사무엘과도 사이가 좋지 않았다. 제사장 아히멜렉과 관계가 좋지 않아서 다윗을 도왔다고 놉에서 아히멜렉과 제사장 85명을 죽이는 큰 죄를 범하였다.

이후 다윗이 왕이 되어 헤브론에서 7년을 잘 다스리고, 예루살렘으로 왕국을 옮겼다. 하나님의 언약을 실실하게 지키던 다윗은 우리야의 아내 밧세바와의 간음을 하고, 간음 사건을 감추려고 우리야를 전쟁터에 나가 죽게 하는 죄를 범하여 아이가 죽고, 맏아들이 딸을 강간하고, 아들이 아들을 죽이고, 아들이 반역을 일으키고, 아들에 의해 첩들이 백주에 백성들 앞에서 성폭행을 당하는 등 엄청난 매를 맞는 비극을 겪었는데, 그때에 등장한 선지자가 나단이다. 나단은 솔로몬이 왕으로 세워질 때도 함께하였다.

다윗 때 등장하는 선지자가 나단과 갓이다. 나단은 우리야 아내와의 음행사건 때, 갓은 마지막에 교만하여 계수를 했을 때, 등장하였다. 주로 그들은 다윗에게 문제가 있을 때 등장하였다.

다윗은 죄를 범하고 매를 맞아도 하나님의 말씀을 떠나지 않았고, 성전제사제도를 체계화하였다. 제사장과 레위인들이 많기 때문에 조별로 봉사하도록 24개 조로 나누었고, 각자 역할을 맡겨서 봉사하도록 제도를 세웠고, 찬양대도 12명씩 24개로 편성하여 288명의 찬양대를 만들었다.

솔로몬이 왕을 이어받고 일천번제를 드리고 지혜를 얻은 지혜의 왕이요, 성전과 왕궁을 건축하는 등 엄청난 지혜와 부와 영광을 얻지만, 마지막에 많은 이방인들의 아내 때문에 불순종과 우상숭배로 타락하게 되었다. 그 땅에 등장한 선지자가 아히야이다(왕상11:29). 아히야는 여로보암에게 10지파를 다스리게 되어 남북으로 분열될 것을 예언하였는데, 예언대로 되었다.

북이스라엘의 왕이 된 여로보암은 다윗과 같이 말씀을 순종하면 큰 축복을 받을 것이라고 약속을 받았지만, 백성들이 남왕국 예루살렘으로 예배하러 가면 마음을 빼앗길까 봐서 남 유다로 내려가지 못하도록 벧엘과 단에 예배 처소를 만들고 금송아지 우상을 만들고, 제사장들과 레위인들을 추방하고, 절기도 바꾸는 등, 북이스라엘의 죄악의 뿌리를 만들고 말았다. 그 불순종을 책망하기 위해 "하나님의 사람"

과 "벧엘의 늙은 선지자"가 등장하였다(왕상13:1–24).

솔로몬이후 여로보암의 행적을 기록한 선견자 "잇도"가 등장한다. 르호보암이 왕이
되고(대하9:29), 여로보암이 북이스라엘이 왕이 되었을 때, 르호보암이 여로보암을 공
격하지 못하도록 막기 위해 하나님의 사람 "스마야"가 등장하였다(왕상12:22–24).

아사 왕이 우상을 제거하고 개혁을 할 때에 오뎃의 아들 "아사랴"가 등장하여 아
사를 격려하였고(대하15:1–9), 아사가 하나님을 의지하지 않고, 이방 왕에게 도움을
청하러 간 것을, "하나니"가 책망하였는데, 그 일 때문에 감옥에 갇히는 불행을 겪
었다(대하16:7–10).

여호사밧이 악한 왕 아합을 도왔을 때에 "예후"가 등장하여 책망을 하였고(대하
19:2), 여호사밧이 모압과 암몬사람들이 치러 올라올 때, 하나님 앞에 기도하였고,
하나님은 그를 위로하기 위해 "야하시엘"을 보내 주셔서 위로하셨다(대하20:14). 여호
사밧이 북이스라엘 왕 아히시야와 연합하여 배를 만들어 다시스로 가고자 할 때,
마레사 사람 도다와후의 아들 "엘리에셀"이 배가 파괴될 것을 예언하였고, 예언대로
파괴되어 다시스로 가지 못했다(대하20:37).

오므리 왕조 때 그의 아들 아합 왕이 두로의 바알 제사장의 딸 이세벨과 결혼하
면서 바알 신앙이 심각한 문제를 만들어내었다. 이전에도 바알 신앙이 존재하였지
만, 이세벨은 하나님의 선지자들을 죽이고 북이스라엘을 바알의 나라로 만들고자
하였다. 그때에 긴급 메신저로 "엘리야"와 "엘리사"선지자가 등장하였다. 엘리야와
엘리사는 성경을 기록하지 않았지만, 성경에서 매우 중요한 위치를 차지할 만큼 큰
역할을 하였다(왕상17장–22장, 왕하1장–9장). 엘리사는 엘리야가 승천한 후 북이스라엘
왕 여호람부터 요아스 때까지 활동하였다.

아합 왕 때에 아람 왕 벤하닷이 쳐들어왔을 때, 위기에서 도움을 주었던 "한 선지
자, 하나님의 사람"이 등장하고, 북이스라엘 왕 아합이 벤하닷을 물리치고, 아람사
람들이 점령하였던 요단 동쪽 길르앗 라못 지역을 회복하고자 유다 왕 여호사밧과

함께 전쟁에 나갈 때, 등장한 선지자가 "미가야"이다. 아합은 자기 생각과 고집대로 하려고 정치적 성향을 가진 거짓 선지자 400명의 말을 듣고 미가야 선지자의 말은 듣지 않았다. 결국, 미가야의 예언대로 전쟁에서 죽고 말았다.

3 왕국시대의 선지자들(예언서를 기록한 선지자들)

예언서를 기록한 선지자들의 글이 구약 17권의 선지서이다. 성경목록 구성은 대선지서와 소선지서로 구분하였지만, 여기에는 역사 시기별로 정리해 놓는다.

예언서를 기록하지 않은 선지자들과 달리 예언서를 기록한 선지자들 중에는 역사서에 역사적 기록이 없는 경우도 있고, 또 어느 시대에 사역을 하였는지 의문이 남는 선지자도 있다.

1) BC 9세기의 선지자들(오바댜, 요엘)

오바댜와 요엘은 남유다 왕 여호람과 요아스 시대에 활동했던 선지자이다. 엘리사 선지자도 그 시기에 북이스라엘에서 활동하였다.

여호사밧의 아들이었던 여호람(BC 853-841)이 아합과 이세벨의 딸 아달랴와 결혼하고 아달랴의 영향으로 자신의 왕위를 지키기 위해 모든 형제들을 죽이는 무서운 죄를 범하였다. 그래서 블레셋 사람들과 아라비아 사람들이 쳐들어와서 왕궁의 모든 재물과 자식들과 아내들을 탈취해 가는 비극적인 매를 맞았고, 유다의 속국이었던 에돔이 배반하고 유다와 예루살렘의 고통을 조롱하는 사건이 있었다(대하21:16-17, 왕하8:20-22 옵10-11절). 그때에 등장한 선지자가 오바댜이다.[48]

---

48) 아하스 왕 때 에돔 인들이 유다 인을 공격할 때나, 바벨론 왕 느브갓네살이 예루살렘을 함락시킬 당시로 보는 학자들도 있다. 본문 내용을 볼 때 여호람으로 보는 것이 타당하다.

❖ 오바댜

오바댜의 예언은 예레미야 49장에도 등장한다. 오바댜는 유다를 조롱하는 에돔의 태도에 대하여 파멸을 예고하고 파멸의 이유에 대하여 기록하였다. 그 심판의 날은 여호와의 날이다.

❖ 요엘

요엘도 연대와 시기를 언급하지 않는다. 그 시기를 포로기 이후로 보는 자들도 있지만, 주로 유다 왕 요아스 시대(BC 835-796)로 보고 있다. 그 이유는 두로와 시돈, 블레셋, 애굽, 에돔은 등장하지만, 아람, 앗수르, 바벨론, 바사(페르시아)가 언급되지 않기 때문이다(욜3:4,19).

요엘서의 주제는 "여호와의 날" 곧 심판이다. 메뚜기 재앙으로 회개를 촉구하였고, 여호와의 날과 심판과 회복을 예고하였다.

2) BC 8세기의 선지자들(호세아, 아모스, 요나, 이사야, 미가)

호세아, 아모스, 요나, 이사야, 미가 등 5명의 선지자가 활동을 하였다. 이들이 활동하던 시기는 웃시야, 요담, 아하스, 히스기야가 이어 유다 왕이 된 시대, 곧 요아스의 아들 여로보암 2세가 이스라엘 왕이 되어 강력한 통치를 행사하던 때였다(BC 793-753). 북이스라엘은 번영과 사치로 말미암아 교만하여 더 타락해 가던 시기였다. 타락한 그들을 향하여 호세아는 하나님의 사랑을 외쳤고, 아모스는 하나님의 공의를 외쳤다.

호세아와 아모스는 북이스라엘을 대상으로 활동하였고, 이사야는 유다와 예루살렘을 대상으로, 미가는 사마리아와 예루살렘에 대하여 예언 활동을 하였다.

호세아가 활동할 당시에 북이스라엘은 영적으로 사회적으로 가장 타락한 시기였다. 지도자들과 백성 모두 하나님의 사랑과 은혜를 무시하고 우상을 숭배하고 불의를 행하였다. 그래서 호세아는 그들의 죄악을 책망하고 심판과 멸망을 경고하고 회개를 촉구하였다. 그러나 호세아의 경고를 무시하고 계속 범죄하고 회개하지 않아서 결국 BC 722년에 앗수르에 멸망하고 말았다.

❖ 호세아

호세아가 음란한 여자와 결혼하여 자녀는 낳는 아픔을 겪는데, 그것이 타락한 이스라엘 내부의 비극을 상징하는 것이다(1장). 호세아는 음란을 제하면 하나님이 그들에게 장가들어 은총과 긍휼을 베푸시고 그들의 하나님이 되실 것을 말씀하셨다(2장). 호세아는 다시 음란한 여인을 돈을 주고 사서 사랑하고 회개와 소망을 외칠 것을 권하였다(3장). 그러나 이스라엘에게는 진실과 인애도 없고 하나님을 아는 지식도 없고, 번성할수록 더욱 죄를 범하였다. 그래서 그들의 배교를 책망하였다(4장). 제사장, 이스라엘 족속, 왕족들에게 심판을 경고하였다. 이스라엘과 유다가 다 심판을 받고 환난을 통해 남들 자들이 깨닫고 회개하게 될 것을 예고하였다. 하나님께 돌아가자고, 하나님을 힘써 알자고 권고하지만, 그들은 하나님을 잘못알고 제사에만 집중하였다(5장-6장). 거짓되고 악하고 간음하는 이스라엘, 달궈진 화덕 같은 이스라엘, 뒤집지 않은 전병 같은 이스라엘, 하나님을 떠나 악을 꾀하는 이스라엘은 애굽 땅에서 조롱거리가 되었다(7장). 이스라엘이 언약을 어기고 율법을 범하고 우상을 숭배하여 책망 받았다(8장). 이스라엘이 죄로 형벌을 받게 될 것이다(9장). 열매 맺는 무성한 포도나무인 이스라엘이 번영할수록 타락하고 우상을 숭배하여 심판받고 망하게 될 것을 경고했다(10장). 사랑으로 이끌어도 하나님께 돌아오지 않지만, 마지막까지 사랑을 포기하지 않으신다(11장). 타락한 에브라임에게 조상 야곱의 언약과 믿음을 내세워 권고하시만 여전히 하나님을 격노케 한다(12장). 에브라임이 바알로 말미암아 범죄하고, 도와주시는 하나님을 대적하고 배반함으로 심판을 경고했다(13장). 불의함 때문에 엎드러진 이스라엘이 하나님께 돌아가려면 말씀을 가지고 돌아가야 한다(14).

❖ 아모스

아모스도 호세아와 같은 사회적 종교적 배경 속에서 활동하였다. 그는 이스라엘이 풍요와 번영으로 부정부패가 극에 달했을 때, 그들에게 공의의 심판을 선언했다.

아모스는 주변 민족들(다메섹, 가사, 두로, 에돔, 암몬, 모압)에 대한 서너 가지 죄로 인하여 벌을 받게 될 것을 예고하고, 유다와 이스라엘도 심판을 받게 될 것을 경고했다(1장–2장). 그가 외치는 것은 하나님의 뜻과 일치하고, 말씀에 근거하여 외치는 말씀이다. 사마리아의 사치를 책망했다(3장). 바산의 암소들처럼 자기 배만 채우기 위해 가난한 자와 궁핍한 자들을 착취하고, 가뭄과 기근, 전염병으로 쳐도 하나님께 돌아오지 않았다(4장). 엎드러져서 1/10만 남기 때문에 하나님을 찾으라고, 살기 위해 선을 구하고 사랑하라고, 공의와 정의를 물같이 흐르게 하라고, 안일하고, 사치하는 지도자들에게 피할 수 없는 심판이 온다고 권면과 탄식의 애가를 지어 권고하였다(5장–6장). 메뚜기(앗수르), 불(앗수르의 심판), 다림줄(말씀) 환상, 제사장 아마샤의 조롱과 아마샤의 심판을 예고했다(7장). 썩어질 여름 과일 환상을 보여 주셨다. 이스라엘의 죄악과 심판을 경고했다. 말씀을 듣지 못할 기갈의 때(하나님의 침묵)가 온다(8장). 피할 수 없는 최후의 심판과 메시아의 날의 큰 소망을 예언했다(9장).

❖ 요나

요나는 니느웨 성의 심판을 외쳤지만, 비록 이방인일지라도 심판의 소식을 듣고 회개하여 심판을 용서받았다는 것을 통해 하나님의 목적은 심판이 아니라 회개에 있다는 것을 보여 주었다.

❖ 이사야

이사야는 웃시야, 요담, 아하스, 히스기야 왕 때에 유다와 예루살렘에 관하여 본 계시를 기록한 것이다. 이사야는 웃시야 말기부터 시작하여 므낫세가 초기까지 대략 BC 740년경부터 BC 680년에 이르기까지 60년간 활동한 것으로 보고 있다. 이사야서에 북이스라엘의 여로보암 왕이 언급되지 않은 것은 이사야가 남유다에서만 활동하였기 때문이다. 네 왕의 역사적 배경은 앞에 열왕기와 역대기를 참조하면 된다.

형식적인 섬김과 우상숭배로 타락하여 하나님의 거룩함을 상실한 유다와 예루살렘에게 징계와 심판을 예고하였다. 그리고 하나님께서 하시는 일을 비웃고 하나님의 백성들을 괴롭히는 주변나라들의 심판도 외쳤다. 히스기야처럼 하나님을 전심으로 의지할 때 구원해 주실 것을 보여 주시고, 궁극적으로는 고난의 메시아를 통한 영원한 구원과 회복이 예비 되어 있다는 것을 외쳤다.

1장부터 39장까지는 유다와 예루살렘의 죄를 책망하고, 임마누엘과 메시아 왕국에 대한 예언, 주변 이방 나라들에 대한 예언과 심판, 그리고 불신에 대한 경고, 하나님을 신뢰하고 전적으로 하나님을 의지하여 승리했던 히스기야 왕 때의 사건 이야기를 다루고 있다. 제1 이사야라고도 한다.

40장부터 66장까지는 그들이 의지하는 우상과는 확연히 구별되시는 살아계신 하나님께서 그들과 함께 하셔서 구원과 회복을 이루어 주실 것에 대하여 예언하였다. 신약성경 마태복음, 로마서, 요한복음 등에도 여러 번 이사야의 글을 인용하여 메시아 예수님의 사역을 소개하고 있다. 제2 이사야라고도 한다.

1장-6장: 유다와 예루살렘의 형식적인 제사와 절기에 대한 책망과 회개 요구(1장), 마지막 회복의 약속과 진노의 날 예고(2장), 유다와 예루살렘의 멸망이유와 멸망예고(3장), 여호와의 싹 등장 예고(4장), 포도원의 슬픈노래, 타락의 결과(5장), 웃시야가 죽던 해에 이사야의 소명(6장)에 대하여 기록하고 있다.

7장-12장: 아하스왕 때 임마누엘 예고, 앗수르의 침략예고(7장), 율법과증거의 말씀을 따르라(8장), 평강의 왕 등장 예고와 북이스라엘의 심판 예고(9장), 하나님의 막대기와 몽둥이가 된 앗수르, 앗수르의 교만 심판예고(10장), 이새의 줄기에서 싹이 나고 그 뿌리에서 한 가지가 나와 결실하고 평화의 나라가 도래할 것을 예고(11장), 구원의 감사와 찬송(12장)을 기록했다.

13장–23장: 주변 이방나라들에 대한 예언이다(하나님의 백성을 위한).

바벨론, 앗수르, 블레셋에 대한 경고(13장–14장)

모압, 에브라임, 다메섹, 구스, 애굽에 대한 경고(15장–19장)

애굽에 대하여 벌거벗은 몸으로 3년간 예언하는 이사야(20장)

바벨론, 에돔(두마), 아라비아의 드단, 데마, 게달에 대한 경고(21장)

예루살렘에 대한 경고, 두로와 시돈에 대한 경고(22장–23장)

24장–27장: 마지막 날의 심판과 축복, 이사야의 묵시록이라고 한다.

하나님의 심판(24장)

사망을 제하시겠다는 약속의 실현과 승리의 찬송(25장)

하나님의 백성에게 승리와 도피처(밀실)제공(26장)

뱀 리워야단, 용의 심판(27장)을 예고했다.

28장–35장: 이스라엘 불신에 대한 경고와 은혜 베푸심, 거룩한 길

에브라임(북이스라엘)의 교만 심판과 남은 자 구원, 경계를 외치는 거짓 선지자 심판, 시온의 구원을 위한 한 기초 돌과 심판 예고, 기묘한 하나님의 지혜로 구원을 위한 심판을 하시는데, 소회향, 대회향 막대기로 추수하듯이 아주 으깨는 것이 아니라 정신 차리고 회개하라고 회초리로 때리는 심판을 하신다. (28장)

헛된 꿈만 꾸고 입술로만 하나님의 경외하는 하나님의 백성을 책망하셨다(29장). 헛된 애굽과의 맹약을 경계하시고, 은혜 베푸시기 위해 기다리시는 하나님을 강조했다(30장). 하나님을 의지하지 않고, 애굽에 도움을 청하러 가는 이스라엘을 경고했다(31장). 의로 통치할 한 왕이 등장할 것을 예고했다(32장). 은혜를 구하는 기도와 공의와 정의를 회복하여 은혜의 절기를 지키는 시온성의 회복을 예고했다(33장). 심판을 받아 짐승들이 짝으로 거하는 황무지가 될 열국과 에돔의 심판에 대하여 기록하였고, 이 모든 것이 하나님의 영으로 이룰 것이다(34장). 속량 받은 택한 백성을 위해 황무지가 풍요의 땅이 될 것이며, 기쁨과 즐거움을 얻고 슬픔과 탄식이 사라질 것을 예고했다(35장).

<u>36장-39장</u>: 열왕기하 18:13-20:19절의 히스기야 왕 이야기이다. 앗수르가 예루살렘을 포위하고 협박할 때, 히스기야가 전적으로 하나님을 의지하여 앗수르로부터 구원받았다. 히스기야의 질병 회복을 치유받고 찬양하였다. 그 이후 히스기야의 실수로 바벨론의 포로가 될 것을 예언했다.

<u>40장-66장</u>: 희망의 말씀과 위로, 주의 길 예비, 말씀은 영원히 서리라.

비교할 수 없는 하나님의 주권으로 약속을 성취하고, 여호와를 앙망하는 자들에게 새 힘을 주실 것을 약속했다(40장). 택하신 아브라함의 자손을 붙들어 주시고, 말 못하는 거짓 우상들은 벌하실 것이다(41장). 택하신 종의 사역에 대하여 예고하셨다(42장). 이스라엘은 여호와의 증인이다. 바벨론 포로에서 구원의 새 일을 행하실 것을 예고하였다(43장). 하나님 외에는 다른 신이 없다. 사람이 깎아 만든 우상은 무익하다. 하나님은 창조자요, 구속자 하나님이시다(44장).

하나님의 도구로 쓰일 바사국 고레스 황제가 일어날 것을 예언하였다. 하나님은 유일하신 신이시며, 창조주요, 토기장이 하나님이시다(44장-45장). 하나님은 우상과 비교할 수 없고, 하나님은 말씀하시고 그 말씀의 약속을 반드시 이루시는 하나님이시다(46장). 하나님께서 교만한 바벨론을 불같은 심판을 예고했다(47장). 새 일을 말씀으로 약속하시고, 하나님 스스로의 영광을 위해 패역한 이스라엘을 구원하신다. 하나님은 결정하신 것을 이루시는 하나님이시며, 처음이요, 마지막이신 하나님이시다(48장).

택한 여호와의 종, 존귀한 자, 이방의 빛으로 메시야에 대하여 예언하였다. 하나님은 은혜의 때에 응답하시고 구원의 때에 도우시는 하나님이다. 어미가 혹 자식을 잊을 수 있어도 하나님은 절대 택하신 자들을 잊지 않으신다. 하나님은 택하신 자들을 손바닥에 새기신다(49장).

이스라엘은 스스로 죄악으로 팔렸다. 하나님은 학자의 혀를 주셔서 깨우침을 주고, 하나님을 의지하게 하신다(50장). 여호와를 구하는 자는 아브라함을 기억하라. 사람의 비방은 사라지고 오직 여호와의 의와 구원만이 영원하다. 위로자 하나님, 예루살렘이여 깰지어다(51장) 시온이여 깰지어다. 거룩한 성 예루살렘의 구속, 시온에 기쁜 소식을 전하는 자, 악에서 떠날지어다(52장).

예수께서 우리의 죄를 위해 고난 종으로 오셔서 십자가 고난을 당할 것을 미리 예언하였다(53장) 하나님은 끝까지 긍휼을 베푸시는 하나님이시며 영원한 사랑을 베푸시는 분이시다. 택함을 받은 이스라엘이 하나님의 교훈으로 평안을 얻고 공의로 돌봄을 받게 될 것을 예고했다(54장).

값없이 은혜를 주시지만, 그 은혜를 받는 수고는 해야 한다. 하나님은 만날 만한 때에 찾아야 한다. 하나님의 생각은 우리 생각보다 뛰어나시고, 하나님의 입에서 나온 모든 말씀은 반드시 이루신다(55장). 정의와 의를 행하고 안식일을 더럽히지 말고 여호와와 연합한 자가 되어야 한다. 하나님의 집 곧 성전은 만민이 기도하는 집이다. 타락한 지도자들은 벙어리 개와 같고, 꿈만 꾸고, 게으르고, 탐욕으로 가득하여 만족을 모르는 몰지각한 목자들이다(56장)

의인을 무시하는 자, 무당, 음녀의 자식이며, 우상을 숭배하는 자, 거짓말하는 자, 생명이 없는 우상에게 기도하는 자들은 멸망하고, 하나님을 의지하는 자들에게는 땅과 기업을 주실 것이다. 백성의 길에서 거치는 것을 제하여 하나님께 돌아오게 하면 하나님께서 모든 것을 소생시켜 주시지만, 악인에게는 평강이 없다(57장). 탐욕을 구하는 잘못된 금식기도는 응답해 주시지 않는다. 하나님께서 기뻐하시는 금식은 흉악의 결박을 풀어 주며 멍에의 줄을 끌러 주며 압제 당하는 자를 자유하게 하며 모든 멍에를 꺾는 것, 어려운 이웃을 돕는 것이다. 참되게 금식기도를 하면 하나님의 영광이 함께하고, 무엇을 구하든지 다 이루어 주시고, 형통케 하신다. 안식일을 잘 지키면 즐거움을 주신다(58장).

구원받지 못하는 것은 죄악이 가로막고 있기 때문이다. 죄를 회개해야 구원을 받는다. 하나님은 행위대로 갚아 주신다. 회개하는 자들에게 구속자를 보내주실 것을 예고하시고, 영원한 언약을 약속하셨다(59장). 일어나라 빛을 발하라, 하나님은 택하신 자들을 영화롭게 하시려고 오셨다. 시온의 영광을 회복하신다(60). 여호와의 영이 임하셔서 가난한 자, 마음이 상한 자, 갇힌 자, 포로 된 자들에게 구원의 아름다운 소식의 선포하며 위로하시고, 회복시키셔서 즐거움과 기쁨을 주시고, 영원한 언약을 맺게 될 것이다. 예수님이 오셔서 하실 사역에 대한 예언이다(61장).

택하신 시온과 예루살렘을 회복시키셔서 신랑이 신부를 기뻐함 같이 기뻐하실 것이다. 쉬지 말고, 준비된 영화로움을 위하여 택하신 백성들이 돌아올 길을 예비해야 한다. 돌아온 자들에게는 상급이 준비되어 있고, 거룩한 백성, 구속받은 자, 찾은 바 된 자라 칭함을 받게 될 것이다(62장).

진노로 심판하러 오실 하나님, 회개하고 모세를 통한 구원의 은총을 기억하고 회복하면, 이스라엘에게 자비를 베풀어 주시기를 간구하였다(63장).

하나님을 앙망하는 자들을 구원하시는 하나님께서 강림하셔서 죄악으로 황폐해진 시온과 예루살렘을 위해 회개하는 백성들을 구원해 주시고, 긍휼 베푸시기를 간구하였다(64장). 이스라엘이 죄 때문에 버림받고 이방인이 구원받게 될 것을 예고하셨다. 하나님께서 기뻐하시는 택하신 자들을 위해 예비하신 새 하늘과 새 땅의 축복을 보여주셨다(65장).

마음이 가난하고 심령에 통회하며 말씀을 듣고 두려워하는 자는 돌보시고, 가증한 예배자들은 심판하신다. 예루살렘을 슬퍼하는 자들은 기쁨을 얻고, 배교자들은 멸망할 것이다. 때가 되면 이방 선교가 이루어질 것이고, 패역한 자들은 영원한 형벌을 받을 것이다(66장).

❖ 미가

미가가 웃시야를 언급하지 않은 것으로 보아 이사야보다 늦게 사역하였다는 것을 알 수 있고, 히스기야 시대에 산헤립의 침입 이야기가 등장하지 않는 것은 그 전에 사역이 마쳐졌다는 것을 말해주고 있다.

지도자들의 타락과 죄악으로 말미암아 사마리아와 예루살렘의 멸망과 심판과 동시에 메시아를 통한 구원을 선포하고, 하나님의 긍휼과 인애를 구하였다.

3) BC 7세기의 선지자들(나훔, 스바냐, 하박국, 예레미야)

BC 8세기 선지자들은 주로 BC 760년부터 700년경까지 활동하였다. 이사야만 BC 약 680년경까지 활동하였다. 그리고 BC 7세기 선지자들은 630년경까지 예언서를 기록한 선지자들의 활동은 없었다. 7세기 말기에 활동한 선지자는 나훔, 스바냐, 하박국, 예레미야이다.

❖ 나훔

나훔의 주제는 앗수르 제국 니느웨의 멸망에 대한 예언이다. 니느웨는 BC 612년에 멸망하였기 때문에 그 전에 기록했다.

❖ 스바냐

스바냐가 활동하던 시기는 유다 왕 요시야가 다스리던 때(BC 640-609)라고 정확하게 언급되어 있다. 스바냐가 우상에 대한 경고를 하는 것으로 보아 요시야가 개혁을 시작한 BC 621년 이전에 기록하였다는 것을 알 수 있다. 스바냐는 유다와 예루살렘의 심판과 주변 국가들의 심판, 그리고 이스라엘의 남은 자들의 회복과 축복 이야기이다. 나훔과 스바냐는 비슷한 시기에 활동했다.

❖ 하박국

하박국은 1장 6-10절의 예언을 살펴볼 때, 여호야김의 통치시대(BC 609-598), 곧 임박한 바벨론의 침략에 대한 예언으로 볼 수 있다. 그 시기는 1차 바벨론 포로 직전이다.

하박국서는 하나님과 하박국의 대화 형태이다. 1장, 2장에서 하박국은 하나님께서 왜 이스라엘의 죄에 대하여 침묵하시는지에 대하여 질문하였고, 하나님은 바벨론을 통하여 징계하시겠다는 답변을 주셨다. 다시 하박국은 왜, 불의하고 잔인한 바벨론을 통해서 징계하시는지에 대하여 질문하였고, 하나님은 정하신 뜻을 반드시 이룰 것이며, 바벨론도 궁극적으로 심판받게 된다는 답변을 주셨다.

3장에서는 결국 하나님께서 다스리시므로 형통하게 된다는 하박국의 확신에 찬 기도로 마무리된다.

예레미야는 7세기 말과 6세기 초까지 활동한 선지자이다.

4) BC 6세기의 선지자들(예레미야, 다니엘, 에스겔)

6세기 선지자들은 앗수르의 멸망과 바벨론 포로기에 활동하였다.

❖ 예레미야

예레미야는 요시야 13년(BC 627)부터 바벨론에 의해 예루살렘이 함락되고(BC 586) 바벨론 총독이 정치할 때까지 활동하였다(BC 627-580).

예레미야의 사역 시기는 앗수르가 쇠퇴해가고 바벨론 제국이 최강국으로 부상하던 때이다. 예레미야는 남유다의 타락과 부패 때문에 바벨론의 의해 멸망할 것을 예언하였고, 남유다는 말씀을 순종하지 않아서 1차(BC 605), 2차(BC 597), 3차(BC 586)에 걸쳐 바벨론에 포로로 끌려가고 말았다. 바벨론은 포로 이후, 그달랴를 총독으로 임명하여 유다를 다스렸다. 그들은 예레미야의 반대에도 불구하고 반란을 일으키고 애굽으로 도망갔지만, 예레미야 불순종하고 도망간 남유다가 애굽에서도 징계받을 것을 예언하였다.

예레미야는 왜 바벨론 포로로 끌려가야만 했는지, 그들의 죄악상을 고발하였고, 회개하지 않으면 엄청난 고난이 예비 되어 있다는 것을 지속적으로 경고하지만, 결국은 말씀을 듣지 않아서 징계를 당하고, 말씀대로 바벨론에 포로로 잡혀가고, 예루살렘은 파괴되고, 남은 자들은 애굽으로 피난을 가지만 그곳에서도 고난을 당하였다.

1장: 예레미야의 소명과 살구나무 가지 환상과 끓는 가마 환상,
어린 나이에 부르심받은 열방의 선지자, 일어나 명령하는 말씀을 전하라.

2장-25장: 유다와 예루살렘에 대한 하나님의 심판

출애굽 때의 사랑을 버리고 타락하여 다른 신을 섬기고, 생수의 근원되신 하나님을 버리고, 물을 저축하지 못하는 터진 웅덩이를 파고 세상을 의지하고 바람난 들 암나귀처럼 우상을 숭배하고 악을 행하는 유다와 예루살렘을 책망하였다(2장).

남편 되신 하나님을 버리고 음행하는 유다, 회개하고 돌아올 것을 권고했다(3장).

묵은 땅을 기경하고, 마음의 할례를 행하고 회개할 것을 촉구했다. 시온에 깃발을 세우고 회개를 촉구하였다(4장). 정의를 행하고 진리는 구하는 자가 없는 예루살렘, 거짓 예언하는 선지자, 권력으로 다스리는 제사장, 그것을 좋게 여기는 백성들의 타락한 모습을 보여주었다(5장).

예루살렘의 임박한 재앙, 훈계를 받고 회개할 것을 권고, 탐욕에 젖은 백성, 거짓을 행하는 선지자와 제사장, 재앙은 그들의 생각의 결과였다(6장).

이것이 여호와의 성전이라는 거짓말, 무익한 거짓말을 믿는 유다, 새벽부터 부지런히 외쳐도 듣지 않는 유다, 말씀을 들으라고 끊임없이 선지자를 보내어도 듣지 않는 유다의 심판을 예고했다(7장). 죽은 자의 죄도 심판하신다. 죽기를 구하는 유다. 거짓을 고집하고 돌아오기를 거부하는 유다, 학, 제비, 두루미보다 못한 유다, 말씀을 버려서 지혜가 없어진 유다, 치료받지 못하는 유다를 책망했다(8장). 예레미야의 눈물과 번뇌, 지혜와 용맹, 부함보다 명철하여 하나님을 하는 것을 자랑하라(9장). 헛된 우상, 헛된 풍습을 따르지 말라. 하나님만이 천지를 지으신 참 하나님, 창조주 하나님이시다(10장).

언약의 말씀을 따르고 지켜라. 출애굽 때부터 불순종한 유다 백성, 바알 분향에게 분향하는 자들에게 재앙을 선언했다(11장). 왜 악한 자가 형통한가? 악과 불순종은 심판하신다(12장). 허리띠를 유브라데 바위틈에 감추었다가 찾아오게 하심, 썩어버린 허리띠처럼 그들이 의지하던 것이 헛다. 그들의 교만의 경고했다(13장). 회개하지 않으면 가뭄 재앙, 칼과 기근과 전염병으로 심판하실 것을 예고하셨다. 백성들이 회개기도를 하다(14장). 모세와 사무엘이 있다 해도 하나님의 말씀을 돌이킬 수 없는 유다를 향한 네 가지 중한 벌을 예고했다. 유다는 하나님을 지치게 만들었다. 핍박당하는 예레미야가 기도하였고, 하나님께서 보호해 주실 것을 응답해 주셨다(15장).

무서운 심판을 예고하시고 결혼하지 말고, 초상집도 가지 말 것을 말씀하셨다. 우상 숭배, 율법을 불순종한 것이 죄이다. 포로귀환 예고, 우상을 숭배하는 악과 죄를 배로 갚아 주시고, 다른 신은 없다는 것을 능력으로 증명하실 것을 예고하셨다(16장).

금강석 끝 철필로 유다의 죄를 기록하신다. 사람 믿으면 저주받아 광야 사막같이 되고, 하나님을 의지하면 복을 받다 강변에 심긴 나무처럼 될 것이다. 만물 중에 가장 부패한 것이 마음이다. 탐욕을 품으면 자고새가 낳지 않은 알을 품는 것과 같아서 시간이 지나면 모두 사라진다. 하나님을 버리면 수치를 당한다. 안식일을 잘 지키면 복을 주시지만, 불순종하여 지키지 않으면 멸망한다(17장).

하나님은 토기장이처럼 잘못 만들어진 것을 깨버리신다. 예레미야가 재앙의 말씀을 전함으로 미움받고 핍박을 받고, 하나님께서 갚아 주시기를 기도했다(18장). 토기장의 옹기를 깨듯이 우상숭배와 불의를 회개하지 않으면 재앙을 받아 조롱거리로 삼을 것을 예고하셨다(19장).

예레미야를 때리고 가둔 바스훌, 말씀을 외침으로 종일 치욕거리가 된 예레미야, 포기하려고 해도 불붙는 마음 때문에 말씀 선포를 멈출 수 없었다(20장).

바벨론 왕이 치러 왔을 때, 시드기야 왕이 예레미야에게 기도를 요청했는데, 항복하면 생명의 길을 얻게 되고, 불순종하면 사망의 길이 될 것이며, 하나님은 행위대로 심판하심을 경고했다(21장).

유다가 공의와 정의를 행하고, 약자 압제와 학대를 그치고 무죄한 피를 흘리지 않고 말씀을 순종하면 회복시켜 주시고, 불순종하면 심판을 하실 것을 경고했다. 유다 왕 여호야김의 심판을 예고했는데, 그들이 불순종이 습관이 되었기 때문이다(22장).

다윗에게 한 의로운 가지 일으켜서 구원할 것이다. 정의와 공의를 회복시킬 미래 메시아에 대한 예고이다. 자기 마음대로 묵시를 말하는 사악하고 거짓되고 헛된 꿈만 말하는 선지자와 부패한 제사장은 수치를 당하고, 하나님께서 보낸 선지자를 성실하게 하나님의 말씀을 전할 것이다(23장).

두광주리 환상(좋은 무화과—순종, 나쁜 무화과—불순종)을 통하여 순종하는 자와 불순종하는 자들의 미래를 보여주셨다(24장).

요시야 때부터 여호야김 때까지 말씀은 전했지만 불순종했기 때문에 70년간 포로생활을 할 것을 예언했다. 70년 후에 바벨론을 징계하고 회복시킬 것이다. 모든 나라가 진노의 잔을 마실 것이다. 심판의 진노가 임박했으므로 애곡하라고 말씀하셨다(25장).

26장-29장: 거짓 선지자들과 예레미야의 논쟁

예레미야가 여호야김 초기에 성전 뜰에서 성전의 황폐함을 예언했다가 미움을 받았고, 우리야 선지자는 성과 땅의 심판을 외쳤다가 죽임을 당하였다(26장).

시드기야 때, 바벨론의 멍에를 메고 바벨론 통치에 복종할 것을 권고했다. 바벨론의 멍에를 메지 않는 나라는 칼, 기근, 전염병으로 벌할 것을 예고했다. 포로로 잡혀가지만 금방 돌아올 것이라고 거짓 예언하는 거짓 선지자들에 대하여 경고하셨다(27장).

거짓 선지자 하나냐는 바벨론 멍에를 꺾고 2년 안에 돌아온다고 평화를 외치고, 예레미야의 멍에(바벨론에 항복하고 섬기라는 멍에)를 꺾었다. 하나님은 예레미야에게 꺾이지 않는 쇠 멍에를 주시며 하나님께서 정하신 말씀은 결코, 바뀌지 않는다는 것을 일깨워 주셨다(28장).

예레미야는 시드기야 왕 때, 바벨론에 포로로 잡혀간 자들에게 편지를 보내서 그곳에서 뿌리내리고 기다리면, 70년 후 돌아오게 할 것을 예언했다. 유다는 꾸준히 선지자를 보내도 말씀을 듣지 않았다. 예레미야의 편지를 받은 포로 자들이 말씀을 듣고 순종하기는커녕 거짓 선지자 스마야에게 편지하여 예레미야의 거짓말을 책망하게 했다(29장).

30장-33장: 위로의 말씀

예레미야에게 하신 말씀을 기록할 것을 명령하셨다. 환난과 회복의 날이 임할 것을 예고하셨다. 진노는 목적을 이루어야 끝나고, 사람들은 끝날에 깨닫게 된다(30장). 하나님께서 다시 세워 주시고, 돌아오도록 귀환 언약을 해주셨다. 회복의 날에는 말씀을 마음에 새기는 새 시대 새 언약이 이루어질 것이다(31장). 예레미야는 회복의 날 귀환에 대한 확신을 보여주려고 하나님 말씀대로 아나돗의 밭을 샀다. 예레미야가 하나님의 은혜를 찬양하며, 출애굽과 가나안 땅을 주셨지만 타락하여 포로가 된 안타까움을 호소하며 기도했고, 하나님은 유다의 죄로 인하여 심판을 하시지만, 반드시 회복시켜 주시고 복을 주실 것을 언약하셨다(32장).

예레미야가 시위대 뜰에 갇혀 있을 때 두 번째로 임한 말씀이다. 부르짖으면 응답하신다. 유다의 포로에서 귀환하도록 긍휼을 베푸시고 황폐했던 곳이 감사와 찬송이 되게 할 것을 예고하셨다. 예루살렘이 공의와 정의가 회복되고 안전하고 구원을 받아 언약이 회복될 것이다(33장).

34장-39장: 여호야김과 시드기야 당시에 주어진 예언

예레미야가 시드기야 왕에게 유다가 멸망하고 바벨론의 포로가 될 것을 예고했다. 그것은 하나님과 맺은 언약을 어긴 결과이다(34장).

불순종하는 유다 백성에게 조상들의 말을 잘 지키는 레갑 족속의 삶의 본보기로 보여 주셨다. 하나님께서 약속을 잘 지키는 레갑 족속에게 복을 주셨다(35장).

여호야김 때, 예레미야에게 하신 말씀을 기록하도록 명령하셨다. 바룩이 그 말씀을 기록하여 성전에서 낭독하였는데, 여호야김와 여후디는 그 말씀 두루마리를 화로에 불태웠다. 하지만 그 말씀이 예레미야의 마음속에 있기 때문에 태운다고 지워지지 않았다. 그래서 바룩이 다시 말씀을 기록하였다(36장).

바벨론왕 느브갓네살에 의해 유다의 왕이 된 시드시야는 바벨론에게 항복하라는 예레미야의 말을 미워하여 잡아서 감옥에 가두었다(37장).

진흙 구덩이 가옥에 갇힌 예레미야는 왕궁내시 에벳멜렉(구스사람)에 의해 구원받아 뜰에 거하였다. 시드기야는 위기 속에서 예레미야를 비밀리에 만나 예언을 듣지만, 여전히 예레미야의 말은 바벨론에 순종하라는 것이었다. 그러나 시드기야는 불순종하였다(38장).

시드기야 11년 예레미야의 예언대로 바벨론에 의해 예루살렘 함락되었고, 시드기야는 두 아들을 눈앞에 잃고, 두 눈이 뽑혀 바벨론으로 잡혀갔고, 항복한 자들을 포로로 잡아갔다. 말씀대로 되었다. 예레미야는 바벨론 느브사라단에 의해 감옥에서 석방되었고, 자유를 얻었다. 하나님께서 감옥에 갇힌 예레미야를 도와준 에벳멜렉에게 구원을 약속하셨다(39장).

40장-45장: 예루살렘 함락, 애굽 망명과 심판예고, 바룩 말씀기록

예레미야는 자유를 얻었고, 유다 지방은 총독 그다랴가 다스렸다. 총독 그다랴는 반역자들에 의해 죽임을 당했다(40장-41장).

포로 후 남은 백성들이 예레미야에게 기도를 요청했는데, 예레미야는 애굽으로 가지 말고 유다 땅에 머물러 있으라고 응답하셨다. 애굽으로 가면 거기서 반드시 죽게 될 것을 예고하셨다. 그러나 그달이 하나님의 말씀을 전했지만, 불순종하였다(42장). 유다 백성들은 말씀을 불순종하고 애굽으로 망명가면서 예레미야도 애굽으로 강제로 끌고 갔다. 하지만 말씀대로 애굽도 느부갓네살에 의해 심판받을 것을 경고하셨다(43장).

애굽에 있는 유다 백성에 대한 예언이다. 예루살렘이 황폐해진 이유는 끊임없이 보낸 선지자들의 말을 듣지 않은 결과였다. 불순종의 결과로 애굽에서도 칼과 기근과 전염병으로 망하고 소수만 돌아올 것을 예고하셨다(44장).

예레미야의 제자 바룩이 예레미야의 말씀을 기록하였고, 모든 것을 주관하시는 하나님께서 재앙 중에서 바룩을 보호해 주실 것을 약속하셨다(45장).

46장-51장: 열국들에 대한 예언

바벨론에 의해 애굽이 심판을 받는다(46장). 블레셋에게 재앙이 임할 것이다(47장). 모압의 교만을 심판하여 조롱거리가 되게 하실 것이다(48장). 암몬, 에돔, 다메섹, 게달, 하솔, 엘람이 심판받을 것이다(49장). 한 나라를 일으켜 바벨론을 심판하신다. 유다 백성들이 돌아올 것이다. 바벨론의 심판을 기록하고 책을 돌에 매어 유브라데 강에 던짐으로 그 심판은 돌이킬 수 없는 것임을 확실히 하셨다(50장-51장).

52장: 예루살렘의 멸망과 바벨론 포로

시드기야 왕이 바벨론 왕을 배반하여 죽고, 성전은 불타고 파괴 되었고, 제사도구도 모두 빼앗기고, 백성들은 바벨론에 포로로 잡혀갔다.

❖ 예레미야애가

예레미야애가는 히브리 성경에서는 룻기, 아가서, 전도서, 에스더와 함께 한 두루마리 안에 있고, 예레미야가 예루살렘성전 멸망을 슬퍼하면서 쓴 애가이며, 예언이다. 예레미야애가는 히브리 알파벳 순서를 따라 22절 구조로 이루어져 있다. 애가는 슬픈 노래이다.

1장- 예루살렘이 죄의 결과로 황폐하게 버려졌다.

2장- 진노와 심판의 이유를 기록했다.

3장- 백성과 함께 고난당하는 예레미야, 회개와 위로와 소망을 기록했다. 고난은 하나님의 본심이 아니시다.

4장- 멸망 후 지난날과 현실을 대비시키고, 재앙의 원인이 선지자들과 제사장들의 죄악 때문임을 지적하였고, 심판 앞에 헛된 도움과 무익한 수고를 한탄하였다.

5장- 고난당하는 것을 탄식하면서 고난의 원인이 자신의 죄악 때문임을 고백하고 회개하며 회복을 간구하였다.

❖ 다니엘

다니엘은 유다 왕 여호야김 통치 3년(단1:1, BC 605, 렘46:2) 느브갓네살이 예루살렘을 침공했을 때 세 친구들과 함께 포로로 잡혀갔다(단1:6). 다니엘은 다니엘서 10장 1절에서 고레스 왕 3년까지 활동한 것으로 보아 그 시기 이상까지 활동한 것으로 볼 수 있다. 539년이 고레스 원년이니까 536년 이후까지 사역하였다는 것을 알 수 있다.

다니엘서는 1장부터 6장까지 역사적 사건, 곧 다니엘과 세 친구의 포로와 시험(1장), 느브갓네살의 금 신상 꿈과 해석(2장), 다니엘의 세 친구와 풀무 불(3장), 느브갓네살의 큰 나무 꿈과 해석(4장), 벨사살과 벽에 글씨(5장), 다리오 왕 때, 사자굴에 던져진 다니엘 이야기(6장) 부분과 7장부터 12장까지 네 짐승들에 대한 환상(7장), 양과 염소에 대한 환상(8장), 다니엘의 회개기도와 70이레에 대한 환상(9장), 중간기 역사에 대한 환상과 예언(10장-11장), 대 환란에 대한 예언(12장) 등 미래 예언 부분으로 구분할 수 있다.

❖ 에스겔

에스겔은 BC 605년 1차 바벨론 포로 이후, BC 597년 여호야긴 왕이 다스리던 때, 예루살렘 성전이 파괴되기 12년 전에 2차 포로 때에 잡혀 갔다(왕하24:11-16).

에스겔은 포로로 잡혀간 후 5년째 되는 593년경에 부르심을 받아서 571년경까지 약 22년간 사역활동을 하였다(겔29:17). 그는 제사장 가문 출신으로 아내를 잃는 슬픔 중에도 하나님의 말씀에 순종하는 자였고(24:15-18), 바벨론에 포로로 잡혀 왔던 장로들이 그에게 유다의 장래를 물어볼 만큼 영향력 있는 선지자였다(8:1; 20:1).

여호야긴이 2차 포로로 잡혀간 후, 바벨론 왕 느브갓네살은 그의 숙부인 시드기야를 왕으로 세웠지만, 5-6년 후에 예레미야를 통하여 하신 말씀을 무시하고 바벨론 왕을 배반했다가 바벨론의 공격을 받아 BC 586년에 예루살렘은 함락되고 성전도 불타버리고 3차 포로로 잡혀가면서 유다왕국은 멸망당하고, 성전은 파괴되었다.

1장-3장: 에스겔의 부르심과 사명

BC 593년 갈대아 땅 그발 강가에서 하나님의 말씀이 에스겔에게 임하였고, 앞으로 되어질 일을 네 생물(그룹 10:1,4)과 바퀴의 이상을 통하여 보여주셨다(1-2장). 에스겔이 애가와 애곡과 재앙의 말씀이 담겨진 두루마리를 받아먹었고, 이마가 금강석같이 굳어버려서 말씀을 듣지 않는 이스라엘 백성에게 듣든지 아니 듣든지 전하라고 보냄을 받았다. 만약에 그 말씀을 전하지 않으면, 그들은 그들의 죗값으로 죽지만, 그 피 값은 에스겔에게서 찾으시겠다고 강력한 사명을 주셔서 파송하셨다(3장).

4장-7장: 예루살렘을 향한 심판의 경고

임박한 예루살렘의 멸망을 박석에 그리게 하고, 이스라엘의 죄를 위하여 좌편으로 390일간 눕고, 유다를 위하여 우편으로 40일간 눕되, 똥 불에 떡을 구어 먹게 하셨다(4장). 그 후에 머리털과 수염을 삭도로 깎아서 1/3은 성읍 안에서 불사르고,

1/3은 사방에서 칼로 치고, 1/3은 바람에 흩게 하시는 상징으로 예루살렘 성안에서 이루어질 심판을 보여주셨고(5장), 이스라엘의 산마다 우상의 가증한 것으로 가득해서 심판을 하지만, 심판은 회개를 위한 것이었다(6장). 7장에서는 가증한 일로 인하여 임박한 끔찍한 심판과 재앙을 '끝이 이르렀다'고 반복해서 외치며 경고했지만 그들은 하나님의 성전이 심판당할 리가 없다고 듣지 않았지만, 심판이 임할 때, 비로소 하나님의 말씀이 옳았다는 것을 깨달을 것이라고 경고했다.

8-10장: 부패한 성전을 떠나는 하나님의 영광, 지도자 심판

에스겔이 포로 잡혀 온 지 6년째 되는 해(BC 592년)에 환상 가운데 왜 예루살렘이 멸망당해야 하고 끔찍한 심판을 받아야 하는지 예루살렘 성전의 은밀하고 부끄러운 우상숭배 현장을 적나라하게 보여 주셨고(8장), 서기관의 먹 그릇을 찬 사람이 가증한 일로 인하여 탄식하며 우는 자들의 이마에 인치고, 인 맞지 않은 사람들은 모두 처참하게 죽임을 당하는 심판을 보여 주셨다(9장). 그리고 성전에 머물러 있던 하나님의 영광이 떠나게 된다는 것을 보여 주시고, 이때 보여주신 네 생물(그룹)은 처음 1장 그발 강가에서 보았던 네 생물과 같은 것으로 한결같고 변치 않으시는 하나님의 속성과 섭리를 가르쳐 주신 것이다(10장). 11장에서는 불경건하고 타락한 유다 지도자들의 멸망에 대하여 경고하셨다.

12장-15장: 포로 예고, 거짓 선지자들의 심판, 우상숭배 심판 예고

하나님은 에스겔에게 낮에 포로 행장을 꾸리고 밖으로 끌려가는 것같이 하고, 밤에는 성벽을 뚫고 얼굴을 가리고 도망가는 상징적 행동을 하게 하셨다. 이것은 유다가 그렇게 포로로 잡혀가게 될 것이라고 보여 주시고, 다시는 허탄한 거짓말을 못하게 하신 것이다(12장). 이어서 13장에서 허탄한 예언을 하고, 거짓된 점괘를 보는 거짓 선지자들과 자기 마음대로 예언하는 부녀들이 심판받게 될 것이라고 경고하셨다.

바벨론에 포로로 잡혀 온 장로들이 에스겔에게 좋은 소식을 바라고 왔는데, 하나님은 에스겔을 통하여 우상을 버리고 회개하지 않으면 재앙을 내리기로 결심한 것을 그대로 실행하여 본보기로 삼으실 것이라고 경고하셨다. 혹 네 가지 중한 벌, 곧 칼, 기근, 전염병, 사나운 짐승으로 벌하실 때에 비록 그곳에 노아, 다니엘, 욥 이 세 사람이 있을지라도 자기 의로만 구원을 받게 된다고 말씀하셨다(14장). 하나님은 예루살렘 주민을 열매가 없으면 땔감 외에는 쓸모가 없는 포도나무로 비유하시고, 그들이 죄로 말미암아 쓸모없이 되어 황폐하게 될 것을 예고하셨다(15장).

16장-17장: 음행으로 타락한 배신자 유다

하나님은 죄악으로 가득한 곳에서 버려진 예루살렘 곧 유다 백성을 택하시고 부르셔서 거룩하게 구별하시고 영화롭게 하였는데, 그들이 신명기 8장의 예언대로 배부르고 편안해졌을 때 교만해져서 하나님의 은혜를 배신하고 창기보다 음란하게 우상을 숭배하고 부끄러움을 드러냈기 때문에 심판의 보응을 받게 될 것을 경고하셨다. 하지만 선조와의 언약 때문에 완전히 멸하지는 않고 회복시켜 주실 것을 약속하셨다(16장). 독수리와 포도나무 수수께끼 비유를 통하여 이스라엘 족속(포도나무)이 선지자들을 통하여 하신 말씀을 무시하고 바벨론(큰 독수리)을 의지하다가 힘의 균형이 애굽(큰 독수리)으로 기울어지는 듯할 때, 애굽을 의지하지만 결국 바벨론에 의해 심판을 받게 될 것을 말씀하셨다(17장).

18장-19장: 자기 죄로 심판 받고, 자기 의로 구원 받는다.

의인이 의를 행하면 살고, 악인이 악을 행하면 심판을 받지만, 하나님은 악인일지라도 회개하고 돌아와서 살기를 원하시기 때문에 악인이 회개하고 의를 행하여 구원받으라고 권고하셨다. 하나님은 죽을 자가 죽는 것도 기뻐하시지 않으시고, 스스로 돌이켜 살기를 원하신다. 19장은 회개할 줄 모르는 요시야의 세 아들, 여호아하스, 여호야김, 여호야긴이 예레미야를 통하여 말씀하신 대로 바벨론에 항복하라는 하나님의 말씀을 거역하고 애굽을 의지함으로 심판받게 될 것을 슬퍼하며 쓴 애가이다.

20장-24장: 부패한 이스라엘과 예루살렘의 불 심판

하나님께서 이스라엘을 애굽에서 택하여 구원하시고 그들의 하나님이 되시고 거룩한 규례와 말씀을 주셨지만, 그들은 언약과 계명을 멸시하고 범죄하여 안식일을 더럽히고 우상을 숭배했다. 광야에서도, 가나안 땅에서도 계속 패역하여 하나님을 욕되게 했기 때문에 이방인 가운데서 징계하시고, 참 이스라엘을 구별하여 회복시키실 것을 예고하셨다(20장).

남쪽 유다와 예루살렘에 무서운 불과 칼의 혹독한 심판이 있겠고, 회복의 때가 이르기까지 엎드러뜨리게 될 것을 예고하고, 암몬 족속이 함락될 것을 말씀하셨다(20장 45절-21장). 그리고 예루살렘이 학대하고, 성물을 업신여기고, 이간질하여 피를 흘리고, 음행을 하고, 뇌물을 받고, 이익을 탐하여 악을 행하고, 우상을 숭배한 가증한 죄로 인하여 수치를 당하고, 풀무 불 심판을 받게 될 것이며, 선지자나 제사장 고관의 불의한 죄를 그 행위대로 갚으신다고 경고하셨다(22장). 오홀라(사마리아)와 오홀리바(예루살렘)라는 풍자적 수사법을 사용하여 오홀라가 행음(우상숭배)하여 멸망한 것을 보고도 오홀리바가 더 행음하고, 성소를 더럽혔기 때문에 필연적으로 심판을 받게 될 것이라고 경고하셨다(23장).

제9년 10월 10일(BC 588, 왕하25:1, 렘52:4) 바벨론에 의해 예루살렘이 포위되던 날에 더럽혀진 녹슨 가마(예루살렘)에 가득찬 주민들의 죄가 불로 태워도 없어지지 않기 때문에 행위대로 심판을 받게 될 것을 경고하셨고, 에스겔이 소중한 아내를 잃는 슬픔을 통하여 하나님께서 소중한 예루살렘을 잃는 슬픔을 알게 하셨다(24장).

25장-32장: 열방들의 심판에 대한 예언

25장부터 열방에 대한 심판 이야기인데, 처음에는 암몬, 모압, 에돔, 블레셋에 대하여, 그다음에는 두로와 시돈의 심판을 이야기하지만 주로 두로의 교만에 대하여 심판과 애가를 기록하였고, 두로의 타락을 탐욕으로 타락한 아담의 타락과 비교했다(26-28장). 애굽과 애굽의 동맹국들이 바벨론에 의해 파멸될 것을 예고하였고, 바로의 패망에 대한 애가를 기록하였다. 열국의 심판은 포로 된 이스라엘 백성에게는 위로의 예언이었다(29–32장).

33장: 파수꾼의 사명

에스겔 선지자의 직무는 영적 파수꾼 역할이었다. 2–3장에서 처음 소명 받을 때와 같이 예루살렘 함락 하루 전에 새롭게 소명을 받았다. 에스겔은 이스라엘의 파수꾼으로서 누구든지 죄에서 돌이키고 하나님께로 나오면 멸망에서 구원받는다는 메시지를 전해야 했다. 전하지 않으면 그 핏값을 파수꾼인 선지자에게서 찾겠다고 사명을 강조하셨다. 소명과 함께 미리 예언한 대로 사로잡힌 지 십 이년 시월 오 일에 그 성이 함락되었다는 소식을 접했다.

34장: 악한 목자와 참 목자, 착한 양과 악한 양

양 떼를 돌보지 않고 탐욕만 부리는 목자를 제거하고, 하나님께서 양 떼의 참 목자가 되실 것이며, 착한 양과 악한 양 사이를 판단하실 것이다. 하나님은 양들을 위해 참 목자를 세워주시고, 그들과 화평의 언약을 맺고 복을 주실 것임을 예고해 주셨다.

35장–39장: 에돔의 심판, 이스라엘의 회복, 곡의 침략과 멸망

이스라엘을 미워하고 탐욕을 부린 에돔은 황폐하게 되고(35장), 열방의 조롱거리가 되었던 이스라엘은 회복되어 다시는 수치거리가 되지 않게 하실 것이다. 하나님의 거룩한 이름을 위하여 새 영과 새 마음을 부어 주셔서 말씀으로 살도록 회복시켜 주심으로 스스로 부끄러워할 것이며 여호와 하나님을 인정하게 될 것이라고 예고해 주셨다(36장). 그리고 골짜기의 심히 마른 뼈들(소망이 없는 이스라엘)이 말씀을 들을 때, 모두 회복되고 생기가 들어가 일어나게 된다는 것을 보여 주셨다. 막대기에 유다와 이스라엘, 이스라엘 온 족속을 쓰게 하시고 미래에 둘이 하나가 되고, 다윗이 왕이 되어(메시야) 영원히 그들을 다스릴 것임을 예고하셨다(37장). 그리고 회복된 나라를 훼방하기 위해 등장하는 곡의 큰 군대는 멸망하고 하나님의 영광이 온 세상에

드러날 것임을 말씀해 주셨다(38-39장)

40-48: 새롭게 회복될 성전에 대한 이상

예루살렘 성이 함락 된 후, 새롭게 회복될 성읍과 성전의 모습을 보여 주셨다. 성전바깥 뜰과 동쪽 북쪽 남쪽 문, 안뜰과 남쪽 동쪽 북쪽 문과 부속건물들, 성전문 현관(40장), 성소와 지성소와 골방들, 서쪽 건물과 성전의 넓이, 제단과 성전 문들(41장), 제사장 방을 보여주셨고(42장), 하나님의 영광이 동문을 통하여 성전으로 들어 가시고, 성전제도와 구조, 규례와 율례, 그리고 번제단과 제사규례를 가르쳐 주셨 다(43장). 제단 봉헌 후 성전으로 가는 길이 열렸지만, 성전 문을 닫아 두고, 거룩하신 하나님의 영광 앞에 나갈 수 있는 사람을 제한하고, 제사장들의 성결규례와 역할을 가르쳐 주셨다(44장). 회복의 땅 한 구역을 거룩하게 구별하여 드리게 하고, 통치자는 정의와 공의를 행하고, 명절과 제사와 안식일, 절기의 의무를 다하며 매일 드리는 상번제를 드리게 하셨다. 그리고 군주에게 기업을 유산으로 물려주게 하여 백성을 괴롭히지 못하게 하셨다(45장-46장).

요엘서 3장 18절, 계시록 22장 1-2절 말씀처럼 하나님의 성전에서 생수의 강물이 흘러 모든 것이 회복되는 회복의 나라의 이상을 보여 주셨고, 각 지파에게 분배될 땅의 경계에 대하여 말씀하였다. 45장에 거룩하게 구별한 땅을 중심으로 북쪽으로 7지파, 남쪽으로 5지파에게 땅을 분배해 주셨고, 성읍의 크기와 출입구를 가르쳐 주시고, 성읍 이름을 여호와 삼마(여호와께서 거기계시다)라고 정해 주셨다(47-48장).

■ 에스겔의 성전 단면도

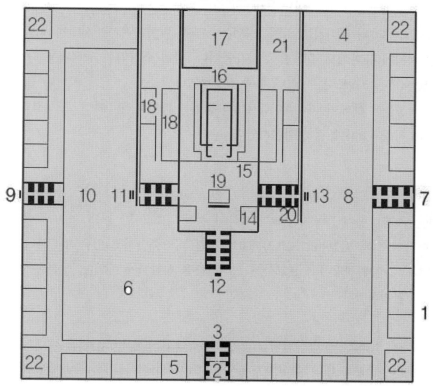

1. 담(40:5)
2. 동문(40:6–14:16)
3. 현관(40:8)
4. 바깥 뜰(40:17)
5. 박석 깔린 땅(40:17)
6. 안뜰(40:19)
7. 북문(40:20–22)
8. 안뜰(40:23)
9. 남문(40:24–26)
10. 안뜰(40:27)
11. 안뜰의 남문(40:28–31)
12. 안뜰의 동문(40:32–34)
13. 안뜰의 북문(40:35–38)
14. 제사장들의 방(40:44–45)
15. 뜰(40:47)
16. 전 삼면의 뜰(41:10)
17. 서편 건물(41:12)
18. 제사장들의 방(42:1–10)
19. 제단(43:13–17)
20. 번제물 씻는 방(40:39–43)
21. 제물을 삼는 부엌(46:19–20)
22. 부엌(46:21–24)

4 포로기 이후 시대의 예언자들(학개, 스가랴, 말라기)

학개와 스가랴와 말라기는 바벨론 포로기 이후, 바사(페르시아)시대에 포로에서 귀환하던 시기에 유다에서 활동한 선지자들이다. 학개 스가랴는 동시대에 활동을 하였고, 말라기는 그들보다 수십 년 후에 활동하였다.

유다 백성들은 예레미야의 예언대로 3차에 걸쳐 바벨론제국에 포로로 잡혀갔다가 바사제국 시대에 3차에 걸쳐 귀환하였다.

❖ 학개

학개는 스룹바벨이 1차 귀환(BC 538)하여 성전 기초 돌만 놓고(536년) 주변의 훼방 때문에 다리오 왕 제2년(BC 520년)까지 성전건축을 중단하고 있을 때, 하나님의 계시를 받고 강하게 책망하고 권고하여 성전건축을 시작하게 하였다. 성전은 5년 후에 완공되어 봉헌하였다.

학개서에서 학개는 주변의 훼방으로 성전건축의 사명을 잊고, 지금은 때가 아니라며 자기 생활에 매여 사는 유다 백성들을 책망한 이야기이다. 유다 백성들이 사명을 잊고 말씀을 떠나 살아온 시간을 돌아보면 아무리 수고했어도 열매가 적었지만, 지금부터 사명을 따라 성전을 건축하고, 순종의 삶을 살면 반드시 복을 주실 것이라는 격려와 축복의 메시지를 전달하였다. 보냄의 사명대로 성전 건축을 하는 일에 집중하는 9월 24일을 기점으로 그 이전과 이후를 비교하여 이후에 복을 주시는지 안 주시는지 시험해 보라고 강력하게 말씀하셨다.

❖ 스가랴

스가랴서는 학개와 동시대이기 때문에 역사적 배경도 일치한다. 스가랴가 외친 말씀은 불순종을 회개하라고 권고하면서 8개의 환상을 보여주셨다. 결국, 하나님께서 말씀으로 예고하신 대로 모든 역사를 이루신다는 것을 보여 주신 것이다.

성전회복 후에는 세상 왕국은 망하게 되고, 이스라엘은 메시아 왕국으로 회복될 것을 예언하였다.

❖ 말라기

말라기는 2차 귀환(BC 458년) 3차(BC 444년) 귀환 후의 일이다. 에스라는 바사왕의 도움으로 2차로 귀환하여 여호와의 율법을 연구하여 준행하며 율례와 규례를 이스라엘에게 가르치기로 결심하고 왔고, 느헤미야는 3차로 귀환하여 예루살렘 성벽과 성문을 재건축하기 위해 바사 왕의 지원을 받아 돌아왔다. 느헤미야는 온갖 훼방에도 불구하고 52일 만에 성벽을 건축하여 봉헌하였고, 여전히 이방인과 혼인을 하고, 안식일을 지키지 않고, 십일조를 드리지 않는 타락한 유다 백성들을 적극적으로 나서서 개혁했다. 말라기는 에스라나 느헤미야서에 언급이 없는 것으로 보아, 느헤미야가 개혁을 단행한 이후에 활동한 것으로 보인다.

말라기는 하나님께서 유다 백성들을 한없이 사랑하시는데, 지도자들과 제사장들, 백성들이 그 사랑을 배신하고 형식적이고 위선적인 신앙생활을 하고, 부패한 제사를 드리기 때문에 강하게 책망하였다. 그리고 십일조와 헌물을 드리지 않음으로 제사장과 레위인들이 먹고 살길이 없어졌고, 그들이 먹고살기 위해서 세상으로 나가게 됨으로써 백성이 말씀을 제대로 가르침 받지 못해서 타락할 수밖에 없었다. 그래서 제사와 십일조를 회복하고, 율법을 잘 지키고 회복할 것을 강하게 권고하였다. 그리고 마지막에 엘리야를 보내주셔서 백성들의 마음을 회복시킬 것을 예고하였다.

5 도표로 보는 선지자들의 활동

구약의 예언서를 기록한 선지자들은 솔로몬 이후 남북으로 갈라진 이후부터이다. 북이스라엘과 남유다는 여로보암이 만들 금송아지 숭배와 아합 왕 때 들여온 바알 신앙으로 급격히 타락하기 시작했다. 그래서 선지자들은 주로 BC 9세기부터 북이스라엘이 멸망한 BC 722년 이전과 이후로 나누어지고, 바벨론 포로기 이전과 이후로 나누어져 활동했다.

 엘리야나 엘리사 같이 말씀을 기록하지 않고 활동한 선지자들도 있고, 도표와 같이 말씀을 기록한 선지자들도 있다.

선지자	연대	유다왕, 통치자	이스라엘왕	등장하는 제국왕
오바댜	BC 845	여호람	요람(여호람)	
요엘	BC 835	요아스	예후	
요나	BC 782	아마샤, 웃시야	여로보암 2세	앗수르 -살만에셀 4세
호세아	BC 760-720	웃시야, 요담, 아하스, 히스기야	여로보암 2세 스가랴, 살룸 므나헴, 브가히야, 베가, 호세아	앗수르 -살만에셀 5세
아모스	BC 760	웃시야	여로보암 2세	
이사야	BC 740-680	웃시야, 요담, 아하스 히스기야, 므낫세	베가, 호세아	앗수르 - 산헤립
미가	BC 737-690	요담, 아하스, 히스기야	베가, 호세아	앗수르 - 산헤립
나훔	BC 650	므낫세	앗수르-앗슈르바니팔	
스바냐	BC 640	요시야		
예레미야	BC 627-580	요시야, 여호아하스 여호야김, 여호야긴 시드기야, 그달랴총독	바벨론-나보폴라살, 느브갓네살	
하박국	BC 609	여호야김		
다니엘	BC 605-530	여호야김, 여호야긴 시드기야	바벨론-느브갓네살, 네르글리살,라바시마룩둑, 나보니더스 메데 바사 - 고레스	
에스겔	BC 593-570	시드기야(총독)	바벨론 - 느브갓네살	
학개	BC 520	스룹바벨(총독)	바사 - 다리오 1세	
스가랴	BC 520	스룹바벨(총독)	바사 - 다리오 1세	
말라기	BC 423	느헤미야(총독)	바사 - 다리오 2세	

6 구약 바벨론 이후의 정치적 변화

바벨론과 바사의 왕들

주전(BC)

625-605년 나보폴라살 – 신바벨론의 설립자

605-562년 느부갓네살 – 나보폴라살의 아들

562-560년 에윌므로닥 – 느브갓네살의 아들

560-556년 느리그리살

556-539년 나부나이드(나보니두스) – 나보폴라살 왕조를 뒤집고 반역한 찬탈자, 그의 말년에 그의 아들 벨사살이 섭정함

바사제국

539-530년 바사의 고레스 – 바벨론을 정복함

530-522년 캄비세스 – 고레스의 아들

522-486년 다리오 히스타스페스 또는 "다리오 대왕"(스룹바벨에 의한 1차 귀환)

486-464년 크세르크세스– 다리오의 아들(아하수에로-에스더의 남편) – 부림절

464-423년 아닥사스다 – 크세르크세스의 아들 (에스라, 느헤미야에 의한 귀환)

423-404년 다리오 2세

404-359년 아닥사스다 2세

359-338년 아닥사스다 3세

338-335년 알세스

335-334년 다리오 3세

헬라제국

334-323년 알렉산더 대왕의 동방 정복 – 헬레니즘(서양문화+동양문화) 시대 시작

301-198년 이집트 프톨레미 왕조(남방 왕) 지배

198-167년 시리아 셀류키드 왕조(북방 왕) 지배 – 아티오쿠스 에피파네스– 성전제사 금지, 안식일 금지, 돼지 피로 제사드림–마카비 혁명 초래

마카비 혁명과 독립시대

167-160년 모딘에서 제사장 마따디아가 다섯 아들과 함께 반란을 일으킴,

그 아들 유다 마카비의 이름을 따서 마카비 혁명이라고 한다. 164년 성전탈환(하누카 또는 수전절) 성전촛대가 7개인데, 9개 촛대(메노라)가 된 것은 1일 분량의 기름으로 8일간 불이 꺼지지 않은 것을 기념하여 만든 것이다.

160-143년 유다 사후에 형제 요나단 혁명계승–사독 계열을 제치고, 대제사장이 됨

143-134년 요나단의 형제 시몬이 통치 – 군대통수권자, 지배자, 대제사장이 됨

134-104년 시몬의 아들 요한 히르카누스 통치, 종교적 통일
  ○ 이두매(에돔) 정복 – 사마리아 지방 점령, 그리심 산 성전파괴 시킴
  ○ 예언의 은사, 탁월한 지도자로 인정받음

104-103년 히르카누스의 아들 아리스토불루스 통치
  ○ 갈릴리를 정복하고 유대인들을 강제로 이주시킴 – 신약시대의 갈릴리 지방이 됨

103- 76년 알렉산더 얀네우스
  ○ 바리새파와 불화, 헬라식 독재자(민간인 800만 십자가형) (이스토불루스의 아내 살로메 알렉산드라 오라비와 결혼하고 대제사장 겸 왕으로 세움)

76- 67년 살로메 알렉산드라
  ○ 최초의 여왕. 맏아들 히르카누스 2세–대제사장임명, 바리새파와 화해

67- 63년 아리스토불루스 2세– 살로메의 작은 아들
  ○ 형 히르카누스 2세를 누르고 왕, 대제사장자리 차지

63년 – 로마 폼페이우스에 의해 점령당함
  ○ 결국 집안싸움으로 망함, 이후로 로마제국의 속국이 됨

4년(BC) - 예수님 탄생

주후(AD)

30년 - 예수님 부활 승천

70년 - 로마에 의해 예루살렘 성전 파괴

135년 - 로마제국에 의해 나라이름 삭제, 팔레스타인(블레셋)으로 명명

로마제국의 황제들

다음 목록의 내용은 로마 제국 황제들의 연대표이다.

일반적인 상식과 달리 로마 제국의 첫 번째 황제는 율리우스 카이사르가 아니라 아우구스투스인데, 율리우스 카이사르(줄리어스 시저)는 BC 45년부터 BC 44년까지 독재관으로 있었으나 로마 황제(Princeps)가 되지는 않았다.

유대 지방은 63년 1차 폼페이우스에 의해 정복되어지고, 로마제국의 속국이 되었고, 로마에 의해 아리스토불루스 2세 대신 히르카누스를 분봉 왕으로 임명하였다.

그 당시 로마에 의해 에돔 출신 안티파테르가 폼페이우스와 율리우스 카이사르가 다툴 때, 카이사르 편에 서서 이집트(애굽)원정을 도와주었는데, 그 공으로 유대 행정관으로 임명되었다. 안티파테르는 그의 아들 파사엘은 유대 관리자로, 헤롯은 갈릴리의 관리자로 임명하였다.

아리스토불루스 2세의 아들 안티고누스가 파르티안의 침범을 이용하여 로마의 지원을 받고 있던 히르카누스 2세를 밀어냈고, 파르티안은 그를 대제사장으로 임명하였다. 그 전쟁에서 파사엘은 죽고, 헤롯은 로마로 피신 갔다가 BC 37년 로마의 원로원으로부터 유대인의 왕 칭호를 입고 돌아와서 안토니우스의 도움을 받아 갈릴리와 예루살렘을 정복하였다. 안티고누스를 십자가에 처형하고, 안토니우스와 옥타비아누스가 내전을 벌일 때, 옥타비아누스의 환심을 사서 왕의 칭호를 이어갔다.

에돔 사람이라는 콤플렉스를 극복하고 유대인의 환심을 사려고 아리스토불루스 2세의 손녀 마리암을 아내로 맞이하고, 성전을 축구장 12배 크기로 증축하기도 했다. 그는 의심이 많아 아내와 두 아들을 죽이는 비극의 주인공이 되었다. 아들의 죽

음을 후회하고 손자를 로마로 보냈는데, 그 아들이 사도행전에 등장하는 헤롯 아그립바 1세이다.

대 헤롯이 죽고, 세 아들이 분할 통치하였다. 유대와 사마리아와 이두매 지방은 아켈라오가, 갈릴리지방과 베레아 지방은 안티파스가, 빌립은 이두래와 드라고닛 지방을 다스리게 되었다.

유대 지방은 63년 1차 폼페이우스에 의해 정복되어지고, 로마제국의 속국이 되었다.

(1) 율리우스-클라우디우스 황조

아우구스투스 (Gaius Iulius Caesar Octavianus Augustus) (BC 27년 - AD 14년 - BC 4년 예수님 탄생)

티베리우스 (Tiberius Claudius Nero Caesar) (14년-37년)
 ○ 주후(AD) 30년 예수님 부활 승천

칼리굴라 (Gaius Caesar Germanicus, Caligula) (37년-41년)

클라우디우스 (Tiberius Claudius Nero Caesar Drusus) (41년-54년)

네로 (Tiberius Claudius Nero Domitianus Caesar) (54년-68년)
 ○ 바울과 베드로 로마에서 순교

군인 황제

갈바 (Servius Sulpicius Galba) (68년-69년)

오토 (Marcus Salvius Otho) (69년)

비텔리우스 (Aulus Vitellius Germanicus) (69년)

(2) 플라비우스 황조

베스파시아누스 (Titus Flavius Vespasianus) (69년-79년)
 ○ 70년 로마 티투스 장군에 의해 예루살렘 성전 파괴

티투스 (Titus Flavius Vespasianus) (79년-81년)

도미티아누스 (Titus Flavius Domitianus) (81년-96년)
 ○ 사도요한 밧모섬 유배

(3) 네르바-안토니누스 황조(오현제시대)

네르바 (Marcus Cocceius Nerva) (96년-98년)

트라이아누스 (Marcus Ulpius Nerva Traianus) (98년-117년)

하드리아누스 (Publius Aelius Traianus Hadrianus) (117년-138년)

  ○ 132년 바르코크바의 반란으로 로마제국에 의해 이스라엘 이름도 삭제됨

  ○ 135년 이스라엘을 팔레스타인(블레셋)으로 명명하여 오늘날까지 이르게 됨

안토니누스 피우스 (Titus Aurelius Fulvius Boionius Arrius Antoninus Pius) (138년-161년)

  ○ 사도요한의 제자 폴리갑이 서머나(이즈미르)에서 순교

마르쿠스 아우렐리우스 (Marcus Aurelius Antoninus) (161년-180년)

(공동 황제 루키우스 베루스 (Lucius Verus) 161년-169년)

콤모두스 (Marcus Aurelius Commodus Antoninus) (180년-193년)

(4) 313년 콘스타티누스 종교자유 칙령 발표 - 기독교 공인

  ○ 이단등장, 종교회의(초기이단 예수님 육체로 오심 부인 - 마르시온)

  ○ 교부시대 ⇒ 속사도 교부 ⇒ 공인 이전 교부 ⇒ 이후 교부시대로 구분

325년 니케아공의회 - 인성 신성 삼위일체 기초(아리우스와 아타나시우스)

381년 콘스탄티노플공의회 - 아리우스파(삼위일체 부인) 이단 정죄

395년 로마 황제 테오도시우스 1세에 의해 로마제국 분할(동로마, 서로마)

431년 에베소공의회 - 네스토리우스(마리아- 하나님의 어머니임을 부인) 로마제국 밖으로 축출당함 - 페르시아 아시아에 퍼짐

451년 칼케돈공의회 - 예수님의 양성 확정(단성론 정죄)

  ○ 단성론 - 인성과 신성이 합쳐서 하나의 본성만 존재한다는 사상

476년 서로마제국 게르만족에 의해 멸망

787년 니케아공의회 - 성상숭배 문제 - 동서로 갈라지게 된 원인제공

8세기 성상숭배 금지령, 9세기 포티우스 분쟁, 1054년 케룰라리오스 사건(콘스탄티노폴리스 총대주교- 로마 가톨릭 교황 부정 - 파문사건)을 기점으로 예루살렘, 안디옥, 알렉산드리아, 콘스탄티노플을 중심으로 하는 동방교회와 로마 교구를 중심으로

하는 서방교회로 분열하였다.

1204년 제4차 십자군 원정– 로마교회 소속군대가 동방교회 성당과 제단 성물 약탈 방화사건을 계기로 화해와 일치를 불가능한 완전한 분리가 이루어졌다.

1453년 – 동로마제국(Byzantine Empire) 오스만제국에 의해 멸망

이야기로 풀어가는 성경파노라마

신약성경
본문 이야기

신약성경 분류

1 복음서

- 마태복음, 마가복음, 누가복음, 요한복음
- 구약의 예언대로 육신을 입고 오신 하나님의 아들 예수님 탄생
- 예수님의 공생애 사역(세례, 시험, 복음 선포, 제자양육, 치유, 섬김)
- 십자가 고난과 부활, 승천
  ○ 예수님은 누구이신가?
  ○ 예수님은 어떻게 오셨는가?
  ○ 예수님이 오신 이유가 무엇인가?
  ○ 예수께서 무엇을 가르치셨는가?
  ○ 예수께서 하신 일이 무엇인가?
  ○ 예수께서 이루신 일이 무엇인가?
  ○ 예수께서 우리에게 무엇을 부탁하셨는가?

2 사도행전

- 예수님의 승천과 성령 강림 예고
- 예수께서 약속하신 오순절 성령강림
- 제자들을 통한 예루살렘 선교와 최초의 기독교 공동체 형성
- 온 유대와 사마리아의 선교, 땅 끝 이방 선교 준비

- 바울의 이방 선교 1,2,3차 선교와 로마 선교
  ○ 사도 베드로를 통한 초기 선교 사역(행1-12장)
  ○ 사도 바울을 통한 이방 선교 사역(행13-28장 1차, 2차, 3차, 로마 선교)

3 바울서신 13권

바울 서신은 사도바울이 세운 교회와 방문할 교회(로마)에 위로와 권고, 문제와 해답, 양육과 훈련, 교회(공동체)의 성화, 고난과 부활의 소망을 다루고 있다.
- 로마서, 고린도전서, 고린도후서, 갈라디아서, 에베소서, 빌립보서, 골로새서, 데살로니가전서, 데살로니가후서, 디모데전서, 디모데후서, 디도서, 빌레몬서
  ○ 옥중에서 쓴 서신 - 에베소서, 빌립보서, 골로새서, 빌레몬서
  ○ 목회를 위한 서신 - 디모데전서, 디모데후서, 디도서

4 공동서신 8권(사도들의 편지)

- 히브리서, 야고보서, 베드로전서, 베드로후서, 유다서, 요한1, 2, 3서
- 고난을 받는 공동체의 위로와 권고, 문제와 해답, 이단들의 가르침으로부터의 보호와 산 소망을 위한 준비, 주의 강림과 기다림에 대한 이야기이다.

5 요한계시록(사도요한을 통해서 주신 계시)

예수님의 계시, 종말 신앙, 하나님의 계획, 사탄 곧 용과 짐승의 훼방, 성도들의 인내와 정절 있는 믿음, 예수님 다시 오심, 거룩한 추수와 심판, 사탄의 멸망, 새 하늘 새 땅, 회복을 위한 복음의 꿈 완성 이야기이다.

구약	성경 구분	신약
17권	역사	5권
5권	체험	21권
17권	예언	1권

신약성경 이해를 위한 기초

1 신약에 대한 이해

구약은 천지 창조와 인간의 타락, 노아의 물 심판과 노아의 세 아들을 통한 인구의 팽창, 바벨탑 사건으로 흩어진 인류의 원 역사, 아브라함의 부르심과 언약, 그리고 그 언약을 이루시기 위해 주신 언약의 씨 이삭과 야곱의 12아들, 요셉을 통한 애굽 정착과 출애굽 준비, 모세의 부르심과 이스라엘 12지파의 출애굽, 시내산에서 세운 하나님과의 율법 언약(Old Testament), 광야 40년 후 가나안 입성과 정착생활, 가나안 땅에서 12지파들이 살아온 신앙의 역사를 다룬 책이다.

그리고 구약의 율법의 가르침은 성막과 성전, 제사, 선지자들을 통하여 예수님의 구속사역을 예언하였고, 예수 그리스도에게로 나가도록 인도하는 하나님의 말씀이다.[49]

신약(New Testament)은 구약의 언약을 완성시키기 위해 모세오경과 선지자들과 시편의 예언대로 예수님의 오심과 사역, 십자가의 구속과 부활 승천이야기, 그리고 성령을 보내셔서 사도들과 그 제자들을 통하여 땅 끝까지 복음을 전파하고 교회를 세워가는

---

49) "그런즉 율법은 무엇이냐 범법함을 인하여 더한 것이라 천사들로 말미암아 중보의 손을 빌어 베푸신 것인데 약속하신 자손이 오시기까지 있을 것이라."(갈3:19)
"이같이 율법이 우리를 그리스도에게로 인도하는 몽학 선생이 되어 우리로 하여금 믿음으로 말미암아 의롭다 함을 얻게 하려 함이니라. 믿음이 온 후로는 우리가 몽학선생 아래 있지 아니하도다. 너희가 다 믿음으로 말미암아 그리스도 예수 안에서 하나님의 아들이 되었으니, 누구든지 그리스도와 합하여 세례를 받은 자는 그리스도로 옷 입었느니라."(갈3:24-26)

이야기, 그리고 그때 세워진 각 지역 교회에 나타난 다양한 문제점과 해결방법을 편지 형식으로 전한 이야기, 고난당하는 성도들에게 주께서 다시 오심을 확신하고, 인내의 믿음으로 기다리며 깨어서 준비하도록 권하는 책이 신약성경이다.[50]

신약에서 사도들은 구약의 율법과 제사, 선지자들을 통한 가르침과 예언을 속죄의 어린양이 되신 예수그리스도 곧 복음의 관점에서 재해석하였다.

복음서나 사도들의 서신들이 처음부터 성경이 된 것은 아니었다. 초대교회는 계속되는 이방 선교로 유대인 그리스도인뿐 아니라 다양한 이방인 그리스도인 계층으로 이루어져 있었지만, 아직 복음에 대하여 명확하게 정리된 자료도 많지 않았고, 확실한 제도적 장치도 준비되어 있지 않았다. 단지 사도들과 증인들, 순회전도자들의 가르침과 편지기록에 의존하고 있었다. 그래서 복음이 혼탁해지고 변질될 위험이 많았고, 교회도 혼란에 빠질 위험이 있었다.

특히 유대인들의 핍박과 유대 율법주의, 영지주의, 신비주의, 거짓 철학, 예수님이 육체로 오심을 부인하는 적그리스도 등, 잘못된 거짓 복음으로 흔들리고 있었다. 그래서 예수그리스도와 복음에 대하여 분명한 정의를 내리고, 그리스도인의 삶과 소망에 대하여 분명한 가르침이 필요하였다. 그리고 지역 교회마다 다양한 계층의 다양한 사람들이 들어오면서 교회 내부에 다양한 문제들이 발생하기 시작하였고, 그 문제를 해결해야만 했다.

사도들과 제자들은 그러한 다양한 문제들을 해결하고자 각 교회를 순회방문하면서 복음을 전하였고, 예수께서 친히 가르치셨던 말씀들을 나누고 가르치기 시작하였다. 그리고 이미 세워진 교회들의 다양한 문제들을 해결하기 위해 편지를 썼고, 지역 공동체들마다 그 편지를 서로 회람하여 읽고 나누기 시작하였다.

그렇게 구약성경 말씀을 근거로 복음의 핵심인 십자가와 부활의 복음을 성령의

. . . .

50) "나 여호와가 말하노라 보라 날이 이르리니 내가 이스라엘 집과 유다 집에 새 언약을 세우리라. 나 여호와가 말하노라 이 언약은 내가 그들의 열조의 손을 잡고 애굽 땅에서 인도하여 내던 날에 세운 것과 같지 아니할 것은 내가 그들의 남편이 되었어도 그들이 내 언약을 파하였음이니라. 나 여호와가 말하노라 그러나 그 날 후에 내가 이스라엘 집에 세울 언약은 이러하니 곧 내가 나의 법을 그들의 속에 두며 그 마음에 기록하여 나는 그들의 하나님이 되고 그들은 내 백성이 될 것이라."(렘31:31-33)

인도하심을 따라 전하고 가르쳤고, 그리스도인들이 주님 다시 오실 때까지 그리스도 안에서 어떻게 복음을 전하고, 어떻게 복음으로 살아야 하는지를 성령으로 명하고 가르쳤다. 시간이 흐른 후에 그 자료들이 모아져서 그리스도인들의 삶의 지침이 되는 신약성경이 된 것이다.

2 신약성경의 연대 구분하기

• BC 4년 경 – 예수님의 탄생

서력기원이 된 BC, AD는 로마의 수도사였던 디오니시우스 엑시구스(Dionysius Exiguus)에 의해 만들어졌다. 6세기 초까지 연대표는 로마 황제가 즉위한 해를 원년으로 사용하고 있었다.

525년 당시 교황 요한 1세는 수도사 엑시구스에게 부활절 날짜 계산을 지시하였다. 엑시구스는 예수님 탄생일을 로마 건국원년인 BC 753년을 기준으로 계산하여 새로운 연대표를 만들어 내었다. 그때부터 황제즉위 연도가 아닌 예수님의 탄생을 기준으로 예수님 탄생 전(Before Christ–BC)과 후(Anno Domini–AD '주의 해')를 연대표에 표기하기 시작하였다. 비기독교 세상에서는 종교색을 원치 않을 경우 일반연대 곧 BCE(Before Common Era), CE(Common Era)를 사용한다.

그런데 8세경 영국의 성자 비드(Bede)가 이의를 제기하여 헤롯왕의 역사적인 정황을 분석한 결과, 엑시구스가 연구 발표한 예수님의 탄생 연도가 4년이나 잘못 계산되었다는 것을 알게 되었다. 하지만 연대표 수정의 어려움 때문에 엑시구스의 연대표를 그대로 사용하게 되었다. 그래서 그 이후부터 예수님의 탄생기원을 BC 4년을 기준으로 사용한 것이다.

• AD 27년 경 – 예수님의 공생애 시작
• AD 30년 경 – 예수님의 십자가와 부활, 오순절 성령강림과 초대교회 탄생
• AD 34년 경 – 사도바울의 회심

- AD 47-64년 – 바울의 1, 2, 3차, 로마 이방 선교, 바울서신

  1차 선교: 47-50년경, 2차 선교: 51-52년경

  3차 선교: 53-56년경, 예루살렘 방문 후 가이사랴 투옥 57-59년경

  로마압송, 로마 감옥(가택연금) 선교: 60-61년경

  바울의 4차 선교와 순교, 베드로 순교: 62-66년경

- AD 60-90년 중엽 – 복음서와 사도행전, 일반서신
- AD 80-95년경 – 요한복음, 요한서신, 요한계시록

3 신약시대 초기 기독교 공동체의 역사와 사회적 배경 이해

①예수님과 초기 교회가 사용하던 성경은 – 구약성경이었다. 당시에는 구약이라고 하지 않고 그냥 성경이라고 하였다.(마21:42, 22:29, 26:54, 막12:10, 12:24, 14:49, 눅4:16, 24:27, 32, 24:45, 요2:17, 5:39, 7:38, 42, 10:35, 13:17, 17:12, 19:24, 28, 36, 37, 20:9, 행1:16, 8:32, 13:29, 17:2, 11, 18:24, 28, 롬1:2, 4:3, 9:17, 10:11, 11:2, 15:4, 고전15:3, 4, 갈3:8, 22, 4:30, 딤전5:18, 딤후3:15, 16, 히3:15, 벧전3:16)

성경에 성경이라고 해석한 모든 단어는 구약성경을 의미한다.

②신약성경의 1차 독자는 21세기 사람들이 아니라, 1세기에 살던 초기 기독교 공동체에게 쓴 것이다. 당시에 어떤 상황에 무엇을 말하고자 했는지 1차적인 상황 이해가 있어야 한다.

그리고 신약성경은 헬라어(그리스어)로 쓰였다. 오늘날 성경은 각 나라의 언어로 번역되면서 표현의 한계를 가지고 있다. 그래서 원문에 가깝도록, 그리고 기록의도에 맞도록 해석이 필요한 책이다.

③1세기 지중해변의 농경, 목축문화와 그 시대의 언어, 정치, 경제, 종교, 철학, 사회문화적 관습, 그리고 성경 본문 내부의 역사와 본문 배후의 역사에 대한 기본적인 이해가 있어야 한다.

1세기의 유대교와 유대 민족의 정치 종교적 상황은 구약성경 시대와 많이 다르기 때문에 유대교와 헬라 문화와 로마의 통치 아래에서 초기 그리스도교가 어떻게 발생되었고, 확장해 갔는지를 이해해야 한다.

④신약성경은 구약의 눈으로 읽고, 그 본질적 의미를 재해석해야 한다(예수님도 바울도 그랬듯이). 구약성경이 없이 신약성경을 이해한다는 것은 불가능하다. 신약은 구약의 연장선상에 있기 때문이다. 그리고 신약성경 없이 구약을 해석하고 이해하면 유대교가 될 위험이 있다.

⑤신약시대는 헬레니즘과 로마제국의 절대적 영향을 받고 있었다.
(생활방식, 교통, 언어, 사업, 종교, 교육 등).
- 코이네 헬라어가 로마 제국의 공용어로 하나의 문화권을 이루었다.
- 폴리스가 정착된 사회라서 도시가 선교의 거점이 되었다.
- 교육 수준이 높아져서 문맹률이 떨어졌고, 철학과 수사학이 발달해서 서신을 나눌 수 있었다.
- 그리스 신들이 로마제국의 토속 신들과 동일시됨으로 혼합종교가 만들어졌고, 국가종교에서 다양한 개인의 종교도 허용되었기 때문에 마음껏 복음을 전할 수 있는 환경이 만들어졌다.
- 로마제국이 하나의 세계가 되면서 세계주의와 개인주의가 확장되었다.
- 하나의 세계가 된 로마제국은 어디든지 갈 수 있는 길이 열려 있었다.

4 이방세계로의 선교와 공동체 형성

①예수께서 부활 승천 하신 후, 오순절 성령 강림사건이 초대교회의 시발점이 되었다(행1:8, 2:1-41).

②스데반의 순교와 초대교회의 핍박, 바울의 회심(AD 34년 경), 로마의 백부장 고넬료의 회심이 이방 선교의 전환점이 되었다.

③유대와 사마리아와 갈릴리 지방 선교는 예루살렘 공동체를 통하여 이루어졌고, 이방 지역 선교는 바울과 바나바, 실라와 마가를 선교사로 파송했던 시리아의 안디옥 공동체를 중심으로 시작되었다.

④바울의 1, 2, 3차, 로마전도 여행으로 많은 지역 교회가 탄생하였고, 그 교회들을 통하여 선교가 이루어졌다. 이미 세워진 교회에서 다양한 문제가 발생하기 시작하였고, 제자들은 그 문제를 해결하기 위해 편지를 쓰기 시작하였는데, 그것이 신약성경 바울서신과 일반서신이다. 이방 선교의 꽃을 피운 시기는 AD 47-70년경이었다.

⑤유대와 로마의 전쟁으로 70년에 예루살렘 성전이 파괴되면서 성전에서 일하던 제사장과 레위인들도 사라졌다. 그때에 유대인 공동체 중에 바리새인들은 서쪽 지중해변 얌니아(야브네)로 도피하여 율법을 연구하기 시작하였고, 그곳에서 구약성경 정경화 작업을 하였다. 그리스도인들은 요단강을 건너 동북부 이방 지역으로 이동하여 이방 선교에 힘썼다.

⑥이미 갈등을 겪고 있던 유대교와 복음공동체는 예루살렘 성전 파괴 후, 중대한 변화를 겪게 되었다. 성전이라는 구심점을 상실한 바리새인들은 얌니아에서 율법을 연구하면서 85년경, 18축복기도문에 기독교를 정죄하고 저주 문을 삽입하면서 완전히 결별하고, 각자의 길을 가야 했다.

⑦예루살렘성전이 파괴 된 후에 지중해변 여러 곳에 흩어져 살아가던 유대인 그리스도인들은 자연스럽게 이방인 공동체와 섞여지는 복음 공동체가 형성되었다. 그리고 유대주의와 혼합종교문화로 이단들이 많이 등장하기 시작하였다. 그래서 이를 경계하고 복음의 정체성을 바로 세우기 위해 사도들과 그의 제자들에 의해 복음서와 서신서가 쓰였고, 그것이 신약성경이 되었다.

⑧예루살렘 성전이 파괴되고, 그리스도 공동체가 이단으로 정죄 받으면서 그리스도인들이 회당에서 추방당하고, 유대교인들로부터 가장 많은 핍박을 받게 되었다. 그래서 핍박과 환난을 이겨나가도록 위로와 소망의 서신을 쓰게 되었다.

⑨복음은 주로 농촌보다 인구가 많고, 인구 이동이 많고, 언어와 문화와 교통이 발달한 도시 중심으로 전파되었다. 모든 문화는 도시에서 농촌으로 흘러들어 갔기 때문에 도시 선교에 집중한 것이다. 도시 선교는 땅 끝까지 복음을 전하기 위한 하나님의 섭리였다.

■ 로마제국지도

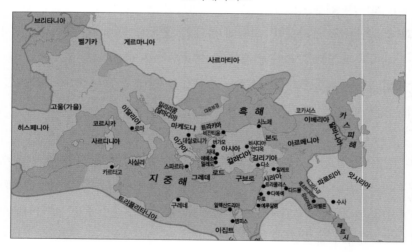

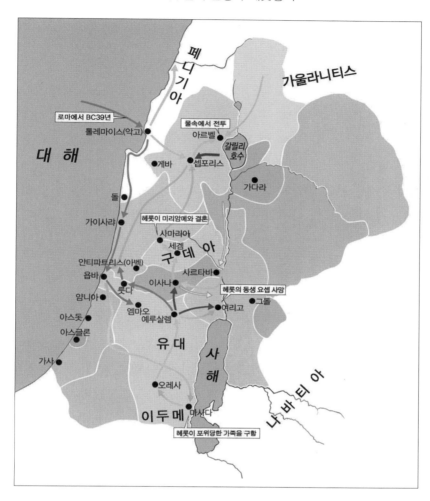

로마에서 BC39년

물속에서 전투

헤롯이 미리암메와 결혼

헤롯의 동생 요셉 사망

헤롯이 포위당한 가족을 구함

톨레마이스(악고)
아르벨
갈릴리 호수
페니기아
가울라니티스
대 해
게바
셋포리스
가다라
돌
가이사랴
사마리아
세겜
구 데 아
안티파트리스(아벨)
사르타바
욥바
이사나
그돌
암니아
룻다
여리고
아스돗
엠마오
예루살렘
아스글론
유 대
사 해
가사
오레사
마사다
이 두 메
나 바 티 아

복음서

복음서의 주제는 구약 예언의 성취, 하나님의 아들, 메시아 예수님의 탄생, 예수님의 공생애 사역 곧 하나님 나라의 선포와 치유, 가르침과 제자 양육, 십자가의 고난과 죽음, 그리고 부활 승천, 선교명령이다. 요한 사도는 예수께서 하나님의 아들이시며 그 아들을 믿어 영생을 얻게 하는데, 그 기록목적이 있다고 하였다.

복음서는 예수님의 일대기나 자서전이 아니다. 복음서는 예수님의 공생애 기간 동안의 사역의 핵심을 다루었다. 3년 공생애 기간의 모든 내용을 다 다룬 것도 아니다. 4복음서에 등장한 예수님의 능력 사역도 42가지 정도니까, 3년 반(42개월)동안 월 평균 1회 정도 밖에 되지 않는다.

그리고 복음서들은 각각 구약의 메시야 곧 그리스도이신 예수님에 관한 네 가지 서로 다른 관점에서 특별한 가르침과 이적을 선택하여 예수님의 정체성과 사역 역할, 이 땅에 오신 이유를 복음을 전달하고자 하는 대상에게 그들이 알아듣고 공감할 수 있는 차원의 문화와 언어를 사용하여 복음적 의도를 가지고 기록했다. 마태는 유대인의 왕으로 오신 메시야, 마가는 섬기는 종으로 오신 메시야, 가난하고 소외된 이웃의 친구로 오신 인자, 말씀의 본질이시며 빛이시며 독생자이신 하나님으로 소개했다.

〈복음서 특징 구분표〉

구분	마태복음	마가복음	누가복음	요한복음
예수님의 이미지	유대인의 왕	섬기는 종	인자	로고스 하나님
수신 대상	유대인	로마인	이방인	교회
장절	28장 1071절	16장 678절	24장 1151절	21장 879절
독자적 내용의 비율	42%	7%	59%	92%
구약 인용 횟수	53	36	25	20

마태복음(마태공동체)

　예수님께서 부활 승천하시고, 성령이 강림하신 후에도 제자들은 유대인이었기 때문에 대대로 이어져 오는 전통대로 AD 30년-40년경까지는 복음이 아브라함의 자손인 이스라엘만을 위한 것이라고 생각하여 예루살렘과 유대 지방을 중심으로 복음을 전하였다. 이방인에게 복음이 본격적으로 전해지기 시작한 것은 AD 40년경 이방인 백부장 고넬료가 베드로를 통하여 회심한(행10장) 사건이 계기가 되었다. 이방인 고넬료 회심이 예루살렘 제자공동체에서 공인된 후부터 본격적으로 시작 되었다(행11:4-18). 그 당시에 율법적 보수 성향을 가졌던 유대인 그리스도인들이 사도베드로가 무할례자인 부정한 이방인 고넬료의 집에 들어가 함께 식사한 사건을 문제로 삼을 만큼 아직도 유대인들만의 복음으로 이해하고 있다(행11:1-3).

　마태가 복음을 가르치려고 하는 공동체(교회)는 주로 유대인 그리스도인들 중심으로 구성되어 있었다. 그들은 과거 유대전통과 율법적 관습이 남아 있어서 구약의 율법과 복음에 대하여 혼돈을 겪고 있었다. 갈라디아서 2장11-14절에서 바울이 이방인들과 식사를 하다가 유대인들을 의식하여 자리를 피했던 베드로를 책망했던 일이 그 증거라고 할 수 있다.

　마태는 율법적 보수 성향을 가진 공동체(교회)에 모세오경의 가르침과 구약의 예언을 통하여 유대인의 왕으로 오신 하나님의 아들 예수그리스도와 그 복음의 정체성을 일깨워 주고자 하였다. 그래서 마태복음은 주로 이방인들이 알아듣기 힘든 유대 색채를 띠고 있다.

그리고 고대시대는 족보가 특정한 가문의 일원이라는 증거이기 때문에 매우 중요하게 여겨졌다. 특히 유대인들은 그들의 조상 아브라함과 다윗 중심의 혈통을 중시하였고, 족보를 통하여 누가 참 이스라엘인지를 구별하였다. 오늘날도 유대인들은 어렸을 때부터 철저히 족보를 가르치고 암송시키고 있다. 고대사회는 부족사회였기 때문에 족보 없는 사람은 버림받은 사람이었다. 그래서 바벨론 포로에서 돌아올 때도 족보에 집착한 것이다.

마태복음의 족보는 예수께서 구약 성경의 예언대로 아브라함과 다윗의 자손 중에서 출생한 메시아임을 증명하였다. 성경의 족보는 모든 역사를 주관하시는 하나님의 역사와 역사의 연속성, 그리고 택하심을 받은 자들의 정체성을 살리기 위한 귀중한 자료이다.

복음서 기록은 기록 당시의 1차 독자, 곧 그 지역공동체의 구성원들이 누구이며, 그들이 처한 사회적, 종교적 상황이 어떠했느냐에 따라 그 내용과 특성을 잘 보여주고 있다.

"교회"(16:17-19, 18:15-18)라는 단어는 복음서 중에 마태복음이 유일하다. 유대인들의 오해를 풀기 위해 예수께서 율법을 폐하러 오신 분이 아니라 율법을 완성시키러 오신 분이심을 강조하였고, 윤리, 선교, 복음, 교회, 종말에 대한 가르침을 세세하게 기록한 특징이 있다.

1 마태복음의 내용과 구조

예수님의 탄생 ⇒ 세례받으심 ⇒ 갈릴리와 이방 지역에서의 사역

> 〈예루살렘에서의 1주일 사역 ⇒ 십자가 고난 ⇒ 부활〉
> 예수님의 탄생과 세례: 베들레헴, 애굽, 나사렛, 요단강(1장-4장11절)
> 갈릴리와 이방 지역 사역: 가버나움(4장 12절-18장까지)
> 유다와 예루살렘 지방 사역: 예루살렘(19장-28장)

1) 구약의 예언대로 탄생하신 예수님과 공생애 사역준비(1:1-4:22)

예수님을 유대인의 왕으로 오셨고, 구약의 예언을 이루시기 위해 오신 메시야이다.

아브라함과 다윗의 자손 예수님의 족보와 동정녀 마리아를 통하여 죄의 혈통이 아닌 성령으로 말미암아 잉태하셨다(1장: 갈릴리지방)

구약의 예언대로 예수님이 탄생하셨고, 동방박사가 유대인의 왕으로오신 하나님의 아들 예수님을 경배하러 왔다(베들레헴 -유대 지방)

헤롯의 핍박을 피하여 아기예수님이 구약의 예언대로 애굽으로 도피하였다가 헤롯이 죽은 후에 갈릴리 나사렛에서의 성장하였다(2장: 애굽과 갈릴리지방)

주님의 길을 예비하기 위해 세례요한의 등장하여 천국이 가까이 와 있다고 회개를 외쳤다. 예수님도 요단강에서 세례를 받으셨다(3장: 유대 지방)

예수님이 세례 후에 광야에서 금식 기도하신 후 사탄의 시험을 받으시고 말씀으로 이기셨다(4:1-11 유대 지방)

예수님께서 세례를 받으시고, 마귀의 시험을 말씀으로 이기시고 공생애를 시작하셨다. 하나님의 아들이시지만 우리와 똑같은 육신을 입고 오셔서 우리의 길을 인도하시기 위해 친히 세례를 받으셨다. 그래서 우리도 회개하는 마음으로 세례를 받아야 한다. 우리의 물세례는 스스로 죄를 자백하고 주님을 주로 영접하고 하나님의 자녀로 살겠다고 고백하는 고백이다. 우리가 신앙고백으로 나갈 때 그 위에 성령으로 세례를 베푸시는 것이다. 그리고 우리도 세례를 받고 믿음으로 살아갈 때, 예수님처럼 사탄의 시험을 받을 때, 예수님처럼 말씀으로 물리쳐야 한다.

❖ 예수님이 천국복음을 전파하시며 사역을 시작하셨다. 예수님이 제일 먼저 한 일은 제자를 부르신 일이다(4:12-25 갈릴리지방)

예수님은 가장 먼저 천국 복음을 전파하시고, 제자를 부르시고, 치유하시고, 가르치시는 사역을 시작하셔서 우리에게 모범을 보여 주셨다. 예수님의 가장 중요한 사역이 제자를 부르시고 양육하는 제자훈련이었다.

2) 예수님의 가르침, 표적, 제자파송과 제자도 (5:1-10:42 갈릴리지방)

제자도의 기본자세와 현장치유사역, 제자 파송과 파송자의 자세에 대하여 가르쳐
주시고 보여주시고, 현장경험을 쌓게 하셨다.

❖ 산상설교, 그리스도인의 삶의 기본정신과 자세를 정의해 주셨다(5-7장).

제자도의 가장 기초가 되는 것이 산상설교이다. 복 받을 수 있는 자세를 8복으로
설명하였다. 심령이 가난한 자, 애통하는 자, 온유한 자, 의에 주리고 목마른 자, 긍
휼이 여기는 자, 화평케 하는 자, 마음이 청결한 자, 의를 위해 박해받는 자, 곧 복
받을 자세가 되어 있는 자가 행복하다는 것이 첫 번째 가르침이다. 그리고 그리스도
인들은 세상의 빛이요, 소금으로 살아야 한다고 가르쳐 주셨다.

예수님은 율법을 폐하러 오신 것이 아니라 완전하게 하러 오셨다. 율법의 본질에
대한 재해석을 내려 주셨다. 율법은 행위를 판단하지만, 주님을 마음을 판단하셔서
여자를 보고 음욕만 품어도 간음했다고 가르쳤다. 살인하지 말라는 말씀도 형제에
게 화를 내면 심판을 받게 되고, 욕만 해도 지옥 불에 떨어진다고 가르쳤다. 그래서
다툰 일이 있으면 화해하고 와서 예배해야 하며, 원수까지도 사랑해야 한다고 가르
쳤다(5장).

보여주기식 구제나 기도, 형식적인 구제나 기도, 중언부언하는 기도는 금하시고,
구제는 오른손이 하는 것을 왼손이 모르게 은밀하게 하라고 가르쳐 주셨고, 기도도
골방에 들어가서 은밀 중에 계신 하나님께 해야 갚아 주신다고 가르쳤다. 주님이 기
도의 모범을 가르쳐 주셨다(주기도). 그리고 금식도 티 내지 말아야 한다. 사람이 재
물과 하나님 두 주인을 섬길 수 없기 때문에 보물은 하늘에 쌓아 두어야 한다. 기도
할 때 육신의 필요를 구하지 말고, 그의 나라와 그 의를 먼저 구해야 한다(6장).

누구든지 판단치 말아야 하고, 늘 구하고, 찾고, 두드려야 응답을 주신다. 좁은 길
로 가야 하고 거룩한 것을 개나 돼지에게 던지지 말아야 한다. 나무는 그 열매를 보
면 좋은 나무인지 나쁜 나무인지 알 수 있다. 하나님의 나라는 하나님의 말씀의 뜻
을 알고 행하는 자가 들어갈 수 있다. 말씀을 가르침을 지키는 자가 반석 위에 세워
진 자이다.

❖ 표적과 치유의 메시야, 죄인을 구원하러 오신 주님(8-9장).

제자들에게 나병환자와 백부장의 하인 치유, 베드로의 장모 열병치유, 풍랑을 잔잔케 하심, 귀신축출 등 능력을 보여주시고, 경험하게 하셨습니다(8장). 중풍병자의 죄를 사하심으로 치유하시고, 죄인 세리 마태를 부르심으로 예수님이 의인을 구원하러 오신 것이 아니라 죄인을 구원하러 오셨음을 보여 주셨다. 낡은 부대인 율법시대가 끝나고 은혜의 새부대를 준비할 것을 가르쳐 주셨고, 혈루병 치유, 한 관리의 딸을 살림, 두 맹인의 눈을 치유해 주셨다. 능력은 믿음으로 이루어지는 역사이다.

❖ 12제자 파송과 제자의 자세와 도리(10장).

기본 정신을 가르치시고, 능력과 치유를 경험케 하시고, 제자들을 현장에 파송하시면서 제자로서 어떻게 사역하며 살아야 하는지 제자도의 자세를 가르쳐 주셨다. 제자는 먼저 이스라엘에서부터 사역을 해야 한다. 집안에서부터 튼튼히 세워가라는 말이다. 천국복음을 전파하고, 치유사역을 하되 돈벌이를 위해서 일하면 안 되고, 거저 받았으니 거져 주어야 한다. 어디를 가든지 먼저 평안을 빌어 주어야 한다. 순결하고 지혜로워야 하고, 무엇을 말할지 걱정하지 말고 성령을 의지해야 한다. 핍박받을 수 있으니 사람들을 주의해야 하고, 핍박받으면 다른 곳으로 피해야 한다. 사람보다 모든 것을 주관하시는 하나님을 두려워해야 하고, 사람들 앞에서 주님을 부인하면 안 된다. 자기 십자가를 지고 주님을 따라야 한다. 제자를 영접하는 것을 곧 주님을 영접하는 것이므로 그들에게 냉수 한 그릇 떠주는 수고도 상을 받게 된다.

3) 예수님에 대한 부정적 반응, 적대적 논쟁과 가르침(11:1-12 갈릴리 지방)

세례요한의 불신, 강퍅하고 감동이 없는 불신세상을 책망했다(11: 1-19).

가장 많은 가르침과 능력을 경험하고도 회개치 않는 갈릴리의 가버나움과 벳새다, 고라신 사람들을 책망했다(11:20-24). 하나님 외에는 예수님을 아는 자가 없고 예수님의 소원대로 계시를 받는 자 외에는 하나님을 알 사람이 없다. 누구든지 주님 앞에 나오면, 수고하고 무거운 짐 진 것이 다 해결되고 참 안식을 얻게 되고, 자기 멍에를 내려놓고, 겸손하고 온유한 주님의 인격과 성품의 멍에를 메면 쉼을 얻게 된다.

유대인들의 안식일 논쟁과 안식일의 의미를 바르게 가르쳐 주셨다. 안식일은 사람을 위해 있는 것이지, 안식일을 위해 사람이 있는 것이 아니다. 예수님이 안식일에 손 마른 사람을 치유하셨다고, 배척을 당하시고 귀신의 왕 바알세불로 오해를 받으셨다(12:1-37). 육신의 죄는 사함 받지만 성령을 거역하고 훼방하는 죄는 사함이 없다. 사람은 각자 마음에 쌓은 것을 열매를 가지고 심판을 받는 것이다. 유대인들이 계속 표적을 보고도 표적을 구함으로 요나의 표적을 들어 십자가 사건을 예고하셨다. 진정한 부모와 형제자매는 하나님을 뜻을 따라 행하는 자들이다(12:38-50).

제자들을 파송하시고, 제자들과 함께 사역하시지만, 사람들에게 감동이 없었고, 능력을 경험하고, 가르침을 받고도 회개하지 않았다. 안식일에 대한 잘못된 인식을 가지고 있었다. 오히려 예수님을 귀신의 왕 바알세불로 오해를 하였고, 표적만 구하는 악한 세대였다.

4) 천국비유 가르침과 고향에서의 배척(13:1-14:1-12 갈릴리 지방)

씨뿌리는 비유, 알곡과 가라지, 겨자씨, 누룩, 밭에 감추인 보화, 진주장사, 그물의 비유를 통하여 천국의 특성과 이 땅에서 이루어져 갈 천국의 과정을 가르쳐주셨다. 천국은 허락된 자가 있고, 허락되지 않은 자가 있다(13:1-52).

예수님은 고향에서 배척을 당하셨다. 어린 시절부터 함께 자라고 함께 생활했기 때문에 믿기 더 어려웠을 것이다(13:53-58).

세례요한이 헤롯 안디바가 빌립의 아내 헤로디아의 일을 책망한 일로 요한을 잡아 옥에 넣었다가 헤로디아의 딸의 요구로 순교를 당하였다(14:1-12).

제자들을 파송하시고, 현장경험을 통하여 반대와 핍박을 경험하면서 천국의 과정을 깨닫게 하시기 위해 천국의 비유를 가르쳐 주셨다.

5) 예수님 능력과 기적, 신앙 고백(14:13-16:28 갈릴리 지방)

오병이어의 기적을 통하여 나눔을 정신을 가르쳐 주셨고, 예수님이 물 위로 걸어 오시는 기적과 게네사렛 지방에서 병든자들이 예수님 옷자락만 만져도 치유의 능력이 나타났다(14:13-36)

손을 씻지 않고 음식을 먹었다고 시비를 거는 바리새인들에게 입술로만 하나님을 섬기는 형식화 된 장로들의 유전을 책망하시고, 사람의 입으로 들어가는 것이 사람을 더럽게 하는 것이 아니고, 사람의 입에서 나오는 것이 사람을 더럽게 한다는 것을 일깨워 주셨다. 면박을 당하면서까지 주님을 의지하는 가나안 여인의 믿음을 칭찬하셨다(15:1-28).

병자 치유와 칠병이어의 기적을 통한 나눔의 정신을 가르쳐 주셨다(15:32-39).

떡과 누룩의 가르침을 통하여 보여지는 일에만 집중하는 바리새인들의 누룩(형식주의)을 주의시켰다(16:1-12).

베드로가 빌립보 가이사랴 지방에서 예수님을 살아계신 하나님의 아들이라고 신앙고백을 하였고, 그 신앙의 고백 위에 교회를 세우고, 천국 문의 열쇠를 주셨다. 신앙고백의 믿음은 천국 문의 열쇠이다. 3년 사역을 거의 마치고 십자가 지실 날이 가까워질 때, 베드로의 신앙고백과 함께 비로소 고난과 부활을 예고하셨다(16:13-28).

변화 산에서 모세와 엘리야와 함께 변화되신 주님이 모습을 보여주셨다. 제자들이 능력을 행하지 못한 것은 믿음이 없어서이다. 겨자씨의 믿음만 있으면 산도 옮길 수 있다. 두 번째 십자가의 죽음과 부활을 예고하셨다(17:1-22).

예수님의 사역 중에 오병이어와 칠병이어 기적을 통한 나눔의 능력과 만물을 다스리시는 능력을 가르쳐 주셨다. 그리고 형식화된 신앙과 부패하게 만드는 신앙을 책망하셨다. 가리사랴 빌립보에서 베드로를 통한 신앙고백과 함께 공생애 사역의 마지막을 향하고 있다.

6) 천국백성으로서의 삶(17:24-20:34 갈릴리와 유대지경)

왕이신 주님은 세금을 내지 않아도 되지만, 오해받지 않기 위해 납세의 의무 이행의 모범을 보여 주셨다(성전세 17:24-27).

한 생명의 소중함을 가르쳐 주셨다. 지극히 작은 자라도 실족시키면 안 된다. 지극히 작은 소자 하나를 영접하는 것이 주님을 영접하는 것이다. 예수님은 잃은 자를 찾으러 오셨다(18:1-14).

용서에 대하여 가르쳐 주셨다. 우리는 용서받을 수 없는 죄를 용서받았기 때문에 형제의 작은 죄는 당연히 용서해야 한다. 우리가 형제의 죄를 용서해야 주님도 우리의 죄를 용서하신다(18:15-35). 갈릴리 지역의 사역을 이곳에서 마치시고 이제 예루살렘으로 가신다.

하나님께서 맺어준 결혼이기 때문에 절대 이혼하면 안 된다. 모세가 율법에 이혼을 허락한 것은 그들이 완악하기 때문이었다(19:1-12). 요단강을 건너 유대지경에 이르셨다. 예수님이 어린아이들을 금하지 않으시고 축복하셨다. 천국은 어린아이와 같아야 들어갈 수 있다(19:13-15).

부자청년에게 계명을 지키고, 자기 소유를 나누어 줄 수 있어야 영생에 이를 수 있다고 가르쳐 주셨다(19:16-30).

신앙고백 후 십자가를 지실 시기가 다가오심을 아시고 제자들에게 세상에서 천국 백성으로서의 삶의 모범을 보여 줄 것과 한 생명의 소중함, 가정의 소중함, 영생에 이르는 비결을 일깨워 주셨다.

포도원 품꾼의 비유를 통하여 누구든지 언제 부르심을 받든지 모두 동일한 구원을 받게 될 것을 예고하셨다. 먼저 부르심을 받았다고 더 많이 받고 더 귀한 것을 받는 것은 아니다. 세 번째 죽음과 부활을 예고 하셨다(20:1-19).

예수님은 섬김 받으러 오신 것이 아니라 섬기고, 우리를 위해 자신을 대속물로 내어 주시기 위해 오셨다. 하나님의 나라는 섬김 받는 자가 아니라 섬기는 자가 으뜸이 된다(20:20-28). 여리고의 두 맹인을 치유해 주셨다(20:29-34).

주님이 오신 목적과 이유를 가르쳐 주셨다. 주님은 자신을 내어 주시고 섬기러 오셨고, 치유와 회복을 위해 오셨다는 것을 가르쳐 주셨다.

7) 예루살렘 입성과 예루살렘에서의 사역(21:1-23:39)

스가랴 선지자의 예언대로 나귀새끼를 타고 예루살렘으로 입성하셨다. 부패한 성전을 정화 시키시고, 무화과나무에 열매 없음을 한탄하시고 책망했을 때 즉시 말라버렸다. 그들의 열매 없음을 책망한 것이다. 말만 앞세우는 아들과 말로 거부했지만 회개하고 순종하는 두 아들의 비유를 통하여 유대인들이 복음을 거부하고 죄인이나 이방인들이 복음을 믿게 될 것을 예고하셨다(21:1-32).

포도원(성전) 농부 비유를 통하여 유대인들이 자신들을 위해 보낸 선지자들을 거부하고, 아들을 보내면 죽이게 될 것이지만, 복음은 그 나라의 열매 맺는 백성에게 돌아갈 것을 예고하셨다(21:33-46).

천국의 혼인잔치 비유를 통하여 잔치를 준비하고 초청하지만 모두 바쁘다고 거부함으로 사거리에서 사람들을 불러다 채웠는데, 그중에 예복을 준비하지 않은 자들이 있어서 책망하였다. 예복은 본인이 준비해 오는 것이 아니라 입구에 준비된 것을 입기만 하는데, 그것도 하지 않아서 책망받은 것이다. 청함을 받은 사람은 많지만 택함을 받은 사람들은 적다(22:1-14).

세금납부를 가지고 주님을 시험했는데, 예수님은 가이사의 것은 가이사에게, 하나님의 것은 하나님께 드리라고 가르쳐주셨다(22:15-22).

부활을 믿지 않는 사두개인들은 수혼법을 가지고 부활에 대하여 논쟁을 하였고, 바리새인 율법사는 가장 큰 계명이 무엇인지 시험하였다. 예수님께서 부활 때는 시집도 장가도 가지 않으며, 가장 큰 계명은 하나님을 제일로 사랑하고, 네 이웃을 네 몸과 같이 사랑하는 대계명이라고 가르쳐 주셨다(22:23-40).

서기관과 바리새인들의 형식적인 신앙 태도에 대하여 화가 있다고 심하게 책망하셨다(23:1-39). 율법적, 형식적 신앙은 아주 위험하다.

예수님께서 예루살렘에 입성하시고, 예루살렘에서의 마지막 일주일 사역이야기이다. 포도원 비유를 통하여 유대인들을 위해 오셨지만, 그들에게 배척당하시고, 청함을 받은 이스라엘이 버림을 받게 될 것을 경고하셨다. 그리고 예수님을 배척하기 위해 세금과 부활, 계명 논쟁을 하였지만, 지혜로운 답으로 그들의 비난을 피하셨고,

바리새인들과 서기관들의 형식적인 신앙에 대하여 강하게 책망을 하셨다.

8) 종말의 징조와 준비된 신앙(24:1-25:46 예루살렘)

종말에 관한 설교이다. 다가올 재난의 징조와 큰 환난이 임할 것을 예고하셨다. 불법이 성행함으로 사랑이 식어질 것과 천국복음이 온 세상에 전파되어야 끝이 온다는 것을 가르쳐 주셨다. 거짓 선자자들에게 속으면 안 된다. 주님이 오시기 전에 징조가 있을 것이며, 주님이 오시면 천사들이 사방에서 택하신 자들을 모으게 될 것이다. 무화과나무의 가지가 연해지면 여름이 오듯이 징조를 보면 알 수 있다. 천지가 사라져도 주님의 말씀은 없어지지 않는다(24:1-31).

그 종말은 아무도 모른다. 천사도 아들도 모른다. 노아 홍수 때처럼, 홀연히 순식간에 종말이 임하기 때문에 깨어서 자신의 사명을 다하며 준비하지 않으면 슬퍼 울며 이를 갈게 된다(24:32-51).

열 처녀의 비유를 통하여 등과 기름을 준비하는 자가 될 것을 권고하셨다. 준비하지 않으면 기회가 없다. 주님 오실 때 기회는 단 한 번뿐이다. 달란트의 비유를 통하여 각자 맡겨주신 사명을 다하지 않는 악하고 게으른 종은 책망과 함께 심판에 던져지게 된다는 것을 경고하셨다.

양과 염소의 비유를 통하여 지극히 작은 소자에게 한 것이 곧 주님께 한 것임을 일깨워 주시고 가장 가까운 이웃을 주님처럼 섬겨야 한다고 마지막으로 가르쳐 주셨다(25:1-46).

십자가에 못 박하시기 전에 언제 종말이 올 것인지 종말에 대한 징조와 종말에는 어떤 자세로 어떻게 신앙생활을 해야 하는지에 대하여 가르쳐 주셨다.

9) 하나님의 아들 메시아 예수의 죽음과 부활

유월절에 십자가의 죽음을 예고하셨고, 한 여인이 향유를 부었는데, 그것은 예수님의 장례를 위한 것이었다. 유다의 배반하고 예수님을 은 30에 팔았다(26:1-16)

예수께서 제자들과 떡과 포도주로 마지막 최후의 만찬을 하시고 감람산으로 나가셨다. 예수께서 너희가 다 나를 버릴 것이라고 하실 때 베드로는 절대 그렇게 하지 않겠다고 했지만, 주님은 베드로가 세 번 부인할 것을 예고하셨다(26:17-35).

겟세마네 동산에서의 십자가의 고통 앞에 두고 최후의 기도를 세 번 하셨다. 제자들에게 기도를 부탁하셨지만, 제자들은 깨닫지 못하고 졸고 있었다. 예수님이 잡히셔서 공회재판에 넘겨져 재판을 받으셨다. 신성모독 죄를 뒤집어씌우고 침 뱉고, 주먹으로 치고, 따귀를 때릴 때, 베드로가 옆에 있다가 사람들이 알아보고 너도 같은 편이라고 할 때, 예수님 말씀대로 얼떨결에 세 번이나 주님을 부인하고 말았다(26:36-68).

예수님이 빌라도 총독의 재판에 넘겼고, 가룟 유다는 돈을 돌려주고 스승이신 예수님을 판 것을 후회하고 자살하고 말았다. 그 돈으로 토기장이의 밭을 사서 묘지로 삼았다. 빌라도가 예수님의 죄를 찾지 못하고 유월절 특사로 놓아주려고 했으나 죄수 바라바를 놓아주고 예수님을 십자가에 못 박으라고 격렬하게 시위하여 어쩔 수 없이 십자가에 못 박도록 내어 주고 말았다. 군병들이 예수님에게 심한 채찍과 함께 가시면류관을 씌우고, 홍포를 입히고 조롱을 당하시고 골고다 언덕으로 끌려가 처참하게 십자가에 못 박혀 죽으셨다. 좌우편에 달린 강도는 망치로 죽음을 확인하기 위해 뼈를 꺾었지만, 예수님은 유월절 어린양이시기 때문에 뼈를 꺾지 않고 옆구리를 창으로 찔러서 죽음을 확인하였다. 그들은 우연히 한 일이지만, 하나님의 말씀을 이루기 위한 것이었다.

아리마대 요셉이 자기의 빈 무덤에 장례를 치렀고, 대제사장들과 바리새인들이 혹시 시체를 도둑질해갈까 염려하여 경비를 철저히 세우고 돌로 인봉했다(27:1-66).

예수께서 말씀의 약속대로 3일 만에 부활하셨다. 막달라 마리아와 다른 마리아가 부활하신 주님을 만나서 제자들에게 갈릴리에서 만날 것을 말씀하시고 갈릴리에서 제자들을 만나셨다. 부활을 확인한 경비병이 뇌물을 받고 허위보고를 하고 헛소문을 퍼뜨렸다(28:1-15)

예수님께서 말씀을 이루시기 위해 우리의 죄를 위해 채찍과 징계를 당하시고 십자가에 못 박혀 죽으셨다고 3일 만에 부활하셔서 제자들에게 나타나셨다. 십자가와 부활은 기독교의 핵심이다.

10) 예수의 부활과 선교명령

❖ 예수님의 마지막 선교명령(28:16-20)

예수님의 마지막 부탁은 십자가와 부활의 복음을 땅 끝까지 전하라는 선교명령이다. 모든 민족에게 복음을 전하고, 죄를 회개시켜서 세례를 베풀고, 제자를 삼아 가르쳐 지키게 하는 것이 제자의 도리이며 교회의 사명, 곧 그리스도인의 사명이다.

마태복음은 주로 가르침이 많다. 회개의 복음으로 유대인들의 형식적이고 부패한 신앙을 일깨우기 위해 율법의 정신과 의미를 재해석해 주셨다. 유대인 그리스도인들에게 율법은 사람을 위해 존재하기 때문에 형식적인 율법에 얽매이지 말고, 거룩하게 구별된 천국백성으로서의 삶을 살 것을 권고하였다.

또한, 구약성경의 예언대로 오신 예수님이 아브라함과 다윗의 자손 메시아임을 예언서를 인용하여 증명하였고, 예수님의 탄생, 사역, 십자가의 죽음, 부활까지 모두 예언의 성취였음이 증명되었다.

특히 '천국'(kingdom of heaven)이라는 단어는 신약 성경 중에 마태복음에서 주로 사용하였고, 바울 서신중에 디모데후서 4:18절에서도 '천국'이라는 단어를 사용하였는데, 여기서는 '하나님의 나라'가 아니라 '하늘나라'(His heavenly kingdom)라는 의미로 사용하였다. 다른 복음서에는 '하나님의 나라'(The kingdom of God)라는 용어를 사용하였다.

■ 예수님의 공생애 초기사역

제자를 선택
가버나움
첫번째 기적
가나
갈릴리
갈릴리 바다
거라사
나사렛
다볼산
가다라
세례요한의 두 제자를 자기 제자로 삼음
요한이 에논에서 세례를 베품
애논
살렘
사마리아
사마리아 여인과 대화
수가성
베레아
그리심산
유대 광야에서 금식후 시험받음
시험산
요단강
여리고
세례를 받음
성전 꼭대기 환상
예루살렘
벳아라바
베들레헴
사해
마케루스
요한이 처형됨

■ 예수님의 갈릴리 1차사역

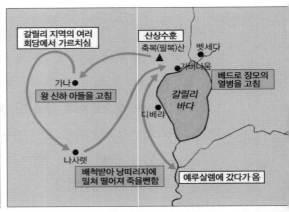

갈릴리 지역의 여러 회당에서 가르치심
산상수훈
축복(팔복)산
벳세다
가버나움
베드로 장모의 열병을 고침
가나
왕 신하 아들을 고침
갈릴리 바다
디베랴
나사렛
배척받아 낭떠러지에 밀쳐 떨어져 죽을뻔함
예루살렘에 갔다가 옴

■ 예수님의 갈릴리 2차사역

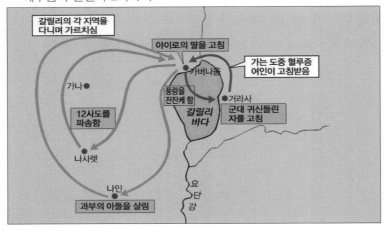

갈릴리의 각 지역을 다니며 가르치심
야이로의 딸을 고침
가버나움
가는 도중 혈루증 여인이 고침받음
가나
풍랑을 잔잔케 함
12사도를 파송함
갈릴리 바다
거라사
군대 귀신들린 자를 고침
나사렛
나인
요단강
과부의 아들을 살림

마가복음(마가공동체)

처음에는 마가복음은 마태복음의 축소판 정도로 이해했지만, 19세기부터 마가복음이 복음서 중에 가장 먼저 기록되었음을 확인하였다.

복음이 오순절 성령강림 사건 후에 로마에까지 확장되면서 로마에도 공동체가 형성되었는데, 마가복음이 기록될 당시에 로마교회는 네로황제에 의해 심한 박해를 받고 있었다. 복음의 산 증인들이었던 사도들이 순교하는 위기 속에서 로마 그리스도인 공동체는 복음의 정체성 확립이 절실히 필요한 시기였다.

그래서 베드로의 제자요, 바울의 동역자요(행13:13, 15:36−41), 바나바의 생질(골4:10)인 요한마가(행12:12)가 박해로 위기에 처해있던 로마 성도들에게 예수그리스도의 행적을 체계적으로 가르치고, 순교의 고난이 닥쳐도 주님처럼 부활의 영광을 바라보고 십자가의 고난을 받아들일 수 있도록 힘과 용기를 주고자 예루살렘 멸망 직전에 마가복음을 기록했다.

고난당하는 공동체에 능력의 주님, 능력의 복음과 십자가의 수난 후에 부활의 영광을 보여주면서 어떤 고난 속에서도 십자가를 지고 그리스도를 따라 고난을 이겨 나가야 부활의 영광에 이를 수 있다고 위로하고 권고한 생존의 복음이다.

마가공동체는 박해를 받지만, 로마 정부에 정치적으로 대항하는 단체가 아니라 로마 백부장의 사건을 통해 이방인 누구에게나 복음이 열려 있음을 말하고 있다.

군대용어(5:9, 6:27, 15:15−16, 39), 화폐 단위(12:15, 42), 생활용어(4:21, 7:4)들이 마가 공동체가 이방 로마 공동체임을 말하고 있다.

마태가 구약에 예언된 유대인들이 기다리는 메시아, 왕 되신 예수님을 전했다면,

마가복음은 주로 로마에 있는 이방인들을 대상으로 썼기 때문에 로마인들이 이해하기 어려운 예수님의 탄생 이야기나 족보는 없고, 구약예언의 성취 등, 유대인들의 관습에 대한 언급이 많지 않다. 그래서 마태복음은 예수님을 유대인의 왕이요, 메시아로, 마가복음은 섬기는 종, 고난의 종으로 오신 하나님의 아들로 그리고 있다.

고난받는 공동체에 능력으로 오신 하나님의 아들과 임박한 하나님의 나라에 대하여 아주 간결하고 힘 있게 기록하였고, 그 하나님의 나라를 위해 고난받으시고 부활하시는 영광스러운 주님으로 소개하였다. 그래서 '즉시' '곧' 이라는 단어가 많이 등장하고, 11-16장까지 마지막 수난의 과정에 40%를 할애하고 있는 것이 특징이다.

또한, 마가복음을 능력의 복음이라고도 한다. 처음부터 예수님은 강력하게 귀신을 내쫓고, 능력으로 일하시는 분이시다. 당시의 권력인 로마제국을 향하여 주님은 더 강하고 능력 있는 분임을 일깨워주고자 했다.

마가복음에만 나오는 구절은 30절 정도이다. 마가복음의 95%가 마태복음과 누가복음에 기록되어 있다.

1 마가복음의 구조

〈예수님의 세례, 공생애 시작 ⇒ 갈릴리에서의 사역 ⇒ 예루살렘에서의 사역 ⇒ 십자가의 고난과 죽음 ⇒ 부활〉

갈릴리 지방 사역: 1장-10장 52절 ⇒ 능력으로 일하시는 주님
예루살렘 사역: 10장 46절-16장 ⇒ 수난을 당.하시고 부활하신 주님

2 마가복음의 내용

1) 하나님의 아들 메시야의 등장, 하나님 나라의 복음전파 시작

   ○ 세례요한 등장, 예수님의 세례와 광야생활, 공생애 시작(1:1-13)
   ○ 제자의 부르심과 선택(시몬, 안드레, 야고보, 요한)(1:16-20)

○ 능력으로 오신 하나님의 아들, 죄인 세리 레위의 부르심(1:21-2:17)

○ 금식과 안식일 논쟁, 귀신들이 알아본 하나님의 아들(2:18-3:6)

2) 제자의 부르심과 양육훈련 사역

○ 제자의 부르심, 귀신의 왕 바알세불로 오해 받으심, 누가 참된 모친이며, 형제자매인가?(3:13-35)

○ 하나님 나라의 비유(4:1-34)

○ 바다를 잔잔케 하심(4:35-41)

○ 거라사 지방 귀신들린 자 치유, 회당장 야이로의 딸 치유, 여인의 혈루증 치유(5:1-43)

○ 고향에서의 배척, 12제자 양육과 파송(6:1-13)

○ 세례요한의 죽음(6:14-29)

○ 오병이어의 기적, 바다 위로 걸으심, 게네사렛 병자 고치심(6:30-56)

○ 바리새인들과 서기관들의 잘못된 전통과 책망(7:1-23)

○ 수로보니게 여인의 믿음, 귀먹고 말 더듬는 자 치유(7:24-37)

○ 칠병이어, 바리새인과 헤롯의 누룩, 벳새다의 맹인 치유(8:1-26)

3) 골고다로 가는 길

○ 베드로의 신앙고백과 책망, 첫 번째 수난과 부활 예고, 변화 산 사건(8:27-9:13).

○ 귀신들린 아이 치유, 두 번째 수난예고(9:14-32)

○ 누가 크냐? 천국백성의 삶(9:33-9:50)

4) 예루살렘에서의 사역

○ 이혼에 대한 가르침, 어린아이 축복, 재물이 많은 부자와 천국(10:1-31)

○ 세 번째 수난과 부활 예고, 으뜸이 되고자 하는 자(10:32-45)

○ 여리고 치유 사역, 예루살렘 입성(10:46-11:11)

○ 무화과나무의 저주, 성전정화와 예수님의 권위(11:12-33)

○ 포도원 농부의 비유, 가이사의 세금, 부활논쟁, 가장 큰 계명, 과부의 헌금(12:1-44)

○ 종말 강화, 재난의 징조와 큰 환난, 깨어 준비하라(13:1-37)

○향유, 유다의 배반, 유월절과 최후의 만찬, 베드로 3번 부인 예고, 겟세마네기도(14:1-42)

○잡히심, 공회 재판, 베드로의 세 번 부인, 빌라도의 재판과 십자가에서 죽으심(14:43-15:47)

5) 부활하심

○부활, 선교명령, 승천(16:1-20)

마가복음은 아주 간결한 구조와 직설적인 화법을 사용하였다. 무엇을 설명하고 설교하기보다는 이적과 수난에 관한 내용이 주를 이룬다. 특히 마가복음은 1장부터 11장까지 연속적으로 기적 이야기가 등장한다. 마가복음에는 이적이야기가 19회 등장한다. 전반부에는 능력을 강조하여 하나님은 우리를 구원하실 수 있는 초자연적 능력으로 일하시는 능력의 하나님이심을 강조하였다. 그리고 후반부는 우리를 위해 수난을 당하시고 영광스럽게 부활하시는 모습을 강조하였다.

■ 예루살렘 지도

누가복음(누가공동체)

누가복음의 탄생과 족보는 요셉의 집안에 초점이 맞춰진 것이 아니라 아담에게까지 연결해서 모든 인류 곧 유대인을 포함한 이방인까지 포함하는 온 인류의 구원자 예수님에 초점을 두었다.

누가-사도행전 공동체는 가난한 자들, 죄인들, 고통당하는 자들, 소외된 자들을 찾아 나서시는 선한 목자 되신 예수님에 관심을 기울이고 있다. 그러므로 누가 공동체는 유대인과 이방인의 관계의 벽을 뛰어넘어 소외된 이들을 중심으로 형성된 공동체(교회)이다.

특이하게 탕자의 비유와 선한 사마리아인의 비유, 부자와 거지 나사로의 비유는 누가복음에만 등장한다. 탄생 이야기(1-2장)와 갈릴리 지방을 떠나 예루살렘에 이르기까지의 여행 이야기가 길게 등장하고(9:51-19:48), 가난하고 소외된 자들에게 깊은 관심을 기울이고 있다. 누가 공동체는 주로 로마제국 하에서 노예 된 자들과 소외 계층이 많았기 때문이다.

누가복음에는 경제적 용어가 가장 많이 등장하는데 이것은 영적인 문제나 미래의 문제뿐 아니라 현재의 삶 속에 관심을 기울이고 있다. 구원은 현재의 삶이 복음으로 회복되어야 하고, 복음의 공동체가 받은 은혜를 소외된 사람들 속에 실천하여 하나님의 나라를 확장해야 한다는 선교에 초점을 두고 있다.

누가복음은 다른 복음서와 달리 갈릴리 사역과 예루살렘 사역 사이에 예루살렘을 향한 여행 부분을 길게 다루고 있고, 가난한 자들, 세리와 죄인들, 여인들, 사마리아인, 이방인에 대한 관심을 가지고 있고, 예수님을 "주님"이라고 불렀다.

마태복음에서는 왕 되신 메시야, 마가는 능력의 주님, 종으로 섬긴 주님을 강조했다면, 누가복음은 고통받고 소외된 사람 속에 사람 되신 주님, 그들에게 희망을 주시는 주님으로 등장하신다.

의사였던 누가는 이방인이다. 그가 데오빌로에게 복음을 쓴 것은 전승에 의하면 누가가 데오빌로의 노예였는데, 데오빌로가 누가의 도움으로 치유함을 얻어 누가에게 자유를 주었고, 누가는 그 사랑과 은혜에 감사해서 로마의 고관 출신이었던 데오빌로에게 복음서와 사도행전을 써서 헌정하였다고 한다. 고대 당시에는 어떤 글을 고관에게 헌정을 하면 신뢰성이 더 크고 고귀한 글로 인정받아 많은 사람들이 쉽게 접할 수 있었기 때문에 당시에 많은 사람들이 읽을 수 있도록 하는 좋은 계기가 되었다고 한다. 누가는 이 글을 한 사람에게만 보냈던 것이 아니라 그리스-로마 세계에 사는 모든 사람들에게 전하고자 한 의도가 담겨져 있다.

누가복음은 누가가 저자이다. 다른 복음서보다 내용이 가장 길다. 누가는 의사 겸 역사가이기 때문에 1장에 서술한 것처럼 있는 사실을 자세히 살피고 확인해서 서술하다 보니 내용이 길 수밖에 없었다.

1 누가복음의 내용과 구조

세례요한과 예수님의 탄생 ⇒ 세례 ⇒ 갈릴리 사역

〈갈릴리에서 예루살렘 중간사역 ⇒ 예루살렘 사역 ⇒ 고난 ⇒ 부활〉

세례요한과 예수님의 탄생(1:1-3:38)
예수님의 갈릴리의 사역(4:14-9:50)
예수님의 예루살렘을 향한 여행(이곳에 초점을 둠)(9:51-19:27)
예수님의 예루살렘 사역(19:28-23:49)

1) 세례요한과 예수님의 탄생(1:1-3:38)

누가는 복음의 자료를 찾아서 차례대로 정리하여 이미 알고 있는 것을 더 확실히 하려고 했다. 누가복음에만 세례요한의 탄생이야기가 등장한다. 당시에 제사장들은 역대상 24장에 기록된 대로 제사장들은 24개 조로 나누어 순번을 따라 제사를 했는데, 세례요한의 아버지 사가랴가 분향담당일 때, 하나님께서 세례요한 탄생을 계시해 주셨다.

동정녀 마리아를 통하여 예수님의 탄생을 예고해 주셨고, 마리아가 세례요한의 어머니 엘리사벳을 만나 3개월을 함께 있었다. 세례요한이 탄생하고, 사역에 등장하기까지 빈들(광야)에서 지냈다(1장).

로마황제 가이사 아우구스투스의 호적 명령을 따라 갈릴리 나사렛에서 살던 마리아와 요셉이 고향 베들레헴에 호적 하러갔다가 거할 곳이 없어서 예수님은 짐승의 구유에서 탄생하셨는데, 마태복음과 달리 예수님의 탄생을 들판의 목자들이 경배했다. 당시에 다양한 상황이 존재했지만, 마태복음은 유대인의 왕으로 오신 하나님의 아들의 관점에서 기록했고, 누가복음은 가난하고 소외된 이웃으로 오신 하나님의 아들의 관점에서 기록했기 때문에 기록이 틀린 것이 아니라 동시에 있었던 일이지만 관점이 달랐던 것이다.

예수님도 보통사람과 똑같이 태어나신 후 8일 만에 할례를 받으시고 성전에서 비둘기 두 마리로 정결예식 제사를 드렸고, 성장기에는 보통 사람과 똑같이 절기 때마다 절기도 지키셨다. 예수님은 우리를 위해 우리와 똑같은 사람으로 오셨다는 것을 보여 주신 것이다(2장).

세례요한이 티베리우스 황제(AD 14–37년) 때에 빈들에서 하나님의 말씀을 받고, 회개의 세례를 전파하면서 죄에서 돌이키지 않으면 심판이 있을 것을 경고하고, 무엇을 어떻게 회개할지를 구체적으로 가르쳐 주었다. 요한은 예수님의 성령세례를 예고했고, 때가 차서 예수님도 요한에게 세례를 받으시고, 세상에 하나님의 아들로서 공생애를 시작하게 되었다.

누가복음에도 예수님의 족보가 등장하는데, 마태복음과 달리 온 인류를 향하신 하나님의 아들로 오셨다는 것을 강조하였다(3장).

2) 예수님의 세례와 공생애 시작, 갈릴리 사역(4:14-9:50)

예수님이 광야에서 40일간 금식기도 후 마귀에게 시험을 받으시고, 갈릴리 회당에 서부터 가르침의 사역을 시작하셨다. 회당에서 이사야 61장 말씀을 읽으시면서 예수님이 어떤 사역을 위해 오셨는지를 일깨워주셨고, 예수님은 고향 나사렛에서 환영받지 못하셨다. 예수님의 선교는 주로 회당선교였고(나사렛, 가버나움), 귀신을 내쫓고, 병자를 고치는 능력으로 선교를 하셨다(4장).

예수님은 게네사렛(갈릴리지방) 호숫가에서 시몬 베드로와 요한 등 제자들을 부르셨다. 예수님은 나병을 치유하시고, 중풍병자를 치유하시며 늘 기도에 힘쓰셨다. 세리 레위(마태)를 부르시고 세리와 죄인들과 함께 하시면서 예수님이 오신 목적이 의인을 부르러 오신 것이 아니라 죄인을 부르러 오셨다는 것을 가르쳐 주셨다(5장).

바리새인들은 사람보다 안식일을 더 중요하게 생각했는데, 예수님은 안식일은 사람을 위해 존재한다는 것을 가르쳐 주시고, 안식일에 손이 마른 자를 고쳐 주셨다. 예수님은 12제자를 선택하시고, 평지에서 제자도에 대한 가르침을 주셨는데, 마태복음의 산상설교는 이스라엘의 영적상태를 가르쳤고, 누가복음에서는 가난하고 소외된 사람들과 이방 사람들을 대상으로 썼기 때문에 관점이 다른 것이다. 마태복음에서 영적인 갈급함이 복이 있지만, 누가복음에서는 가난해서 의지할 곳이 없는 사람들이 주님을 의지하면 복이 있다는 것을 강조한 것이다.

원수를 사랑하고, 용서하고, 주는 자가 되어야 받게 되며, 남을 비난하지 말고, 자신의 들보를 먼저 빼야 바르게 보고 남의 눈의 티도 빼 줄 수 있고, 선한 사람이 마음에 쌓은 선에서 선한 열매를 맺게 된다는 것을 가르쳐 주시고, 주의 이름만 부르지 말고, 듣고 행하는 자가 되어야 환난 속에서도 무너지지 않는다는 것을 강조하셨다(6장).

하나님의 백성을 사랑하고 회당까지 지어주는 선한 백부장의 믿음을 칭찬하시고 그 종의 병을 고쳐 주셨고, 불쌍한 과부의 독자를 죽음에서 건져주셨다. 의심하는 세례요한에게 그 제자들을 통하여 예수님이 행하신 질병치유와 죽은자가 살아남과 가난한자들에게 복음이 전해진다는 사실을 가지고 오실 하나님의 아들임을 증명해 주셨다. 죄인인 한 여인이 예수님께 나와서 눈물로 발을 씻고 값비싼 향유를 붓는 사건을 비난하는 바리새인들과 제자들에게 하나님께 많이 용서 받은 자가 하나님을 많이 사랑하게 됨을 일깨워 주셨다(7장).

일곱 귀신이 나간 막달라 마리아와 마리아, 헤롯의 청지기 구사의 아내 요안나와 수산나, 다른 여러 여자들이 함께하여 자기 소유로 예수님과 12제자를 섬겼다.

예수께서 모인 무리에게 씨 뿌리는 비유를 통해 씨가 길가나 바위나 가시떨기에 떨어지면 결실 할 수 없고, 좋은 땅에 떨어져야 결실하듯이, 우리의 마음이 착하고 좋은 마음으로 말씀을 듣고 지켜야 인내로 결실하게 된다는 한다는 것을 가르쳐 주시고, 등불은 밝히기 위해 있듯이 모든 것이 다 드러나게 된다는 것을 가르쳐 주셨다. 주님께는 육신의 형제가 참 형제가 아니라 하나님의 말씀을 듣고 행하는 자들이 참 형제이다.

주님은 바람과 물결도 잔잔케 하시는 분이시며, 더러운 귀신을 내쫓는 분이시다. 거사라 지방의 더러운 귀신이 돼지 떼로 들어가 몰살하였다.

회당장 야이로의 믿음이 그의 딸을 살렸고, 혈루증 앓던 여인도 그의 믿음으로 병을 치유하였다(8장).

열두제자를 파송하시며 복음을 전파하되, 병을 고쳐주고, 지팡이, 옷, 배낭, 양식 등 아무것도 소유하지 말고 어느 집에든지 영접하는 곳에 머물라고 가르쳐 주셨다. 주님은 모여든 무리를 오병이어의 기적으로 먹이셨는데, 열두 바구니가 남았다.

무리들은 예수님을 선지자 중에 한 사람으로 알고 있었는데, 베드로는 "하나님의 그리스도입니다."라고 신앙고백을 하였고, 주님은 그 신앙고백 후에 고난과 부활을 예고 하셨다. 그리고 누구든지 주님을 따르려면 자기를 부인하고 자기 십자가를 지고 따라야 한다고 가르쳐 주셨다.

신앙고백 후 8일쯤 후에 산에 올라가셔서 모세와 엘리야와 함께 변화된 모습을 보여주셨다. 산에서 내려 오셔서 제자들이 내쫓지 못하던 귀신을 쫓아내시고, 장차 사람들의 손에 넘겨져 고난당할 것을 예고하셨다.

주님은 어린 아이 같이 지극히 작은 자를 영접하는 것이 곧 주님을 영접하는 것이며, 가장 작은 자가 큰 자임을 가르쳐 주셨다. 주님을 반대하지 않는 자들은 주님을 위하는 자들이다(9:1-50).

3) 예루살렘으로 가는 여정과 이야기 식 가르침(9:51-19:27)

9장 50절에서 갈릴리 사역은 끝나고, 이제 갈릴리를 떠나 19장 27절까지 예루살렘으로 여행을 시작한다.

예수님이 예루살렘으로 여행하기 위해 사마리아 지방을 지나지만 그들이 받아들이지 않았다. 주님을 따르려면 육신의 일에 매이지 말아야 하고, 쟁기를 잡고 뒤를 돌아보지 말아야 한다(9장).

예수께서 70인의 제자들을 파송하시며, 제자들이 지켜야 할 제자로서의 자세를 가르쳐 주셨고, 복음을 받아들이지 않은 고라신, 벳새다, 가버나움을 책망하셨다. 제자들의 말을 듣지 않고 저버리는 자는 곧 주님을 저버리는 자임을 가르쳐 주셨다. 70제자들에게 귀신이 항복하는 것보다 자신의 이름이 하늘에 기록된 것을 더 기뻐하라고 일깨움을 주셨고, 제자들처럼 보는 것을 보는 눈이 복됨을 가르쳐 주셨다.

선한 사마리아인의 비유를 통하여 누가 참 이웃인가를 가르쳐 주셨다. 이웃은 스스로 의롭게 여기는 사람이 아니라, 선한 사마리아인처럼 위기에 처한 사람과 함께하여 돕는 자가 그 사람의 참 이웃임을 가르쳐 주셨다. 마르다나 마리아는 성향이 달랐다. 서로 성향이 다른데 나처럼 하라고 하고, 자기 것만 중요하고 자기주장만 내세우면 안 된다(10장).

주님이 기도에 대하여 가르쳐 주셨다. 마태복음과 달리 아주 단순하게 하나님의 이름이 거룩히 여김을 받으시길, 하나님 나라가 임하기를, 일용할 양식을 구하고, 죄 용서를 구하고, 시험에 들지 않도록 구하라고 가르쳐 주셨다. 기도는 들어 주실 때까지 간청해야 하며, 구하고, 찾고, 두드리면 반드시 주시되 구하는 자에게 성령을 주신다고 말씀하셨다.

주님이 말 못하는 귀신을 내 쫓은 것을 두고 귀신의 왕 바알세불을 힘입어 내쫓는다고 비난했는데, 주님은 하나님의 손을 힘입어 귀신을 내어 쫓는다면 이미 하나님의 나라가 임한 것이라고 가르쳤다. 주님과 함께 하지 않고 모으지 않는 자들은 반대하는 자요, 헤치는 자들이다. 귀신이 나갔다가 다시 돌아와서 깨끗하게 청소된 것을 보면 귀신 일곱을 데리고 오듯이 믿다가 타락하면 더 악해진다. 예수님을 낳은 마리아보다 복 있는 사람은 하나님의 말씀을 지키는 자이다. 악한 세대가 계속 표적을 요구하지만 그들에게 보여줄 표적은 요나의 표적밖에 없다. 눈은 몸의 등불이다. 마음속에 빛이 있어야 한다.

손을 씻지 않는다고 마음이 더러워지지 않는다. 손보다 마음을 깨끗하게 해야 한다. 형식적인 신앙만 강조하는 바리새들과 율법사들에게는 화가 있다. 그러므로 그들의 행위를 본받지 말아야 하고, 사람보다 하나님을 두려워해야 하고, 사람들 앞에서 주님을 시인하는 자가 되어야 한다. 모두 용서가 되지만, 성령을 모독하는 자는 용서가 없다(11장–12장:12절).

부자의 비유를 통하여 재물보다 생명이 소중함을 가르쳐주셨고, 목숨을 위해 세상 사람들처럼 무엇을 먹을까 입을까를 염려하지 말아야 한다. 염려한다고 되는 일은 아무것도 없기 때문이다. 그리고 소유로 나눔을 실천하는 것이 하늘에 보물을 쌓는 것이다.

항상 깨어서 준비하는 삶을 살아야 하고, 맡겨주신 것을 잘 감당하는 선한 청지기의 삶을 살아야 한다. 하나님은 많이 받은 자들에게 많이 요구하시기 때문에 주신 것을 가지고 가치와 열매를 만들어 내야 한다.

어둠 속에 복음의 빛이 비춰지면 복음의 빛과 어둠의 분쟁이 있게 된다. 사회현상을 보고 시대 분별할 줄 알아야 하고, 화해에 힘써야 한다(12장).

빌라도에 의해 살해당하고, 실로암 망대를 짓다가 죽었다고 해서 그 사람의 죄가 더 큰 것이 아니다. 누구든지 회개하지 않으면 다 똑같다. 열매 없는 나무는 땅만 버리기 때문에 찍혀 불어 던지듯이 열매 없는 신앙도 심판의 대상이다.

안식일에 사람을 치유하는 일은 안식을 범하는 것이 아니다. 하나님의 나라는 겨자씨처럼 미미하지만, 큰 역사를 이루고, 가루를 전부 부풀게 하는 누룩처럼 변화의 능력이 있다. 좁은 문으로 들어가기를 힘써야 한다. 하나님의 나라의 문은 한 번 닫히면 다시 열리지지 않기 때문이다. 나중 된 자로서 먼저 될 자가 있고, 먼저 된 자가 나중 될 수 있다. 하나님께서 수없이 예루살렘을 품으려고 했지만, 선지자들과 아들을 죽이는 황폐한 곳이 되고 말았다(13장).

예수께서 안식일에 수종병 든 자를 치유하셨다. 어디에 청함을 받든지 끝자리, 낮은 자리에 앉아야 한다. 자기를 높이는 자는 낮아지고, 자기를 낮추는 자는 높아진다. 잔치를 할 때도 갚음 받는 자를 초청하지 말고, 갚을 수 없는 자를 초청해야 복이 있다.

하나님께서 큰 잔치에 초청했는데, 모두 핑계 대고 오지 않으면 길거리에 나가서 다른 사람들을 강권하여 자리를 채우게 된다.

주님의 제자가 되는 길은 자기 십자가를 지고 따르는 자, 자기의 소유를 버리는 자이다. 제자가 제자답지 못하면 쓸모가 없어진다(14장).

예수님은 잃어버린 자를 찾기 위해 오셨다. 그래서 한 생명이 회개하는 것을 최고로 기뻐하신다. 잃어버린 드라크마를 찾으면 기뻐하고 잔치하듯이 한 사람이 회개하면 하나님께서 크게 기뻐하신다. 아버지의 상속재산을 가지고 나가서 탕진한 아들이지만, 그가 돌아오면 큰 기쁨으로 받아주시고 잔치하듯이 하나님께서 한 생명의 회개를 그토록 기뻐하신다(15장).

불의한 청지기의 비유를 통하여 맡겨주신 소유를 가지고 가장 소중하고 가치 있는 일은 사람을 얻는 것이며, 지극히 작은 것에 충성된 자는 큰 것에도 충성되고, 지극히 작은 것에 불의한 자는 큰 것에도 불의함을 가르쳐 주셨다. 사람은 두 주인을 섬길 수 없다. 우리는 물질을 섬기는 자가 되면 안 된다는 것을 일깨워 주셨다. 율법은 사라지지 않는다. 율법의 한 획이 떨어짐보다 천지가 없어짐이 쉽기 때문이다.

부자와 거지 나사로를 통하여 현실 세계가 전부가 아니라는 것을 보여 주셨다. 아무리 부자로 살아도 하나님 없는 삶은 영원한 형벌이 있고, 비록 가난하고 고난의 삶을 살아도 하나님이 있는 삶은 영원한 안식이 예비가 되었다는 것을 가르쳐 주신 것이다. 이 땅에서 복음의 말씀을 듣지 않고 믿지 않는 자들은 죽은 사람이 살아 돌아와서 가르치고 권고해도 절대 믿지 못한다. 그래서 이 땅에서 가르치는 복음을 듣고 믿어야 한다(16장).

용서는 몇 번 하는 것이 아니라 하나님처럼 무한 용서를 해야 한다. 믿음의 능력을 가르쳐 주셨고, 항상 낮은 자세로 섬길 것을 강조하셨다. 나병환자 10명이 치유받았지만, 주께로 돌아온 사람들은 나병환자 한 사람 뿐이었다. 간사한 인간의 모습을 보여주신 것이다.

하나님의 나라는 볼 수 있게 임하는 것이 아니다. 여기 있다, 저기 있다 하는 말에 속지 말아야 한다. 하나님의 나라는 내 안에 있다. 주님이 오시는 날은 노아의 때와 같고 소돔과 고모라 때와 같다. 자기 목숨을 보전하고자 하는 자는 잃고, 잃는 자는 살게 된다. 버려둠을 당하지 않도록 깨어 있어야 한다(17장).

항상 기도에 힘쓰되 낙심하지 말아야 한다. 밤낮 부르짖으면 반드시 응답해 주신다. 자기의 의로움을 드러내려고 하는 기도보다 나는 죄인입니다. 라는 겸손한 기도를 들어 주시고, 자기를 높이는 자는 낮아지고, 자기를 낮추는 자는 높아진다.

하나님의 나라는 아이들과 같아야 들어간다. 하나님의 나라는 부자 곧 돈에 얽매여 돈이 종이 된 사람은 들어 갈 수 없다. 제자들처럼 모든 것을 다 내려놓고 하나님 편에 서서 살아가면 현세에서 여러 배를 받고, 내세에 영생을 상속하지 못할 자가 없다(18장).

당시에 미움을 많이 받던 세리장 삭개오가 회개하고 주님을 영접하였다. 예수님은 의인을 찾은 것이 아니라 잃어 버린자를 찾아 구원하러 오셨다는 것을 보여주셨다.

열므나 비유를 통하여 각자 주어진 은사와 사명의 소중함을 가르쳐 주시고, 하나님 앞에서는 각자 일한대로 상을 받게 된다는 것을 가르쳐 주셨다. 이제 이방 지역 선교를 마치고 예루살렘에 입성하신다(19장).

4) 예루살렘 입성, 예루살렘 사역, 십자가를 지고 죽으심(19:28-23:56)

예수님이 나귀타시고 예루살렘에 마지막 일주일 고난과 함께 십자가를 지시기 위해 승리의 입성을 하셨고, 만민이 기도하는 하나님의 집을 강도의 소굴로 만들었다고 책망하셨다. 성전에서 가르치시며 복음을 전하실 때 대제사장들과 서기관들과 장로들이 어떤 권위로 일하는지 말꼬리를 잡고자 할 때, 그들의 악함을 아시고 요한의 세례는 어디서부터인지 말하면 답하시겠다고 논쟁을 피하셨다(19장28절-20장8절).

포도원 농부의 비유를 통하여 하나님께서 그들에게 나라와 백성을 맡겨 주셨는데, 오히려 선지자들과 의인들과 아들을 죽이는 악한 행위를 했으므로 그들이 결단코 심판을 피하지 못하게 된다는 것을 가르쳐 주셨다.

서기관들과 대제사장들은 예수님을 책잡기 위해 가이사에게 세금을 납부하는 것이 옳은지 곤란한 질문을 했지만, 주님은 가이사의 것은 가이사에게 하나님의 것은 하나님께 드리라고 그들이 파 놓은 함정을 피해가셨고, 부활이 없다는 사두개인들이 수혼법을 들고 책잡으려고 했지만, 부활 때는 시집도 장가도 가지 않으며, 하나님께는 죽은 자가 없고 모두 살았고 산자의 하나님이시라는 것을 가르쳤다. 그리고 그리스도이신 예수님은 다윗의 혈통이 아님을 강조하시고, 제자들에게 서기관들의 외식을 삼가라고 가르쳐 주셨다(20장9-47절).

하나님께 가장 값진 헌금은 가난한 과부의 두 렙돈 동전처럼 마음을 드리는 것이다.

아무리 아름다운 성전이지만 타락한 성전은 돌 하나 돌 위에 남지 않고 다 무너진다. 환난의 징조로 전쟁과 지진과 기근, 전염병이 있겠고, 미움도 받고 핍박도 받지만 인내하면 머리털 하나 상하지 않고 영혼을 얻게 된다고 가르쳐 주셨다. 예루살렘의 멸망도 예고하시고, 어떻게 해야 하는지도 가르쳐 주셨다. 무화과나무가 싹이 나면 여름이 가까이 오듯이 징조를 보면 때를 알 수 있다. 천지는 없어져도 주님의 말씀은 없어지지 않는다. 그러므로 방탕함과 술취함과 생활의 염려로 마음이 둔해지지 않도록 깨어 기도하고 준비해야 한다(21장).

가룟유다에게 사탄이 들어가 대제사장들에게 돈을 받고 예수님을 넘기기로 약속했다. 예수께서 유월절 최후의 만찬을 준비하시고 떡과 포도주를 떼어 나누시고 주님의 십자가의 죽음을 기념하게 하셨다.

십자가를 지고 죽으실 날이 가까이 오는데도 제자들은 여전히 누가 크냐는 다툼을 하고 있는데, 주님은 섬기는 자로 오셨음을 강조하고 모든 시험 중에 함께 한 제자들에게 주님의 나라 보좌에서 열두지파를 다스리게 하시겠다고 약속하시고, 믿음이 떨어지지 않도록 기도하라고 권고하셨는데, 어디든지 주님과 함께 가겠다는 베드로에게 오늘 밤에 3번 주님을 부인하게 될 것이라고 말씀하셨다. 예수께서 어려운 상황을 대비하여 검과 배낭을 준비하라고 가르치셨는데, 제자들은 오해하고 진짜 칼을 준비한다.

예수께서 감람산에서 제자들과 돌 던질만한 거리에서 아버지의 원대로 되기를 원한다고 땀방울이 핏방울 떨어지듯이 기도하셨다. 다른 복음서에는 세 번 기도한 것으로 나온다.

유다가 예수님을 넘겼고, 예수님이 잡히셔서 감람산에서 대제사장의 집이 있는 높은 언덕까지 끌려 가셨다. 베드로는 그 뒤를 따라 갔다가 주께서 말씀하신대로 세 번이나 주님을 부인하였다. 예수님이 희롱을 당하시고, 모욕을 당하시고 공회 앞에 끌려가서 재판을 받으셨다(22장).

무리가 예수님을 빌라도에게 끌고 가서 고발하였지만, 죄를 찾지 못하고 갈릴리 사람이기 때문에 그곳 왕인 헤롯에게 보냈지만, 헤롯이 희롱하고 빌라도에게 돌려보냈다.

빌라도는 무리에게 조사결과 죄가 없고, 헤롯도 죄를 찾지 못해 돌려 보냈으니 때려서 놓겠다고 세 번이나 말했는데, 무리가 일제히 소리를 질러 죄인 바라바를 놓아

주고 예수님을 십자가에 못 박으라고 소동해서 그들이 요구하는 대로 민란과 살인으로 옥에 갇혔던 바라바는 유월절 특사로 자유를 주고 예수님은 십자가에 못 박도록 내어 주었다(23장).

예수님을 끌고 갈 때, 구레네 사람 시몬이 따르고, 예루살렘 여인들이 가슴을 치며 슬피 울며 따랐는데, 예수님은 그들에게 "나를 위하여 울지 말고 너희와 너희 자녀를 위하여 울라"고 말씀하셨다.

다른 두 행악자도 사형받기 위해 끌려와서 하나는 예수님 우편에 하나는 왼편에 못 박혔다. 예수께서 십자가상에서 "아버지 저들을 용서해 주십시오, 자신들이 하는 것을 알지 못합니다." 라고 기도하셨다.

왼편에 강도는 네가 그리스도면 자신과 우리를 구원하라고 비방했지만, 오른 편에 강도는 우리는 죄 때문이지만, 예수님이 행하신 일은 옳지 않은 일이 없다고 "예수여 당신의 나라에 임하실 때에 나를 기억해 주세요"라고 고백했는데, 예수님은 그를 향하여 "오늘 네가 나와 함께 낙원에 있으리라"고 말씀하셨다.

제6시부터 제9시(우리 시간으로 오후 3시)까지 해가 빛을 잃고 온 땅에 어둠이 임하더니 성소의 휘장 한가운데가 찢어졌고, 예수님이 "내 영혼을 아버지 손에 부탁합니다."라고 말씀하신 후 숨을 거두셨다.

공회의원으로 선하고 의로운 마리마대 사람 요셉이 예수님의 시체를 요구하여 바위에 판 새 무덤에 장사 했다. 이 날은 안식일 준비일이었다(23장).

5) 부활하심과 승천

안식 후 첫 날 예수님이 부활하셨다. 먼저 부활의 소식을 들은 여인들이 부활의 소식을 사도들에게 전하였다. 엠마오로 가던 두 제자에게 주님이 나타나셔서 모세와 모든 선지자의 글로 그리스도에 관한 것을 자세히 설명해 주셨다. 그들이 함께 음식을 먹기 위해 축사하실 때, 그들의 눈이 밝아져서 주님을 알아보았다. 그들은 주님이 말씀을 풀어 주실 때 마음이 뜨거웠던 것을 기억하고 예루살렘으로 돌아가서 제자들과 부활의 기쁜 소식을 나누었다. 그 때 예수께서 제자들에게 나타나셨는데, 그들이 놀라고 무서워 영으로 생각했다. 그 때 예수께서 손과 발을 보여주셨다. 영은 살도 뼈도 없다면서 손을 내밀어 보이셨지만 아직도 믿지 못함으로 생선 한 토막을 잡수시면서 영이 아니라 부활하셨다는 것을 증명하셨다.

그리고 제자들과 함께 있을 때 이미 가르쳐 준대로 모세의 율법과 선지자의 글과 시편에 기록된 모든 말씀들이 이루어져야 한다고 한 말이 이것이라고 그들의 마음을 열어 성경을 깨닫게 하셨고, 그리스도의 고난과 부활, 그리고 죄 사함의 회개가 예루살렘에서 시작하여 모든 족속에게 전파될 수 있도록 제자들이 복음의 증인이 되어야 한다고 말씀하셨다. 그리고 주님이 하나님께서 약속하신 성령을 보내실 때까지 예루살렘에 머물 것을 권고하시고, 손을 들어 축복하신 후 승천하셨다(24장).

제자들은 승천하신 주님을 경배하고 큰 기쁨으로 예루살렘에 돌아가 늘 성전에서 하나님을 찬송했다.

이 후에 사도들의 활동이야기는 누가복음 후편인 사도행전에서 다룬다.

누가복음 9장 51절-19장 27절까지 갈릴리에서 예루살렘에 이르기까지의 이방 지역 활동 이야기를 길게 쓰듯이 누가복음은 주로 이방인 그리스도인 공동체를 향한 복음이라고 할 수 있다.

누가복음에는 하나님의 나라에 이르기 위해서는 어떻게 해야 하는지를 강조하였고, 하나님의 나라는 이미 우리 마음에 임하였다는 사실을 일깨워 주고 있다.

사도들이 활동할 당시에 예수님의 오심과 사역, 이루어진 사실들에 대하여 처음부터 목격한 자들이 많았다. 그 증인들은 그 사실을 열심히 전하면서 그 증거들을 그대로 기록하고자 하였다.

누가도 그들이 전해준 증거를 토대로 모든 일을 근원부터 자세히 살피고 연구해서 복음서를 기록하였는데, 누가복음을 기록한 목적은 복음을 확실히 알게 하기 위함이었다(1:1-4).

누가는 사도행전에서 먼저 쓴 글 곧 누가복음에서는 "예수께서 행하시며 가르치시기를 시작하심부터 그가 택하신 사도들에게 성령으로 명하시고 승천하신 날까지의 일을 기록했다."고 말하고 있다.

요한복음

　요한복음과 공관복음(마태, 마가, 누가)이 겹치는 부분은 10% 정도밖에 되지 않는다. 공관복음과 마찬가지로 예수님의 생애와 사역, 십자가에서의 죽음과 부활에 대하여 다루지만, 육체적 탄생에 관한 기사나 사건보다는 예수님의 영적인 정체성과 영적인 사역 곧 하나님의 독생자 예수님이 누구냐에 초점을 두었다.

　그래서 요한복음은 예수님을 소개할 때 1장 서두에서 태초에 말씀이 있으셨고, 그 말씀이 하나님과 함께하셨는데, 그 말씀이 곧 하나님이시며, 모든 것이 말씀으로 비롯되었으며, 그 말씀이 우리 가운데 육신으로 임하셨다고 전하고 있다. 요한복음은 예수님의 영적 정체성을 태초와 창조의 근본이요, 우주적인 역사임을 소개하고 있고, '예수님은... 이다.'라고 소개하고, 예수님 자신도 "나는 …이다."라고 말씀하셨다.

　요한은 자신을 '예수께서 사랑하시던 그 제자'(요21:20)라고 밝히고, 그가 바로 이 책의 기록자임을 밝힌다(요21:24). 요한복음 13:23, 20:2에서 예수께서 사랑하시는 제자가 누구인지 확인할 수 있다. 요한은 주님의 제자이면서 주님과 가장 친밀하고 깊은 사랑의 관계를 맺고 있었다. 그래서 십자가에서 최후의 순간에도 그 모친을 부탁하시고, 모친에게 아들처럼 여기라고 말씀하셨다(요19:25-27). 사도요한은 세베대의 아들이고(마4:21), 그의 어머니는 살로메이다(마27:56, 막15:40). 요한은 그의 형제 야고보와 함께 다혈질이어서 주님은 그에게 '보아너게', 곧 '우뢰의 아들'(막3:17)이란 별명을 주셨다(막9:38, 눅9:54).

　요한은 베드로와 함께 주님의 공생애 사역기간 동안 처음부터 최후까지 가장 가까이서 가르침을 받았고, 모든 것을 보고 들은 산 증인이다(요일1:1-2). 그 사도요한이 요한복음을 썼기 때문에 사건 정보가 가장 정확할 수 있다. 사도요한은 요한복음, 요한 일서, 요한 이서, 요한 삼서, 요한 계시록까지 총 다섯 권의 성경을 기록하였다(일부는 다른 장로 요한이 기록했다고 말하는 사람들도 있지만 확실한 증거는 없다.).

사도요한은 요한복음을 통해서 모든 사람이 믿어서 구원받기를 바라는 주님의 마음을 전하고자 하였다. 그래서 요한복음에는 believe(믿다)라는 단어가 특별히 많이 등장한다. 마태복음 11회, 마가복음 17회, 누가복음 11회 등장하지만, 요한복음에는 104회나 등장할 정도로 많다.

그리고 유일하게 요한복음에서는 왜 복음서를 기록했는지를 분명하게 밝히고 있다(요20:30-31).

1 요한복음의 구조

말씀이 육신으로 오신 예수님 ⇒ 세례와 제자의 부르심

⇒ 갈릴리 사역 ⇒ 예루살렘 사역 ⇒ 갈릴리 사역
⇒ 예루살렘 사역 ⇒ 갈릴리 사역 ⇒ 예루살렘 사역

다른 복음서와는 달리 갈릴리보다 예루살렘 사역에 중점을 두었고, 예루살렘 사역은 주로 절기 때에 초점이 맞추어져 있다. 그것은 예수님의 영적인 정체성을 강조하기 위한 것이다.

2 요한복음의 내용

1) 말씀과 빛으로 오신 예수님

○ 말씀이 육신이 되어 오신 예수님, 빛으로 오신 예수님, 하나님의 어린양 예수님(1:1-34)

2) 갈릴리에서 공생애 사역 시작

○ 제자 부르심, 가나의 혼인잔치(1:35-2:12)
○ 혼인잔치를 통하여 예수님의 정체성 소개

3) 예루살렘, 예루살렘에서 사마리아를 거쳐 갈릴리로

○ 유월절 성전정화, 니고데모와의 거듭남의 대화, 세례요한의 사역위임, 위로부터 오신 이(2:13-3:36), 아무도 멸망치 않고 믿는 모든 사람을 구원하시기 위해 오신 주님
○ 사마리아의 여인과의 대화(4:1-42) 니고데모와 사마리아 여인을 통하여 거듭남과 영원히 목마르지 않은 생명수로서의 예수님의 정체성과 사역을 소개했다.

4) 갈릴리 사역

○ 갈릴리 가나에서의 두 번째 표적, 왕의 신하의 아들 치유(4:43-54)

5) 예루살렘에서의 사역

○ 38년 된 병자 치유, 아들의 권한, 성경은 하나님께서 보내신 아들에 관한 증거(5:1-47)이며, 하나님의 보내신 이를 믿는 것이 하나님의 일이다.

베데스다 연못에서 38년 된 병자 치유를 통하여 '아버지가 일하시니 나도 일한다.' 라는 사역 정체성 곧 살리는 사역을 소개했다.

6) 갈릴리의 사역

○오병이어의 기적, 바다 위를 걸어오심, 생명의 떡, 음료, 영생의 말씀 되신 예수님(6:1-7:9) 생명의 떡으로 오신 예수님의 영적 정체성 소개했다.

7) 예루살렘에서의 사역

○ 명절에 예루살렘 방문, 성전에서의 가르침, 유대인과의 갈등, 생수의강물을 주심, 대

제사장과 바리새인들의 불신(7:10-52)

- ○ 음행 중에 잡힌 여인, 빛과 진리로 오신 주님, 가실 것을 예고하심, 진리와 자유(8:1-59)

- ○ 실로암 연못에서의 맹인치유(9:1-41)

- ○ 양의 우리의 비유, 양의 문, 선한 목자 되신 예수님, 유대인들이 돌로 치려함(10:1-42)

- ○ 죽은 나사로의 부활, 부활, 생명 되신 주님, 예수님의 발에 향유를 부은 마리아(11:1-12:11)

생수의 강 되시는 주님, 간음하다 현장에서 잡힌 여인을 통하여 진리로 자유하게 하시는 주님, 안식일에 실로암 연못에서 맹인을 치유하시는 안식일의 주인이신 주님, 죽었던 나사로를 살리시는 부활이요, 생명이신 주님, 양의 목자요, 양의 문이요, 울타리 되신 주님의 정체성을 소개하였다.

8) 예루살렘에서의 마지막 1주간의 사역시작(12:12-17:26)

- ○ 예루살렘 입성, 영광 받으시기 위해 죽은 밀알 되신 주님, 표적도 믿지 않는 유대인(12:12-43)

- ○ 구원하러 오신 주님, 말씀의 심판, 세족식과 유월절 최후의 만찬, 새 계명, 베드로가 주님을 부인할 것을 예고했다(12:44-13:38).

- ○ 길, 진리, 생명 되신 주님, 계명을 지키는 자가 주님을 사랑하는 자, 주님의 말씀을 가르치고, 생각나게 하는 보혜사 성령 약속(14:1-31)

- ○ 포도나무의 비유(하나님은 농부, 주님은 포도나무, 우리는 그의 가지) 가지는 나무에 붙어 있어야 성장하고 열매를 맺는다.

- ○ 주님이 가시면, 주님 대신 주님을 증언하고, 죄와 의와 심판에 대하여 책망하고, 모든 진리 가운데로 인도하고, 장래 일을 알리는 보혜사 진리의 성령을 보내실 것을 예고하셨다(15:1-16:33).

- ○ 마지막 기도(겟세마네 기도)(17:26) - 최후의 만찬 후, 하나님과 주님을 알아서 영생을 얻게 하고, 진리로 거룩해지고, 하나가 될 것을 기도하시다.

8) 십자가와 부활

- ○ 잡히심, 베드로 주님 세 번 부인, 공회재판, 빌라도의 재판(18:1-38)

○ 십자가에 넘겨짐, 십자가에 못 박히심, 운명하심, 장례(18:33-19:42)

○ 십자가에서 죽으심(19:1-42)

○ 무덤에서 부활 후 제자들에게 나타나심(20:1-21:25)

3 육체로 오신 예수님의 정체성, 신성, 사역역할

세례요한은 "그는 …이다."라고 소개했다.

○ 그는 하나님이시다(요1:1).

○ 그는 생명이요, 사람들의 빛이다(요1:4, 3:19).

○ 그는 말씀이시다(요1:14).

○ 그는 세상 죄를 지고 가는 어린양이시다(요1:29).

○ 그는 하나님의 아들이시다(요1:34,49).

○ 그는 이스라엘의 왕이시다(요1:49).

○ 그는 하나님의 성전이시다(요2:19-22).

예수님은 자신을 "나는 …이다." 라고 소개하셨다.

○ 나는 생명수다, 내가 그리스도다(요4:26).

○ 나는 생명의 떡이다(요6:35,48,51).

○ 내 피는 참된 음료이다(6:55).

○ 내 말이 영이고 생명이다(요6:63).

○ 나는 세상의 빛이다(요8:12).

○ 나는 양의 문이다(요10:7,9).

○ 나는 선한 목자이다(요10:11,14).

○ 나는 부활이요, 생명이다(요11:25).

○ 나는 길이요, 진리요, 생명이다(요14:6).

○ 나는 참 포도나무이다(요15:1,5).

요한복음은 이미 형성된 교회를 향한 복음, 영적인 복음이라고 볼 수 있다. 주로 예수님의 영적인 역할과 기능에 초점을 두었다. 공관복음에는 천국, 하나님의 나라를 강조하지만, 요한복음에는 천국, 하나님의 나라, 같은 단어는 등장하지 않고 영생, 구원, 심판에 대하여 기록하고 있다.

특별히 보혜사(파라클레이토스) 진리의 성령이라는 용어는 유일하게 요한복음(14–16장)에만 등장하고 있다.

특수하게 보혜사 진리의 성령의 역할이 주님의 말씀을 가르치고, 주님이 말씀하신 것을 생각나게 하고, 주님에 대하여 증언하고, 죄와 의와 심판에 대하여 세상을 책망하고, 모든 진리 가운데로 인도하고, 장래 일을 알리시고, 주님의 영광을 나타낼 것을 강조하였다.

다른 복음서와 달리 부활하신 주님이 제자들에게 여러 번 나타나셨고(20–21장), 복음서를 기록한 목적이 예수님이 하나님의 아들 그리스도이시며, 그를 믿어 생명을 얻게 하려는 것이라고 명확히 밝혔다(20:30–31). 그리고 예수께서 행하신 일이 요한복음서에 기록된 것 외에 엄청나게 많지만, 극히 일부만 기록하게 된 이유를 설명하였다(21:25).

다른 복음서에는 제자들에게 복음을 전하고 가르치라는 파송명령을 하는 것과는 달리 제자 시몬 베드로에게 "내 양을 먹이라" "내 양을 치라"는 명령을 반복하여 제자들에게 주신 사명이 목양임을 강조했다. 이미 복음이 정의된 교회에 성도들을 성숙하게 목양을 할 수 있도록, 주님의 영적인 사역에 대하여 바르게 이해시키고, 영적 정체성을 확립시키고자 교회를 향하여 쓰여진 교회 안의 복음서가 요한복음이다.

요한복음은 처음부터 계속 땅에 속한 제자들이나 유대인들이 위로부터 오신 예수님과 위로부터 주어진 증거의 말씀을 이해하지 못하는 모습을 보여준다. 교회 안에 있는 사람들도 예수님의 말씀을 이해하지 못하는데, 교회 밖에 있는 사람들이 그 영적 의미를 어떻게 알 수 있겠는가?

6장에서 자신의 살을 떡으로, 자신의 피를 포도주로 소개할 때, 수없이 능력을 보고 몰려들었던 사람들이 주님을 떠나버리는 사건이 소개된다. 이유는 그 말씀이 너무 어렵다는 것이었다. 민망한 주님이 제자들을 바라보시며 "너희도 가려느냐."고 물었을 때, 베드로가 "주여 영생의 말씀이 주께 있사오니 우리가 누구에게로 가오리이까?"라고 대답했다.

요한복음이 영적인 복음을 설명했지만, 복음을 잘못 해석해서 수많은 영지주의자들이 탄생하기도 했고, 많은 이단들이 등장하기도 했다. 요한복음은 잘못 해석하면 오해를 많이 받을 수 있는 복음서이다. 영적인 복음이지만, 육체를 입고 오신 예수님을 부인 하면 구속의 역사를 부정하는 것이기 때문에 적그리스도가 되는 것이다.

사도행전

사도행전은 예수님이 부활 승천 하신 후, 성령강림을 경험한 사도들을 통하여 땅 끝까지 복음을 전파하는 과정을 담은 성령행전이다.

사도행전은 누가복음 후편에 속한다. 누가는 누가복음에 대하여 "내가 먼저 쓴 글에는 무릇 예수의 행하시며 가르치시기를 시작하심부터 그의 택하신 사도들에게 성령으로 명하시고 승천하신 날까지의 일을 기록하였다."라고 기록하고 있다(행1:1-2). 사도행전은 승천하신 이후 오순절 성령강림 사건을 계기로 사도들이 어떻게 예루살렘에서부터 땅 끝까지 복음을 전파하게 되었는지를 증거하고 있다.

사도행전은 의사요, 역사가인 누가가 간접적으로 기록하였지만, 갈라디아서는 바울이 친히 쓴 서신이기 때문에 사도행전을 읽을 때 이를 참조해야 한다. 누가와 바울의 기록 목적이 달라서 표현 기술과 관점의 차이가 존재하기 때문이다. 갈라디아서는 바울 자신이 이방인의 사도로서 갈라디아 지방 교회의 왜곡된 다른 복음과 갈등을 해소하고자 한 것이었다면, 사도행전은 1세기에 예루살렘에서 출발한 십자가의 복음이 성령 강림 이후에 어떻게 이방세계 땅 끝까지 전해지게 되었는지 역사적 사실을 서술하고자 하였다. 사도행전은 사도베드로와 예루살렘 제자공동체를 통하여 예루살렘과 유대와 사마리아와 사도바울의 1, 2, 3차 선교여행과 로마 선교 여행 등, 이방 선교의 과정과 성령의 인도하심에 초점을 맞추었다.

사도행전을 크게 분류한다면, 1장-12장까지는 사도 베드로를 구심점으로 한 베드로행전이라고 할 수 있고, 13장-28장은 이방의 사도인 바울을 구심점으로 한 바울 행전이라고 할 수 있다.

사도바울의 회심(9장)과 이방인 백부장 고넬료가 베드로를 통하여 회심하는 사건(10장)이 선교의 전환점이 되었다. 고넬료 회심사건으로 말미암아 공식적으로 이방인들에게도 구원이 허락되었음을 공포하게 되었고(11:18), 그 후로부터 준비된 사도 바울을 통하여 본격적인 이방인 선교가 이루어졌다(13-28장). 그 당시 예루살렘보다는 이방인 그리스도인들과 디아스포라 유대인들을 통한 선교가 활발하게 이루어지고 있었다.

다른 복음서와 달리 누가복음에서는 예수님의 12제자들을 '제자'라고도 하였지만, 다른 제자들과 구별하기 위해 '사도'로 호칭하였다. 사도행전에서는 제자들의 제자가 등장하면서, 12사도만을 제자라고 호칭하지 않고, 부르심을 받은 다른 성도들도 제자라고 호칭하여 사도와 제자를 구분하였다.[51]

66-70년경 로마와 유대인들 간의 전쟁으로 인해 예루살렘과 성전이 파괴되고 예루살렘 그리스도인 공동체는 요단강 북동쪽 펠라로 이동한 후 온 이방세계로 흩어져 복음을 전하였고, 그 영향력을 확장시켰다.

. . . .

51) "열두 사도가 모든 제자를 불러 이르되 우리가 하나님의 말씀을 제쳐 놓고 접대를 일삼는 것이 마땅하지 아니하니"(행6:2)
"하나님의 말씀이 점점 왕성하여 예루살렘에 있는 제자의 수가 더 심히 많아지고 허다한 제사장의 무리도 이 도에 복종 하니라."(행6:7)

1 사도행전의 구조

예수님의 승천과 성령강림 ⇒ 초대교회 형성 ⇒ 예루살렘선교
⇒ 온 유대와 사마리아 선교 ⇒ 이방 땅 끝 선교

○ 1-12장: 베드로를 중심으로 한 성령행전
○ 13-28장: 바울을 중심으로 한 성령행전

성령의 역사로 이루어졌기 때문에 사도행전을 성령행전이라고도 할 수 있다. 그래서 누가는 주님이 말씀하신 대로 성령강림 후 예루살렘과 온 유대와 사마리아와 땅 끝까지라는 구조로 사도행전을 기록하였다.

2 사도행전의 내용

1장 예수님의 승천과 제자공동체 형성

예루살렘 동편 감람산에서 예수께서 제자들 보는 곳에서 승천하셨다.

성령강림 약속과 함께 12제자와 제자들 공동체가 형성되었다(예루살렘 마가의 다락방에서... 12:12).

2장-5장 오순절[52] 성령강림, 예루살렘 선교와 초대 복음공동체 형성

당시에 이스라엘 땅에 거주하는 유대인들과 전 세계에 흩어져 사는 디아스포라 유대인들은 모세오경의 가르침을 따라 3대 절기(유월절, 오순절, 초막절, 출23장, 레23장, 민28-29장, 신16장)중에 한 번은 예루살렘을 방문하는 것이 신앙적 전통이었다.

당시에 예루살렘에 거주하는 인구는 2-4만 명 정도로 알려졌지만, 절기 때에는 그 지역에 사는 모든 본토 유대인들과 전 세계에 흩어져 살던 유대인들(디아스포라 유

---

52) 유대인들에게 오순절은 모세가 시내산에서 십계명과 토라를 받은 것을 기념하는 날이고, 계절적으로도 가장 이동이 용이한 때이기 때문에 3대 절기 중에서 가장 많이 모이는 절기이다.

대인) 수백만 명이 모여들었다고 한다.[53] 주께서 약속하신 성령강림은 그렇게 전 세계에 흩어져 살던 수많은 유대인들이 성전을 사모하는 마음으로 신앙의 고향인 예루살렘을 찾았을 때에 일어난 일이다.[54] 주님도 때가 차서 오셨듯이, 오순절에 성령이 임하신 것도 땅 끝까지 복음을 전하시기 위한 하나님의 계획이요, 섭리였다. 그래서 사도들을 통해 하루에 3천 명, 5천 명이 회개할 수 있었던 것이다.

성령강림과 사도들의 본격적인 선교사역으로 예루살렘에 유대인 그리스도인 공동체가 형성되었다. 그러나 아직까지는 제자들도 예루살렘 성전 중심의 예배 공동체로 머물러 있었다.

■ 오순절에 예루살렘이 찾아온 사람들

6장-8장 집사제도, 최초의 순교사건과 큰 핍박, 사울의 등장

갑자기 공동체가 커지면서 공동체 내부에 헬라어를 하는 헬라파 유대인 그리스도인들이 음식을 나눌 때마다 본토에서 히브리말을 하는 히브리파 유대인그리스도인

---

53) 어떤 사람들은 50-60만, 어떤 사람들은 200-300만으로 보는데, 최고 많이 모여드는 절기이고, 팔레스타인 본토 전 지역 사람들과 이민자들 곧 바대인과 메대인과 엘람인과 또 메소보다미아, 유대와 갑바도기아, 본도와 아시아, 브루기아와 밤빌리아, 애굽과 구레네, 리비야, 로마와 그 외 여러 지역 사람들이 다 모였기 때문에 200-300만이 설득력이 있다.

54) 당시에 교통수단이 좋지 않았기 때문에 먼 지역에서는 오려면 10일-30일 이상 이동해야 했기 때문에 비용과 더불어 강도의 위험을 무릅쓰고 목숨을 걸고 오는 성지여행이었다.

으로부터 소외를 당하는 문제가 발생하였다. 사도들이 모든 문제를 해결하는데 한계가 있었다. 그래서 사도들이 믿음과 성령이 충만한 일곱 집사를 세워서 구제와 섬김의 사역을 위임하고, 사도들은 말씀을 전하고 기도하는 일에 전념하기로 하였다. 그리고 일곱 집사들도 함께 복음을 전하는 일에도 동참시켰다.

그중에 스데반집사가 성령이 충만하여 복음을 전하다가 유대인들에게 돌을 맞아 순교하였다. 이것이 계기가 되어 8장에서 예루살렘 공동체가 큰 핍박을 받고, 사도들 외에는 유대와 사마리아 지방으로 다 흩어지게 되었다. 이 또한 하나님의 섭리라고 할 수 있다.

■ 빌립의 전도

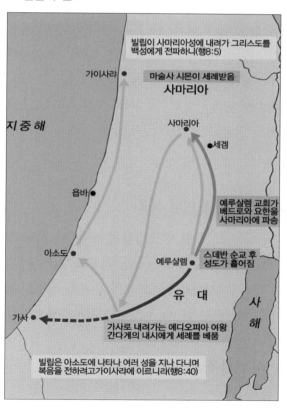

성령이 임하면 땅 끝까지 선교하기 위해 나가라고 했는데, 은혜를 받겠다고 예루살렘에 오물오물 모여들어서 문제만 만들기 때문에 하나님께서 매를 들어 이방 땅 끝 세상에 흩으심으로 땅 끝까지 갈 수밖에 없게 하신 것이다.

그리고 이방 땅 끝 선교를 위해 준비된 그릇 사울이 등장하였다. 사울은 유대교에 열심히 있는 열성분자로 그리스도교 공동체인 교회를 없애려고 날뛰었다. 집집마다 찾아다니면서, 남자나 여자나 가리지 않고 끌어내서, 감옥에 넘기는 자였다.

9장: 바울의 회심과 이방 선교 준비

사울이 제자들에 대하여 위협과 살기가 등등하여 대제사장으로부터 여러 회당에 가져갈 공문을 받았고, 그리스도인들은 남녀를 가리지 않고, 닥치는 대로 묶어서, 예루살렘으로 끌어오려고 다메섹으로 가는 도중에 예수님을 만나서 회심을 하였다.

때가 차서 하나님께서 예루살렘에 모였던 공동체를 온 세계로 흩으시고, 이방 선교를 위해 예수께서 친히 나타나셔서 전적인 은혜로 사울(바울)이라는 그릇을 준비하셨다. 사울의 회심은 그리스도교의 역사의 대전환점이 되었다.

사울은 태어나면서부터 로마 시민권자로서 로마식 이름(바울)과 유대식 이름(사울)을 동시에 가지고 있었다. 회심하고 이방 선교를 떠나기 전까지는 유대식 이름을 사용하다가 이방 선교가 시작되면서부터는 바울이라는 이름을 사용하였다.

주께서 아나니아를 통해서 바울의 눈을 뜨게 하시고, 즉시 그 자리에서부터 복음을 전하기 시작하였다. 바울은 선교사로 파송되기 전에도 복음을 전하면서 선교를 준비하였지만, 바울자신도 하나님께서 어떻게 쓰실지 다 알지는 못하였다.

회심 시기가 대략 34년경(주님이 탄생을 BC 4년, 부활 승천을 30년으로 볼 때)이었다. 1차 선교가 48-49년경으로 보면 선교사로 파송받기까지 약 14년간의 사역 준비 기간이 있었다고 볼 수 있다.

10장: 이방인 백부장 고넬료의 회심으로 열린 이방 선교

이방 선교의 문을 연 것은 바울이 아니라 예루살렘 공동체의 수장이었던 사도 베드로였다. 하나님께서 하나님을 경외하고, 백성을 구제하고, 항상 기도에 힘쓰던 경건한 이탈리아의 백부장 고넬료를 환상 가운데 부르시고, 베드로를 통하여 세례를 베풀고 회심시키셨다. 그래서 그와 그 가족들이 공식적인 첫 이방인 회심자가 되었다.

11장-12장: 이방 선교 공포, 시리아의 안디옥교회(공동체) 형성,

❖ 교회의 핍박(야고보의 순교와 베드로의 투옥)

1세기 당시에 유대인들은 이방인들을 부정하게 여겨 함께 식사를 하지 않았다. 그래서 사도 베드로가 무할례자인 백부장 고넬료와 함께 식사한 것이 예루살렘에서 문제가 되었다. 그러나 예루살렘 공동체가 고넬료가 복음을 들을 때, 성령이 임하였다는 베드로의 선교 보고를 받고 비로소 하나님께서 이방인들에게도 생명을 얻는 회개를 허락하셨다는 것을 인정하고 공식적으로 이방 선교를 공포하였다(11:18).

이방인에 대한 선교활동이 공인된 후, 안디옥 교회를 중심으로 본격적으로 이방 선교가 시작되었다. 안디옥 교회가 크게 부흥되자, 예루살렘 사도 공동체가 그곳에 바나바를 목회자로 파송하였고, 안디옥 교회는 바나바 혼자서 감당하기 어려울 만큼 크게 부흥하였기 때문에 바나바가 다소에서 사울을 초청하여 1년간 함께 사역을 하였다. 당시에 바나바와 달리 사울은 열정뿐 아니라 헬라문화, 로마문화, 유대문화에도 능통했기 때문에 이방 선교에 아주 적합한 준비된 인물이었다. 그래서 하나님께서 준비된 자를 때에 맞도록 부르신 것이다.

그때 비로소 안디옥 교회에서 복음으로 사는 자들을 최초로 그리스도인이라고 부르기 시작하였다. 그리스도인이라는 말은 핍박하는 자들에게는 조롱 섞인 말이었지만, 지역사회와 공동체 안에서는 칭찬하는 말이기도 하였다. 당시에 그리스도교는 유대교의 한 분파로 인식되었기 때문에, 그리스도인이라고 부른 것은 유대교와 구별된 칭호로써 아주 고무적인 일이었다.

13장-14장: 바울의 1차 선교여행

안디옥 교회는 성령의 지시 하심을 따라 금식기도하고, 선지자들과 교사들 중에 바나바와 사울(바울)을 택하여 안수하였다. 그리고 안디옥교회는 그들을 이방 지역에 최초로 공식선교사를 파송하는 영광을 얻었다.

바울과 바나바의 첫 선교지는 구브로 섬이었다. 이때부터 이방 선교를 위해 사울이 아닌 바울이라는 이름을 사용하기 시작하였다. 구브로 섬에서 배타고 밤빌리아 지방의 버가까지 동행했던 요한 마가는 그곳에서 예루살렘으로 돌아가고, 두 사람

은 비시디아 지방의 안디옥에 도착하여 회당에서 복음을 전하였다.[55]

바울은 비시디아 지방의 안디옥에서 유대인들의 선동과 핍박을 피하여 이고니온으로 이동하여 복음을 전하지만, 그곳에서도 핍박 때문에 루스드라로 이동하여 복음을 전하였다.

루스드라에서 앉은뱅이를 치유하면서 복음을 전했지만, 안디옥과 이고니온에서 온 유대인들이 그 지역 사람들을 충동질하여 바울을 돌로 쳐서 죽은 줄로 알고 성 밖에 버렸는데, 바울이 죽지 않고 일어나서 그 고통 중에서도 더베까지 가서 복음을 전하여 많은 사람들을 제자로 삼았다.[56]

그리고 돌아오는 길에 루스드라, 이고니온, 안디옥 교회를 다시 들러서 말씀으로 위로하고 선교 파송지였던 시리아의 안디옥 교회로 돌아와서 선교 보고를 하였다. 이것이 바울의 1차 선교 여행이다.

15장: 예루살렘 총회, 문제해결(율법에 대한 교회의 새로운 규정 채택)

유대로부터 온 유대인 그리스도인들이 모세의 법대로 할례를 받아야 구원 받는다고 가르쳐서 바울과 바나바와 그들 사이에 심한 다툼이 벌어졌다. 예수만 믿으면 구원받는다는 바울과 바나바의 가르침과 율법도 지켜야 한다는 유대인 그리스도인들 사이의 갈등이 심해진 것이다. 그래서 그 문제를 해결하기 위해 바울과 바나바와 그 중에 몇 사람을 택하여 예루살렘 총회에 파송되었다. 예루살렘 사도 공동체는 선교 보고를 받고, 베드로와 예수님의 친동생 야고보의 권고로 새로운 이방 선교 강령을 만들었다. 우상숭배금지, 음행금지, 목매어 죽인 것 먹지 말 것, 피를 멀리할 것 등

---

55) 바울은 주로 회당에서 복음을 전하였다. 회당은 바벨론 포로기에 성전제사 대신 말씀으로 그들의 신앙 정체성을 세우기 위해 만들어졌고, 스룹바벨과 에스라, 느헤미야 때에 바벨론에서 귀환하지 않고 전 세계에 흩어져 살던 디아스포라 유대인들의 신앙 거점이었다. 예루살렘에 귀환한 자들에게는 성전과 회당문화가 공존하였다.
   회당은 1세기에 예수님과 사도들과 순회 전도자들이 복음을 전하는데 큰 디딤돌이 되었다. 회당은 세계로 통하는 로마제국의 도로와 국제공용어인 코이네 헬라어와 함께 복음을 전하기 위해 하나님께서 준비하신 도구였다.

56) 루스드라에서 더베까지는 약 96Km 정도 거리이다.

4가지를 의결하고, 할례는 예외로 두었다. 그리고 안디옥 교회에 유다와 실라 두 증인을 동행시켜 편지를 보냈다.

문제를 해결하고 안디옥으로 돌아온 바울과 바나바는 2차 선교 여행을 준비하는데, 1차 선교여행 때, 밤빌리아에서 일찍 선교를 포기하고 돌아갔던 마가 요한과 동행하는 문제로 심히 다투고, 바나바는 마가와 함께 구브로 섬으로, 바울은 실라를 택한 후에 수리아와 길리기아 지방(지금의 터키) 그리고 마케도냐와 아가야 지방으로 2차 선교여행을 떠났다.

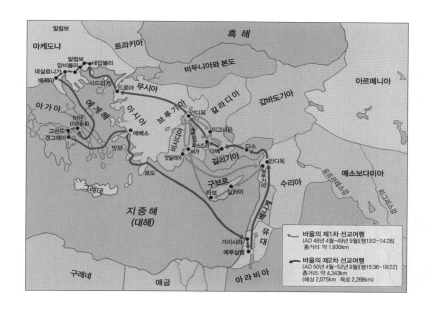

16장-18장 22절: 바울의 2차 선교여행

바울은 더베를 거쳐 루스드라에 이르러 그 지역에서 칭찬받는 제자 디모데를 택했고, 그에게 할례를 행한 후에(부친이 헬라인이기 때문에) 선교에 합류 시켰다(딤후1:5). 이 지역을 갈라디아 지방이라고 한다. 그 지역교회가 바울의 가르침으로 든든하게 서게 되고, 부흥했다.

성령이 아시아(터키서부)에서 복음을 전하지 못하게 하셨다. 그래서브르기아와 갈라디아 지방을 다녀 무시아에서 북쪽 비두니아 지방으로(이 모든 지역은 현재 터키 중부, 서부, 북부지방을 말한다.) 가고자 애썼지만, 예수의 영이 허락지 않았다. 그래서 무시아를 지나 드로아(트로이 목마로 유명한 역사적인 지역)에 이르렀을 때, 유럽의 마케도니아 사람이 환상 중에 나타나서 "와서 우리를 도우라"는 음성을 하나님의 부르심으로 믿고, 드로아에서 배타고 네압볼리를 거처 유럽지방의 첫 성인 빌립보에 도착하여 복음을 전하였다. 지금도 바울이 유럽에 첫발을 디딘 네압볼리 항구에 바울을 기념하는 교회가 세워져 있다.

　유럽의 첫 성인 빌립보에는 유대인들이 많지 않았기 때문에 회당이 없었다.[57] 그래서 바울이 기도처를 찾다가 만난 사람이 자주장사 루디아였다. 루디아는 바울이 유럽에서 전도한 첫 열매이다. 바울은 빌립보에서 점하는 귀신들린 여종을 만나 예수님 이름으로 귀신을 좇아낸 것이 원인이 되어 감옥에 갇혔다. 그러나 바울과 실라가 실망하지 않고 감옥에서도 기도하고 하나님을 찬미함으로 하나님께서 옥문을 열어 주셨다.

■ 옛 빌립보 유적지

　그때 졸고 있던 간수가 바울이 탈옥한 줄로 알고 자결하려고 할 때, 바울이 즉시 그를 만류하였다.[58] 이때 간수가 "선생들아 우리가 어떻게 해야 구원을 얻을 수 있습니까?" 라는 질문을 하였는데, 바울은 그에게 "주 예수를 믿으라, 그리하

57) 유대인들은 소돔과 고모라가 10명의 의인이 없어 멸망했기 때문에, 10명이 모여야 회당모임이 성립되었기 때문에 10명이 안 되는 곳에는 기도처를 만들었다.

58) 당시에 죄수가 탈옥하게 되면 간수는 무서운 형벌과 함께 처형되던 때이다.

면 너와 네 집이 구원을 얻으리라"(행16:30–31)는 말씀을 전하였고, 그 간수는 온 가족과 함께 복음을 듣고 구원을 받았다. 이렇게 하여 루디아와 귀신 들렸던 여종, 그리고 간수의 집안이 빌립보 교회의 개척 멤버가 되었다.

17장: 데살로니가, 베뢰아, 아테네 선교

바울은 암비볼리와 아볼로니아를 거쳐 데살로니가에 이르러서 복음을 전하였다. 데살로니가에서 경건한 헬라인의 큰 무리와 많은 귀부인들이 회개하고 복음을 믿게 되는데, 이를 시기한 유대인들의 핍박 때문에 서쪽 베뢰아로 가서 복음을 전하였다. 베뢰아 사람들은 데살로니가 사람들보다 신사적이어서 말씀을 받고 성경을 늘 묵상하는 생활을 하였다. 그러나 데살로니가에서 핍박하던 유대인들이 베뢰아까지 찾아와서 핍박을 함으로 디모데와 실라를 그곳에 남겨두고, 배를 타고 아덴(아테네)으로 가서 복음을 전하였다.

아덴(아테네)은 철학 도시였다.[59] 바울은 아크로폴리스의 파르테논 신전 앞 아레오바고 언덕에서(17:22) 복음을 전하지만, 그들은 바울의 복음을 새로운 철학으로 착각하고 듣기는 했지만 믿는 자는 많지 않았다(17:34).

18장: 고린도 선교

바울은 아덴(아테네)을 떠나 고린도에 이르러서 브리스길라와 아굴라 부부를 만났다.[60] 그들은 바울처럼 천막 기술자였기 때문에 현장에서 만났고, 고린도 교회 개척 멤버로 바울의 동역 자가 되었다.[61]

---

59) 당시의 철학 파는 에피쿠로스 학파와 스토아 학파가 주류를 이루고 있었다.(행17:18)

60) 그들은 AD 49년 로마황제 글라우디오(클라우디우스)가 로마에서 유대인들을 강제 추방할 때 로마에서 가까운 이곳 고린도로 오게 되었다.

61) 바울은 당시 자기가 직접 돈을 벌어서 자비량 전도를 하고 있었다.

바울은 고린도에서도 회당에서부터 복음을 전하기 시작하였다. 이때에 마게도냐(마케도니아)에서 온 디모데와 실라가 합류해서 함께 복음을 전하였는데, 회당에서 유대인들로부터 거부당하여 더 이상 회당에서 복음을 전할 수 없게 되자 회당 옆에 사는 디도 유스도의 집에서 복음을 전하였다. 그때 회당장 그리스보가 회개하여 고린도 교회에 합류하였다.

바울은 유대인들의 훼방 때문에 손을 털고 그곳을 떠나기로 작정하였는데, 그 밤에 주께서 환상 가운데 고린도에 주의 백성이 많다는 말씀을 듣고 1년 6개월 동안 머물면서 세운 교회가 고린도 교회이다. 주로 바울이 세운 교회는 가정교회였다. 고린도 교회 개척 당시에 브리스길라와 아굴라, 디도 유스도, 회당장 그리스보 가정, 회당장 소스데네가 그 구성원이 되었다(행18:1–11, 고전1:1).

바울이 고린도 지역 전도를 마치고 겐그레아에서 배를 타고 에베소와 가이사랴를 거쳐 또다시 선교 파송지인 안디옥에 도착하였다. 이것이 2차 선교여행이었고, 그곳에서 3차 선교여행을 준비하였다.

18장 23절–21장 17절: 바울의 3차 선교여행

바울 일행은 안디옥에서 3차 선교여행을 출발하였다. 갈라디아와 브루기아 땅을 거쳐 에베소 교회에 이르렀다. 에베소 교회는 아볼로라는 유명한 성경 교사가 있었는데, 바울이 도착할 당시에는 고린도 교회에 가 있었다. 아볼로가 에베소 교인들을 성경으로 잘 가르쳤지만, 성령은 받지 못하였다. 그래서 바울이 그들에게 세례를 주고 성령을 체험케 하였다.

■ 아데미

바울이 회당에서 복음을 전하다가 유대인들의 거부로 회당에서 나와서 열두제자를 따로 세우고 두란노라고 하는 서원에서 2년 동안 날마다 제자훈련을 하였다. 그렇게 말씀에 집중할 때, 바울의 손수건이나 앞치마만 얹어도 병이 치유되고, 귀신이 물러가는 놀라운 능력이 나타났다. 유대인의 제사장 스게와의 그 일곱 아들들이 바울을 흉내 내다가 귀신들린 자들에게 뜯겨 벌거벗은 채로 도망하는 우스꽝스러운 일도 일어났다.

에베소에서 마술하는 자들이 회개하고 마술책들을 불사르고 주님을 따랐고, 주의 말씀이 더 흥왕하여 세력을 얻었다. 그때에 은으로 아데미 여신(풍요와 다산의 신)을 만들어 돈벌이하던 데메드리오라고 하는 은장색이 사람들이 우상을 버리고 주를 섬김으로 돈벌이가 안 되니까 사람들을 선동하여 바울을 핍박하였다. 그래서 바울이 에베소를 떠나 마게도냐 지방으로 가서 복음을 전하기 시작하였다(행20:1).

바울이 마게도냐에서 고린도까지 갔다가 수리아로 건너가고자 했으나, 유대인들의 훼방 때문에 왔던 곳으로 다시 되돌아와서 마케도니아 지방을 거쳐 빌립보에서 배를 타고 드로아로 건너갔다(20:1-6).

드로아에서 밤늦게까지 설교할 때 유두고가 졸다가 이층에서 떨어져 죽었지만, 바울이 기도로 그 청년을 살려내어 그들을 위로하였다.

바울은 드로아를 떠나 앗소에서 미둘레네와 사모를 거쳐 밀레도에서 에베소 장로들을 청하여 작별인사를 하였다. 바울이 밀레도에서 작별인사를 한 것은 유월절까지 예루살렘에 가야 하는데, 에베소에 들리면 시간이 많이 지체되기 때문이었다.

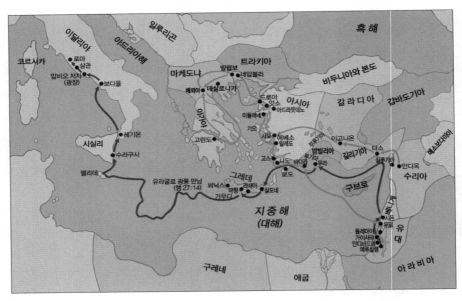

바울은 에베소 장로들에게 그곳에서 바울이 어떻게 전도하였는지 잊지 말고, 주께서 당부하신 말씀도 잊지 말라고 당부하였다. 바울이 예루살렘으로 가면 많은 환난이 기다린다는 말을 많이 들었지만 "나의 달려갈 길과 주 예수께 받은 사명, 곧 하나님의 은혜의 복음 증거 하는 일을 마치려 함에는 나의 생명을 조금도 귀한 것으로 여기지 아니하노라."(행20:24)라는 유언 같은 고별 설교를 마치고, 고스, 로도, 두로, 돌레마이를 거쳐 이스라엘 땅 가이사랴에 이르러 빌립의 집에 머물렀다가 죽음을 무릅쓰고 예루살렘으로 올라갔다.

21장 18절– 26장: 바울의 예루살렘에서의 재판과 투옥

바울은 예루살렘에서 제자들의 영접을 받고 선교보고를 한 후, 고린도와 마게도냐 지방에서 보낸 선교헌금을 전달하였다. 예루살렘 공동체도 바울의 안위를 염려했지만, 결국 성전을 찾았다가 아시아에서 온 유대인들의 고소로 잡혀서 위기에 처하지

만, 천부장 루시아와 군병들에 의해 성전 옆에 있는 안토니아 요새로 잡혀갔다.[62]

22장: 안토니오 요새 앞 군중에게 복음을 간증하는 바울

바울이 안토니아 요새 층계에서 천부장 루시아의 도움으로 자신을 핍박하기 위해 모인 군중들을 향하여 자신이 어떻게 회심하게 되었는지를 간증하였다. 그는 예수님을 만나기 전의 모습, 만나게 된 동기, 만나서 체험한 사건, 그래서 지금은 핍박 중에도 복음을 전하는 사람이 되었다는 간증을 하며 복음을 전하였다. 22장은 간증법의 좋은 사례이다.

바울의 말을 듣고 성난 군중들 때문에 바울이 영내에서 채찍에 맞을 위기에 처하지만, 로마 시민권 때문에 위기를 넘겼다.

23장: 유대인 공회의 재판을 받는 바울

바울은 유대인들의 공회에서 재판받았다. 재판에서 바리새인들과 사두개인들이 부활문제로 분쟁이 일어나서 바울이 곤란할 때, 로마 군인들에 의해 보호를 받았다. 이때 유대인들 중에 바울을 죽이기 위해 40명의 결사대를 결성하지만, 하나님께서 바울의 조카를 통하여 이 사실을 알게 하셨다. 그래서 천부장이 군사를 동원하여 예루살렘에서 지중해변에 위치한 총독관저가 있는 가이사랴 감옥으로 이송하였다. 유대인들은 그곳에서도 변호사 더둘로까지 동원하여 벨릭스 총독 앞에서 고소하지만, 바울의 죄를 찾지 못하고 2년 동안 감옥에 있어야 하였다.

25장-26: 베스도와 아그립바 복음을 전하고, 로마에 상소하는 바울

벨릭스 후임으로 온 베스도 총독 때도 유대인들이 계속 바울을 예루살렘으로 끌어올려 죽이려고 하였지만, 바울은 그 계략을 알고, 로마의 시민으로서 로마 황제에

---

62) 성전 옆에 소요사태가 발생할 것을 대비하여 로마 군단에서 안토니오 요새 세웠다.

게 상소하였다. 바울은 베스도 총독과 당시에 갈릴리 지방의 왕이었던 아그립바 왕과 그 아내 버니게 앞에서 무죄를 확인했지만, 바울은 로마에까지 복음을 전하기 위해, 로마 황제에게 상소하고 스스로 죄수의 몸이 되어 로마에 압송되었다.

27장-28장: 바울의 로마 압송, 로마에서의 가택연금과 선교

바울은 로마로 압송당하면서 구브로섬 해안을 거쳐 그레데(크레테)섬 미항에 도착하였다. 바울은 날씨 때문에 그곳에서 겨울을 보내고 가자고 권하지만, 죄수를 인도하는 백부장이 바울의 말보다 선장과 선주의 말을 더 믿고 무리하게 출발했다가 유라굴로라는 광풍을 만나서 배가 파선되는 위기를 맞이하였다. 그러나 그 밤에 하나님의 사자가 나타나서 그들을 바울에게 맡겨서 모두 구원하실 것을 약속하셨다. 약속대로 바울의 기도와 하나님의 은혜로 구원받아서 멜리데[63] 섬에 무사히 도착하였다.

28장: 멜리데 섬 선교, 로마에서 2년간 갇힌 상태에서 복음전파

비울이 멜리데 섬에 도착하여 섬 원주민(토인)들의 환영 속에 불을 피우는 중에 독사에 물렸는데 죽지 않았고, 그 섬 추장 보블리오 부친의 열병을 치유하는 것이 계기가 되어 그 섬사람들이 다 예수를 믿는 놀라운 역사가 일어났다. 바울은 어디를 가나, 무엇을 하나, 어떤 상황에서든지 항상 복음을 전하는 일에 전념하였고, 배가 파선되는 위기 속에서도 그 위기를 복음을 전하는 계기로 삼았다.

바울은 로마에 도착하여 가택 연금상태로 갇히게 되지만, 자유롭게 사람들이 방문할 수 있어서 그곳에서도 2년 동안 겨울을 지내면서 방문자들을 대상으로 복음을 전할 수 있었다. 바울이 소문난 전도자라서 많은 사람들이 찾아왔었다. 이것이 바울이 가이사랴 감옥에서 로마 황제에게 항소함으로 로마에까지 이르게 되는 4차 로마 선교여행이었다.

. . . .

63) 현재 섬나라 몰타 공화국으로 천주교 국가이다.

로마서

로마교회는 바울이 세운 교회가 아니다. 로마서는 바울이 로마에 가기 전에 고린 도 교회에서 미리 보낸 편지이다. 바울이 로마서를 쓴 목적은 로마 교회의 문제를 해결하고, 땅 끝까지 복음을 전하는데 도움을 받기 위해서였다.

당시에 로마교회는 디아스포라 유대인들에 의해 세워져서 유대인 중심으로 구성 되었었는데, 49년경 클라우디우스 황제 때에 로마 시에서 유대인들을 추방하면서 이 방인 중심의 교회가 되었다. 54년 이후 네로 황제 때에 유대인들이 귀환하지만, 바 울이 편지를 쓸 당시는 이방 중심의 교회가 되어 있었다. 그래서 유대인 그리스도인 과 이방인 그리스도인들 사이에 문화적 갈등과 문제가 존재하였다. 그래서 그 문제 를 해소하고, 로마 교인들은 복음에 대한 구체적인 가르침이 부족해서 사도 바울이 복음적 교리를 바르게 가르치고자 하였다.

> – 유대인들 추방 전 유대인 그리스도인 〉 이방인 그리스도인
> – 유대인들 추방 후 유대인 그리스도인 〈 이방인 그리스도인[64]

유대인 그리스도인들은 율법적 신앙관습으로 우상에게 제사 드리고 시장에 나온 부정한 음식을 먹지 않았지만, 이방인 그리스도인들은 율법으로부터 자유로웠기 때 문에 아무것이나 감사함으로 먹을 수 있었다. 그런 율법적, 문화적 요소로 인하여

---

64) AD 49년 클라우디우스(글라우디오) 황제는 유대인들이 소란을 일으킨다고 해서 로마에서 추방했다가(행18:2),
    54년 네로가 황제가 되면서 유대인들의 귀환을 허락하였다.

서로의 갈등이 존재할 수밖에 없었다. 바울은 로마교회의 도움을 받아 땅 끝까지 가고자 계획을 세웠는데, 로마교회가 갈등과 분열로 내홍을 겪으면 계획에 차질이 생길까 염려하여 미리 편지를 보내서 그들을 복음으로 하나가 되게 하고자 하였다.

로마교회는 유대인 그리스도인들과 이방인 그리스도인들로 구성된 혼합 공동체였지만, 주 구성원들은 이방인 그리스도인들이었다. 그래서 율법으로부터 자유로운 이방인 그리스도인들이 강한 자이고, 유대인그리스도인들은 약한 자였다.

1 각 장별 구조, 내용

1장: 1장 5절-17절까지는 로마서 서문이다. 편지의 대상은 '모든 이방인' '로마에 있어 하나님의 사랑하심을 입고 성도로 부르심을 입은 모든 자'들인데, 그들을 '너희'(6절)라고 한 것은 이방인 그리스도인이나 유대인 그리스도인 모두를 통칭한 말로, 로마서는 모두에게 쓴 편지이다.

바울이 로마를 방문하고자 하는 이유는 어떤 신령한 은사를 나눠 주어 신앙을 견고하게 세워 피차간에 안위를 받기 위함이었다. 바울은 헬라인이나 야만인이나 지혜 있는 자나 어리석은 자에게 빚진 자이기 때문에 로마에도 복음을 전하고자 하였다.

복음은 구원을 주시는 하나님의 능력이기 때문에 바울은 복음을 부끄러워하지 않았고, 복음에는 하나님의 의가 나타나서 믿음으로 믿음에 이르게 된다는 믿음의 원리를 가르쳐 주었다.

불의로 진리를 막는 불신 이방 사람들은 추악한 욕심과 불의 때문에 하나님의 진노와 심판이 예비 되어 있고, 오늘날도 불의 때문에 하나님의 진노의 심판이 있을 것을 예고한 말씀이다.

2장: 유대인들은 선민사상에 젖어 이방인들의 불의를 판단하고 비난하면서도 같은 행위를 하였다. 하나님은 누구든지 구별하지 않고 각 사람이 행한 대로 갚아 주되, 악을 행하는 자에게는 환난과 곤고함으로, 선을 행하는 자에게는 영광과 존귀와 평강으로 갚아 주신다.

하나님은 사람을 외모로 취하지 않으신다. 율법의 본질을 바로 이해해야 한다. 표면적 육신의 할례를 받은 자가 유대인이 아니라, 마음에 할례를 행한 이면적 유대인이 참 유대인이다. 형식적인 신앙보다 마음의 변화가 중요함을 일깨워 주었다.

3장: 유대인이나 이방인이나 모두 거짓되고 죄인이기 때문에 스스로 의롭게 될 자는 아무도 없고, 율법의 행위로도 의롭다 할 육체는 없다. 이방인이나 유대인이나 하나님 앞에서 모두 죄인이기 때문에 "의인은 없나니 하나도 없다." 그러므로 스스로의 노력으로 의롭게 되거나 하나님의 영광에 이를 수 없고, 모두 심판아래 놓인 전적 무능과 절망의 상태임을 일깨워 주었다. 율법의 역할은 죄를 깨닫게 할 뿐이다. 그래서 모든 사람이 죄를 범했기 때문에 하나님의 영광에 이를 수 없다.

우리가 의롭게 되는 것은 율법의 행위가 아니라 예수그리스도의 십자가 보혈로 말미암은 속죄, 곧 그 은혜와 믿음으로만 의롭게 된다.

하나님은 유대인들의 하나님도 되고, 이방인의 하나님도 되기 때문에 유대인들만 의롭다는 잘못된 선민사상에 빠지면 안 된다. 할례자나 무할례자도 믿음으로 말미암아 의롭게 되는 것이다. 의롭다 하실 분은 오직 하나님 한 분뿐이시다.

4장: 사람이 의롭게 되는 것은 사람의 행위, 할례나 율법이 아닌 오직 예수그리스도를 믿음으로 의롭게 된다는 것을 아브라함의 믿음을 예로 들어 가르쳐 주었다. 아브라함이 부르심을 받았을 때 하나님을 믿었고, 불가능한 상황 속에서도 믿음을 버리지 않고, 믿음으로 말미암아 의롭다 함을 받았다는 사실을 예로 들어 의롭게 되는 것은 할례가 아니라 믿음이라는 것을 일깨워 주었다. 할례는 믿음을 인치기 위해 주신 규례일 뿐, 할례가 믿음을 앞서지 못한다는 것을 분명히 하였다.

5장: 아담의 죄 안에서 유대인과 이방인이 구별이 없듯이, 예수그리스도를 믿음으로 말미암아 의롭게 되는 것도 유대인이나 이방인이 구별이 없다. 바울은 갈등을 겪고 있던 로마교회가 예수그리스도의 십자가의 은혜로 말미암아 하나가 되기를 바랐다.

그래서 유대인 그리스도인이나 이방인 그리스도인 모두 '연약할 때' 불경건한 자였을 때' '죄인들' '하나님과 원수 되었을 때' 예수께서 십자가에서 우리 죄를 대신하여 죽으심으로 우리를 의롭다 하셨고, 우리를 얼마나 사랑하시는지 그 사랑을 확증해 주셨다. 그러므로 이제 그리스도로 말미암아 하나님과 화평을 누려야 한다. 하나님과 예수그리스도 앞에서는 유대인이나 이방인이나 차별이 없다. 유대인이나 이방인을 구별하지 않고 모든 사람이 아담 한 사람 때문에 사망에 이르렀듯이, 한 사람 예수그리스도로 말미암아 의롭다 하심을 입고 생명에 이르게 되었다.

6장: 예수그리스도를 영접한다는 것은 죄에 대하여 예수님과 함께 십자가에 못박혀 장례를 치렀기 때문에 죄와는 아무 상관이 없다는 말이다. 예수님과 함께 죽었으면, 함께 부활에도 이르게 되는 것이다. 그러므로 자신을 죄에 대하여는 죽은 자로, 그리스도 예수 안에서 하나님께 대하여는 산 자로 여겨야 한다.

그리스도인은 죄에 대하여 십자가에서 죽었기 때문에 몸을 죄에 병기로 사용하지 말고, 의의 병기로 사용해야 한다. 누구든지 순종하는 자의 종이 되기 때문이다. 죄에 대하여 죽은 자는 의에 순종하여 의에 이르러야 한다. 죄의 삯은 사망이요, 하나님의 은사는 그리스도 예수 우리 주 안에 있는 영생이다.

7장: 혼인 관계를 통하여 아내가 남편이 있는 동안에는 구속받지만, 남편이 죽으면 자유 하듯이 사망에 이르게 하는 율법에 대하여 죽었으면 율법으로부터 자유 해야 한다. 율법은 죄가 아니다. 율법은 죄를 발견하고 깨닫게 하여 그 죄를 해결해 줄 수 있는 그리스도에게 나갈 수 있게 한다. 율법이 나쁜 것이 아니라 사람이 나쁜 것이다.

바울 자신도 마음으로는 하나님의 법을, 육신으로는 죄의 법을 섬긴다는 사실을 알고 탄식했지만, 깨닫고 난 후부터는 죄를 짓는 것은 자신이 아니라 자신 속에 있는 죄라는 사실을 알았다. 사람이 죄로부터 해방되는 방법은 오직 예수그리스도의 십자가의 은혜 외에는 존재하지 않는다. 그리스도인은 예수님과 함께 십자가에서 죽었기 때문에 죄와는 아무 상관이 없다. 우리 마음속에서 속삭이는 죄의 음성에 속지 말아야 한다.

8장: 그리스도 예수 안에 있는 자들은 생명의 성령의 법으로 말미암아 죄와 사망의 법으로부터 속량 받았기 때문에 결코 정죄함이 없다.

속량 받은 그리스도인은 육신의 생각을 따르면 사망에 이르고, 영의 생각을 따르면 생명과 평안을 얻게 되므로 육신에게 져서 육신대로 살지 말고 영으로써 몸의 행실을 죽여야 한다. 그리스도인들은 종의 영을 받은 것이 아니라 아들의 영을 받았으므로 하나님의 영으로 인도함을 받아야 한다. 성령도 이를 증언하였으므로 하나님의 아들답게 살되 하나님의 나라의 상속자가 되려면 고난에도 동참해야 한다.

현재의 고난은 장차 다가온 영광과 비교할 수 없다. 피조물들이 썩어짐의 종노릇 한데서 해방되어 하나님의 자녀의 영광에 이르게 하시기 위해 미리 아신 자들을 정하시고, 정하신 그들을 부르시고, 부르신 자들을 의롭게 하고, 의롭게 한 자들을 영화롭게 하신다.

하나님은 우리를 위해 아들을 내어주실 만큼 사랑하시기 때문에 우리가 무엇이든지 구하면 주시는 분이시다. 그러므로 이 세상의 그 어떤 것도 우리를 향하신 하나님의 놀라운 사랑으로부터 단절시킬 수 없다.

9-11장: 이스라엘 사람들이 많은 특권과 사도들의 수고에도 불구하고 대부분 복음을 거절하고, 오히려 이방인들이 복음을 받아들이는 역사적 현실을 전제로 하고 있다.

9-11장의 특징은 바울이 먼저 1-8장에서 유대인 그리스도인에게 권면한 후(1:18-8:39), 다시 이방인 그리스도인들에게도 똑같은 복음의 내용으로 권면하고 있다는 것이다. 특히 바울 자신이 이방인의 사도로 자처하면서도 자신의 동족인 유대인들, 이스라엘 백성의 구원에 대하여 다른 서신과는 현저히 다르게 언급하고 있다. 여기서 구약성경 인용도 빈번해진다. 바울은 여기서 의도적으로 유대인 그리스도인들이나 이방인 그리스도인들 모두 하나님 앞에서 동등한 존재라는 것을 강조하였다.

9장: 바울은 회개하지 않는 자신의 동족들에 대한 애타는 심정을 고백하였다. 이스라엘에게서 난 그들이 다 이스라엘이 아니고, 아브라함의 씨라고 다 그 자녀가 아니라 오직 약속의 자녀만이 하나님의 자녀이다. 하나님은 '야곱은 사랑하고'에서는 미워하셨듯이 긍휼이 여길 자를 긍휼이 여기고 불쌍히 여길 자를 불쌍히 여기시는 토기장이 같은 하나님이고, 우리는 토기장이 하나님께서 빚으신 그릇이다. 하나님은 사랑할만한 사람을 사랑하시고, 긍휼히 여길 사람을 긍휼이 여기시는 분이시다.

유대인들이 받아야 할 축복을 이방인들이 받고, 남는 자의 반열에 서야 할 그들이 서지 못한 것은 그들이 믿음을 의지한 것이 아니라 잘못된 율법의 행위를 의지하였기 때문이다.

10장: 바울은 모든 이스라엘이 다 구원받기를 기도하지만, 그들이 의에 이르지 못한 것은 하나님의 의를 잘 모르고 잘못된 지식을 따른 결과임을 가르쳐 주었다. 그리스도는 모든 믿는 자들에게 의를 이루기 위해 율법의 마침이 되었다.

이제, 의에 이르고 구원받기 위해서는 하나님께서 보내셔서 전해주는 믿음의 말씀을 듣고, 들은 말씀을 마음으로 믿을 때, 의에 이르고, 입으로 시인하고 주의 이름을 부를 때, 곧 신앙고백을 할 때 구원받게 되는 것이다.

11장: 하나님은 율법을 몰랐던 이방인들인 돌 감람나무도 참 감람나무에 접붙여졌기 때문에 본래 참 감람나무의 가지였던 이스라엘 백성들을 다시 참 감람나무에 접붙이는 일은 훨씬 수월한 일이다.

하나님께서 이스라엘을 버린 것은 아니다. 엘리야가 다 죽고 자신만 남았다고 말할 때, 하나님은 바알에게 무릎 꿇지 않은 칠천을 예비하셨던 것처럼, 지금도 은혜를 따라 택하심을 입은 자들이 남아 있다는 것을 일깨워 주었다. 다만 이방인들을 통하여 이스라엘을 시기 나게 하셔서 그들 중에 얼마를 구원하려고 하신 것이다. 하나님의 은사와 부르심에는 후회하심이 없으시다. 하나님께서 하시는 일에는 실수가 없다.

참 감람나무에 접붙여진 돌 감람나무인 이방인 그리스도인들은 이스라엘이 참 감람나무요, 믿음의 뿌리임을 잊지 말고, 스스로 교만해져서는 안 된다. 이스라엘이 불순종해서 이방인이 긍휼을 입었다는 것을 잊으면 안 된다.

1-11장까지 바울은 유대인이든지 이방인이든지 구별하지 않고, 모든 믿는 자들을 위한 복음임을 증명하였다. 바울은 이렇게 로마교회 안의 유대인그리스도인들과 이방인그리스도인들 사이의 분열과 대립을 치유하여 교회를 바로 세우고 땅 끝까지 복음을 전하는데 힘을 보태고자 하였다.

1-11장까지 결론은 "만물이 주에게서 나오고, 주로 말미암고, 주에게도 돌아간다."(11:36)는 것이다.

12-15장에서는 여전히 갈등을 겪고 있는 두 그룹 모두에게 어떻게 신앙생활을 해야 하는지 구체적인 권면을 하였다.

12장부터 결론적 당부이다. 그리스도인들은 삶 자체가 예배가 되어야 하며, 세상을 본받지 말고 새롭게 변화 받고 하나님의 뜻이 무엇인지 분별할 수 있어야 한다. 그리고 모두 그리스도 안에서 한 몸이기 때문에 서로 다름을 인정하고, 각자에게 주신 믿음의 분량과 은사를 따라 살아야 한다.

항상 선에 속해야하고, 형제간에 서로 우애하고, 서로 먼저 존경하고, 부지런하여 열심을 품고 주를 섬겨야 하고, 소망 중에 즐거워하며, 환난 중에 참으며, 기도에 힘쓰고, 성도의 쓸 것을 공급해야 하며, 손님 대접하기를 힘써야 한다.

박해자를 축복하고, 함께 즐거움과 슬픔을 나누고, 서로 낮아져야 하고, 선한 일을 도모하고, 화목하고, 원수를 축복해야 한다. 악에게 지지 말고 선으로 악을 싸워 이겨야 한다. 원수 갚는 것은 하나님 몫이다.

13장: 1-7절은 당시 로마 시에 있는 그리스도인들과 교회가 국가 권력과 어떤 관계를 유지해야 하는지를 다루고 있다. 당시에 로마 그리스도인들에게 세상권력을 어떻게 대하느냐 하는 문제가 아주 심각한 문제였다.

바울은 권력자들을 존중하고 굴복하라고 가르쳤다. 모든 권세는 하나님께로부터 나오기 때문이다. 바울은 제국의 수도인 로마에서 세상 권력자들과 갈등관계를 만들면 교회가 어려움을 겪게 되고, 복음전파에 장애가 되기 때문에 조심스럽게 이방인의 사도로서 서둘러서 선교의 한 방편으로 제국의 권력기구나 대리자들에게 복종할 것을 권고한 것이다. 그러나 교회와 세상 권력 사이의 일반적 규범을 제시한 것은 아니다.

세상 권력도 하나님께로부터 주어진 것임으로 세상 권력을 거스르지 말고 인정하되, 세상에서 우리가 당당하게 사명과 역할을 다해야 한다.

피차 사랑의 빚 외에는 빚지지 말아야 한다. 이웃을 사랑하는 자는 악을 행하지 않는다. 사랑은 율법의 완성이기 때문이다.

때가 가까웠음을 깨닫고, 어둠의 일을 벗고 빛의 갑옷을 입되, 오직 그리스도로 옷 입고 정욕을 위하여 육신의 일을 도모하지 말아야 한다.

14장: 음식과 절기 문제는 로마교회 안에 실제적으로 분쟁을 일으킨 중요한 율법과 문화의 문제였다. 바울이 로마교회에 하고 싶었던 실제적인 권면이 여기서부터 출발한다. '모든 음식이 다 정결하다'는 이방인 그리스도인들의 태도는 유대인 그리스도인들의 눈에는 매우 부정하고 위험한 것으로 받아들여졌다. 반면에 유대인 그리스도인들의 율법적 태도는 이방인 그리스도인들에게는 어리석은 태도로 보였다.

그래서 이러한 견해 차이가 교회의 불화를 만들어 냈고, 심지어 서로 상대방을 경멸하면서 자신들의 입장을 정당화하려고 하였다. 그래서 강한 '우리'가 연약한 자를 받고 비판하지 말아야 한다고 권고했다.

먹는 문제가 형제에게 걸림돌이 된다면 먹지 말아야 한다. 음식으로 하나님의 사업을 무너지게 하면 안 되기 때문이다. 믿음으로 하지 않는 모든 것이 죄이다.

바울은 15:1-6절에서 14장과 연결하여 믿음이 강한 자와 약한 자를 나누어 강한 자들이 약한 자들의 연약함을 담당해야 한다고 주장했다.

결론적으로 15:7-13절에서는 다시 민족적으로 유대인그리스도인들과 이방인그리스도인들로 표현하여 보다 직접적인 차원에서 서로 받으라고 권면하였다.

바울이 마케도니아와 아가야 지방에서 후원한 선교헌금을 기근으로 어려움을 겪고 있는 예루살렘에 전달하고, 예루살렘의 성도들로부터 지지와 후원을 받은 후, 땅 끝까지라는 사명을 따라 소아시아(터키)와 그리스의 성공적인 선교에 안주하지 않고, 다시 새로운 선교지를 찾아 스페인(서바나)까지 갈 것을 소망하면서 로마교회의 지원과 도움을 받고자 하였다.

16장: 당시의 신약성경 서신 양식에 따라서 수신인들에게 쓰는 부탁과 친지들에게 보내는 문안 인사를 담고 있다. 바울이 안부를 전한 사람들은 주로 소아시아, 마케도니아, 그리고 아가야 지방에서 선교할 때 만났던 사람들이다. 그들 중에 대부분이 클라우디우스 황제 때(AD 49년) 추방당했다가 네로가 즉위(AD 54년)한 후에 다시 로마에 이주해 간 사람들이다.

결국, 바울은 로마교회 안에 있는 이방인 그리스도인이나 유대인 그리스도인을 구별하지 않았고, 그리스도 안에서 일치된 하나의 공동체로 보았으며, 불신 이스라엘도 결국 돌아와야 할 자들, 곧 선교의 대상으로 열린 자세를 가지고 있었다.

고린도전서

고린도는 옛 그리스의 폴리스 국가 중에 하나로 아테네, 스파르타와 경쟁할 정도로 번성한 도시 국가였다. BC 146년 로마에 정복당하고 파괴되었으나, BC 44년에 율리우스 카이사르가 다시 건설한 도시로 로마 행정구역인 아가야 지방의 수도였고, 정치, 경제적 중심 도시였다.

유럽의 배꼽이라고 말하는 델포이의 맞은편에 위치한 고린도는 오늘날 그리스와 터키(소아시아) 사이에 위치한 에게 해와 이탈리아와 그리스 사이에 위치한 이오니아 해를 잇는 가교 역할을 하는 이스트무스 해협에 위치해 있었다. 지정학적으로 중요한 위치에 세워진 도시였기 때문에 무역과 정치, 행정, 군사의 요충지가 되었고, 사람들의 통행이 잦아 교통이 발달하게 되었다.

■ 고린도교회

현재는 세계 3대 운하로 자리 잡은 고린도 운하(고린도운하 길이 6.3km, 폭22m, 깊이(75～77m)로 배가 다니지만, 바울이 전도여행 때는 운하가 없었기 때문에 펠로폰네소스 반도를 우회해야 했다. 그 반도 지역은 바다가 거칠고 위험하고 시일도 많이 걸리기 때문에 반도를 돌아가지 않고 육지를 가로질러 다녔다. 서쪽 이탈리아 반도에서 오는 배들은 고린도 만에 있는 레기엄 항구에 짐을 풀고 육로로 짐꾼들에 의해 겐그레아 항구로 보내어 거기서 배로 에베소와 아시아로 보냈다. 반대로 소아시아에서 오는 물건도 마찬가지였다. 때로는 배를 육지로 올려 통나무 위에서 배를 밀어 이스트무스 해협을 지나기도 했다.

고린도는 중계무역 항구였기 때문에 각국에서 장사꾼들이 모여드는 곳이었다. 그래서 다양한 인종이 모인 혼합도시였고, 직업도 선원과 상인 등 유동인구가 많았다. 당시 고린도 인구는 60만이었는데, 그중에 자유민이 20만이었고, 40만이 노예였다고 한다.

고린도 성 뒷산은 600m가량 솟아 오른 바위산으로, 산꼭대기에 거대한 아프로디테 신전이 있고, 신전에는 여제사장들이 있었다. 그들은 여신 아프로디테의 대리인으로 신전을 찾는 사람들에게 여신의 선물로 자신의 몸을 주었고, 그 대가로 신전에 돈을 바쳤다고 한다. 그곳에는 천여 명의 여제사장들이 있어서 밤마다 고린도 거리를 휩쓸며 매음을 일삼았다고 한다. 아프로디테 신전에서 벌어지는 매춘 때문이었는지 고린도 성은 로마 전체에서도 음란한 도시로 유명하였다. 고린도 인들은 낮에는 상업에 종사하고 밤에는 유명한 아고라 시장 뒷골목에서 주색에 빠졌다고 하는데, 고고학자들의 발굴에 의하면 큰 향락처가 33곳이나 되었다고 한다. 그래서 그 당시에 "고린도인 같다."라는 말은 음란하고 지저분한 사람을 모욕하는 말로 사용되기도 했다. 고린도는 선원들의 낙원, 주정뱅이의 천국, 정숙한 여인의 지옥으로 묘사되었고, 향락과 방탕의 도시로 유명하였다.

고린도에는 아폴로신전과 아스클레피온이라고 하는 신전과 황제숭배를 위한 제단도 있을 만큼 우상의 소굴이었다. 아스클레피온은 아스클레피우스라는 그리스 신화의 '의술의 신'을 섬기는 신전으로서 고대 병원의 역할을 담당했다. 고대의 병원이란 그저 신전에 들어가서 신에게 기도를 하는 것뿐이었으나, 대부분 이 아스클레피온에서는 신전에 들어가기 전에 깨끗한 물로 씻는 의식을 갖거나 자갈밭을 걸어가게 하고, 지하터널에서 물소리를 듣는 산책 등, 신의 음성을 듣고 심리적으로 위안을 받게 하는 치료법을 사용하였다고 한다.

고린도는 예술과 과학의 연구가 성행하였지만, 과거에 철학과 교양은 사라지고 천박한 지식을 자랑하는 사람들이 많았다. 헬라 도시 중에 처음으로 로마검술 경기를 시작한 도시로 가까운 이스트미아라는 도시에서는 2년에 한 번씩 4대 고대 그리스 제전 중 하나인 이스트미아 경기가 열렸다. 이스트미아 경기는 올림피아, 델포이, 아르골리스와 더불어 제우스를 기념하는 고대 올림픽 경기 중 하나로 한번 제전이 시작되면 2~3개월을 지속했다고 한다. 바울이 고린도에 머문 1년 6개월 동안 이 경기가 열리는 것을 지켜보았을 것이다.

고린도는 항구도시이며 타락한 도시로 인종과 직업이 다양하기 때문에 우상숭배가 성행하였는데, 이집트의 알렉산드리아로부터 선원들의 왕래가 많았기 때문에 애굽의 우상들이 많았다고 한다. 그런 우상 도시에 바울을 통하여 복음이 전해졌고 교회가 세워진 것이다.

● 고린도 교회가 세워진 과정

고린도 교회는 바울에 의해 세워졌다. 바울의 선교는 주로 대도시 중심으로 이루어졌는데, 고린도 역시 대도시였다. 항구도시이며 상업중심 도시였던 고린도에는 어김없이 디아스포라 유대인(유대인 이민자)들이 많이 살고 있었고, 회당도 준비가 되어 있었다. 바울이 유럽대륙에 건너와서 빌립보와 데살로니가와 베뢰아 지방에서 전도를 마친 후 아테네(아덴)에서 배를 타고 고린도에 건너와서 전도를 하였다.

사도행전 18장에서 보면 바울이 고린도에 갔을 때 공교롭게도 AD 49년경에 글라우디오(클라우디우스)황제가 유대인들이 소란을 피운다는 이유로 로마에서 유대인들을 모두 추방하였는데, 그들 중에 그리스도인이었던 아굴라와 브리스길라 부부가 있었다. 바울이 자비량 전도를 위해서 천막 만드는 일을 하게 되는데[65], 그곳에서 아굴라 부부를 만나서 함께 복음증거 사역을 하였다. 그들은 모두 천막(Tent)을 만드는 기술을 가졌기 때문에 같은 곳에서 일하다가 만났다. 마케도니야 지방(데살로니가, 베뢰아)에서 내려온 실라와 디모데도 합류하였다. 주로 회당에서 복음을 전하였지만 회당에서 유대인들의 훼방과 핍박 때문에 회당을 포기하고 회당 옆에 디도 유스도의 가정에서 복음을 전하기 시작하였다. 그때 회당장 그리스보 가정이 합류하여 고린도 교회가 세워지게 되었다(사도행전18장).

고린도 교회에 편지를 쓰게 된 배경

앞에서 살펴본 대로 고린도는 정치, 경제, 행정의 중심도시이면서 무역항구 도시였기 때문에 다양한 인종, 다양한 직업, 다양한 종교를 가진 다양한 사람들이 모여들었고, 우상과 음행으로 혼탁한 도시였다. 그러한 도시에 교회가 세워졌기 때문에 많은 문제가 발생하였다. 그래서 바울이 에베소에 있을 때, 다양한 문제로 혼란을 겪고 있는 고린도 교회의 문제를 해결하기 위해 편지를 써서 보낸 것이 고린도전서이다.

---

65) 바울은 어린 시절부터 부모로부터 신앙생활 외에 직업기술을 배웠다. 유대인들은 직업기술을 가르쳐 주지 않으면 도둑을 키우는 것으로 인식했다.

고린도전서 내용

1장: 문안 인사와 더불어 분파 문제와 세상 지혜를 의지하는 것을 책망하였다. 바울이 고린도 교회에 복음을 전한 것은 세례가 목적이 아니라 십자가의 복음이 주 핵심이었다. 십자가의 도가 멸망하는 자들에게는 미련하게 보이는 것이었지만, 구원을 받는 자들에게는 하나님의 능력이 된다. 유대인들은 표적을 구하고 헬라 사람들은 지혜를 구하지만, 바울이 전한 것은 유대인들이 꺼리고 헬라사람들이 미련하다고 비웃는 십자가의 복음이었다.

십자가는 하나님의 지혜요, 능력이다. 하나님의 지혜는 이 세상의 가장 뛰어난 지혜보다 더 뛰어나고, 하나님의 가장 약함이 이 세상의 가장 강함보다 강하시므로 세상의 그 어떤 지혜와도 비교할 수 없다. 그 당시 하나님께서 부르신 자들은 미련하고, 약하고, 천하고, 멸시받고, 없는 자들이었다. 그런 자들을 통하여 지혜 있는 자들과 강한 자들을 부끄럽게 하심으로 아무도 육체로 하나님 앞에서 자랑할 것이 없게 하셨다.

2장: 바울은 복음을 말과 지혜로 전하지 않고, 성령의 나타남과 능력으로 하였다. 그는 오직 예수그리스도와 그가 십자가에 못 박히신 것 외에는 아무것도 알지 아니하기로 작정하였다. 복음은 사람의 지혜가 아니라 성령으로 나타낸 것이기 때문에 육신으로는 절대 깨달을 수 없다. 하나님의 성령의 일은 오직 성령을 받은 신령한 사람들만이 깨달을 수 있다.

3장: 당파를 만드는 일은 육신에 속한 자요, 어린아이들과 같다고 책망하였다. 사역자들은 씨를 뿌리고, 물주는 동역 자일 뿐, 오직 자라게 하시는 이는 하나님이시다. 사람은 하나님의 밭이요, 집이요, 성전이다. 모두 집을 짓되 어떻게 짓든지 그 공력을 불로 시험하게 될 때, 남아 있으면 상을 받지만, 불타면 해를 입을 것이다. 우리가 하나님의 성전이므로 성전을 더럽히면 하나님이 그 사람을 멸하신다. 하나님의 성전이 거룩하기 때문에 우리도 거룩해야 한다.

이 세상의 지혜는 하나님께 어리석은 것이므로 사람을 자랑하지 말아야 한다. 만물은 우리의 것이요, 우리는 그리스도의 것이요, 그리스도는 하나님의 것이다. 주님을 자랑하는 자가 되어야 한다.

4장: 고린도 교인들이 바울의 사도성을 의심하였다. 바울은 자신을 그리스도의 일꾼이요 하나님의 비밀을 맡은 자로 여기라고 하였다. 바울을 판단할 이는 하나님밖에 없기 때문이다. 바울이 얼마나 많은 고난 가운데 복음을 전했는지를 일깨워주었다. 바울은 고린도 교인들을 양육할 때, 스승으로서 일한 것이 아니라 복음으로 그들을 낳은 아비로서 일했으므로 바울을 본받아야 한다. 교만하여 분별력 없이 함부로 판단하는 고린도 교인들을 책망하였다. 남의 이야기를 듣고 함부로 판단하면 안 된다.

5장: 고린도는 신전 창기들이 많아서 음탕한 도시였기 때문에 음행이 당연시되는 곳이었다. 고린도 교회는 교회 안에 계모와 더불어 음행하는 자가 있는데도 아무런 제재도 하지 않았기 때문에 책망을 받았다. 바울은 교회 안에서 음행하는 자들과는 상종도 하지 말라고 책망하였다. 바울이 상종하지 말라는 말은 타락하고 음탕한 세상을 두고 하는 말이 아니라, 교회 안에서 일어나는 일에 대하여 한 말이었다.

6장: 교회 안에서 벌어진 교회 문제를 세상 법정에서 판결을 받으려고 하는 어처구니없는 문제 때문에 책망을 받았다. 교회 안의 문제는 세상 법정으로 끌고 가면 안 된다. 교회 안의 문제는 교회 안에서 하나님의 말씀의 법으로 해결해야 한다. 불의를 행하는 자는 하나님의 나라를 유업으로 받지 못한다. 우리의 몸은 하나님 성전이요, 값으로 사신 바 되었기 때문에 불의를 위해 사용하지 말고 의를 위해 사용해야 한다.

7장: 결혼문제를 다룬 장이다. 남자가 여자를 가까이하지 않는 것이 좋으나 음행의 죄를 범하지 않도록 결혼을 해야 한다. 이미 결혼을 했으면 사탄이 틈타지 않도록 기도할 때를 제외하고 서로 부부관계의 의무를 다해야 한다.

미혼자와 과부는 그냥 지내는 것이 좋으나 절제할 수 없다면 결혼하는 것이 좋다.

기혼자들은 이혼하지 말아야 한다. 불신자 남편이 반대하지 않으면 함께 살 수 있다. 만일 불신자 남편이 이혼을 요구하면, 얽매이지 않고 이혼 할 수도 있으나 하나님은 화평을 원하신다. 할례자로 부르심을 받았으면 무할례자가 되지 말고, 무할례자로 부르심을 받았으면 할례를 받지 말고, 누구든지 부르심을 받은 그대로 살면 된다. 우리는 하나님이 값을 지불하여 사신 바가 되었으니 사람이 종이 되어서는 안 된다.

처녀들은 복음을 위해 결혼을 하지 않아도 되지만, 결혼하는 것도 죄가 아니고, 복음을 위해 결혼을 하지 않는 것도 죄가 아니다. 바울의 입장에서 복음을 전하는 자들은 결혼을 하면 가정에 얽매이기 때문에 그냥 지내는 것이 좋다고 여겼다. 이것은 주의 말씀이 아니라 바울 자신의 예를 들어 사적으로 권고한 것임을 분명히 하였다.

8장: 우상의 제물에 대한 문제를 다룬 장이다. 우상의 제물도 하나님께서 주신 음식이기 때문에 먹어도 아무 문제가 없다. 하지만 먹을 것인가 먹지 말아야 할 것인가는 다른 사람들의 양심을 기준으로 삼아야 한다. 나는 먹을 수 있는 자유가 있지만, 남에게 걸림이 되거나 덕이 되지 않으면 먹지 말아야 한다. 바울 자신도 시장에서 우상에게 제사하고 나온 부정한 고기를 감사함으로 먹을 수 있는 자유가 있지만, 남에게 걸림이 된다면 영원히 고기를 먹지 않겠다고 고백하였다. 먹고 안 먹고, 하고 안 하는 판단 기준은 내가 아니라 남의 양심이다.

9장: 사도로서의 당연한 권리를 다루었다. 바울이 고린도 교회에서 복음을 전하고 목양을 할 때, 당연히 교회가 선교비용 및 목회비용을 지원해주고 생활을 책임져 주는 것이 성경적이고 타당하지만, 믿음이 부족한 고린도 교인들이 시험에 들까 봐서 자신이 직접 돈을 벌어서 자비량으로 전도하였다. 바울은 한 사람이라도 더 구원하기 위해 어떤 상황에서든지 상대방의 입장에서 걸림돌이 되지 않기 위해 노력하였다. 고린도 교회도 그렇게 하라고 가르쳤다.

바울이 복음을 위하여 어떤 일을 할 때, 복음에 참여하고자 하는데 목적이 있었다. 운동장의 경주자가 상을 받기 위해 달리듯이 신앙생활에 목적의식이 분명해야 한다. 상을 얻기까지 자신을 쳐서 복종시키는 것은 남에게 복음을 전하고 자신을 버림을 당할까 두렵기 때문이다.

10장: 출애굽 당시에 모세를 통하여 모든 이스라엘이 똑같이 부르심을 받고 홍해를 건너 구원을 받았지만, 하나님을 믿지 못한 자들은 광야 생활에서 우상 숭배하다가, 간음하다가, 주를 시험하다가, 원망하다가 심판받았는데, 그것이 우리 신앙의 거울이요, 경계로 기록되었다. 그리고 누구든지 성만찬에 참여하는 것이 그리스도의 몸에 참예하는 것이듯이 우상에게 제사하는 것은 귀신의 상에 참여하는 것임으로 금해야 한다.

그리고 모든 것이 가하나 모든 것이 유익한 것은 아니요, 모든 것이 덕을 세우는 것은 아니다. 무엇을 먹든지 마시든지 무엇을 하든지 자신의 유익을 위해 일하지 말고 이웃의 유익과 하나님의 영광을 위해 일해야 한다. 무슨 일을 하든지 그 기준점이 명확해야 한다. 바울이 그리스도를 본받은 것처럼 바울 자신을 본받으라고 당당하게 요구하였다(11:1). 자신을 본받으라고 당당하게 외치는 믿음이 있어야 한다.

11장: 고린도 교회가 바울이 가르쳐준 전통을 잘 지켜서 칭찬을 받았다. 그러나 머리에 수건을 쓰는 문제와 성만찬 문제를 지적하였다. 여자들이 머리에 무엇을 수건을 쓰는 것은 당시 고린도 지방의 타락한 신전창녀들과 구분하기 위한 전통이었다. 그것을 벗고 기도나 예언을 하면 그 머리를 욕되게 하는 것이었다. 여자는 남자의 영광이기 때문에 남편을 부끄럽게 하면 안 된다. 남자는 하나님의 영광이다. 그렇다고 남자가 여자보다 우월하다는 것은 아니었다.

성만찬도 부자들의 배만 위하고 술에 취하는 잔치가 되면 안 된다. 가난한 자를 소외 시키는 것은 주의 뜻에 합당하지 않다. 성만찬은 주께서 주님의 몸과 피 흘림을 기념하라고 명하신 예식이다. 성만찬시에 주의 떡이나 잔을 합당하지 않게 먹고 마시는 것은 주의 몸과 피에 대하여 죄를 짓는 것이다. 성만찬 때는 서로 기다리되 약하고 병든 자를 먼저 살피도록 하였다. 성찬 예식은 기쁨과 배려로 부자나 가난한 자나 함께 동참할 수 있어야 참된 성만찬이라고 할 수 있다.[66]

12장: 성령의 은사에 대하여 다루었다. 은사는 여러 가지지만 성령은 같고, 직분은 여러 가지나 주는 같고, 사역도 여러 가지지만 모든 사람 가운데 이루시는 하나님도 같다. 각 사람에게 성령을 나타내시는 것은 유익을 주시기 위한 것이다.

어떤 사람에게는 지혜의 말씀을, 지식의 말씀을, 믿음을, 병 고침을, 능력 행함을, 예언함을, 방언 말함을, 방언 통역을 주시지만, 다 한 성령이 행하여 그의 뜻대로 각 사람에게 나누어 주시는 것이다.

좀 더 쉽게 일깨워 주기 위해서 우리 몸을 가지고 설명했다. 우리는 그리스도의 몸이요, 우리는 한 지체이다. 지체가 서로 분쟁을 하면 안 된다. 각각 몸이 지체마다 역할이 다르듯이 은사도 모두 다르기 때문에 은사를 가지고 남을 판단해서는 안 된다.

다 같은 은사를 가질 수는 없다. 다 사도이거나, 다 선지자이거나, 교사일 수는 없다. 다 병고치고, 다 방언하지는 않는다. 무엇보다 더 큰 은사를 사모하는 것이 중요하다. 더 큰 은사는 사랑을 말한다.

13장: 은사 중에 최고의 은사는 사랑이다.

아무리 방언을 말하고 천사같이 말하고, 하나님의 모든 것을 알고, 산을 옮길만한 믿음이 있고, 자신을 불태울 만큼 헌신하고, 모든 재산을 내어 줄만큼 구제를 한다 해도 사랑이 없다면 아무것도 아니다. 사랑이란 무엇인지, 사랑에 대한 정의를 내려주었다.

사랑은 오래 참고, 온유하며, 시기하지 않고, 자랑하지 않고, 교만하지 않고, 무례히 행하지 않고, 자기의 유익을 구하지 않고, 성내지 아니하고, 악한 것을 생각하지 않고, 불의를 기뻐하지 않고, 진리와 함께 기뻐하며, 모든 것을 참으며, 믿으며, 바라

---

66) 오늘날의 성만찬은 조그만 빵 조각이나 작은 잔을 기념하며 나누지만, 과거에는 주님의 최후의 만찬을 기념하여 모두 함께 모여 떡과 포도주를 풍성히 나누는 잔치요, 저녁 식사모임이었다.

며, 견딘다. 사랑은 절대 떨어지지 않고, 예언도 폐하고, 방언도 그치고, 지식도 폐한다. 온전한 것이 오면 부분적으로 하던 것이 폐하여진다. 그리고 믿음, 소망, 사랑이 세 가지는 항상 있지만, 그중에 제일은 사랑이다.

14장: 방언의 은사 때문에 발생한 문제를 다루고 있다. 방언을 말하는 것보다는 예언하는 것이 더 중요하다. 방언을 말하는 자들은 통역의 은사를 구해야 하고, 아무 뜻도 모르는 방언을 말할 때는 대중 앞에서 하지 말고, 혼자 은밀하게 해야 한다. 깨달은 마음으로 다섯 마디 말을 하는 것이 일만 마디의 방언으로 말하는 것보다 낫다. 그렇다고 방언으로 말하는 것을 금하는 것은 아니다. 예언하도록 노력하고, 예언을 하든지 방언으로 말을 하든지 질서를 따라 해야 한다.[67]

15장: 부활에 대하여 다루었다. 바울이 전한 복음은 예수그리스도께서 성경대로 십자가에서 죽으셨다가 성경대로 삼 일 만에 다시 살아나셨고, 그 사실을 게바와 12 제자들이 목격했고, 오백여 형제들이 일시에 보았고, 그중에 대다수가 살아있고, 야고보에게도 보였고, 바울 자신도 목격자요, 부활의 증인이다.

부활을 의심하고 부활이 없다고 하는 자들이 등장했다. 만약에 부활이 없다면 예수께서 부활하시지도 않았고, 예수께서 부활하지 않았다면 그동안 전한 복음도 헛것이며, 부활이 없다면 하나님께서 예수님을 다시 살리시지도 않았다. 예수께서 부활하시지 않았다면 우리는 여전히 죄 가운데 있고, 주 안에서 죽은 자들도 망했고, 믿는 자들은 가장 불쌍한 자가 된다.

주님은 죽은 자 가운데서 살아나셔서 잠자는 자들의 첫 열매가 되셨다. 아담 안에서 모든 사람이 죽었듯이, 예수그리스도 안에서 모든 사람이 삶을 얻게 된다.

부활을 씨와 그 씨 속에 담겨진 형상의 신비를 가지고 일깨워 주었다. 씨마다 그

. . . .

67) 방언으로 말하는 것과 방언으로 기도하는 것을 구별해야 한다. 방언기도는 14절에 한 번만 다루고 있다. 방언은 말 그대로 다른 언어임을 명심해야 한다. 무턱대고 할렐루야를 반복하여 외치다가 나오는 룰루랄라 방언은 분명히 주의를 해야 한다. 방언은 주문이 아니라 언어이다.
　그리고 방언은 다고 분명히 가르쳤다.

속에 형체를 주셨듯이, 그리스도인들 속에는 하나님의 형상인 주님의 생명이 담겨져 있지만, 불신자들 속에는 생명 되신 주님이 없기 때문에 부활의 몸이 없다. 씨가 썩지만, 그 씨 속에 주신 형상을 따라 새로운 생명으로 살아나듯이, 씨처럼 썩을 것을 심고 신령한 것으로 다시 살아나는 것이 부활이다. 육의 몸을 심고 신령한 몸으로 다시 살아난다. 그러므로 육의 몸이 있으면 영의 몸도 있다.

혈과 육은 하나님의 나라를 이어받을 수 없다. 썩는 것은 썩지 아니할 것을 유업으로 받지 못한다. 부활은 비밀이다. 우리가 다 잠자는 것은 아니다. 우리도 마지막 나팔 소리에 순식간에 홀연히 다 변화하게 된다. 나팔 소리가 나면 죽은 자들이 썩지 아니할 것으로 다시 살고, 우리도 변화된다. 주께서 사망을 멸하는 날이 반드시 있다. 그러므로 우리는 건실하여 흔들리지 말고 항상 주의 일에 힘써야 한다. 주 안에서의 수고는 결코, 헛되지 않다. 부활은 반드시 이루어진다.

16장: 헌금에 대하여 다루었다. 감사함으로 미리 준비한 헌금이 진정한 헌금이다. 그리고 마지막 문안 인사로 깨어 믿음에 굳게 서서 남자답게 강건할 것을 권고하였다. 모든 일을 사랑으로 하라고 권고하면서 헌신적으로 바울의 사역을 도와주었던 가정 교회 사역자들에게 문안 인사를 하면서 마무리한다.

이렇게 고린도전서는 고린도 교회의 문제를 해결하기 위해 사도바울이 말씀으로 해답을 준 이야기이다.

고린도후서

바울이 에베소에서 목회하던 중에 고린도 교회의 심각한 문제에 대하여 보고받고 디모데를 파송하여 가르치고, 디도를 통하여 강력한 책망의 메시지(고린도전서)를 전하고 에베소를 떠나서 드로아에서 디도를 기다리다가 오지 않아서 마게도냐(마케도니아)로 건너갔다. 바울은 그곳에서 디도로부터 고린도 교회가 회개했다는 기쁜 소식을 들었다. 그래서 편지를 써서 디도를 통해 전달한 것이 1-9장의 눈물의 편지이다. 그 이후 또 바울의 사도성과 바울 일행의 불신 문제 때문에 10-13장 내용을 쓰게 되었다.

1장-7장: 두 번째 회개의 기쁨을 전해주는 편지

1장 1-23절 위로의 하나님께서 그리스도의 고난을 통해 바울 일행을 큰 환난 중에 위로하신 것은 환난을 당하는 자들을 위로하시기 위한 것이었다. 바울이 고린도에 가겠다고 약속해 놓고 가지 못하였다. 그것은 바울 자신이 육체의 경영을 따라 이랬다저랬다 한 것이 아니었다. 바울 자신의 일정은 하나님께서 성령의 인도 하심으로 경영하시고 간섭하시기 때문에 하나님 앞과 그리스도 안에서 "예"만 된다고 강조하였다. 이는 고린도 교인들이 바울은 변덕쟁이라고 부추기는 세력이 있었기 때문이다.

1장24절-2장: 바울이 고린도에 가지 않은 것은 고린도 교인들을 아끼기 위한 것이었다. 오히려 문제를 일으킨 자들에게 회개할 수 있는 기회를 준 것이었다. 바울

을 근심케 한 자들은 바울만의 근심이 아니라 고린도 교회 성도들의 근심도 되기 때문에, 문제가 있는 성도들을 너무 압박하고 구석으로 몰아서 수렁에 빠지게 하기보다는 그리스도의 사랑으로 용서할 것을 권고하였다.

바울은 에베소에서 떠나 마게도냐로 가던 중에 드로아에서 고린도전서를 전달하고 결과가 어떻게 되었는지 소식을 들고 올 디도를 기다리다가 디도를 만나지 못하고 마게도냐로 건너가게 되었다.

그리스도인들은 어디에서나 누구에게나 그리스도의 향기이다.

3장: 당시에 순회전도자들은 추천서를 받아서 사용하였는데, 바울은 추천서가 없다는 이유로 문제를 삼았다. 바울은 자신이 직접 전도하고 양육했던 고린도 교인들이 바울의 추천서요, 그리스도의 편지임을 강조하였다. 그리고 그것을 먹으로 쓴 것이 아니라 하나님의 영으로 그들의 마음에 새겨 놓았음을 일깨워 주었다. 그리스도인들은 그리스도의 편지이다. 종이에 있는(의문) 율법(성경)은 의미가 없고, 그것이 영으로 마음에 새겨질 때 의미가 있는 것이다. 종이에 쓰여진 형식에 의존된 신앙은 의미가 없다. 말씀하신 말씀의 본질을 마음으로 깨달아야 한다. 구약을 볼 때 아직도 율법적 사고에 매이지 말고, 율법적 관점의 수건을 벗어야 한다.

4장: 바울이 항상 당당한 것은 하나님의 말씀을 혼잡케 한 것이 아니라 오직 복음, 곧 진리만을 나타냈기 때문이다. 오히려 복음이 가려진 것은 망하는 자들에 의한 것이었다.

복음은 보배이며, 사람은 천한 질그릇에 불과함을 강조하고, 어떤 핍박과 환난과 고난 속에서도 넘어지지 않는 것은 예수님의 생명이 천한 질그릇에도 나타나게 하려는 것이다. 이것은 전적으로 자신을 위한 것이 아니라 고린도 교인들을 위한 것이며, 하나님께 영광을 돌리기 위한 것이었다. 바울은 복음을 위해 고난을 받아서 겉 사람은 세월 속에 낡아져도 속 사람만큼은 날로 새로워진다는 것을 일깨워 주었다.

5장: 육체의 옷을 벗는 것(죽는 것)은 덧입기 위한 것이지 벗기 위함이 아니다. 바울은 지금 당장 육체의 옷을 벗고 주님 앞에 서는 것이 소원이지만, 아직 육체의 옷을 입고 있는 것은 주님을 기쁘시게 하기 위한 것이었다. 우리는 누구나 다 그리스도의 심판대 앞에 서서 선악 간에 그 몸으로 행한 대로 보응을 받게 된다.

바울 일행이 고난 가운데서도 복음을 전하는 것은 하나님이 아시듯 고린도 교인들의 자랑이 되기를 기대하였다. 바울이 미쳤든지, 온전하든지 오직 주님과 고린도 교인들을 위하여 수고할 수 있는 것은 그리스도의 사랑이 강권하였기 때문이다. 한 사람 주님이 모든 사람을 대신하여 죽었기 때문에 모든 사람이 그 안에서 죽은 것이다. 주님이 모든 사람을 위해 죽으신 것은 산 사람들로 하여금 더 이상 자신을 위해 살지 않고 자신을 위해 죽었다가 살아나신 주님을 위해 살게 하려는 것이다.

그러므로 누구든지 그리스도 안에 있으면 새로운 피조물이다. 주 안에서 새로운 피조물이 된 사람들은 자신을 위해 살지 말고 주님을 위해 화목하게 하는 사명을 감당해야 한다. 그러므로 절대적으로 하나님과 화목해야 한다. 죄가 없으신 주님이 우리를 대신하여 십자가를 지신 것은 우리로 하여금 주 안에서 하나님의 의가 되게 하려 하신 것이다.

6장 1절-7장 1절: 하나님의 은혜를 헛되이 받지 말아야 한다. 지금이 은혜받을 때요, 구원의 날이다. 지금 이 순간, 오늘 받아야 할 은혜의 중요성을 강조했다. 은혜자는 과거에 매이지 않는다.

하나님의 일을 하는 직분이 비방 받지 않도록 하기 위해서 모든 일에 하나님의 일꾼으로 자천하여, 많이 견디고, 고난과 역경 속에서도 깨끗함과 지식과 오래 참음과 자비함과 성령의 감화와 거짓이 없는 사랑과 진리의 말씀과 하나님의 능력으로 의의 무기를 가지고 어떤 것이든 이겨나가야 한다.

주의 일꾼은 속이는 자 같으나 참되고, 무명한 자 같으나 유명하고, 근심하는 자 같으나 기뻐하고, 가난한 자 같으나 모든 것을 가진 자라는 확신을 가지고 사역해야 한다.

바울이 고린도 교회를 향하여 열린 마음으로 나갔으므로 마땅히 고린도 교인들도 보답하는 양 스스로 마음을 열어 달라고 간청하였다. 하나님은 항상 열려 있는데 우리가 강퍅해서 마음이 닫히기 때문에 문제가 되는 것임을 일깨워 주었다.

그리고 어떤 일이 있어도 믿지 않는 자와 멍에를 같이 하지 말아야 한다. 빛과 어두움이 공존할 수 없듯이, 우리는 하나님의 성전이므로 구별된 삶을 살아야 한다. 하나님을 두려워하는 마음으로 거룩함을 온전히 이루어 영과 육 모두 더러운 것에서 깨끗해야 한다(7:1).

7장: 바울 일행이 고린도 교인들에게 절대 해가 되는 불의한 일을 한 일이 없다는 것을 강조하는 이유는 고린도 교인들이 바울 일행의 마음속에 함께 있어서 함께 죽고 함께 살려고 함이었다.

바울이 마게도냐에서도 고난 가운데 복음을 전하고 있었는데, 디도로부터 고린도 교회가 회개하였다는 소식을 전해 듣고 기뻐하고, 크게 위로를 받았다. 성도의 회개는 하나님과 그의 종들의 큰 위로이며 기쁨이다.

바울이 고린도 교인들을 책망할 때 걱정되고 마음이 아팠는데, 오히려 그 근심이 회개를 이루었기 때문에 기뻐하였다. 세상 근심은 사망에 이르게 하지만, 주 안에서의 근심은 오히려 회개를 이루게 한다는 것을 깨달았다. 그리고 바울은 고린도 교인들의 신실함을 디도에게 자랑하였는데, 자랑한대로 신뢰가 회복되어 더 기뻐하였다.

8-9장 풍성한 구제 헌금, 자원 예물, 뿌린 대로 거둠

8장: 바울은 고린도 교인들에게 마게도냐 지방의 교회가 극한 가난 가운데서도 자원하여 간절한 마음으로 헌신적으로 풍성한 헌금을 하게 된 것을 자랑하였다. 주께서도 부요하시지만 가난하게 되신 것은 그의 가난함으로 우리를 부요케 하시고자 함이었듯이, 고린도 교인들도 사랑으로 최선을 다해 구제헌금에 동참할 것을 권고하였다. 출애굽 후 광야에서 만나를 거둘 때 많이 거둔 자도 남지 않았고, 적게 거둔 자도 모자라지 않았듯이, 서로 넉넉할 때 조금씩 나누고 도우면, 후에 어려움이 있을 때 그들로부터 도움을 받게 되기 때문에 서로 균등하게 돕는 관계를 만드는 것이 하나님의 뜻임을 일깨워 주었다.

혹 헌금전달에 대한 불신을 가질 것을 염려하여 디도와 함께 모든 교회로부터 칭찬받는 형제를 증인으로 동행시켰다.

9장: 성도를 섬기는 구제헌금에 대하여 바울이 고린도(아가야지방)에서는 일 년 전부터 준비했다고 자랑함으로 마게도냐 지방에 크게 영향을 주었다. 그래서 그 자랑이 헛되지 않도록 고린도 교인들이 미리 준비된 헌금에 참여할 것을 강조하였다. 미리 준비해야 억지가 되지 않기 때문이다.

적게 심는 자는 적게 거두고 많이 심는 자는 많이 거두기 때문에 헌금은 억지로 하거나 인색함으로 해서는 안 된다. 하나님은 기쁨으로 하는 자를 사랑하시고 은혜를 넘치게 하신다. 나누는 자에게 축복하시는 것은 나누는 자가 더 넉넉해져서 선한 일을 더 많이 하게 하시기 위한 하나님의 방법이다.[68]

가난 한 자들에게 나눈 의는 영원토록 있다. 하나님은 심는 사람에게 씨와 먹을 양식을 주시되 더 풍성하게 하시고, 더 많은 열매를 거두게 하신다. 그러므로 모든 일에 넉넉하여 풍성하게 나눔에 참여한 고린도 교회도 모든 일에 풍성하게 하실 것이다.

나눔과 섬김, 봉사의 직무는 성도들의 궁핍을 채워 줄 뿐 아니라, 받는 자들이 하나님께 감사하고 영광을 돌리며 기도로 축복하게 되고, 사랑으로 섬기는 자들을 사모하게 됨을 일깨워 주었다.

10장-13장 사도바울과 반대자들의 비교

10장 바울은 대면할 때는 마음이 약하지만, 편지를 쓸 때는 강력하다는 이유로 판단을 받았다. 그리스도인들의 싸움은 육체적인 것이 아니다. 영적인 싸움이기 때문에 하나님의 능력으로 무장해야 사탄의 강력한 것들을 무너뜨리고, 모든 생각을 사로잡아 그리스도에게 복종하게 할 수 있다.

. . . .

68) 헌금은 하나님께 드리지만, 결국 모두 성도들과 선교를 위해 모두 사용한다는 것을 알아야한다.

외모로 판단하지 말고, 자신들만 그리스도에 속했다는 착각에 빠져서는 안 된다. 주께서 주신 권세는 무너뜨리는 것이 아니라 오히려 세우는 것이다. 바울 자신도 세우는 일을 하기 때문에 전혀 부끄럽지 않았다. 사람들은 사도바울이 편지로는 힘이 있지만 대면할 때는 약하고 말도 시원치 않다고 했지만, 편지나 행동도 같다는 것을 고백하였다.

자기들끼리 비교하고 자랑하는 것은 어리석은 일이다. 바울의 자랑은 분수 이상의 자랑도 아니고, 남의 수고를 가지고 자랑하는 것도 아니다.오직 복음으로 그들에게 나간 것과 그들이 성숙해져서 더 풍성해지기를 바라는 자랑이다. 사람이 자랑하려면 주 안에서 자랑해야 한다. 칭찬은 주님으로부터 받기 때문이다.

11장: 바울이 사도로서 자신을 자랑하는 것이 가장 어리석은 일이지만 비방하는 자들을 위하여 변증하기 위해 어리석음을 무릅쓰고 자랑하였다.

바울의 역할은 처녀와 같은 성도들을 남편 된 그리스도께 중매하는 일이었다. 고린도 성도들이 아담과 하와처럼 유혹을 받아 바울이 전파하지 않은 다른 예수를 전파하거나, 다른 영을 받게 하거나, 다른 복음을 전할 때에는 너무 쉽게 무너졌다.

바울은 자신이 가장 큰 사도보다 조금도 부족함이 없고, 말은 부족하지만, 지식에는 그렇지 않았다. 바울은 사도로서 당당히 값없이 복음을 전했는데, 오히려 고린도 교인들은 거짓 사도들의 잘못된 복음을 용납하였기 때문에 엄히 책망하였다.

바울이 고린도 교회를 세울 때에 물질적 어려움이 있었지만 고린도 교회의 도움을 받지 않았고, 오히려 마게도냐 성도들이 보내준 선교헌금으로 사역을 하였다. 그것은 고린도 교인들이 시험에 들까봐 조심스럽게 행한 일이었다. 바울을 비난하며 기회를 엿보는 사람들은 거짓 사도이며 가증한 일꾼이요, 그리스도의 사도로 가장한 가짜이다. 그것은 놀랄 일이 아니다. 사탄도 광명한 천사로 가장하기 때문이다.

고린도 성도들이 위선된 거짓 사도는 인정하면서 바울은 불신하기 때문에 바울 자신도 육신을 따라 자신의 출신 배경과 사역, 복음을 위한 위험과 고난과 헌신을 나열하여 사도로서 전혀 부족함이나 부끄러움이 없다는 것을 당당하게 드러내었다. 그리고 오히려 자신의 약한 것을 자랑하였다.

12장: 바울은 무익한 자랑이지만 주의 환상과 계시를 말하되 14년 전에 셋째 하늘까지 이끌려갔던 일과 낙원에 이끌려 올라가서 말할 수 없는 말을 들었지만, 지나쳐 자만할까 봐 자랑을 생략하고 오히려 주님 앞에서 자신의 약함 곧 육체의 가시를 자랑하였다. 바울에게 육체의 가시는 교만해질까봐 하나님께서 주신 은혜의 선물이었다. 바울은 자신의 약함 때문에 늘 강하게 되었다는 것을 자랑하였다.

그렇게 변론을 통하여 바울은 다른 어떤 사도들보다도 부족함이 없었다. 바울은 다른 사람들에게 피해를 주지 않은 잘못 외에는 부족함이 없었다고 자신의 사도성을 당당하게 내세웠다. 그리고 세 번째 갈 예정인데, 가는 목적이 재물이나 피해를 주기 위한 것이 아니고, 오히려 고린도 교회의 유익을 주기 위한 것이다. 바울이 다시 방문했을 때 부끄러운 모습을 보이지 않도록 거룩하게 예비 될 것을 부탁하였다.

13장: 마지막으로 불신을 가지고 있는 자들과 문제를 가진 사람들이 회개하지 않으면 용서치 않을 것임을 강조하였다. 그리스도께서 우리를 위해 약해지셔서 십자가를 지셨지만, 하나님께서 능력으로 살리신 것처럼 바울 자신도 약하지만, 그 능력으로 살 것을 고백하고, 고린도 교인들도 스스로 믿음에 있는지 시험해보고 스스로 확증할 것을 권고하였다. 자신 안에 십자가에 못 박히신 그리스도가 없으면 버려진 자이기 때문이다.

바울은 마지막까지 자신은 버림받은 자 같을지라도 고린도 교인들은 주 안에서 온전한 자로 세워지기를 소망하면서, 그들이 기뻐하고 온전케 되며 위로를 받으며 마음을 같이 하여 평안하기를 구했다.

바울은 문제투성이의 고린도 교회를 마지막까지 사랑으로 권하고 축복하였다. 바울이 마지막으로 축복한 13장 13절은 오늘날 공예배의 축도이다.[69]

. . . .

69) "주 예수 그리스도의 은혜와 하나님의 사랑과 성령의 교통하심이 너희 무리와 함께 있을지어다."(고후13:13) 번역본에 따라 마지막에 "빕니다."라고도 쓰고, 교단에 따라 "축복합니다." "축원합니다." 등으로 축복한다. 꼭 "있을지어다"라고 해야 하는 것은 아니다. 실제 축도는 민수기 6장 23~27절이다.

갈라디아서

갈라디아는 터키지방의 동남북 지역을 가리킨다. 북쪽을 북갈라디아, 남쪽을 남갈
라디아 지방이라고 하는데, 이 갈라디아서는 남갈라디아 지방을 가리킨다(북갈라디아
지방이라고 주장하는 학자들도 있지만 뚜렷한 증거는 없다.). 갈라디아(Galatia)는 현재 터키
의 수도인 앙카라(Ankara)가 있는 지방이다. 바울이 복음을 전할 당시 이미 소아시
아 지역은 로마제국에 의해 정복되었고, 갈라디아 지방은 로마제국의 행정구역이 되
어 있었다. 갈라디아는 켈트(celta)족이 그 지역에 침입했다가 정착하면서 생겨난 헬
라어 지명이라고 한다.

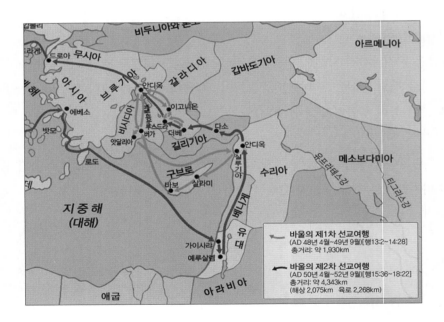

사도 바울이 1차 선교여행 때 개척한 교회들 곧 로마 행정구역상 갈라디아지방으로 인식된 비시디아의 안디옥과 이고니온, 루스드라, 더베 지방에 보낸 서신이 갈라디아서이다. 다른 서신은 주로 도시이름을 사용하지만, 갈라디아서는 지방이름을 사용하였다. 특히 갈라디아서는 데살로니가서와 더불어 신약성경 중에 이른 시기(50년대 초반)에 쓴 서신이기도 하다.

바울이 전도할 당시에는 주로 회당에서 전도를 했기 때문에 초기에는 유대인 그리스도인들이 주축을 이루었다. 갈라디아 교회도 마찬가지였다. 유대 율법주의 교사들이 사도바울의 사도권을 부정하고 복음을 왜곡시켜서 율법을 지키고 할례를 행하여야 구원을 받는다고 갈라디아지방의 교회에 혼란을 주고 있었다. 그래서 바울은 자신이 사도가 된 것은 사람에게서 받은 것도 아니고, 배운 것도 아니고, 오직 예수그리스도의 계시로 말미암은 것임을 고백하고, 예루살렘 교회 사도들도 인정한 것임을 강조하였다(갈1:1–2:21).

바울은 갈라디아 교회 교인들에게 구원은 율법의 행위가 아닌 십자가의 복음을 믿음으로 말미암아 구원받는 것임을 일깨워 주기 위해서 갈라디아서를 쓰게 되었다. 특히 바울이 1차 선교 때, 갈라디아 지방의 루스드라에서 유대인들의 선동으로 돌에 맞아 거의 죽었다가 살아난 곳이기도 하다. 1차 때 세워졌던 교회를 실라와 함께 다시 돌아본 것이 2차 선교여행이다.

1장: 바울은 서신 서두에 항상 "하나님의 뜻으로 말미암아 사도된 바울"이나 "예수그리스도의 종 바울"이라고 자신이 누구인지 어떤 자격으로 편지를 쓰는지에 대하여 명확하게 밝혔다. 특별히 갈라디아서에는 계시를 강조했다. 바울의 사도성을 의심하는 자들 때문이었다.

사도바울이 다른 서신에서는 칭찬과 축복을 하지만 유독 갈라디아서만큼은 시작하자마자 몹시 화난 투로 시작하였다. 이유는 바울이 목숨을 걸고 전한 십자가의 복음을 너무 쉽게 떠나서 다른 복음을 좇았기 때문이었다. 그래서 바울은 바울이 전한 십자가의 복음 외에 다른 복음은 존재하지 않으며, 다른 복음을 전하면 저주가 있다고 강하게 질책하였다.

사도바울이 사도가 된 것은 계시로 말미암았다. 핍박 자였던 바울이 주님을 만나서 이방인에게 복음을 전하는 자가 된 것이다. 아라비아와 다메섹을 거쳐 3년 만에 예루살렘을 방문했다는 것을 간증하였다.

2장: 바울이 회심하고 14년 후에 예루살렘 교회를 방문하였고, 그때 거짓 형제 때문에 헬라인 디도에게 할례를 하였다. 베드로가 할례자의 사도인 것처럼, 바울 자신은 이방인의 사도가 되었으며, 예루살렘교회 사도들도 인정하였다. 그리고 예루살렘 교회로부터 구제헌금을 부탁받았지만, 본래 바울 자신이 하고 싶었던 일이었다.

게바(베드로 본명은 시몬이다.)가 안디옥 교회에서 이방인과 식사를 하다가 야고보가 보낸 유대인들을 의식하여 자리를 피했는데, 함께 했던 유대인들도 영향을 받아서 외식을 행하였다. 그래서 바울은 베드로가 복음의 진리를 따라 바르게 행하지 않기 때문에 사람들 앞에서 "네가 유대인으로서 이방인을 따르고, 유대인답게 살지 아니하면서 어찌하여 억지로 이방인을 유대인답게 살게 하려느냐"고 강하게 질책하였다. 이 사건을 계기로 사람이 율법의 행위로 구원받는 것이 아니라, 예수그리스도의 십자가의 복음을 믿는 믿음으로 구원받게 된다는 복음의 본질을 재확인해 주었다.

3장1-4장7절: 갈라디아 사람들이 십자가의 복음을 떠난 것을 책망하면서 성령 받은 것이 율법의 행위가 아니라 복음을 듣고 믿음으로 말미암았다는 것을 재정립시켜 주었다. 아브라함도 그 믿음을 의로 인쳤다는 것을 일깨워 주고, 누구든지 아브라함처럼 믿는 자는 복을 받게 됨을 가르쳐 주었다.

율법은 모든 사람이 죄 아래 갇힌, 죄인이라는 사실을 깨닫게 하고, 그 죄를 해결하기 위해 그리스도에게로 이끌어 가는 초등교사(몽학선생) 역할을 한다.

그러므로 그리스도께 나가 그리스도에게 속한 자면 누구나 아브라함의 자손이요, 약속대로 유업을 이을 자이다. 유업을 이을 자가 주인이지만 어렸을 때는 종과 다름 없이 정한 시기까지 후견인과 청지기 아래 있지만, 때가 차서 어른이 되면 주인의 권세를 회복하듯이, 율법의 역할과 사명은 예수그리스도께로 인도 하는 것으로 마쳐진다. 그래서 예수님은 율법의 마침이 되는 것이다(롬10:4).

때가 차서 하나님께서 예수님을 보내셔서 율법 아래 있는 자들을 십자가로 속량하시고 아들의 영을 부어 주셔서 아빠 아버지라 부르게 하심으로 그리스도 안에서는 종이 아니라 아들이 되게 하신 것이다. 아들이면 하나님으로 말미암아 하나님의 유업을 이을 자가 되는 것이다.

4장 8절-5장 1절: 갈라디아 교인들이 본질상 하나님이 아닌 자들에게 종노릇하였지만, 하나님을 알고, 하나님께서 아신 바가 된 후로는 다시 천박한 초등학문으로 돌아가서는 종노릇하면 안 된다고 권고하였다.

바울은 갈라디아 교인들에게 해롭게 한 일이 없다. 오직 희생으로 복음을 전하였을 뿐이다. 갈라디아 교인들이 처음 복음을 들었을 때에는 아주 신실한 그리스도인들이었다. 그래서 바울은 갈라디아 교인들 속에서 그리스도의 형상이 이루기까지 해산하는 수고를 아끼지 않았다.

바울은 율법 아래 있고자 하는 자들을 향하여 약속의 자손 이삭과 종의 자손 이스마엘을 예로 들어 약속의 유업은 약속하신 자손을 통하여 얻게 된다는 것을 재확인시켜 주었다.

5장 2절-26절: 할례를 중시하는 율법주의자들은 율법 전체를 행할 의무가 있는 자요, 그리스도에게서 끊어진 자요, 은혜에서 떨어진 자이다. 은혜로 주신 자유를 육체의 기회로 삼아서 다투는 자가 되면 안 된다. 오직 사랑이 율법의 완성임을 깨닫고 사랑으로 종노릇해야 한다.

육체의 소욕과 성령의 소욕이 항상 서로 대적하지만, 성령의 소욕을 따르면 육체의 악한 욕심을 이루지 않는다. 육신을 따르는 자는 육신의 악한 열매를 맺고, 성령을 따르는 자는 신령한 성령의 열매를 맺는다. 그리스도의 사람들은 그 정과 욕심을 십자가에 못 박았기 때문에 성령으로 사는 자들은 성령으로 행하여야 한다.

6장: 자신을 돌아보고 죄의 유혹에 빠지지 않도록 서로 짐을 져야 하고, 그리스도의 법 곧 사랑의 법을 성취해야 한다. 가르침을 받는 사람들은 가르치는 자와 항상 함께해야 유익하다. 사람이 무엇을 심든지 그대로 거두게 된다. 육신을 위하여 심으면 썩을 것을 거두고, 성령을 위하여 심으면 영생의 열매를 거두게 된다.

선을 행하다가 낙심하거나 포기하지 않으면 때가 차서 반드시 열매를 거두게 하신다. 먼저는 믿음의 가정에서부터 선을 행하여야 한다.

바울은 마지막까지 육체의 모양, 곧 할례를 자랑하지 말고, 그리스도의 십자가를 자랑해야 한다고 강력하게 권고하였다. 그리스도인들의 자랑은 십자가이다.

마지막 축복할 때에는 복음의 본질을 깨닫고 지키는 자에게와 하나님의 이스라엘에게 복을 기원했다. 바울이 이후로는 어리석은 일로 다시 괴롭히지 말 것을 권하면서 자신의 몸에 예수님의 흔적을 가졌다고 고백했다.

에베소서

에베소의 역사

에베소는 고대에 아테네 다음가는 도시였고, 예수님 당시에도 예루살렘 다음의 도시였다. 초대교회 당시 에베소(현대 지명-셀축)는 소아시아 서부(아나톨리아 지방, 현재의 터키 서남부)에 위치한 도시로 로마제국 내에서 동양과 서양을 잇는 최대의 상업 중심지로 무역항이면서 군사요충지요, 동서양의 문화 교류지점(헬레니즘)이었다. 그래서 로마인들이 이 도시의 중요성을 인식하고 당시에 버가모 왕국의 수도였던 버가모를 포기하고 에베소를 행정수도로 삼았다고 한다.

이오니아인들이 주전 13세기경 에게 해 중앙 에베소 지방에 정착하기 시작하였다.

에베소는 주전 11세기 아테네 왕자였던 안드로코스가 여행 중에 온화하고 아름다운 자연환경을 가진 항구도시임을 알고, 이오니아인들을 정복하고 도시를 세운 것이 시초이다.

에베소는 BC 560년경에 리디아에 의해 정복되었다가 BC 334년경에 알렉산더의 통치를 받는데, 그가 죽은 후에는 그의 장군 리시마쿠스가 지배하다가 BC 133년경에는 로마와 합병되었다. BC 33년 로마의 명장 안토니우스가 소아시아(터키)를 다스릴 때 이집트의 여왕 클레오파트라와 자주 이곳을 방문했다고 한다.

에베소는 로마 초대황제 아우구스투스(옥타비아누스) 때부터 수로와 도로포장, 목욕탕, 아고라(시장), 극장, 도서관 등, 각종 화려한 건축물이 세워지기 시작했고, 주후 2세기 후반까지 번성한 도시였으나 그 이후에 전염병, 정치적 반란, 외인들의 침입, 대지진 등으로 일부가 소실되었다. AD 7-8세기경에 아랍인들의 침공을 받은 이후 1304년 터키인들의 손에 들어갔다.

■ 에베소 구 도시와 아데미 여신

1세기 초대교회 시대와 로마시대에 번영을 누리던 에베소는 지진으로 황폐화 되어 잊혔다가 현대 고고학자들에 의해 흙 속에 파묻혀 있던 유적지를 발굴한 것이 현재의 모습이다.

에게해 건너편 그리스는 아테네를 중심으로 아테나 여신을 숭배했지만, 소아시아 (터키 서부지방)와 에베소에서는 가슴에 유방으로 가득 찬 아데미(다이애나) 여신을 풍요와 다산의 신으로 숭배하였다(행19:23–31).

에베소교회 설립 배경

바울은 헬라 사람들이 만들어 놓은 문화와 언어, 로마사람들이 닦아 놓은 길을 따라 소아시아와 마케도니아, 아가야 지방에 복음을 전하였다.

그중에 에베소교회는 예루살렘, 안디옥과 더불어 1세기 복음 선교의 중심지가 되었다(행19장, 딤전1:3). 그리고 요한계시록(2장–3장) 7교회 중 가장 먼저 등장하는 교회이다.

에베소교회는 AD 50년경 바울이 2차 선교여행 중에 고린도를 거쳐 에베소에 잠깐 들러서 선교한 후에 브리스길라와 아굴라를 그곳에 남겨두었다. 그리고 3차 선교여행 중에 3년간 머무르면서 선교에 힘썼고, 특히 그 기간에 예수님처럼 12제자를 선택한 후 두란노서원에서 2년 동안 제자양육에 집중하였다. 그때 세워진 제자들에 의해 주변지역에 많은 교회가 세워졌다(행19장).

에베소교회는 사도 바울과 그의 제자 디모데가 사역했던 곳이며, 사도요한과 예수님의 모친 마리아가 말년을 보낸 곳이기도 하다. 바울이 로마에 갇힌 후에 디모데가 대신 목회를 하였고, 바울이 순교한 후에는 사도요한이 에베소의 지도자가 되었다. 사도 요한이 그곳에서 사역을 하다가 밧모 섬으로 유배되어 거기서 요한 계시록을 기록하였다. 도미티아누스 황제가 암살된 후 유배에서 풀려나 에베소에서 요한복음과 요한 서신을 썼고, 그곳에서 생을 마감하였다고 한다. 지금도 그곳에 사도요한의 무덤과 기념교회가 있고, 누가의 묘와 마리아 기념교회가 있다. 특히 마리아 기념교회는 432년 에큐메니칼 종교회의가 열렸던 곳이기도 하다.

에베소교회는 바울이 선교 중에 가장 많은 제자들을 세우고 가장 오랫동안 열정을 쏟았던 교회이다. 사도요한도 마지막까지 사랑과 열정을 쏟았던 사랑받는 교회였다. 선행과 인내, 악에 대한 배격, 교회질서 확립, 주를 위한 성실함과 열심이 뛰어나 칭찬받는 교회였지만, 일 중심의 교회로 변질되어 생명을 사랑하는 영혼 구원의 첫 사랑을 상실함으로 요한계시록 2장에서 주님으로부터 책망받는 교회가 되었다.

에베소서를 쓰게 된 이유

에베소 교회는 사도바울과 다른 제자들이 많은 사랑과 열정을 쏟았던 아주 특별한 교회이다. 바울이 로마감옥에 갇힌 상태에서 썼다고 해서 옥중서신이라고 한다. 바울이 감옥에서도 에베소 교회에 편지를 쓰게 된 것은 당시 바울이 세운 교회마다 유대주의자들의 훼방과 이교도들의 핍박이 상존했기 때문이다. 바울이 애정을 많이 쏟았던 에베소 교회가 교회로서 갖춰야 할 신앙적 자세와 교회의 역할을 재정립해 주기 위해 쓴 편지로 교회론에 대하여 깊이 다루었다.

바울은 그들이 그리스도 안에서 성숙한 신앙생활로 끝까지 승리하는 교회로 남기를 간절히 구하는 마음으로 두기고를 통해서 전달한 편지이다.

에베소서 내용

에베소서는 "그리스도 안"을 매우 반복해서 강조한다. 그리스도 안에서 베푸시는 하나님의 은혜와 예정의 섭리, 그리고 그리스도의 몸이 되는 교회공동체가 어떻게 지어져 가고, 성숙하게 세워져 가고, 승리할 것인지를 다루고 있다.

1장 1-2절 인사와 축복의 말씀

1장 3-14절: 우리는 하나님을 찬양해야 한다. 하나님께서 그리스도 안에서 하늘에 속한 신령한 복을 주시기 위해 그리스도 안에서 우리를 택하시고, 그 안에서 거룩하고 흠이 없게 하여 하나님의 아들들이 되게 하시기로 예정하셨기 때문에 그의 은혜의 영광을 찬송해야 한다.

우리는 주님의 피로 죄 사함을 받았고 신령한 지혜와 총명을 주셔서 그 뜻의 비밀을 알게 하셨다. 우리는 그리스도 안에서 예정을 입어 그 안에서 기업이 되었고, 그 안에서 구원의 복음을 듣고 약속의 성령으로 인침 받고 그 영광을 찬송하게 하셨다.

1장 15-23절: 바울이 에베소 교인들의 믿음과 사랑을 듣고 축복하는 기도내용이다. 첫째는 지혜와 계시의 정신을 주셔서 하나님을 알게 해주시기를, 둘째는 마음눈을 밝혀서 부르신 목적과 축복이 무엇인지 깨닫게 하시기를, 셋째는 믿는 자 안에서 역사하시는 하나님의 능력이 얼마나 큰 것인지를 깨닫게 하시기를 기도하였다.

하나님께서 예수님을 죽은 자 가운데서 살리셔서 하나님 보좌 우편에 앉게 하시고, 모든 이름 위에 뛰어나게 하셨다. 그런 예수께서 교회의 머리이시며 교회는 그의 몸이다.

2장: 이방인이었던 에베소 교인들이 부르심 받기 전에는 본질상 진노의 자녀요, 외인이었다. 그러나 하나님의 크신 긍휼과 사랑으로 허물로 죽었던 그들을 그리스도와 함께 살리셨고, 그 은혜로 인하여 믿음으로 말미암아 구원을 받게 하셨다.

주 밖에 있을 때에 육체로는 이방인이요, 무할례자요, 약속도 소망도 없었는데, 그리스도의 피로 가까워졌고, 그 십자가의 은혜로 말미암아 유대인과 이방인이 하나가 되어 같은 하나님 나라의 시민요, 하나님의 권속이 되었다. 우리는 모두 선지자와 사도들의 터 위에 세움을 받았고, 예수께서 모퉁이의 머릿돌이 되셔서 그 안에서 서로 연결되어 주 안에서 성전이 되어가고, 우리도 성령 안에서 하나님이 거하실 처소가 되기 위해 지어져 가는 중이다.

3장: 바울이 이방인의 사도가 된 것은 하나님의 은혜에 의한 것이다. 예수 안에서 성령으로 유대인과 이방인이 함께 상속자가 되게 하기 위하여 바울이 이방의 사도로서 일하고 있으며, 그것이 하나님께서 정하신 뜻이기 때문에 이 일을 위해 고난을 당해도 낙심치 말 것을 권고했다.

3:14-21절은 두 번째 바울의 축복기도 내용으로, 성령으로 속사람이 능력으로 강건해지고, 믿음으로 그리스도가 마음에 계시고, 그 사랑 안에서 뿌리를 내리고 터가 굳어져서 그리스도의 사랑의 크기를 깨달아 알고, 지식을 초월하는 사랑을 깨닫기를 구했다.

그리고 하나님은 우리가 구하는 것이나 생각하는 것보다 더 넘치도록 부어 주시는 분이시다.

4장: 그러므로 부르심에 합당하게 행하여 겸손, 사랑, 인내, 용서로 한 하나님 안에서 하나가 되게 하는 일에 힘써야 한다. 주도, 믿음도, 세례도, 하나님도 한 분이시니, 그 안에서 주신 은사를 따라 사역을 하되 성도를 온전케 하며, 봉사의 일을 하게 하며, 그리스도의 몸을 세우되, 그리스도의 장성한 분량에까지 자라서 온전케 되도록 해야 한다. 장성한 자가 되어야 유혹을 이겨나갈 수 있기 때문이다.

주 안에서 서로 참된 것을 하여 범사에 머리 되신 그리스도에게까지 자라야 한다. 머리에서 온몸이 각 마디 곧 관계를 통하여 연결되고 결합되어 각 지체의 분량대로 역사하여 그 몸을 자라게 하며 사랑 안에서 스스로 세워져 가는 것이 교회이다.

주 안에서 온전함을 이루어 가려면, 썩어져 가는 구습을 쫓는 옛사람을 벗어 버려야 한다. 그리고 심령으로 새롭게 되어 진리의 거룩함으로 지으심을 받은 새사람을 입어야 한다. 거짓, 분함, 노함, 악독을 버리고 서로 불쌍히 여기고 용서하여 마귀가 틈타지 못하게 해야 한다. 무슨 말을 하든지 덕을 세우고 은혜를 끼치게 해야 하며, 악한 것을 버리고, 서로 친절하며, 불쌍히 여기고 서로 용서하기를 하나님이 그리스도 안에서 우리를 용서한 것같이 해야 한다.

5장: 온전함을 이루기 위해서는 하나님을 본받아야 한다. 그리스도께서 자신을 내어주신 것처럼 사랑 가운데서 행하고, 음행과 탐욕 등, 세상의 속된 행위나 말은 버려야 한다. 그런 것을 행하는 자는 하나님의 나라를 기업을 받지 못하고 진노가 임하기 때문이다. 그런 것을 행하는 자들과 함께하지도 말아야 한다.

전에는 어둠이었지만 이제는 주 안에서 빛이므로 주 안에서 빛의 자녀들처럼 행하여 빛의 열매인 착함, 의로움, 진실함의 열매를 맺어야 한다. 주께서 무엇을 기뻐하시는지 시험해보고, 열매 없는 어둠의 일에 참예하지 말아야 한다.

그리고 무슨 일을 할 때에는 지혜롭게 세월을 아끼고 주의 뜻이 무엇인지 이해하고 방탕한 행위는 버리고, 오직 성령의 충만을 받고, 서로 시와 찬미로 화답하고 하나님께 감사하며 서로 주를 두려워하는 마음으로 순종해야 한다.

특히 하나님께서 교회를 사랑하시듯이, 교회가 주님을 섬기듯이 섬기고 사랑하는 부부의 모습이 교회의 모습임을 가르치고 있다. 교회의 뿌리는 개인이고, 가정이며, 부부가 가정이다.

6장: 그리스도인들은 하나님 앞에서 자녀를 잘 양육하고, 부모를 공경하고, 종과 주인의 권리와 의무(직장생활)에 충실히 하되, 사람들의 눈치나 보면서 눈가림으로 일하면 안 된다. 그리스도의 종들처럼 마음으로 하나님의 뜻을 행하고 성실히 섬기되 주를 섬기듯 해야 한다. 사람이 무슨 선을 행하든지 주님으로부터 그대로 돌려받기 때문이다. 상전들도 아랫사람을 위협하면 안 된다. 아무리 높아도 자신 위에 하나님이 계시다는 것을 의식하며 살아야 한다.

마지막 권고는 주 안에서 그 힘의 능력으로 강건해지고, 하나님의 말씀으로 전신갑주 해야 한다. 우리의 싸움은 혈과 육에 대한 것이 아니라 권력들과 권세들과 이 어둠 세상의 주관자와 하늘에 있는 악한 영들과의 싸움이기 때문이다. 하나님의 말씀으로 전신갑주를 해야 악한 날에 능히 대적하고 모든 것을 행한 후에 굳게 설 수 있다.

모든 기도와 간구로 항상 성령 안에서 깨어 기도하되, 성도들을 위해 기도하고, 전도자들을 위해 기도해야 한다. 바울은 이 복음 때문에 매여 있었다. 그래서 담대히 복음을 전할 수 있도록 기도부탁을 하였다.

두기고가 바울의 사정을 알리기 위해 이 편지와 함께 보냄을 받았다.

빌립보서

● 빌립보

　빌립보는 고대 아시아(터키)와 아가야 지방 북서쪽 아드리아 해의 항구를 연결해주는 로마의 도로인 에그나티아 대로의 중요한 중간역할을 하는 동부 마게도냐의 한 도시로 상업과 문화의 요지였다. BC 356년 알렉산더 대왕의 부친 필리포스(빌립) 2세에 의해 세워진 도시로 BC 168년부터 로마의 지배를 받았다.

　주전 42년 안토니우스와 옥타비아누스(아우구스투스 또는 아구스도)가 카이사르(가이사 또는 시저) 암살범 일당을 물리친 후에 로마의 식민도시로 만들었다. 주전 31년 옥타비아누스가 악티움해전에서 안토니우스와 클레오파트라를 물리치고 자신의 정예부대를 배치하여 로마의 군사직할 도시로 만든 곳으로 지방도시 중에 가장 명예로운 도시에만 해당되는 로마법으로 다스린 가장 라틴화 된 도시였다. 이 도시 사람들에게는 로마시민권의

특전이 주어졌고, 그것을 자랑으로 여겼다(행16:21). 그래서 그곳에는 유대인이 많지 않았기 때문에 회당이 없었다.

빌립보교회

AD 52년경, 사도바울은 2차 선교여행 중에 아시아 지방의 드로아(터키 서부 지중해변)에서 "마게도냐로 건너와서 우리를 도우라"(행16장) 하는 마케도니아 사람의 환상을 보고, 드로아를 떠나 배로 에게 해를 건너 유럽 땅인 사모드라게와 네압볼리를[70] 거쳐 마게도냐 지경의 첫 성이었던 빌립보로 건너갔다.

빌립보에는 유대인 회당이 없었기 때문에 바울이 기도처를[71] 찾고 있었는데, 주께서 강가에서 자주장사 루디아를 만나게 해주셨고, 그녀는 바울이 유럽에서 전도한 최초의 그리스도인이 되었다(행16:14). 그리고 바울이 "점하는 귀신"들린 여종에게서 귀신을 쫓아낸 사건 때문에 매 맞고 감옥에 갇히게 되었는데, 바울과 실라가 그곳에서 실망하지 않고 찬양하며 기도했더니 지진으로 옥문을 열어 주셨다. 죄수가 탈옥한 것으로 알고 자결하려던 간수가 "주 예수를 믿으라 그리하면 너와 네 집이 구원을 얻으리라."(행16:31)는 바울이 전하는 복음을 듣고 온 가족이 주를 영접하는 놀라운 일이 벌어졌다. 우연 같은 사건들을 통하여 만난 사람들이 유럽교회의 모태가 되었다. 주께서 보여주신 환상과 성령의 인도하심을 따른 결과이다.

바울은 로마시민권 덕에 빌립보에서 석방되고, 이후에 암비볼리와 아볼로니아를 거쳐 데살로니가로 가서 복음을 전했다.

오늘날 빌립보 지역의 흔적은 프랑스 고고학자들이 1914~1938년에 빈들에서 발견한 유적지만 남아 있고, 그 유적지에서 1마일 떨어진 곳에 사도행전 16:13절에 언급

. . . .

70) 바울이 아시아 지방을 떠나 유럽에 최초로 발을 디딘 곳이 네압볼리이다. 지금도 그곳에는 사도바울이 처음 발을 디딘 곳이라고 해서 기념교회가 세워져 있다.

71) 세계로 흩어져 살던 디아스포라 유대인들이 10명 이상 모여야 회당이 성립하는데, 회당이 없는 곳에는 기도처가 있었다. 바울 시대에 빌립보에 살던 유대인들은 회당이 없었으므로 강기스데스(Gangites)의 강둑의 야외에서 모임을 가졌다고 한다.

된 강이 흐르고 있다. 그 강 바로 옆에 루디아를 기념하는 기념교회가 세워져 있다.

빌립보 교회는 대부분 이방인 그리스도인들로 구성된 교회였지만, 사도바울의 선교 활동에 적극적인 후원자로 예루살렘의 가난한 성도들을 위해 거액의 연보도 아끼지 않는 헌신적인 교회였고(빌4:16, 고후8:1-2, 8:20, 11:9), 바울이 자랑스러워하는 교회였다.

빌립보 교회가 바울이 감옥에 갇히고, 에바브라 디도가 위기에 처했다는 소식을 듣고 낙심할까 봐 위로하고, 끝까지 변함없이 선교헌금을 보내준 것에 감사해서 쓴 서신이다. 빌립보서는 사도바울이 로마 감옥에서 썼다고 해서 옥중서신[72]이라고 한다.

■ 루디아 기념교회,
강기스데스(Gangites)의 강둑, 빌립보

빌립보서 내용

1장: 빌립보 교회가 어려운 환경 속에서도 처음부터 변함없이 주를 섬겼고, 복음에 동참했기 때문에 바울이 기도할 때마다 기쁨으로 기도하는 교회였다. 그래서 바울은 사랑과 지식과 총명이 더욱 넘쳐서 주 예수의 날까지 의의 열매가 가득하여 하나님의 영광의 찬송이 되기를 축복하고 기도하였다.

빌립보 교회가 바울이 재판을 받기 위해 로마 감옥에 갇혔다는 소식을 듣고 힘들어하고 있었다. 그러나 바울은 오히려 감옥에 갇혀 있는 동안에 수많은 사람들이 찾아오게 됨으로(행28장), 바울을 지키는 황제의 친위대들이 교대 근무를 하면서 바울과 복음을 온 로마에 소문을 냈기 때문에 오히려 고난이 복음의 진보를 이루었다

· ·

72) 에베소서, 빌립보서, 골로새서, 빌레몬서를 바울이 감옥에서 썼다고 해서 옥중서신이라고 한다.

고 위로하였다.

바울이 갇힌 것에 대하여 부정적인 견해가 있었지만, 바울의 간절한 기대와 소망은 어떻게 하든지 복음만 전해진다면 죽는 것조차도 유익하다고 고백하였다. 아직 바울이 죽지 않고 사역하는 것은 성도들을 섬기기 위한 것이었다. 바울은 자신의 고난이 예수 안에서 빌립보 교회의 자랑거리가 될 것임을 확신시켜 주었다.

빌립보 성도들은 다른 것을 염려하지 말고, 복음에 합당하게 생활하되, 한뜻으로 복음을 위하여 협력하고, 고난을 두려워하지 말고, 기쁨으로 고난에 참여해야 한다고 권고하였다.

2장: 복음에 합당하게 살아가려면, 그리스도 안에서 무엇을 하든지 마음을 같이 하고, 사랑을 가지고 뜻을 합하여 한마음을 품고 겸손하게 자기 일을 돌아볼 뿐 아니라, 다른 사람의 일을 돌아보아야 한다고 권하였다.

예수님의 마음을 품을 것을 권고하였다. 주님은 하나님과 동등 되지만 자신의 권리를 포기하시고 가장 낮은 종의 형체를 입고 죽기까지 복종하셨는데, 하나님께서 주님의 이름을 모든 이름 위에 가장 뛰어나게 하셨고, 그 앞에 모든 무릎을 꿇게 하셨기 때문이다.

하나님의 자녀답게 서로 순종하고, 두렵고 떨리는 마음으로 구원을 이루어야 하고, 모든 일에 원망과 시비가 없이 행하되, 타락한 세대 가운데서 흠 없는 자녀로 빛을 드러내어 사역자들의 수고가 헛되지 않게 해야 하고, 사역자들의 수고에 기쁨과 자랑으로 나타내라고 권하였다.

바울은 빌립보 교인들에게 복음을 위해 고난에 동참했던 디모데를 보내서 피차 위로를 받기를 바랐지만, 에바브로 디도를 먼저 보내게 된 이유는 빌립보 교인들이 그가 복음을 위해 일하다가 병들어서 죽음의 위기 처했다는 소식을 듣고 근심하고 있었기 때문이다. 그래서 그를 먼저 보내서 빌립보교회의 근심을 덜고 기쁨과 위로를 주기 위해 디모데 대신 에바브로 디도를 보낸 것이다.

3장: 주 안에서 항상 기뻐하되, 할례나 율법을 주장하는 개들, 행악 자들을 주의할 것을 권고하였다. 바울 자신도 히브리인이요, 바리새인으로 율법으로 흠이 없고, 열정이 넘치지만, 자신에게 유익하던 모든 것을 다 해로 여기고 배설로 여기는 것은 그리스도를 아는 지식이 가장 고상하기 때문이며, 그리스도를 얻고 그 안에서 발견되기 위한 것이었다. 바울은 그리스도의 부활의 권능과 고난에 참여함을 알고자 하여 그의 죽으심을 본받아 어떻게 해서든지 부활에 이르기를 원하였다. 아직 온전하게 된 것, 이루어진 것도 아니고, 오직 부르심의 상을 위해 푯대를 향하여 달려가고 있을 뿐임을 강조하고, 어디에 이르렀던지 그대로 행하여야 한다고 가르쳤다.

바울의 신앙을 본받고, 본보기가 되는 사람들을 살펴보아야 하며, 여러 차례 강조한 것처럼 십자가의 원수로 살면 안 된다고 권하였다. 우리의 시민권이 하늘에 있으므로 거기로부터 주님이 오실 것을 기다리고 있는 것이다.

4장: 바울의 사랑하는 형제들, 바울의 기쁨이요, 면류관인 사랑하는 성도들에게 주안에 굳게 서서 같은 마음을 품고 복음을 위해 사역하는 동역자들을 도울 것을 권고하였다.

항상 기뻐하고 기뻐하되, 무엇을 하든지 아무것도 염려하지 말고, 기도와 간구로 구하되 감사함을 구하면, 모든 지각에 뛰어난 하나님의 평강이 예수 안에서 마음과 생각을 지켜 주실 것임을 확신시켜주었다.

마지막 권고도 무엇에든지 참되고, 거룩해야 하고, 받고, 듣고, 본 바를 지켜 행하면 하나님의 평강이 함께 하신다는 것을 일깨워 주었다. 빌리보 교회가 바울을 다시 기억하고 돕기 시작해서 크게 기뻐하였다. 그러나 바울이 궁핍해서 요구한 것은 아니었다. 바울은 스스로 자급자족 할 수 있는 일체의 비결을 배웠기 때문에 능력을 주시는 자 안에서 모든 것을 할 수 있었다. 그러나 빌립보 교회가 사도바울의 선교를 돕기 위해 나선 것은 잘한 것이었다. 빌립보 교회는 최초로 사도 바울의 선교사역을 도운 교회였다. 바울은 빌립보 교회가 자원하여 선교헌금에 동참하게 된 것을 감사하고, 그것이 얼마나 귀하고, 크고, 가치 있는 일인지를 일깨워 주었고, 그 정성과 수고 위에 더 크고 풍성하게 축복하심을 간구하면서 문안 인사로 마무리 하였다.

골로새서

골로새지방

골로새는 에베소에서 동쪽으로 약 60Km 떨어진 브루기아 지방의 한 도시였고, 길리기아 다소에 이르는 큰 상업로의 요지에 위치한 도시였다. 작은 도시지만, 마술, 신비주의, 금욕사상 등과 헬라 우상 사상이 혼합된 혼합종교가 성행하는 도시였다.

주변 도시인 라오디게아가 번영하면서 골로새 지방이 퇴색되었지만, 골로새, 라오디게아와 히에라볼리가 AD 60-61년경에 지진으로 파괴되었으나 골로새는 지진 후에도 유력한 도시로 남아 있었다고 한다.

골로새교회

골로새 교회는 바울이 세운 교회가 아니라 그의 동역자인 에바브라에 의해 세워진 교회이다. 에바브라는 라오디게아와 히에라볼리에 있는 교회를 위해서도 사역을 하였다. 골로새 교인들은 주로 이방인그리스도인들로 구성되어있었지만, 유대인그리스도인들의 영향력도 강했다. 그래서 거짓교사들에 의한 신비주의, 영지주의, 거짓 철학, 헛된 속임수로 혼란이 있는 교회였다. 그런 영향으로 그들은 그리스도의 신성과 예수그리스도를 통한 구원을 부정하고 금욕주의와 거짓 철학을 내세우는 이단 사상이 침투할 위험에 처해있었다.

골로새서

골로새서는 에베소서 빌립보서 빌레몬서와 함께 바울이 로마 감옥에서 쓴 옥중서신에 해당한다. 골로새서는 골로새 뿐 아니라 라오디게아 교회에서도 읽게 했고, 라오디게아 교회로부터 오는 편지는 골로새 교회에서도 읽었다(골4:13-16).

바울이 골로새서를 쓰게 된 것은 그리스도의 신성과 능력을 바로 가르치고 영지주의, 헛된 철학과 속임수, 금욕주의 등, 이단의 위험으로부터 보호하고 교회 내부적 문제를 해결하기 위해 쓴 것이다.

1장: 골로새 교회는 바울의 신실한 제자인 에바브라에게 잘 배워서 그리스도 안에서 믿음과 성도에 대한 사랑, 하늘에 쌓아 둔 소망, 곧 복음을 깨달은 날부터 열매를 맺고 자라는 교회였기 때문에 바울이 기도할 때마다 감사하는 교회였다.

바울의 기도내용은 첫째 모든 신령한 지혜와 총명에 하나님의 뜻을 아는 것으로 채우게 하시기를, 둘째 주께 합당하게 행하여 범사에 기쁘시게 하고 모든 선한 열매를 맺게 하시기를, 셋째 하나님을 아는 것에 자라게 하시기를, 넷째 그 영광의 힘을 따라 모든 능력으로 능하게 하시기를, 다섯째 기쁨으로 모든 견딤과 오래 참음에 이르게 하시기를, 여섯째 빛 가운데서 성도의 기업의 부분을 얻기에 합당하게 하신 아버지께 감사하기를 기도하였다.

예수께서 우리를 어둠에서 아들의 나라로 옮기셨고, 죄를 사해주셨다. 예수님은 하나님의 형상이시고, 창조자가 되시고, 만물보다 먼저 계셨고, 만물이 그 안에 있다. 예수님은 몸 된 교회의 머리이시다.

예수님은 하나님과 원수 되었던 자를 십자가의 피로 화평을 이루셔서 하나님과 화목하게 하셨다. 우리가 믿음과 복음 위에 굳게 서서 소망에서 흔들리지 않으면, 거룩하고 흠이 없고 책망할 것이 없는 자로 하나님 앞에 세워진다는 것을 일깨워 주었다.

바울이 주님의 몸 된 교회를 위해 그리스도의 남은 고난을 자신의 육체에 채우는 것은 하나님의 말씀을 이루고자 함이었다.

바울이 복음으로 권하고 지혜로 가르치는 것은 각 사람을 그리스도 안에서 완전한 자로 세우기 위한 것이었다.

2장: 바울이 골로새 교회와 라오디게아 교회를 위해 애쓰는 것은 복음의 비밀인 그리스도를 깨닫게 하려는 것이었다. 그 안에 감춰진 지혜와 지식을 말하는 것은 교묘한 말에 속지 않고, 질서 있게 행하고, 굳건한 믿음으로 살게 하려는 것이었다.

예수를 주로 받았으면 그 안에서 행하되, 뿌리를 박고, 세움을 받아 굳게 서서 헛된 철학의 속임수를 주의하라고 권고했다.

신성으로 충만하고 통치자와 권세의 머리 되신 주 안에서 손으로 하지 않은 그리스도의 할례를 받았고, 세례로 죄와 세상 초등학문에 대하여 장사되고 다시 살리심을 받았으므로 먹고 마시는 절기나 안식일 등으로 비판받지 않게 해야 한다고 권하였다.

꾸며낸 겸손, 천사숭배는 머리 되신 주님을 붙드는 것이 아니므로 그런 것은 붙잡지도 말고, 맛보지도 말고, 만지지도 말라고 가르쳤다. 그리스도인은 머리 되신 주님으로 말미암아 자라는 것임을 깨달아야 한다.

3장: 바울은 결론적으로 그리스도와 함께 살리심을 받았다면 위의 것을 찾아야 하며, 땅에 속한 지체는 죽여야 하고, 거짓과 옛사람의 행위는 벗어버리고 새사람을 입었다면, 하나님의 형상을 따라 지식에까지 새롭게 되어야 한다고 가르쳤다.

그리스도인은 하나님의 택하심을 입은 사랑 받는 거룩한 사람답게, 동정심과 친절함과 겸손함과 온유함과 오래 참음을 옷 입고, 주님이 우리를 용서하셨듯이 용서하고, 그 모든 것 위에 사랑을 더해야 함을 일깨워 주었고, 평강의 삶, 감사의 삶, 말씀이 풍성한 삶으로 서로 가르치고, 권하고, 감사하고, 주님의 이름으로 찬양할 것을 권고하였다.

부부나 부모 자식은 자기의 도리를 다해야 하고, 직장과 사회생활도 무슨 일을 하든지 사람에게 하듯 하지 말고, 마음을 다하여 주께 하듯이 해야 한다고 가르쳤다.

4장: 상전들도 하늘의 상전되신 주님을 의식해야 하며, 기도를 계속하되 감사함으로 깨어있어야 하고, 전도자들을 위해 기도할 것을 요청하였다.

외부인들에게는 지혜로 행하여 세월을 아끼고, 소금으로 맛을 내듯이 말도 은혜롭고 맛깔스럽게 하라고 권하였다. 골로새서는 그곳 사정을 잘 아는 두기고를 통하여 보냈다.

데살로니가전서

데살로니가

데살로니가는 빌립보 서쪽으로 약 161Km 정도 떨어진 마게도냐 지방의 교통 요충 지이자 더마익 만(Thermaic Gulf) 동북쪽 끝에 위치한 원형극장 모양으로 생긴 항구 도시이다.

마게도냐의 영웅 알렉산더대왕 사후에 수하 장군이며, 알렉산더의 부친인 필립2 세의 사위였던 케산더(Cassander)가 그 지역의 왕이 되었는데, BC 316년경에 정치적인 이유로 알렉산더의 어머니와 아내를 죽이는 사건이 있었다. 이 사건으로 인해 민심 이 잃게 되자 민심을 돌리기 위해 그 아내의 이름을 따서 "데살로니가(Thessalonica- 알렉산더의 이복누이)"라고 이름을 붙여 건설한 도시이다.

데살로니가는 알렉산더 대왕의 고향이기도 하며, 비잔틴제국의 수도 콘스탄티노 플(이스탄불)과 나란히 그리스 본토의 정치 문화의 중심지 역할을 했던 곳이다.

마게도냐는 BC 168년 로마에 패하여 로마의 속령이 되었다. 로마가 통치상 마게도 냐를 4개 주로 행정구역을 분할 할 때, 데살로니가는 그 한개 주의 수도였다가 BC 146년 전체가 통합되면서 마케도니아의 수도가 되었다. 카이사르(Caesar)가 암살되 고 로마가 내란에 빠졌을 때 인구 20만의 데살로니가는 카이사르의 양자 옥타비우 스(Octavius-아우구스투스 또는 아구스도) 편에 가담한 공으로 BC 42년에 자유도시로 선언되기도 하였다. 데살로니가는 로마와 동방제국을 연결하는 에그나티아 대로(Via Egnatia)를 따라 무역을 장악하고 있었던 항구 도시로, AD 44년 이후에는 로마제국 군항지가 되었다.

데살로니가는 AD 904년에는 사라센에 의해 지배를 받다가 1184년에는 십자군에 의해 점령되었다. 그 이후 1430년에 터키의 영토로 '살로니키(Saloniki)'가 되지만, 다시 1913년에 그리스의 영토가 된 후 현재까지 옛 이름을 되찾아 '데살로니키(Thessaloniki)'로 쓰고 있다. 현재에도 데살로니가는 그리스에서 아테네 다음가는 제2의 도시로 상공업의 중심지로 번영을 누리고 있는 항구 도시이다.

● 데살로니가 교회

신약성경에 AD 51년경에 사도바울이 2차 전도여행 중에 빌립보 교회를 개척한 후에 암비볼리와 아볼로니아를 거쳐 데살로니가에 이르러 회당에서 복음을 전하고 교회를 세웠다(행16-17장).

바울이 방문한 데살로니가는 다양한 인종과 종교 집단들이 있었고, 적지 않은 유대인들이 살고 있었기 때문에 유대인의 회당도 있었다. 그래서 바울은 그의 선교방법대로 유대인의 회당을 중심으로 3주 동안 복음을 전했는데(행17:2), 회당에서 복음을 들은 사람들 중에 많은 헬라인들과 그 도시의 귀부인들이 복음을 받아들였다(행17:4, 살1:8-10).

이를 시기한 유대인들이 바울 일행을 반역하려 한다고 읍장에게 고소하고, 바울 일행을 도왔던 야손과 그 형제들을 붙잡아 행패를 부렸다. 당시 유대 땅에 반로마 제국 운동이 일어났던 시기였기 때문에 읍장들이 유대인들의 선동에 쉽게 동조하였다. 데살로니가 교회가 3주 만에 세워졌기 때문에 야손과 그 가족들의 안전과 양육을 위해 디모데와 실라에게 맡기고 황급히 베뢰아로 이동하였는데, 데살로니가 유대인들이 베뢰아까지 와서 소동을 벌였다.

데살로니가 교회는 바울이 짧은 기간(세 안식일)에 복음을 전한 곳임에도 불구하고 온 마게도냐와 아가야 지방의 본이 된 교회, 각처에 소문난 교회로 바울의 칭찬을 많이 받은 교회였다(살전1장). 데살로니가전서는 바울이 고린도에서 데살로니가 교회의 여러 문제에 대하여 보고를 받은 후 이를 해결하기 위해 쓴 편지이다.

데살로니가 교회는 칭찬받는 교회였지만, 복음에 적대적인 곳에서 복음에 대한 지식과 경험도 없이 어떻게 믿음을 지켜 가는지 염려가 되어 디모데를 보내서 교회를 돌아보고 격려하였다. 그리고 주님이 곧 오시리라는 들뜬 신앙과 과거 이방세계의 부도덕한 생활을 하는 사람들과 죽은 성도들 문제로 불안해하는 성도들을 바로잡아 주고자 보낸 서신이다.

데살로니가서

1장: 데살로니가 교회가 짧은 기간에 세워졌음에도 불구하고 믿음의 역사와 사랑의 수고와 소망의 인내를 지켰기 때문에 기도할 때마다 감사했다.

데살로니가에 복음이 전파된 것은 말이 아닌 능력과 성령과 큰 확신으로 되었고, 그들이 환난 가운데서도 성령의 기쁨으로 말씀을 받아 바울 일행과 주를 본받는 자가 되어 마게도냐와 아가야 지방의 본이 되는 교회가 되었다.

2장: 바울 일행이 빌립보에서 고난과 능욕과 심한 핍박 속에서도 복음을 전한 것은 어떤 조건이나 욕심 때문이 아니었다. 오히려 사도로서의 권위를 포기하고, 유모가 자녀를 양육하듯이 목숨까지도 주기를 기뻐하였고, 하나님 뜻에 합당하게 살도록 아버지가 자녀를 권면하듯이 권하였다.

데살로니가 교인들은 바울 일행의 가르침을 사람의 말로 받지 않고 하나님의 말씀으로 받았고, 그 말씀이 그들 속에서 역사하였다.

데살로니가 교회는 유대에 있는 하나님의 교회를 본받아 고난에 동참하였다. 바울은 그들 보기를 간절히 원하였고, 그들은 주님 앞에서 바울 일행의 소망이요, 기쁨이요, 자랑이요, 면류관이었다.

3장: 바울은 데살로니가 교회가 환난 중에 흔들리지 않도록 위로하고, 바울 일행의 수고가 헛되지 않도록 하기 위해 디모데를 파송하였는데, 디모데를 통하여 믿음과 사랑의 기쁜 소식을 전해 왔다. 그들이 환난과 궁핍 속에서도 믿음이 견고하여 흔들리지 않아 큰 위로를 받았다.

바울은 너무 감사해서 그들의 부족한 믿음이 더 강해지도록, 데살로니가에 다시 방문할 수 있는 길이 열리기를, 그리고 예수께서 성도와 함께 강림하실 때 그들이 주 앞에 거룩함에 흠이 없도록 기도하였다.

4장: 배운 대로 하나님을 기쁘시게 하는 거룩한 삶을 살 것을 권하였다. 하나님의 뜻은 거룩함이다. 이방인과 같이 색욕을 따르지 말고, 부르심의 목적을 따라 거룩함에 이르러야 한다. 데살로니가 교회는 배운 대로 형제 사랑을 잘 실천하는 교회였다.

주님께서 다시 오심에 동요하지 말고, 조용히 자기 일을 하며, 세상에서 단정히 행하여야 궁핍함이 없다는 것을 가르쳤다.

소망 없는 사람들처럼 잠자는 자들(죽음) 때문에 절망하지 말고, 부활과 주님의 강림하심에 확신을 가지고 서로 위로하며 살라고 권고하고, 주 강림하실 때, 주 안에서 죽은 자들이 먼저 일어나고 그 후에 살아남은 자들도 주를 영접하여 영원히 주와 함께 있게 됨을 일깨워 주었다.

5장: 때가 되면, 주님이 도적같이 임하시지만, 빛에 속한 자들에게는 도적같이 오시지 않으므로 다른 이들과 같이 자지 말고 오직 깨어서 정신을 차려야 한다고 가르쳤다.

성도들을 위해 수고하는 인도자들을 알아주고, 그들의 사역으로 인하여 서로 사랑으로 귀하게 여기고 화목해야 하며, 게으른 자들을 권계하며, 마음이 약한 자들을 붙잡아 주고, 오래 참아야 하고, 악을 악으로 갚지 말고 선을 따라야 한다고 권하였다.

항상 기뻐하고, 쉬지 말고 기도하고, 범사에 감사하며 사는 것이 그리스도 예수 안에서 우리를 향하신 하나님의 뜻임을 잊지 말고, 성령을 소멸치 말고, 예언을 멸시치 말고, 범사에 헤아려 좋은 것은 취하고 악은 버려야 함을 일깨워 주었다.

바울은 마지막으로 주 예수의 날까지 영과 혼과 몸이 흠 없게 보전되기를 기도하였다.

데살로니가후서

데살로니가 교회는 짧은 기간에 핍박 가운데 세워진 교회임에도 불구하고 믿음에 굳게 서서 주님 다시 오심을 고대하며 핍박과 고난을 잘 이겨내는 교회였고, 마케도니아와 아가야 지방과 주변 교회들로부터 칭찬받는 교회였다.

디모데가 첫 번째 방문하여 데살로니가전서를 전해주고 위로한 이후에 일부 성도들이 주님이 곧 다시 오실 것이라는 오해 때문에 일상생활에 충실하지 않고 말썽을 부리는 성도들이 있었다. 그래서 주님의 재림에 대한 그릇된 신앙 태도를 바로 잡아주고, 격려하기 위해 후서를 쓰게 되었다.

1장: 바울은 데살로니가 교회가 핍박과 환난 가운데서도 믿음이 성장하여 서로 사랑이 풍성하기 때문에 여러 교회에 자랑거리가 됨을 감사하였다. 그리고 환난을 당하는 자들에게는 안식으로, 환난을 주는 자들에게는 환난과 형벌로 갚아 주시는 것이 하나님의 공의임을 확신시켜 주고 격려하였다. 그리고 주님 강림하시는 그 날에 주님 앞에 영광을 돌리고 그리스도 안에서 영광 얻게 되기를 축복하였다.

2장: 예수께서 다시 오실 것과 그 앞에 모일 것에 관하여 다시 가르쳐주었다. 영으로나 말로, 바울이 보낸 편지를 빙자하여 주의 날이 임박했다고 하는 말에 동요하거나 두려워하지 말 것을 권고하였다.

주님 오시기 전에 자신을 하나님이라고 속이는 불법의 사람이 나타나서 배교하고, 사탄의 역사를 따라 진리가 아닌 모든 능력, 표적, 거짓 기적과 불의의 속임수로 유혹하는 역사가 있다는 것을 경고하였다. 불의를 사랑하는 자들은 그런 거짓 것에 사로잡히게 되고, 주께서 강림하시면 심판을 받게 된다는 것을 일깨워 주었다.

그러므로 유혹에 흔들리지 말고 진리의 사랑을 믿어 구원 받고, 믿음 위에 굳게 서서 가르침을 지키면, 예수그리스도와 하나님께서 마음을 위로해 주시고 굳게 하실 것을 확신시켜 주었다.

3장: 데살로니가 교인들을 통하여 복음이 영광스럽게 되도록 기도할 것과 바울 일행을 위하여 기도 할 것을 요청하였다.

주께서 강하게 해 주시고, 지켜 주심을 확신시켜 주었고, 성도들이 가르침을 잘 지켜 행하여 그리스도의 인내에 이르기를 축복하였다.

주님이 곧 오시면 다 버릴 것들이라며 세상의 썩을 일은 하지 않아도 된다고 들떠서 규모 없이 게으름 피우고 일만 만드는 자들이 있었다. 바울은 일하기 싫은 자들은 먹지도 말라고 경고하고, 자신의 일에 충실할 것을 권고하였다. 선을 행하다가 낙심하지 말고, 순종하지 않는 자들과 어울리지 말되, 원수같이 하지 말고 형제 같이 권할 것을 가르쳤다.

디모데전서

디모데전후서는 바울이 제자 디모데에게 목회사역을 어떻게 해야 하는지를 가르친 목회서신이다. 바울이 마케도니아에 있을 때 에베소교회에서 목회를 하고 있는 디모데에게 에베소 교회를 잘 돌볼 것을 부탁한 서신으로, 약 63년-65년경에 바울이 로마 감옥에서 잠깐 나와서 활동하던 시기에 쓰여진 서신이다(1:3).

바울이 에베소 방문 계획이 지연되면서 디모데에게 교회를 어떻게 치리해야 하는지를 미리 가르쳐 준 목회 리더십 이야기이다(3:14-15).

디모데 이야기는 사도행전 16장에 등장하는데, 바울이 2차 선교 여행 때, 갈라디아 지방의 루스드라에서 만났다. 디모데는 그 지역에서 칭찬받는 제자였다(행16:1-3). 디모데는 아버지가 헬라인이고, 어머니는 유대인이었고, 어려서부터 유대인 어머니 유니게와 외할머니 로이스로부터 성경 교육을 잘 받으며 자랐다. 비록 나이는 어리지만 칭찬받는 훌륭한 제자가 되어 사도바울과 함께 선교사역에 동참했다(행17:14-15, 18:5, 19:3, 20:1-6). 로마 감옥에 처음 갇혀있을 때도, 옥에서 잠시 풀려난 후에도(사도행전 28장 이후) 늘 사도바울과 함께하였다.

바울은 디모데전서에서 교회의 치리문제와 지도자들의 자격 요건과 의무에 대하여 기준을 세워 주었다. 그리고 디모데도 에베소교회의 책임자로서 그 직무를 어떻게 수행해야 하는지, 그가 해야 할 일, 가르쳐야 할 일, 권징 그리고 거룩한 삶의 모범에 대하여 권고하였다.

1장: 바울이 디모데를 에베소에 머무르게 한 것은, 다른 사람들이 성도들에게 복음이 아닌 율법의 교훈을 가르치지 못하게 하고, 불필요한 다툼만 만들어 내는 꾸며낸 신화나 족보 이야기에 마음을 빼앗기지 못하게 하고, 깨끗한 마음과 선한 양심과 거짓 없는 믿음에서 나오는 사랑을 이루도록 하기 위해서였다.

다른 교훈 곧 율법은 나쁜 것이 아니라 선한 것이다. 율법을 주신 목적은 불법한 자들, 경건치 않은 자들, 죄인들 때문에 주신 것이기 때문이다.

바울의 가르침과 교훈은 하나님의 영광스러운 복음을 따른 것이었다. 죄인 중에 괴수였던 바울이 예수를 믿어 영생 얻을 사람들에게 본보기가 되게 하기 위해 복음의 일꾼이 된 것처럼, 디모데도 믿음의 선한 싸움을 싸우며 믿음과 착한 양심을 가져야 할 것을 권고하였다.

2장: 첫째로 권고한 것이 기도이다. 평안을 위해 높은 지위에 있는 자들과 통치자들을 위해 기도하라고 가르쳤다. 하나님은 모든 사람들이 구원을 받고 진리를 아는 데 이르기를 원하시기 때문이다. 그래서 하나님과 사람사이에 중보자 되신 예수님을 대속 물로 주셨고, 이를 전파하기 위해 바울이 사도로 부르심을 받았다는 사실을 일깨워 주었다.

남자들은 거룩한 손을 들고 기도 하고, 여자들은 외모를 꾸미기보다 선한 행실로 가꾸고, 무질서하게 나서서 남자를 지배하거나 가르치지 말고, 순종하는 자세로 조용히 배우도록 하라고 권고하였다.

3장: 감독과 집사의 자격에 대해 가르침을 주었다.

감독자격 기준은 책망할 것이 없어야 하고, 결혼해야 하고, 절제하고 근신하며, 접대를 잘하고, 가르치기를 잘하며, 술을 즐기지 않고, 폭력을 쓰지 않고, 온유하여 다투지 않고, 돈을 사랑하지 않아야 하고, 자기 집을 잘 다스려야 하며, 새 가족은 교만해져서 사탄의 정죄에 빠질 위험이 있기 때문에 감독으로 세우지 말 것을 권고하였다.

집사도 존경할만하고, 일구이언하지 않고, 술을 좋아하지 않고, 탐욕이 없어야 하고, 깨끗한 양심에 믿음의 비밀을 가진 자로서 시험을 해보고 책망할 것이 없어야 하며, 여자 집사도 정숙하고, 모함하지 않고, 절제하고 모든 일에 충성스러워야 한다는 집사 선발 기준을 제시하였다.

바울이 에베소교회에 가는 일정이 늦어지면서 하나님의 진리의 기둥과 터가 되는 교회(공동체)에서 어떻게 해야 할지를 알게 하기 위해 디모데에게 편지로 부탁하였다.

4장: 거짓 영과 귀신의 가르침을 경고하였다. 금욕주의와 영지주의 이단들은 결혼이나 음식물을 속되게 여기지만, 하나님께서 지으신 모든 것은 속된 것이 없다. 모든 것은 말씀과 기도로 거룩해지기 때문에 감사함으로 받으면 버릴 것이 없다는 것을 강조하였다.

선한 말씀으로 바르게 가르치는 것이 성숙의 지름길이기 때문에 경건한 삶을 살도록 가르침과 훈련이 필요함을 일깨워 주었다. 육체의 훈련이 유익하듯이, 경건한 삶의 훈련은 장차 생명을 약속받기 때문이다.

디모데가 어리다고 업신여김을 받지 않도록 가르침에 집중하고, 바울이 갈 때까지 성경 읽기와 설교와 가르침에 전념할 것을 권고하였다. 가르침이 자신과 이웃을 구원하는 성숙한 신앙의 지름길임을 일깨워 주었다.

5장: 어르신, 젊은이, 과부, 장로에 관한 교훈이다. 남성 어르신들은 아버지처럼 경대하고, 젊은이들은 형제처럼 대하고, 여성 어르신들은 어머니처럼 대하라고 가르쳤다. 특별히 참 과부제도를 가르쳐 주었다. 참 과부의 명부에 올릴 자는 60세 이상 홀로되신 여성으로 향락을 좋아하지 않고, 행실이 선해야 하고, 나그네를 잘 대접하고, 성도들을 돕고 구제하는 선한 일에 헌신하는 사람이어야 한다고 권고하였다.

젊은 과부는 정욕에 사로잡히거나 게으르고 남의 일에 참견할 수 있기 때문에 결혼하여 가정을 가질 것을 권고하였다. 참 과부는 먼저 가족이 책임지도록 효를 가르치게 하였고, 효를 행하지 않는 자는 불신자보다 더 악한자로 규정하였다.

잘 다스리는 장로는 배나 존경해야 하고, 대우를 잘해야 하며, 두세 증인이 없이는 고소를 받지 못하게 하였다. 경솔히 안수하지 말고, 성결한 삶을 살아야 한다고 강조하였다.

6장: 종들은 상전을 공경해야 하고, 믿는 상전을 더 잘 섬겨야 한다고 가르쳤다.

마지막 부탁은 말씀과 경건의 가르침을 따르지 않으면, 교만해져서 불필요한 논쟁과 부패와 다툼을 만들어 낸다는 것을 일깨워 주었다.

참 경건은 기본생활만 되어도 스스로 만족하는데서 온다고 가르쳤다. 그것을 벗어나 부자가 되려고 하면 유혹과 올무와 여러 가지 해로운 욕심에 떨어지게 되고, 멸망에 빠지게 되기 때문에 일만 악의 뿌리가 되는 돈을 사랑해서는 안 된다는 것을 강조하였다. 많은 사람들이 돈 욕심 때문에 믿음을 떠났기 때문이다.

바울은 디모데에게 오직 하나님의 사람들은 경건과 믿음과 사랑과 온유를 추구하고, 믿음의 선한 싸움을 싸우고, 영생을 취해야 한다고 명하였다. 그리고 주님 다시 오실 때까지 흠도 없고, 책망할 것도 없이 가르침을 지키라고 엄히 명하였다.

그리고 부한 자들에게 덧없는 재물에 소망을 두지 말고, 풍성히 주시고 누리게 하시는 하나님께 소망을 두어야 하며, 선한 일을 행하고, 베풀고, 나눠주는 삶을 살도록 하라고 권고하였다. 그래야 하나님 앞에서 참된 생명을 얻게 됨을 일깨워 주었다.

마지막 부탁은 헛된 말과 거짓된 지식과의 논쟁을 피하라고 권고하였다.

■ 에베소

432 ■

디모데후서

바울이 AD 62년경 로마감옥에서 풀려난 후 전도 여행 중에 디모데전서와 디도서를 기록하였다. AD 66년 경 네로 황제에 의해 다시 수감 되는데, 그때에 마지막 순교 직전에 유언처럼 기록한 것이 디모데후서이다.

바울은 디모데에게 주의 군사로서 사역에 충실할 것과 거짓교사들과의 어리석은 변론을 금하고, 확고한 말씀에 거하며, 다른 사람들을 진리로 잘 가르치고 환난과 역경을 잘 이겨나가며, 전도인으로서의 직무를 다할 것을 권고하였다.

1장: 사도바울이 로마 대화재사건 후 감옥에 갇혀서 어머니 유니게와 외할머니 로이스로부터 어려서부터 잘 양육 받은 사랑하는 제자 디모데를 그리워하면서 쓴 편지이다. 디모데에게 하나님께서 주신 것은 두려워하는 마음이 아니라, 능력과 사랑과 절제임을 강조하고, 복음을 부끄러워하지 말고, 복음과 함께 고난받을 것을 권고했다.

바울 자신이 복음의 선포자와 사도와 교사로 부르심을 받아 복음과 함께 고난을 받았듯이, 바른 교훈을 본받아 지키라고 권고하였다. 부겔로와 허모게네는 고난당할 때, 바울을 버렸지만, 오네시보로는 끝까지 함께 하여 칭찬받고 축복받았다.

2장: 주 안에서 강해지고, 잘 가르칠 수 있는 제자들을 세우고, 그리스도의 좋은 군사로 고난받을 것을 권고하였다. 고난을 받아도 하나님의 말씀은 매이지 않기 때문에 복음과 함께 고난을 받으면 영원한 영광과 함께 구원 받게 된다.

바르게 배워 아무 유익이 없는 말다툼에 휘말리지 말아야 하고, 말씀을 잘 분별하고 잘 가르쳐서 부끄러움이 없는 일꾼이 되라고 권고하였다.

후메내오와 빌레도와 같이 이미 부활은 지나간 것이라고, 망령되고 헛된 말로 가르치는 것은 믿음을 파괴시키는 악성 종양과 같고, 하나님의 말씀은 견고하다. 주의 자녀들은 헛된 말과 가르침에서 떠나라고 권고하였다.

다양하고 많은 그릇이 있지만, 하나님께서는 쓰시는 그릇은 깨끗한 그릇이기 때문에 청년의 때에 정욕을 피하고 성결한 마음으로 의와 믿음과 사랑과 화평을 따라 깨끗한 그릇으로 예비 되어야 하고, 어리석은 변론이나 다툼은 피해야 한다고 가르쳤다.

주의 종은 타투지 않고, 온유하고, 가르치는 일을 잘해야 하고, 참을성이 있어야 하고, 반대하는 사람들을 온유함으로 훈계하여 마귀의 올무에서 벗어나 회개케 하여야 한다고 권고하였다.

3장: 말세에는 사람들이 자기를 사랑하고, 잘난 척하고, 교만하고, 하나님을 모독하고, 부모를 불순종하고, 감사를 상실하고, 거룩을 상실하고, 무정하고, 화해하지 않고, 헐뜯고, 무절제하고, 난폭하고, 배반하고, 무모하고, 자만하고, 하나님보다 쾌락을 더 사랑하고, 경건의 모양만 있기 때문에 그런 사람들은 멀리하라고 가르쳤다.

잘못된 욕심으로 배우는 자들은 진리에 도달하지 못하고. 모세를 대적했던 얀네와 얌브레처럼 대적하는 자들의 어리석음은 명백히 드러난다는 것을 일깨워 주었다.

바울은 디모데에게 배운 교훈과 행실과 믿음과 오래 참음과 사랑과 인내로 핍박과 고난을 이겨 나갈 것을 권고하였고, 경건하게 살고자 하는 자들은 핍박을 당하지만, 악한 자들은 더 악해져서 더 속이게 된다는 것도 일깨워 주었다.

그러므로 바르게 하고, 의롭게 하고, 온전케 하고, 믿음으로 구원에 이르게 하는 성경 말씀을 잘 배워야 하며, 배운 대로 확신에 찬 삶을 살고, 선한 일에 쓰임 받는 준비된 삶을 살아야 한다고 강조하였다.

4장: 바울은 디모데에게 하나님과 예수님 앞에서 항상 말씀을 전파하는 일에 힘쓰라고 엄히 명령하였고, 많은 사람들이 허탄한 이야기를 추구하지만, 정신을 차리고 전도자의 직무를 다해야 한다고 마지막 유언 같이 부탁하였다.

바울은 자신을 하나님께 다 드리고, 믿음의 선한 싸움을 싸웠고, 사명을 다했기 때문에 주 앞에 당당하게 서서 의의 면류관을 받게 될 것을 고백하고, 주께서 임하시기를 바라는 모든 사람들도 의의 면류관을 받도록 복음전파의 사명을 다하라고 부탁하였다.

마지막으로 개인적인 부탁을 하였다. 고난받을 때 함께 하던 자들이 다 떠나고 누가만 있으니 마가를 데리고 오되, 드로아 가보의 집에 있는 겉옷과 양피지에 쓴 책을 가져올 것을 부탁하였고, 복음 전할 때 늘 훼방을 놓았던 알렉산더를 주의할 것을 부탁하였다.

디도서

디도서는 디모데전후서와 함께 목회자 디도라고 하는 개인에게 쓴 목회서신으로 서로 비슷한 점이 많다. 바울이 그레데 섬에 교회를 개척하고 바쁜 일정 때문에 섬을 떠나야 했다. 이제 막 시작된 교회라 규모가 없었고, 교회 안에 유대주의와 이단들의 영향으로 복음의 가르침이 흔들릴 위기에 있었다. 그래서 바울이 디도에게 특수 임무를 주어 교회를 바르게 세우라고 목회지침을 가르쳐 준 것이 디도서이다.

1장: 거짓 없으신 하나님께서 영원 전부터 약속하였던 영생의 소망을 때가 되어 전도로 나타내시고, 그 복음을 사도바울에게 맡기셨다.

바울이 제자 디도를 그레데 섬에 남겨 둔 것은 각 성에 장로를 세우기 위함이었다. 장로는 흠 없고, 한 아내의 남편이 되어야 하고, 방탕하지 않아야 하고, 순종하는 자녀를 두어야 하며, 감독은 하나님의 청지기로서 흠 없고, 고집이 세지 않고, 술을 즐기지 않고, 폭력적이거나 부당한 이득을 탐하지 않아야 하고, 나그네를 잘 대접하고, 선한 것을 좋아하고, 분별력 있고, 의롭고, 경건하고, 절제하며, 말씀을 잘 지켜야 한다고 임직 기준을 가르쳐 주었다. 그래야 반대자들의 입을 막을 수 있기 때문이다.

그레데 섬사람들은 신화를 믿던 사람들이라서 소문대로 거짓말쟁이고, 게으름뱅

이들이었다. 그들을 꾸짖어 헛된 이야기와 신화를 따르지 말고 믿음 안에서 온전케 하라고 권고했다. 깨끗한 자들에게는 모든 것이 깨끗하고 거룩하지만, 믿지 않는 자들에게는 깨끗한 것이 아무것도 없다. 그들은 말과 행동이 다르다.

2장: 바울은 디도에게 남자, 여자 어르신들은 성숙하고 본이 되는 신앙생활을 하도록 가르치고, 젊은 여자들도 남편과 자녀를 사랑하고 신중하고 순결하게 집안 살림을 잘하여 하나님의 말씀과 교회가 비방 받지 않도록 가르칠 것과 젊은 남자들도 분별력이 있고, 책망할 것이 없이 바른말을 하도록 가르칠 것을 권고했다.

종들도 상전에게 순종하고, 진실성을 나타내어 하나님의 교훈을 빛나게 해야 한다고 가르쳤다.

모든 사람을 구원하시는 하나님의 은혜와 사랑의 권고가 우리를 경건하고, 의롭고 살게 하고, 하나님과 예수그리스도의 영광이 나타날 것을 기다리게 하며 살게 하셨다는 것과 예수께서 십자가를 지신 것은 우리를 구속하셔서 선한 일에 힘쓰는 백성이 되게 하려는데 목적이 있다는 것을 일깨워 주었다.

권위 있게 이것을 말하고, 권면하여 아무도 무시하지 못하게 해야 한다고 권고했다.

3장: 통치자들과 권세 잡은 자들에게 복종하고 순종해야 하고, 비방하거나 다투지 말고, 관용하여 범사에 온유함을 나타내야 한다. 그리스도인들도 전에는 세상 사람들과 마찬가지였으나, 하나님의 사랑으로 구원하시고, 긍휼을 따라 거듭나게 하사 새롭게 하셨기 때문이다. 예수그리스도로 말미암아 성령을 부어주신 것은 그 은혜와 영생의 소망을 따라 상속자가 되게 하려 하신 것이며, 확신에 찬 가르침의 목적은 믿는 자들이 선한 일에 힘쓰게 하려는데 있다.

그러므로 무익하고 어리석은 변론이나 족보 이야기, 분쟁, 율법에 대한 다툼은 피하고, 이단은 경고하고 멀리해야 한다. 마지막으로 아데마나 두기고를 보낼 테니 디도는 니고볼리로 급히 오고, 세나와 아볼로를 그곳에서 보내주되 부족함 없이 도와주고, 성도들도 선한 섬김을 배워서 남의 절실한 필요를 도와주는 사람으로 훈련시켜야 한다고 부탁했다. 그래야 보람과 기쁨을 얻기 때문이다.

빌레몬서

빌레몬서는 바울이 로마 감옥에 있을 때, AD 61-62년경에 보낸 옥중서신이다. 바울의 제자 빌레몬 가정의 노예였던 오네시모가 자유를 갈망하여 주인의 돈을 훔쳐서 로마로 갔다가 로마 감옥(사도행전28장, 가택연금 상태)에 갇혀 있던 바울을 찾아가 회개하고 바울의 제자가 되었다. 하지만 바울은 빌레몬의 진정한 용서와 승낙이 없이는 진정한 용서가 될 수 없기 때문에 당사자인 오네시모 편에 직접편지를 보내었다. 바울과 오네시모가 빌레몬과 그 가정에 있는 교회에 진정한 용서와 사랑을 구하는 그리스도의 사랑과 감동이 담긴 서신이다.

빌레몬은 골로새 지방 교회의 중요한 인물이었고, 바울의 동역자였다. 서두에 사도 바울은 빌레몬의 믿음과 사랑을 칭찬하고 축복하여 감동을 주었다. 그리고 감동으로 마음을 활짝 열게 한 후에 오네시모에 대하여 부탁하였다. 명령할 수 있지만, 간곡한 말로 용서하고 노예가 아닌 형제로 받아 줄 것을 부탁하였다.[73] 오네시모가 전에는 무익하였지만, 지금은 회개하고 바울의 심장과 같이 중요한 제자가 되었기 때문이다. 당시에 노예는 작은 죄에도 심한 벌을 받거나 죽을 수도 있었다.

바울은 애타는 사랑과 긍휼의 마음으로 빌레몬에게 오네시모를 용서하고 자신을 영접하듯이 영접해 달라고 부탁했다. 빌레몬도 바울에게 진 빚이 있다는 것을 특별히 강조하면서, 혹 오네시모가 갚아야 할 빚이 있다면 대신 갚아 줄 테니 용서하고

. . . .

73) 1세기에 사도들의 권위는 오늘날 목회자의 권위와는 많이 달랐다. 사도들은 주님을 직접 목격한 목격자요, 증인이었기 때문에 주님을 영접 하듯이 했다. 그런 사도가 개인에게 편지를 써서 축복하고 간절하게 부탁한다는 것은 대단한 일이었다. 빌레몬에게는 대단히 큰 영광이었다.

받아달라고 간곡히 당부하였다. 그러나 바울은 빌레몬이 자신이 부탁한 것보다 더 잘해 줄 것을 확신하며, 자신이 방문할 수 있도록 준비를 부탁하였다. 당시에 바울은 빌레몬에게 명령을 해도 되는 일이었지만, 그리스도의 사랑이 강요나, 억지가 되어서는 안 된다는 것을 보여준 것이다.

  사도바울의 간절하고 감동적인 그리스도의 사랑이 오네시모를 살리고 빌레몬과 그의 교회와 그 지역사회에 엄청난 사랑의 큰 감동을 주었다.

히브리서

  고대에는 히브리서가 바울에 의해 쓰여진 것으로 이해하였지만, 종교개혁 이후 다양한 의견이 나오면서 지금은 누가 지었는지 단정을 짓지 못하고 있다. 다만 구약성경을 깊이 알고 있고, 구약을 신약의 관점에서 명쾌하게 해석할 수 있는 자가 쓴 것임에는 틀림이 없다.

  13장 23절에 우리 형제 디모데와 함께 가겠다는 인사말과 당시에 구약의 율법과 성막과 제사제도를 예수님의 관점에서 완벽하게 해석할 수 있는 사람은 바울이나 아볼로가 아니었을까 생각한다. 기록된 시기는 8장에 이 땅에 제사하는 제사장이 있다는 내용으로 보아 예루살렘 성전이 파괴되기 이전으로 볼 수 있다.

  하나님의 아들 예수님을 천사와 모세와 비교하여, 천사보다 뛰어나고, 모세 선지자보다 뛰어난 아들로 소개하였다. 그 아들은 아론이 아닌 멜기세덱과 같은 대제사장이며, 구약의 율법과 성막을 예수그리스도의 모형이요, 그림자로 해석하였다. 그리고 믿음으로 이루어진 실상의 역사임을 아벨의 제사부터 믿음의 사람들을 들어 증거 했다. 구름같이 많은 증인이 있으니 믿음의 주요, 온전케 하는 예수를 바라보며 예수님처럼 하나님께서 기뻐하시는 제사의 삶을 살 것을 권고하였다.

  히브리서는 구약의 제사장과 성막에 대하여 십자가 구속의 관점에서 새롭게 재해석해 주었다. 구약 없이 신약을 해석할 수 없고, 신약 없이 구약의 의미를 해석할 수는 없다는 사실을 깨달아야 한다.

  1-4장: 예수님과 천사와 모세와는 다르다. 말씀의 약속대로 큰 구원과 참 안식이

남아 있다.

1장: 하나님께서 구약에서는 선지자들을 통하여 말씀하셨지만, 이제 하나님의 아들을 통하여 말씀하셨고, 예수님은 만유의 상속자이며, 창조자이며 하나님의 영광의 광채이시며, 만물을 붙드시고, 죄를 정결케 하시고, 하나님 우편에 계신다.

예수그리스도는 천사가 아니라는 것을 시편의 말씀을 들어 확실하게 논증하였고, 천사는 돕는 영으로서 구원받아야 상속자들을 섬기기 위해 하나님께서 보내신 영적인 존재이기 때문에 아들과는 다르다.

2장: 천사들을 통하여 하신 모든 말씀도 불순종하면 마땅히 징벌을 받았듯이, 큰 구원의 말씀을 무시하면 그 보응을 피할 수 없기 때문에 들은 말씀이 마음속에서 지워지지 않도록 노력해야 한다.

장차 올 세상은 천사에게 다스리게 하신 것이 아니라 모든 만물은 주께 복종해야 한다. 그러나 주님이 잠시 동안만 천사보다 못하게 되신 이유는 우리가 육신에 속해서 평생 죽음이 무서워 죽음의 노예로 살아가기 때문에 우리와 똑같이 혈과 육을 입고 오셔서 십자가에서 죽으심으로 죽음의 노예에서 해방시켜 주시고, 죽음의 세력을 잡은 마귀를 멸하시기 위한 것이라는 사실과 그렇게 한 것은 천사들을 위한 일이 아니라, 하나님의 자녀들을 붙들어 주시기 위한 것이다.

주님이 육신을 입고 몸소 시험을 받아 고난을 당하셨기 때문에 시험당하는 모든 자들을 도와주실 수 있는 것이다.

3장: 예수님을 깊이 생각해야 한다. 예수님은 모세보다 뛰어나다. 모세는 하나님 집의 사환으로 일했지만, 예수님은 집을 맡은 아들로서 일하셨기 때문이다.

이스라엘 백성이 출애굽 후에 광야에서 말씀을 거역하여 하나님을 진노케 하심으로 40년간 광야생활을 하다가 죽고, 안식의 땅에 들어가지 못했듯이, 우리도 오늘이라 일컫는 날에 마음이 완악해져서 말씀을 불순종하고 하나님을 떠날까 조심해야 하며, 시작할 때 확실한 것을 굳게 잡고 믿음으로 살아야 주와 함께 안식에 참여할 수 있다.

4장: 안식의 때가 우리에게 남아 있지만, 혹 이르지 못할 자들도 있다. 이스라엘이 안식에 들어가지 못하는 것은 하나님의 말씀과 약속을 믿지 않았기 때문이다.

여호수아 때에 안식이 이루어지지 않았기 때문에 분명히 안식의 때가 남아 있다. 그 안식에 들어가면 하나님이 쉬시는 것처럼 쉬게 되므로, 안식에 들어가고자 하는 자들은 불순종의 본을 따르지 말아야 한다.

하나님의 말씀은 살아 있고 활력이 있어 날 선 검보다 더 예리해서 혼과 영과 관절과 골수를 찔러 쪼개기까지 하며, 마음의 생각과 의도를 밝혀낸다. 하나님 앞에 어떤 것도 숨길 수 없고, 결산하실 때에 모두 드러나게 된다.

그러므로 우리는 예수님을 믿는 도리를 굳게 잡고, 돕는 은혜를 힘입기 위해 은혜의 보좌 앞으로 담대히 나가야 한다.

5-10장: 우리에게는 멜기세덱의 계열을 따라 세우신 영원한 대제사장이 있다. 모세를 통하여 주신 성소와 장막은 그림자와 모형이다. 예수께서 섬기는 성소와 참 장막은 하늘에 있는 새 언약의 성소이며, 율법은 창자 올 좋은 일의 그림자이다. 성막과 제사제도는 곧 예수그리스도의 십자가와 구속의 역사를 설명하는 자료이다.

5장: 대제사장은 예물과 속죄하는 제사를 드리고, 자신도 연약하기 때문에 자신을 위해서도 속죄 제사를 드려야 했다. 대제사장 아론도 하나님에 의해 세워졌듯이, 예수님도 대제사장이 되신 것은 스스로 되신 것이 아니다. 말씀의 예언대로 레위지파가 아닌 멜기세덱의 계열을 따라 하나님에 의하여 대제사장이 되신 것이다.

예수님은 아들이시지만 육체에 계실 때, 통곡과 눈물로 기도하셨고, 고난을 당하심으로 순종을 배우셔서 완전케 되심으로 모든 사람들의 영원한 구원의 근원이 되셨다.

멜기세덱은 창세기 14장에 등장하는 하나님의 제사장이다. 오랜 세월 신앙생활을 하면 교사가 되어야 하는데, 아직도 미성숙해서 다시 초보를 가르침 받아야 할 젖먹이 수준이기 때문에 멜기세덱을 설명하기 어렵다. 단단한 식물은 성숙한 사람들을 위한 것이듯이, 성숙한 자들은 경험이 많아서 좋고 나쁜 것을 분별할 수 있다.

6장: 계속 회개, 신앙, 세례, 안수, 부활, 심판 등, 그리스도에 관한 초보적 교리만 배우지 말고, 성숙하고 온전한 그리스도인이 되어야 한다.

성령 받고 말씀의 은혜와 능력을 경험하고도 타락한 사람들은 예수님을 다시 십자가에 못 박아 욕을 보이는 것이기 때문에 다시 회개할 수 없다. 땅은 자주 내리는 비를 흡수해서 좋은 열매를 맺으면 복이 있지만, 가시와 엉겅퀴를 내면 저주를 받아 불사름이 되기 때문이다.

하나님은 우리가 섬기고 수고한 것을 결코, 잊지 않으시고 더 좋은 것, 곧 구원에 이르게 하시기 때문에 끝까지 게으르지 말고, 의인들의 신앙을 본받는 삶을 살아야 한다.

하나님의 약속은 확실하다. 하나님은 약속하실 때, 하나님보다 더 큰이가 없기 때문에 자신의 명예를 걸고 약속하시고 맹세로 보증하셨기 때문에 거짓말을 하실 수 없다.

우리의 소망은 안전하고 확실한 영혼의 닻과 같아서 휘장 안으로(하나님을 만나는 지성소 안으로) 들어갈 수 있게 하셨고, 예수님도 멜기세덱의 반차를 따라 우리를 위하여 들어가심으로 영원한 대제사장이 되셨다.

7장: 예수님은 레위지파의 아론 혈통이 아닌 멜기세덱의 계통을 이어 영원한 대제사장이 되셨는데, 멜기세덱은 아브라함을 축복하고, 아브라함이 십일조를 드린 자이기 때문에 아브라함보다 큰 자임에 틀림이 없다. 멜기세덱이 아브라함을 만날 때, 레위지파는 아직 태어나지도 않았고, 율법도 없던 시대였다.

만약에 레위계열의 제사장을 통해 완전함을 얻을 수 있었다면 멜기세덱의 계통을 따른 또 다른 제사장을 세울 필요가 없었다. 그렇게 제사장직분이 다른 계통으로 바뀌었으면 율법도 반드시 바뀌어야 한다.

예수님은 유다지파에서 태어나셨기 때문에 "너는 영원히 멜기세덱의 계열을 따르는 제사장이다."(시110:4)라고 예언한 대로 더 좋은 언약의 중보가 되셨다. 레위지파에 제사장들이 많았던 것은 그들이 대대로 죽기 때문이다. 그러나 예수님은 십자가에서 단번에 죽으시고 부활하셔서 영원히 하나님 앞에 계시기 때문에 제사장 직분이 바뀌지 않고, 우리의 영원한 제사장이 되셨다. 그래서 예수께 나오는 모든 자들을 온전히 구원하실 수 있고, 항상 살아계셔서 우리를 위해 중보기도를 하시는 것이다.

8장: 요점은 하나님 보좌 우편에 앉아 계신 영원한 대제사장이 우리에게 있다는 것이다. 이 땅에 모세를 통하여 주신 성소와 장막은 모형과 그림자이며, 예수님은 하늘의 성소와 참 장막에서 섬기시는 진짜 대제사장이시다.

예수께서 땅에 계신다면 제사장이 되실 필요가 없으셨다. 왜냐하면, 이 땅에 제사장이 있기 때문이다. 첫 언약에 흠이 없었다면 두 번째 언약을 요구할 필요도 없었다. 예레미야 31장 31절 이하의 말씀대로 새 언약이라고 말씀하신 것은 옛 언약은 낡아지고 쇠하여 없어지기 때문이다.

9장: 첫 언약으로 주신 성막 성소에는 첫 장막이 있고, 그 안에 촛대, 떡 상이 있고, 둘째 지성소라고 하는 둘째 장막 안에는 언약궤와 아론의 싹 난 지팡이와 만나 담은 금 항아리, 그리고, 속죄소를 덮고 있는 영광의 그룹들이 있는데, 제사장들은 첫 장막에서 제사를 하고, 둘째 장막은 대제사장이 1년에 한 차례만 들어가는데, 피 없이는 들어가지 못했다.

이 장막은 비유이다. 이 세상의 제사장들이 양이나 염소의 피로 드리는 제사는 임시 제사이기 때문에 죄를 완전히 해결하지 못한다. 그래서 대제사장으로 오신 예수께서 십자가에서 피를 흘리심으로 단번에 지성소에 들어가셔서 진짜 제사를 드리심으로 영원한 속죄를 이루셔서 부르심은 입은 모든 자들이 영원한 기업의 약속을 얻게 하셨다.

피 흘림이 없이는 죄 사함이 없다. 하늘의 모형인 율법의 제사는 짐승의 피로 정결케 되었지만, 예수께서 많은 사람들의 죄를 위해 십자가에서 단번에 피 흘려 죽으셨다가 다시 살아나셔서 영원한 하늘 도성에 들어가셨기 때문에 이제 속죄를 위해 자주 고난을 당하시거나 제사를 드릴 필요가 없어졌다. 사람이 죄로 인해 한 번 죽는 것은 정해져 있고, 그 후에는 심판이 있기 때문에 속죄 없이는 그 누구도 하나님 앞에 설 수 없다.

10장: 율법은 장차 올 좋은 일의 그림자일 뿐, 참 형상이 아니다. 그래서 짐승의 피로 드리는 제사는 죄를 생각나게 할 뿐, 죄를 해결하지 못한다. 죄를 해결하지 못하는 첫 언약(율법)을 폐기 한 것은 둘째 언약(예수님과 십자가와 부활)을 세우기 위한 것이다.

예수님은 우리를 위해 단번에 자기 몸을 드리시고 하나님 우편에 앉으셔서 우리를 영원히 온전케 하시고, 돌 판이 아닌 우리 마음에 새 언약을 두시고, 불법을 기억하지 않으시기 때문에 다시 죄를 위해 속죄 제사를 드릴 필요가 없어졌다.

예수께서 십자가를 지시고 피 흘리실 때, 지성소의 휘장이 찢어져서 1년에 한 차례 대제사장만 들어갈 수 있었던 성소의 휘장이 완전히 열렸다. 그래서 누구나 예수님의 보혈을 힘입어 하나님께 담대히 나갈 수 있고, 예수님의 이름으로 직접 기도할 수 있는 담력을 얻게 된 것이다.

이제 우리에게 하나님의 집 다스리는 위대한 제사장이 있고, 우리가 주의 보혈로 성결하게 되었으니, 확신에 찬 믿음과 참 마음으로 하나님께 나가야 하고, 서로 돌아보고 사랑과 선행을 격려하면서 모이기에 힘써야 한다.

이제 우리가 진리를 아는 지식을 받은 후에 죄를 범하면 다시 속죄하는 제사가 없다는 것을 명심하고 두려운 마음으로 신앙생활을 해야 하고, 고난 가운데 큰 싸움을 이겨낸 지난날을 돌아보며 담대해야 큰 상을 얻는다. 하나님의 뜻을 행한 후에 약속을 받으려면 인내가 필요하며, 잠시 잠깐 후면 오실 이가 오실 것이니 뒤로 물러서지 말고, 믿음으로 생명을 얻어야 한다.

11장: 하나님의 역사는 믿음의 역사이다. 믿음은 바라는 것들의 실체이며 보지 못하는 것들의 증거이며, 믿음으로 살았던 선진들이 이 믿음으로 인정을 받았다. 만물이 말씀으로 창조되었다는 것은 믿음으로만 알 수 있다. 피조물들은 피조물에 의해 만들어지지 않았다. 믿음이 없이는 하나님을 기쁘시게 할 수 없고, 하나님께 나가는 자들은 하나님이 계신 것과 간절히 찾는 자들에게 상 주심을 믿어야 한다.

아벨은 믿음으로 의로운 제사를 드렸고, 에녹은 믿음으로 죽음을 보지 않았고, 노아는 믿음으로 방주를 예비하여 가족을 구원하였고, 아브라함과 이삭과 야곱은 믿음으로 순종하여 복을 약속받았고, 사라도 믿음으로 잉태하여 수많은 후손이 얻었다. 이들은 다 믿음으로 죽었고 약속은 받지 못했지만, 부르심을 따라 나그네처럼 살았고, 돌아갈 기회가 있었지만, 더 나은 하늘의 본향을 사모하였다. 하나님은 그들의 하나님이라 불리는 것을 부끄러워하지 않으시고 그들을 위해 한 성을 예비하셨다는 것을 확인시켜 주었다.

믿음으로 아브라함을 이삭을 번제로 드린 것도 하나님은 죽은 사람도 살릴 수 있다고 믿었기 때문이다. 믿음으로 이삭은 장래 일을 두고 야곱과 에서를 축복하였고, 믿음으로 야곱은 12아들을 축복하였고, 믿음으로 요셉은 임종 시에 이스라엘 자손이 떠날 것을 말하였고, 믿음이 있었기에 모세의 부모도 바로를 두려워하지 않았다. 믿음으로 모세는 바로집의 보화와 영광보다 하나님의 백성과 고난받기를 더 좋아해서 출애굽의 역사를 이끌 수 있었고, 믿음으로 홍해를 건널 수 있었고, 믿음으로 여리고성을 함락되었고, 기생 라합도 믿음으로 구원받았다는 것을 확증하였다.

기드온, 바락, 입다, 삼손, 다윗과 사무엘 등 수 없이 많은 사람들이 믿음으로 증거하였다. 수많은 사람들이 믿음으로 나라들을 이기기도 하고, 사자의 입도 막고, 전쟁을 극복하였고, 어떤 사람들은 믿음을 지키다가 채찍과 고난과 학대를 당하기도 하였다. 그러나 그들은 모두 믿음으로 증거를 받았지만, 약속하신 것은 받지 못했다. 그들의 믿음은 예수를 믿는 우리를 통하여 온전하게 되게 하시기 위한 것이었다. 믿음의 선배들처럼 우리에게 인내가 필요하다.

12장: 이와 같이 구름같이 많은 증인들이 있다는 것을 잊지 말고, 모든 짐과 얽매이기 쉬운 죄를 벗어버리고, 믿음의 주요, 온전케 하시는 예수님을 바라보고, 고난을 참으시고 하나님 우편에 앉으신 주님을 생각하면서 낙심하지 말아야 한다.

우리가 싸우되 피 흘리기까지는 대항하지 않았다. 우리가 세상에서 당하는 연단은 사랑의 채찍이기 때문에 잘 견뎌야 한다. 하나님께서 우리를 연단하시는 것은, 우리의 유익을 위한 것이다. 징계당할 때는 슬퍼도 그 후에는 의와 평강의 열매를 맺는다. 그러므로 피곤한 팔과 연약한 무릎을 강하게 하여 바른길로 가되, 절뚝거리는 다리로 어긋난 길로 가지 않게 하고 치유를 받게 해야 한다.

모든 사람과 더불어 화평함과 거룩함을 따라야 주를 볼 수 있다. 주변을 살펴보고 쓴 뿌리가 혼란을 주지 않게 하고, 더럽혀지지 않도록 해야 하고, 음식 한 그릇에 장자 권을 팔아먹은 에서처럼 세속에 물들지 말아야 한다. 그는 후에 회개할 기회를 얻지 못하였기 때문이다.

우리가 이른 곳은 출애굽 때에 시내산에 임했던 하나님의 위엄이 아니라, 시온 산 곧 하나님의 도성인 하늘의 예루살렘이다. 그곳은 심판자 하나님과 천만천사와 하늘에 기록된 장자들, 교회, 의인의 영들과 예수님의 보혈이 있는 곳이다. 하나님의 말씀을 거역하지 말아야 한다. 하나님께서 땅뿐만 아니라 하늘까지 심판하시기 때문이다. 우리는 흔들리지 않는 나라를 받았으므로 경건함과 두려움으로 하나님을 기쁨으로 섬겨야 한다.

13장: 그리스도인은 형제를 사랑하고, 손님 대접을 잘하고, 학대받는 자들을 돌아보고, 결혼을 귀하게 여기고, 돈을 사랑하지 말고 있는 것에 만족할 줄 알아야 하고, 하나님의 말씀을 전해 준 지도자들을 기억하고, 그들의 행실의 결말을 보고, 그 믿음을 본받아야 한다.

예수님은 어제나 오늘이나 영원토록 동일하신 분이시다. 여러 가지 다른 가르침에 끌려다니지 말아야 한다. 제단에서 속죄 제사를 드릴 때, 짐승의 피는 대제사장이 성소에 가지고 들어가고, 육체는 영문 밖에서 불사른 것처럼, 예수님도 성문 밖에서 십자가에 못 박히셨다. 그러므로 우리도 그의 치욕을 짊어지고 진영 밖으로 그분에게 나가야 한다. 우리는 이 땅이 아닌 장차 다가올 영원한 하늘의 도성을 향하여 나가면서 예수님으로 말미암아 하나님께 항상 찬송의 제사를 드려야 한다. 이것이 우리 입술의 열매이다.

선을 행하고, 서로 나눔에 힘쓰는 것이 하나님께서 기뻐하시는 참된 제사이다. 그리스도인들은 인도자를 신뢰하고 순종해야 유익이 있다.

　마지막으로, 예수님을 죽은 자 가운데서 살리신 평강의 하나님께서 모든 선한 일에 온전하게 하셔서 자기의 뜻을 행하고 이루시기를 축복하였다.

야고보서

야고보서 저자는 예수님의 동생이면서 예루살렘 교회 지도자였던 야고보로 보고 있다. 12제자 중 야고보는 사도행전 12장에 일찍 순교하였기 때문이다. 예수님의 동생 야고보는 AD 62년경에 순교하였다. 기록 시기는 AD 50-60년경으로 본다.

수신자들은 흩어져 있는 12지파 곧 디아스포라 유대인그리스도인들이다. 흩어져 살기 때문에 교회 지도자들과 접촉할 수 있는 기회가 많지 않아서 많은 문제를 안고 있었다. 경건치 못한 사람들의 횡포와 학대, 형식적인 신앙, 말과 행동이 거칠어서 상처를 주고, 성도 간에 교제가 단절되어 가기 때문에 성도들을 격려하고 잘못된 신앙을 바로 잡아주고, 행함과 믿음의 문제를 해결해 주고자 보낸 서신이다.

1장: 야고보가 흩어져 사는 12지파 그리스도인들에게 썼다. 믿음의 시련은 인내를 만들고 강하게 하기 때문에 오히려 기뻐해야 한다. 지혜가 부족하면 후히 주시는 하나님께 의심 없이 확신으로 구하면 주신다. 비천한 자는 고귀해졌음을 자랑하고, 오만했던 부자는 겸손해졌음을 자랑해야 한다. 부자의 소유는 풀의 꽃같이 시들 것이기 때문이다.

시험을 참는 자에게 생명의 면류관을 주신다. 하나님께서 사람을 시험하는 것이 아니라 사람이 욕심에 유혹되어 사망에 이르는 것이다. 속지 말아야 한다. 하나님은 좋은 은사와 선물을 주시고, 우리를 진리로 새롭게 하신다.

듣기는 속히 하고, 말하기, 성내기는 더디 해야 한다. 더러운 것과 악은 버리고 구원에 이르게 하는 말씀을 온유함으로 받고, 말씀을 지켜 행하는 자가 복이 있다. 하나님 앞에 참된 경건은 약한 자들의 어려움을 돌아봐 주고 자신이 세속에 물들지 않도록 해야 한다.

2장: 사람을 외모로 판단해서 빈부에 따라 차별대우하면 죄를 짓는 것임을 인식하고, 진심으로 이웃을 자신의 몸같이 사랑하고, 심판받을 사람인 것처럼 살아야 한다. 긍휼을 행하는 자가 심판을 이길 수 있다.

행함이 없는 믿음은 죽은 것이다. 아브라함이 이삭을 번제로 드릴 때 행함으로 의롭다 함을 얻었고, 하나님의 벗이라 칭함을 받았듯이, 믿음과 행함이 합해져서 온전하게 되는 것이다. 기생 라합도 행함으로 의롭다 함을 얻었다. 영혼 없는 몸이 죽은 것같이 행함이 없는 믿음은 죽은 것이다.

3장: 선생 된 자들이 더 큰 심판을 받는다. 선생이 되려고 나서지 말라. 말에 실수가 없는 자는 완벽한 사람이다. 말도 재갈로 움직이고, 큰 배도 키 하나로 방향을 조절하듯이 사람도 혀도 작은 지체지만 큰 것을 자랑한다. 혀는 불이다. 작은 불씨가 온 산을 태우듯이 혀도 온몸을 더럽히고 인생행로를 불태우는데, 지옥 불에서 나오는 것과 같다.

짐승, 새, 벌레, 바다생물들은 다 길들여지지만, 사람의 혀는 아무도 길들일 수 없고, 쉬지 않는 악이요, 죽이는 독이 가득하다. 그 혀로 하나님을 찬송하고 사람을 저주하여, 한 입에서 찬송과 저주가 나온다. 한샘에서 단물과 짠물이 함께 나올 수 없고, 무화과나무가 감람열매를, 포도나무가 무화과 열매를 맺을 수 없듯이, 한 입에서 찬송과 저주가 나오면 안 된다.

그래서 지혜와 총명이 필요하다. 독한 시기, 다툼, 거짓말은 땅에서 온 것이고, 정욕의 것이고, 귀신으로부터 온 것이지만, 위로부터 온 지혜는 성결하고, 화평하고, 관용하고, 양순하며, 긍휼과 선한 열매가 가득하며 편견과 위선이 없고, 의의 열매는 화평의 씨를 뿌려 거두게 된다.

4장: 결국 싸움과 다툼은 정욕에서 온다. 사람이 기도할 때, 욕심을 부리고 정욕을 위해 구하면 주시지 않는다.

세상과 친구하는 것이 하나님과 원수 되는 것이다. 하나님이 우리를 시기하기까지 사모하시기 때문에 세상에 마음을 빼앗기지 말아야 한다. 하나님은 겸손한 자에게 은혜를 주신다. 하나님께 복종하고 마귀를 대적하면, 마귀가 물러간다. 하나님을 가까이해야 하나님도 우리를 가까이하신다. 두 마음 품지 말고, 주 앞에서 낮추면 높여 주신다.

비방이나 판단하지 말아야 한다. 비방이나 판단은 심판하는 것이다. 심판자는 하나님 한 분뿐이시다. 허세를 부리고, 자만심에 빠져서 자랑하는 것은 악한 것이다. 누구든지 선을 행할 줄 알고도 행하지 않으면 죄를 짓는 것이다.

5장: 말세에 물질의 욕심에 매인 부자들은 슬퍼해야 한다. 의지하던 것들이 다 소멸되고, 그것들이 증거가 되어 심판받기 때문이다. 말세에 부하고자 하는 욕심 때문에 남을 억울하게 하지 말고, 심판의 날에 사치와 향락에 빠지지 말고, 의로운 사람들을 핍박하지 말아야 한다.

주의 강림하심이 가까웠으니, 그때까지 농부의 심정으로 서로 원망하지 말고 길이 참고 기다리되, 선지자들과 욥의 인내를 본받고 인내하는 자가 복이 있다.

맹세함으로 정죄당하지 말고, 고난당하면 기도하고, 즐거우면 찬송하고, 병든 사람이 있으면 교회의 인도자를 초청하여 기도해야 한다. 믿음의 기도는 병을 낫게 할 것이고, 죄도 용서받는다. 그리고 서로 죄를 고백하고 병 낫기를 위해 기도해야 한다. 의인의 기도는 힘이 있기 때문이다. 엘리야가 기도하면 비가 오지 않았고, 그가 기도하면 비가 내렸다는 것을 잊지 말아야 한다.

진리를 떠난 사람, 방황하는 죄인을 돌아서게 한 사람은 그의 영혼을 사망에서 구원하고, 많은 죄를 용서해 주게 된다.

베드로전서

사도 베드로가 실라(실루아노)의 도움을 받아서 본도, 갈라디아, 갑바도기아, 아시아, 비두니아 곧 오늘날 터키지방에 흩어져 사는 그리스도인들에게 쓴 서신이다. 베드로가 64-65년경에 그 지방에서 핍박을 당하는 그리스도인들에게 부활이라는 산 소망의 비전을 제시해 주고, 확신 가운데 살라고 위로하고 격려하기 위해 로마(바벨론)에서 쓴 소망의 서신이다.

1장: 우리를 거듭나게 하시고, 예수님을 다시 살리심으로 썩지 않고, 더럽지 않고, 쇠하지 않는 부활의 산 소망을 주신 하나님을 찬양해야 한다. 이 산 소망은 우리를 위해 예비하신 것이다. 우리가 구원을 받기 위해 믿음으로 인하여 하나님의 능력으로 보호받고 있다. 우리가 그 소망 때문에 온갖 시험을 당하지만, 오히려 시험이 주님 오실 때 칭찬과 영광과 존귀를 얻게 하니 기뻐해야 한다.

우리가 보지 못한 주님을 사랑하고, 믿고, 기뻐하는 것은 영혼의 구원을 얻기 때문이며, 산 소망의 구원은 천사들도 살펴보기 원할 만큼 고귀한 것이다. 이 구원은 이미 선지자들이 부지런히 연구하여 살피고, 증언한 것다. 그러므로 우리는 마음의 허리를 동이고, 산 소망에 합당한 삶을 살기 위해 죄악 된 옛 욕망은 버리고, 거룩하신 하나님처럼 모든 행실에 거룩한 사람이 되어야 한다. 우리가 구속받은 것은 은이나 금으로 된 것이 아니라 주님의 보혈로 된 것이다.

우리가 진리를 순종하여 영혼이 깨끗해지고, 꾸밈없이 형제를 사랑하게 되었으니, 마음으로 서로 뜨겁게 사랑해야 하며, 우리가 거듭난 것도 하나님의 말씀으로 되었다는 것을 잊지 말아야 한다.

2장: 모든 악의와 거짓, 위선, 시기, 모든 비방은 버리고, 갓난아기처럼 신령하고 순전한 젖을 갈망하는 성도들이 성숙해져서 구원을 얻게 된다. 우리는 예수께 나가서 신령한 집으로 지어지고, 예수님으로 말미암아 신령한 제사를 드릴 제사장이 되어야 한다. 넘어진 자들은 순종치 않았기 때문이다. 우리를 택하신 족속이요, 왕 같은 제사장이요, 거룩한 나라요, 그의 소유된 백성 삼으신 것은 우리를 구원하신 하나님의 은혜를 선포하게 하려 하신 것이다.

2:11-3:7까지 그리스도인들이 세상 법과 통치자를 대하는 자세와 직장생활, 가정생활을 어떻게 해야 하는지 가르쳐 주었다.

하나님의 사랑을 입은 자들은 영혼을 대적하는 육체의 정욕을 멀리하고, 이방인 가운데서 선한 행실 나타내야 하며, 주를 위해 인간이 만든 제도와 통치자들에게 순복하여 비방거리를 만들지 말아야 한다. 자유를 남용하지 말고, 모든 사람을 존경하고 형제를 사랑하고, 하나님을 두려워하고, 통치자를 존대해야 한다.

남 밑에서 일할 때, 복종하되 까다로운 사람에게도 그래야 한다. 죄짓고 매 맞는 것은 당연하지만, 예수님처럼 선을 행하다가 고난받는 것은 아름다운 것이다. 죄가 없으신 주님이 고난당하신 것은 우리가 주님을 본받아 죄에 대하여는 죽고, 의에 대하여는 산자가 되게 하려 하신 것이다. 전에는 우리가 길 잃은 양 같았으나 영혼의 목자 되신 주께 돌아왔다는 것을 잊지 말아야 한다.

3장: 아내들은 남편에게 순종하고, 외모만 단장하지 말고, 아브라함의 아내 사라처럼 마음을 단장하여 정결한 행실로 감동을 주어 남편으로 하여금 구원받게 해야 한다. 남편들도 아내는 연약한 그릇이라는 것을 인식하여 동거하고 생명을 함께 상속할 자로 알고 귀하여 여겨야 한다.

모두 한마음을 품고 서로 동정하며, 형제를 사랑하며, 불쌍히 여기며, 겸손해야 한다. 우리는 축복하는 자로 부르심을 받았으므로 악이나 욕으로 갚지 말고 축복하는 자가 되어야 한다.

선을 행하면 누가 해치겠는가? 의를 위해 고난을 받는 자가 복이 있다. 마음에 예수님을 주로 삼아 거룩하게 하고, 소망의 관한 이유를 묻는 자들에게 대답할 것을 항상 온유함과 두려움을 준비하고, 선한 양심을 가져야 한다. 예수께서 불의 한 자들을 대신하여 죽으셨으나, 영으로 살리심을 받아 노아 때에 불순종했던 자들에게 구원을 선포하셨는데, 물에서 구원받은 자가 8명뿐이었다. 그 심판의 물이 구원하는 표인 세례를 의미하는데, 육체를 씻기 위한 것이 아니라, 하나님을 향한 선한 양심의 간구이다. 주님은 하늘에 오르셔서 하나님의 우편에 계신다.

4장: 주님이 육체의 고난을 이기셨듯이, 어떤 유혹과 비방 속에서도 정욕을 따르지 말고, 하나님의 뜻을 따라 살아야 하고, 만물의 마지막이 가까이 왔으니 깨어 근신하여 기도하고, 서로 뜨겁게 사랑하며, 선한 청지기같이 서로 봉사해야 한다. 서로 원망 없이 대접하고, 서로 은사를 따라 선한 청지기같이 봉사하되, 하나님께서 말씀하시는 것같이 말하고, 섬길 때는 하나님께서 주시는 힘으로 하는 것같이 하여 하나님께 영광 돌려야 한다.

불같은 연단의 시험이 와도 부끄러워하지 말고, 주님의 고난에 참여하게 된 것을 기뻐하고, 하나님께 영광을 돌려야 하고, 악행이나 남의 일을 간섭하는 일로는 고난받아서는 안 된다. 심판은 하나님의 집에서부터 시작되어 의인이 겨우 구원을 받는데, 불순종하는 죄인들이 설 곳이 있겠는가? 그러므로 하나님의 뜻을 따라 고난받는 자들은 선을 행하는 가운데 영혼을 신실하신 하나님께 맡겨야 한다.

5장: 장로들은 억지로, 더러운 이익을 위해 목양하지 말고, 자원하여 즐거운 마음으로 하되 군림하지 말고, 양 떼의 모범이 되어야 주님 오실 때 영광의 면류관을 받게 된다.

젊은 자들은 장로 곧 치리 자들에게 순종하고 겸손해야 한다. 하나님은 교만한 자들을 대적하시고, 겸손한 자들에게 은혜주시고, 때가 되면 겸손한 자들을 높여주시기 때문이다.

모든 염려 다 주께 맡기고 근신하여 깨어 있어야 한다. 원수 마귀가 우는 사자같이 삼킬 자들을 찾고 있기 때문이다. 믿음에 굳게 서서 마귀를 대적해야 한다. 우리를 은혜로 부르신 하나님께서 잠시 고난당하는 자들을 친히 온전케 하시고 굳건히 세우시고 강하고 견고하게 하실 것이다.

베드로후서

베드로후서는 베드로가 순교직전에 쓴 유언 같은 서신으로 수신자들은 전서와 동일하다. 전서가 고난에 대한 소망의 서신이었다면, 후서는 영지주의 같은 거짓교사들의 유혹에 빠지지 않도록 그리스도의 성품으로 성숙해져서 주님 강림하시기를 바라며 인내할 것을 권고한 서신이다.

1장: 우리가 하나님을 앎으로 생명과 경건에 이르는 모든 것을 능력으로 주셨고, 그 영광과 덕을 누리게 하신 것은 하나님의 큰 약속으로 말미암아 우리가 썩어질 정욕을 피하고 신의 성품에 참여하는 사람이 되게 하신 것이므로, 믿음에 덕을, 덕에 지식을, 지식에 절제를, 절제에 인내를, 인내에 경건을, 경건에 형제 우애를, 형제 우애에 사랑을 더해야 한다. 이런 것이 풍성하면 주님을 알기에 부지런해지고, 열매가 많게 될 것이지만, 이것들이 없으면 눈먼 사람과 같아서 옛 죄가 깨끗하게 되었다는 사실을 잊게 된다.

부르심과 택하심 곧 소명의 확신이 있으면 결코, 넘어지지 않고, 그리스도의 영원한 나라에 넉넉하게 이르게 된다고 다시 힘써 강조한 것은 베드로가 떠난 후에도 진리를 생각나게 하려는 것이다. 베드로가 증거 한 예수님의 능력과 강림하심은 꾸며낸 이야기가 아니라, 변화 산에서 목격한 사실이며, 또 어둠을 비추는 등불같이 더 확실한 예언의 말씀의 있으니 마음속에 샛별이 떠오르기까지 말씀에 집중하는 것이 옳은 것이다.

성경의 모든 예언은 자기 마음대로 해석하면 안 된다. 예언은 사람의 뜻을 따라

된 것이 아니라 성령의 감동하심을 받은 사람들이 하나님께 받아 전한 말씀이기 때문이다.

2장: 구약시대에 이스라엘 가운데 거짓 선지자가 일어난 것같이 거짓 선지자들이 나타나서 파멸케 할 이단을 끌어들여 주님을 부인하고 스스로 멸망을 재촉할 것이며, 많은 사람들이 그들을 따르고, 진리가 비방을 받을 것이며, 꾸며낸 말로 성도를 이용하려 하지만 그들은 반드시 심판을 받을 것이다.

범죄 한 천사도 용서치 않으시고 지옥에 던지셨다. 노아 때도 불순종한 자들이 심판받았고, 소돔과 고모라도 타락하여 심판을 받았듯이 더러운 정욕 가운데 행하며 주의 권세를 무시하는 모든 사람들은 본래 죽기 위해 태어난 이성 없는 짐승 같아서 결국은 멸망당하고, 자기들이 저지른 불의의 값을 치르게 될 것이다. 그들은 방탕하고 속이고 죄를 그치지 않고, 연약한 자들을 유혹하고 탐욕만 채우는 저주의 자식들로 불의의 삯을 따라갔다가 책망받은 발람과 같은 자들이며, 이런 사람들은 물 없는 샘, 광풍에 밀려가는 안개와 같다. 그들은 헛된 말과 정욕으로 유혹하고 자유를 약속하지만, 결국은 멸망의 종들일 뿐이다.

예수님을 앎으로 거룩해졌던 사람들이 타락하면 처음보다 더 나빠져서 차라리 주님을 모르는 편이 좋다. "개가 토한 것을 도로 먹고, 돼지가 씻은 후 다시 진창에 뒹군다."는 말씀대로 되기 때문이다.

3장: 두 번째 편지는 진실한 마음을 일깨워 선지자들의 예언과 사도들의 가르침을 기억나게 하려고 쓴 편지이다.

말세에는 조롱하는 사람들이 나타나서 정욕대로 행하면서 주님 강림하심을 부정할 것이지만, 옛적에 말씀으로 만물을 창조하였고, 말씀대로 물로 심판했듯이 이 세상도 경건치 않은 자들을 불로 심판할 때까지 동일한 말씀으로 보존하여 둔 것이다.

주께는 하루가 천년 같고 천년이 하루 같다. 약속이 더딘 것이 아니라 아무도 멸망하지 않고 다 회개하기를 기다리신다. 주의 날이 도둑같이 오게 되고, 그 날에는 하늘은 큰 소리로 떠나고 물질은 뜨거운 불에 풀어지고 모든 것이 다 드러나게 된다. 그러므로 우리는 거룩한 행실과 경건함으로 하나님의 날이 임하기를 사모하면서 주님 약속대로 의가 존재하는 새 하늘과 새 땅을 바라보며 살아야 하고, 주 앞에서 흠도, 점도 없이 평강가운데 나타나기를 힘써야 한다.

주의 인내가 구원이 된다. 바울이 쓴 편지에 이해하기 어려운 부분이 있는데, 다른 성경과 같이 억지로 풀다가 스스로 멸망에 이를 수 있으니 불의한 속임수에 이끌리지 않도록 조심해야 한다.

요한1서

1장 서두에 예수께서 행하신 일들을 듣고, 보고, 손으로 만진바가 되었다고 말 한 대로 사도요한이 쓴 편지이다. 요한이 에베소교회에서 1세기 말(85~96년경)경에 기록 했다. 그 당시 다른 사도들은 모두 순교하고 사도요한은 에베소에서 예수님의 모친 마리아와 함께 사역을 하고 있었다.

AD 85년경에 유대교와 기독교가 완전히 분리되고, 사도들과 목격자들이 하나둘 사라지면서 초대교회에 바울이나 베드로가 걱정했던 대로 예수님이 육체로 오심을 부정하는 영지주의 이단들과 적그리스도들의 활동이 많아지기 시작하였다. 사도요 한은 영지주의자들의 거짓된 가르침을 논박하고 복음의 본질을 회복시키기 위해 이 편지를 썼다.

1장: 태초부터 하나님과 함께 계시던 생명의 말씀이 나타나셨다. 사도요한은 직접 들었고, 보았고, 만져 본 증인으로서 생명의 복음을 전파하였고, 복음전파의 목적은 하나님과 예수님과 복음의 증인들과 함께 교제하기 위한 것으로 기쁨을 위해 편지 를 썼다.

하나님은 빛이시오, 어둠이 전혀 없으시다. 그래서 하나님과 사귐이 있다 하면서 어둠 속에 사는 것은 거짓말이요, 진리로 행하는 것이 아니다. 그러나 우리가 빛 가 운데 살면 서로 사귐이 있고, 예수님의 피가 우리의 모든 죄를 다 깨끗하게 하신다.

우리가 죄가 없다고 하나님을 속이면, 하나님이 우리 가운데 계시지 않지만, 우리 가 죄를 자백하면 죄를 사해주시고, 모든 불의에서 깨끗하게 씻어 주신다. 만일 우리가 범죄 하지 않았다고 말하면 하나님을 거짓말쟁이로 만드는 것이며, 그 말씀이 우리 속에 거하지 않는다.

2장: 이 편지를 쓴 목적은 죄를 짓지 않도록 하는데 있다. 죄를 지어도 우리의 대속자이신 예수님이 계신다. 하나님의 계명을 지키는 것이 하나님을 아는 것이다. 하나님을 안다고 하면서 하나님의 계명을 지키지 않는 것은 거짓말이요, 그 속에 진리가 없다. 누구든지 하나님의 계명을 지킬 때 하나님의 사랑이 그 사람 안에서 온전케 되고, 하나님 안에 있다는 것을 알게 된다. 하나님 안에 있다고 하는 자들은 주님처럼 행하여야 한다. 형제를 미워하는 자는 어둠이 눈을 가려서 갈 곳을 알지 못하지만, 형제를 사랑하는 자들은 빛 가운데 거하기 때문에 걸림돌이 없다고 가르쳤다.

이 편지를 쓰는 것은 자녀들은 죄가 용서받았고, 아비들은 태초부터 계신 하나님을 알고, 청년들은 말씀으로 악한 자를 이기었기 때문이다.

세상에 있는 것들을 사랑하면 하나님의 사랑이 우리 안에 거하지 못한다. 세상의 모든 것이 육신의 탐욕, 안목의 정욕, 이 세상의 자랑거리뿐이다. 그런 것들은 하나님께로부터 온 것이 아니고 모두 사라질 것들이다.

마지막 때에는 그리스도의 대적자들이 온다. 그들은 그리스도인 흉내를 내지만 다 거짓말쟁이다. 진리로부터는 거짓이 나오지 않는다. 예수님이 그리스도임을 부인하는 사람, 아버지와 아들을 부인 하는 자가 거짓말쟁이요, 그리스도의 대적자이다. 예수님을 부인하는 자들에게는 하나님이 없다.

복음 안에 거하면 아버지와 아들 안에 거하는 것이다. 우리에게 약속하신 약속은 영원한 생명이다. 기름 부으심에는 거짓이 없다. 가르침을 받은 대로 주 안에 거해야 주 강림하실 때 부끄러움을 당하지 않는다.

3장: 우리는 하나님께 큰 사랑을 받은 하나님의 자녀이다. 세상이 우리를 모르는 것은 하나님을 모르기 때문이다. 주께서 나타나시면 우리도 주와 같이 되기 때문에 주님처럼 깨끗하여 죄를 짓는 불법을 행하지 말아야 한다. 주님은 죄를 없애려고 오셨기 때문에 그 안에 있으면 죄를 짓지 않는다. 죄를 짓는 자는 마귀에게 속한 자이며, 마귀는 처음부터 범죄하였다. 주님은 마귀의 일을 멸하려고 오셨다. 하나님께로부터 난 자들은 그 속에 하나님의 씨가 거하기 때문에 죄를 짓지 않는다.

형제를 사랑하지 않는 자는 하나님께 속하지 않았다. 이렇게 하나님의 자녀와 마귀의 자녀는 분명히 구별되기 때문에 하나님의 자녀들은 동생을 죽인 가인처럼 하지 말고, 서로 사랑해야 한다.

세상이 미워해도 이상히 여기지 말라. 우리가 형제를 사랑함으로 사망에서 생명으로 옮겨졌고, 사랑하지 않는 자들은 사망에 머물러 있는 것이다. 형제를 미워하는 자는 살인자요, 그 속에는 영생이 없다. 주님이 우리를 위해 목숨을 던져 사랑했듯이 우리도 형제들을 그렇게 사랑해야 하되, 말과 혀로만 사랑하지 말고 행함과 진실함으로 사랑해야 한다. 하나님은 모든 것을 다 아신다. 스스로 마음에 가책이 없이 떳떳하게 살면서 하나님께 기도하면 다 받게 되고, 우리가 서로 사랑할 때, 우리가 하나님 안에 거할 수 있고, 하나님도 우리 안에 계시는 것이다.

4장: 예수님이 육체로 오신 것을 시인하는 영은 하나님께 속했고, 세상을 이겼다. 그러나 부인 하는 자들은 적그리스도의 영이다. 세상은 세상의 말을 듣지만, 하나님께 속한 사람들은 하나님의 말씀을 듣는 것을 통하여 진리의 영과 미혹의 영을 분별한다.

우리가 서로 사랑해야 하는 것은 사랑은 하나님께 속했고, 하나님은 사랑이시기 때문이다. 사랑하는 자는 하나님을 아는 자이다.

우리에게 예수님을 보내주신 것이 하나님의 사랑이며, 하나님이 우리를 먼저 사랑하셨기 때문에 우리도 서로 사랑해야 하고, 서로 사랑할 때 하나님의 사랑이 완성되는 것이다.

누구든지 예수님이 하나님의 아들이심을 시인하면 하나님이 그 안에 거하고, 그도 하나님 안에 거하게 된다. 하나님은 사랑이심을 믿고, 그 사랑 안에 거하면 하나님도 우리 안에 거하시기 때문에 심판을 이길 수 있다. 사랑에는 두려움이 없고, 온전한 사랑이 두려움을 내쫓는다. 두려워하는 사람은 사랑이 없는 사람이다. 두려움에는 형벌이 있을 뿐이다.

하나님을 사랑한다면서 형제를 미워하면 거짓말하는 것이다. 하나님을 사랑하는 자들은 그 형제도 사랑해야 한다.

5장: 예수님을 믿는 자는 하나님께로부터 난 자이다. 주님을 사랑하는 자들은 주님이 사랑하는 자들도 사랑한다. 하나님의 계명을 지키는 자가 하나님을 사랑하는 자이다. 예수님을 믿는 자들은 믿음으로 세상을 이긴다.

예수님은 물세례와 십자가의 피로 임하셨고, 증언하는 이는 성령 곧 진리이다. 성령과 물과 피가 증거이며 이 셋이 합하여 주님 한 분이시다. 사람의 증거도 믿는데, 하나님의 증거는 더 크다. 하나님을 믿으면 아들에 관한 증거도 믿어야 한다. 믿지 않으면 하나님을 거짓말쟁이로 만드는 것이다. 증거는 하나님이 우리에게 영생을 주셨다는 것과 그 영생이 아들 안에 있으므로 아들이 있는 자에게는 영생이 있다는 것이다.

예수님을 믿는 자들에게 영생이 있다는 것을 알게 하려고 이 글을 썼다. 우리가 주님의 뜻대로 구하면 들으시고 응답해 주신다. 죄를 짓는 형제를 위해 기도하면 생명을 주실 것이다. 하지만 사망에 이르는 죄를 위해서는 기도하지 말아야 한다.

하나님께로부터 난 자들은 범죄 하지 않고, 하나님께서 지켜 주심으로 악마가 만지지도 못한다. 우리는 하나님께 속했지만, 온 세상은 악마의 손아귀에 있다. 주님이 우리에게 지각을 주셔서 하나님을 알게 하셨다. 우리는 영생이신 주안에 있다는 것을 알아야 한다.

요한2서

1~2세기 초기 교회형성기에는 전도자들과 교사들이 바울처럼 순회하면서 전도했다. 예수께서 제자들을 파송하면서 값없이 받은 것을 나누어 주면, 가는 곳마다 먹을 것과 입을 것을 예비해 주실 것이라고 말씀하셨듯이(마10), 그리스도인들이 순회 전도자들을 맞이하여 접대하고 떠날 때 선교후원금을 마련해 주는 풍습이 있었다.

그중에 이단사상을 전하는 자들도 있었기 때문에 잘 분별해야 한다.

1장: 사랑하는 자들에게 편지했다. 요한은 하나님께 받은 계명대로 진리로 행하는 자들을 보고 행복했다. 하나님의 계명을 따르는 것이 사랑이므로 그 계명을 지켜 서로 사랑해야 한다.

미혹하는 자들은 예수님이 육체로 오신 것을 부인하였다. 그들이 적그리스도이다. 스스로 조심해서 가르치는 자들이 이룬 수고를 헛되게 하지 말고, 온전한 상을 받아야 한다. 누구든지 교훈을 벗어나 주 안에 거하지 않으면 자기 속에 하나님이 거하지 않기 때문이다.

누구든지 예수님이 육체로 오신 사랑을 깨닫고, 그 사랑으로 사랑하라는 가르침을 전하지 않으면 그를 집에 들이지도 말고, 인사도 하지 말아야 한다. 인사하는 자는 그 악한 일에 동참하는 자이기 때문이다.

요한3서

사랑하는 가이오에게 전한 서신으로 순회전도자들의 보고 자료를 따라 쓴 서신이다. 디오드레베라는 사람이 요한의 권위에 도전하고, 요한이 보낸 제자들을 거부하고, 섬기는 자들을 추방하는 악행을 저질렀다.

1장: 사랑하는 가이오에게 영혼이 잘 됨과 같이 범사에 잘되고 강건하기를 축복했다. 가이오가 진리 안에서 행함으로 매우 기뻤다. 성도들이 진리 안에서 행하는 것보다 더 큰 기쁨은 없다.

가이오가 소문대로 하나님 앞에 합당하게 나그네 된 자들을 잘 섬기고 대접한 일은 참 잘한 일이다. 순회전도자들은 세상에서 아무것도 받은 것이 없으니 그들을 영접하고 대접하는 것은 당연하다. 영접하고 대접하는 것은 전도자들의 복음사역에 동참하는 것이다.

그러나 디오드레베는 전도자들을 받아들이지 않고, 악한 말로 험담하고, 영접하고자 하는 자들도 가로막고, 교회에서 내쫓았다. 그런 악한 것은 본받지 말고, 선한 것을 본받아야 한다. 악을 행하는 자는 하나님을 뵙지 못한다.

유다서

예수님의 동생 유다가 60-80년 사이에 쓴 서신이다. 1세기 당시에 유다는 잘 알려지지 않았지만, 야고보는 사도행전 15장에 등장하듯이 많이 알려졌었기 때문에 자신을 야고보의 형제라고 소개했다.

본 서신은 거짓교사들이 잘못된 가르침과 부도덕한 행실로 성도들을 타락시켰기 때문에 그들의 가르침을 따르지 않도록 경계하고, 그런 악한 대적들과는 끝까지 힘써 싸워 이겨야 한다고 격려하는 편지이다.

1장: 구원에 관한 것보다, 믿음의 도를 위해 힘써 싸워야 한다. 하나님의 은혜를 방탕한 것으로 만들고, 예수님을 부인하는 자들이 슬그머니 들어왔기 때문이다.

출애굽 후 광야에서 믿지 않는 자들은 멸하셨고, 지위를 떠난 천사도 심판 때까지 묶어두었고, 소돔과 고모라의 형벌이 슬그머니 들어와서 육체를 더럽히고 주의 권세를 무시한 사람들에게 거울이 되었다.

천사장 미가엘도 모세의 시체를 두고 마귀와 다툴 때 비방하는 판결을 못하고 주께서 꾸짖기를 바란다고 말했을 뿐인데, 알지 못하는 것을 비방하는 악한 자들은 짐승 같아서 본능을 좇다가 망한다.

가인의 길로 행하고, 발람의 탐욕을 따르고, 고라가 반역을 따른 사람들은 멸망했다.

배만 채우고, 성찬을 더럽히는 자들은 에녹이 예언한 대로 주께서 심판하실 때, 그들을 정죄할 것이다. 그들은 원망하고, 불평하고, 정욕으로 행하고, 교만한 자랑을 하고, 이익을 위해 아첨하는 자들이다.

마지막 때에는 불경건한 자들이 정욕을 따라 행하며 조롱할 것이라는 사도들의 가르침을 기억해야 한다. 그들은 성령을 따르지 않고 육체를 따라 분열을 일으키는 자들이다. 그러므로 거룩한 믿음 위에 세우고, 성령 안에서 기도하며, 하나님의 사랑 안에서 자기를 지키며, 영생에 이르도록 주의 긍휼을 기다려야 하고, 의심하는 자들을 불쌍히 여기고, 죄악의 불구덩이 빠진 자들을 구원하되, 정욕에 빠진 자들도 두려운 마음으로 긍휼이 여겨야 한다.

요한계시록

사도요한이 1세기 말 도미티안 통치 말년(93-94년)에 밧모 섬에 유배 되었을 때, 주님의 계시를 받고 쓴 예언으로 지금의 터기 서남부 지역에 있던 일곱 교회에 쓴 편지이다. 그 당시 교회는 외적으로 심한 박해를 당하고 있었다. 주께서 큰 고난에 처한 교회에 예수그리스도가 궁극적으로 승리할 것을 확신시켜 주고, 순수한 신앙을 끝까지 지키라고 위로하고 권고한 말씀으로 종말을 당한 사람들의 위로와 소망의 예언이다.

요한계시록의 해석 문제는 2000년 동안 가장 많은 논란이 있었다. 2000년 동안 그 시대를 살던 사람들이 자신들의 입장에서 자신들이 살던 세계를 말세로 이해하고 해석할 수밖에 없었기 때문이다. 말세는 2000년 동안 말세였고, 각자 시대마다 자신들을 주인공으로 이해하였다.

근현대에 해석자들도 과거 파는 요한 당시의 상황으로 이해를 했고, 역사 파는 세계사의 역사적 사건 속에서 해석하려 했고, 온건미래파는 주님 재림 직전의 어느 기간으로 이해했고, 극단 미래파인 세대주의는 2-3장에 등장하는 교회의 모습을 시대별 역사속의 교회를 나타낸다고 보았다. 이상주의파는 구체적인 사건이 아니라 영원한 진리, 하나님의 통치원리, 선악간의 투쟁, 선한 역사의 궁극적인 승리를 다루었다고 보았다.

계시록 해석은 어느 시기나 정지된 상황으로 이해하면 큰 오류가 생긴다. 그래서 우리가 중요하게 인식해야 하는 것은 성경의 역사는 항상 살아계신 하나님이 산 자들을 위해서 일하시는 현재진행형이라는 것이다. 하나님은 죽은 자들을 위해 일하시는 분이 아니시다. 역사는 처음부터 현재진행형이었고, 지금도 계속 현재진행형이다. 성경은 현재진행형의 살아 있는 역사의 연속이기 때문에 항상 현재진행형으로 읽고 해석해야만 한다. 지금도 계시록과 더불어 모든 성경은 현재 진행형이다. 그래서 이미 하신 말씀으로, 우리에게 말씀하시고 있고, 앞으로 우리에게 계속 말씀하실 것이다. 주님 오셔서 세상을 심판하실 때까지…

성경은 사람을 대상으로 크게 두 가지 흐름을 다룬다. 첫째 흐름은 타락한 세상에 하나님께서 오셔서 값없이 베푸시는 은혜의 속죄와 구원, 축복과 성화라는 살리는 역사이고, 둘째 흐름은 사탄이 탐욕과 죄악으로 인간을 타락시키고 파괴시키고 죽이는 역사이다. 요한계시록에도 그런 흐름이 그대로 적용되는데, 역시 사람 때문에, 사람을 위해 존재하는 일이다.

계시록의 언어나 상징 해석은 주로 구약성경 특히 구약의 예언서, 그리고 1세기의 시대적 상황과 배경을 참조해야 한다. 사도요한이 계시를 받았지만, 자신의 지식과 경험을 근거로 편지를 써야 하는 표현의 한계가 있었기 때문이다. 그리고 우리 성경도 번역본이기 때문에 번역 표현의 한계가 있어서 문자적으로 해석하는 것은 아주 위험한 일이다.

그리고 종말의 개념을 잘 이해해야 한다. 종말은 예수께서 십자가에서 죽으셨다가 부활하는 그 순간이 종말의 시작점이고, 종말의 끝은 주께서 다시 오셔서 심판하시는 때이다. 종말은 십자가에서부터 이미 시작되었지만, 아직 완성은 되지 않았다. 그래서 주님과 제자들이 그 당시부터 종말을 살았고, 종말을 외쳤던 것이다. 십자가와 부활의 사건은 사탄이 하늘에서 쫓겨나서 종말을 고한 사건이다. 종말과 심판은 이미 결정되었고, 시작되었고, 과정 중에 있다. 이제 최후의 심판 때만 남아있는 것이다. 그리고 그 종말의 역사는 현재진행형으로 계속 진행되고 있고, 지금 우리도 계속 현재진행적 종말을 살고 있는 것이다. 그 종말은 개인적인 종말로 끝이 날 수도 있고, 주님이 오셔서 심판하심으로 완전한 종말이 올 수도 있다. 중요한 것은 그 종말도 오늘이 된다는 것이다. 그래서 말세를 살아가는 우리는 오늘이 종말인 것처럼 살아야 하는 것이다.

이 땅에 예언이 구체적으로 어떻게 이루어지는지, 외적인 현상에만 집착하는 것은 아주 어리석은 일이다. 신구약의 모든 역사나 예언서를 참조해 보면 역사를 이루실 때, 그것이 하나님께서 하시는 일이라는 것을 아는 사람은 많지 않았다. 말씀이 이루어진 후에 비로소 그것이 하나님께서 말씀하신 일이었다는 것을 알았을 뿐이다. 그러므로 외적인 징조와 현상에 집착하지 말고, 말씀이 이루어질 때 부끄러운 존재가 되지 않도록 우리 자신을 준비하는 일에 힘써야 한다. 오늘은 과거의 결과이고, 내일은 오늘의 결과이기 때문에, 미래는 지금 내가 하나님 앞에서 어떤 상태이고, 어떤 삶을 살고 있느냐에 의해 결정되는 것이다.

그러므로 외적인 징조에 관심을 갖기보다, 성도들이 주 강림하실 때, 세상 어떤 유혹과 환란에도 흔들리지 않고, 믿음의 정절을 지키고, 성숙하게 변화 되고 거듭나서 흠도 없고, 점도 없고, 티도 없이 주 앞에 담대하게 설 수 있는 그리스도의 거룩한 신부로 자신을 준비하는 일이 가장 중요하다. 외적 현상에 미혹되지 말고, 변화와 거듭남에 집중해야 한다.

변화와 거듭남이란 신비주의를 말하는 것이 아니다. 신의 성품과 인격으로의 변화 곧 그리스도화 되는 것을 말한다. 계시록 중심 내용이 바로 그런 의미를 담고 있다. 계시록의 결론은 끝까지 믿음을 지킨 자들, 준비 된 자들, 자기 두루마기를 빠는 자들이 시온성산에서 구원의 새 노래를 부르게 되고, 어린양의 결혼식에 참여하게 되고, 첫째 부활과 새 하늘 새 땅을 소유하게 된다는 것이다.

그래서 결론은 이 예언의 말씀을 지키고, 거룩한 인침을 받아 생명나무에 나아가며 문들을 통하여 성에 들어갈 권세를 얻기 위해서는 자기 겉옷을 깨끗하게 빠는 자(성화)가 되어야 한다는 것이다.

1장: 예수님의 계시 - 일곱 교회에 보낸 편지, 계시록 전체 서론부

예수님의 계시이다. 반드시 속히 될 일을 보이시려고 요한에게 천사를 보내셔서 지시하신 것으로 이 예언을 읽는 자, 듣는 자, 지키는 자가 복이 있다.

요한이 아시아(지금의 터키)에 있는 일곱 교회에 편지하였다. 주님은 전에도 계셨고, 이제도 계시고, 장차 오실 분이시다. 주님은 구름타고 오실 것이다. 모든 사람들이 볼 것이며, 핍박 자들도 볼 것이며 모든 민족이 예수님으로 인해 통곡할 것이다.

하나님은 알파와 오메가 이시며, 지금도 계시고, 전에도 계셨고, 장차 오실 전능자 이시다.

요한이 복음 때문에 밧모 섬에 유배되어 있을 때, 주께서 나타나셔서 보는 것을 써서 에베소, 서머나, 버가모, 두아디라, 사데, 빌라델비아, 라오디게아 일곱 교회에 보내라고 명하셨다.

주님은 일곱 촛대 사이에 발에 끌리는 옷을 입고 가슴에 금띠를 띠고, 머리와 머리털이 흰 양털과 눈처럼 희고, 눈은 타오르는 불과 같았다. 발은 빛난 주석과 같고, 음성은 많은 물소리와 같았다. 오른손에는 일곱 별을 들고 계셨고, 입에는 좌우에 날 선 검이 있었으며, 얼굴은 해가 힘있게 비추는 것 같았다.

요한이 그 앞에 엎드렸을 때, 주님이 오른손을 얹으시고 "두려워 말라, 나는 처음과 마지막이다. 영원히 살아있는 자이며, 죽음과 음부의 열쇠를 가지고 있다. 너는 네가 지금 본 것과 이 일 후에 일어날 일들을 기록하라. 네가 본 것은 내 오른손의 일곱별과 일곱 금 촛대의 비밀이다. 일곱별은 일곱 교회의 사자이며, 일곱 촛대는 일곱 교회이다."라고 말씀하셨다.

2장-3장: 일곱 교회, 신앙의 일곱 모델- 계시록 전체의 서론부

일곱 교회에 편지하라. 이기는 자가 되어라. 귀 있는 자들은 성령이 교회들에 하시는 말씀을 들어야 한다.

	주님 모습	칭 찬	책 망	권 고	이기는 자
에 베 소	일곱별을 잡고, 일곱 금 촛대 사 이로 다니시는 분	열심, 인내, 이 단 퇴출, 니골 라 당 배척	첫사랑을 회복하 지 않으면 촛대 를 옮김	첫사랑을 회복 하라.	낙원에 있는 생 명나무 열매 먹 게 됨
서 머 나	처음이요, 마지막이 시고, 죽었다가 살 아나신 분	유대인들의 핍 박, 환난과 가난 속에서도 믿음 을 지킴		죽도록 충성하라.	생명의 면류관을 얻는다. 둘째 사망의 해를 받지 않음
버 가 모	좌우에 날 선 검 을 가지신 분	순교할 때도 믿 음을 버리지 않음	발람의 교훈을 따르는 자를 용 납함. 니골라 당 의 교훈을 지키 는 사람이 있음	회개하라.	감추인 만나, 흰 돌을 주고 그 위 에 새 이름을 주심
두 아 디 라	눈이 불꽃 같고 발이 주석처럼 빛 나는 하나님의 아들	행위, 사랑 믿 음, 봉사와 인내 가 처음보다 나 아짐	이세벨의 음행 을 용납, 행위대 로 갚아주심	믿음을 주님이 오실 때까지 굳 게 붙잡으라.	만국을 다스리 는 권세를 주심
사 데	일곱 영과 일곱별 을 가지신 분	옷을 더럽히지 않고, 흰옷을 입고 주님과 동 행하는 몇 사람 이 있다.	살았다 하는 이 름은 있으나 실제 는 죽은 자이다.	깨어서 죽게 된 것을 굳건히 하 라. 어떻게 받고 들었는지 기억 하고 순종 하여 회개하라.	흰옷을 입게 되 고, 생명 책에서 지워버리지 않 을 것이다.
빌 라 델 비 아	거룩하고 참되신 분, 열면 닫을 수 없고, 닫으면 열 수 없는 다윗의 열쇠를 가지신 분	작은 능력을 가 지고도 주님 말 씀을 잘 지키고 주님을 배반하 지 않았다.		사탄의 회당, 유 대교인들을 무 릎 꿇게 하여 주께서 사랑한 다는 것을 알게 할 것이다. 인내의 말씀을 지켰으니 심판 이 닥칠 때 너를 지켜 줄 것이다.	하나님의 성전 의 기둥이 되어, 다시 나가지 않 고, 하나님의 이 름과 새 예루살 렘의 이름과 주 님의 새 이름을 그 위에 기록할 것이다.

라오디게아	아멘이시오, 충성되고 참된 증인이시며, 창조의 근본이신 분		차지도 않고 뜨겁지도 않다. 부자라고 풍족한 줄 알지만, 자신이 벌거벗은 수치를 깨닫지 못한다. 열심을 내고, 회개하라.	차든지 뜨겁든지 하라. 미지근하면 토해 낼 것이다. 주님의 음성을 듣고 마음의 문을 열면 주님과 더불어 살 것이다.	주님이 이기신 후 하나님과 함께 보좌에 앉은 것처럼 주님의 보좌에 함께 앉게 해주심

4장: 하늘 보좌 – 하나님이 계신 곳, 역사를 이루시는 곳

하늘에 열린 문이 있고, 이후에 마땅히 일어날 일들을 보여주셨다. 성령에 감동되어서 보니까, 하늘에 보좌가 있고, 그 위에 앉으신 분이 벽옥과 홍보석과 같고, 무지개가 둘러싸였는데, 녹보석 같았다. 보좌 둘레에 24장로들이 흰옷을 입고 면류관을 쓰고 보좌에 앉아 있었다. 보좌에서 번개와 음성과 천둥소리가 나고, 그 앞에 일곱 등불 곧 하나님의 일곱 영(성령)이 있었다.

보좌 앞에 수정 같은 유리 바다가 있고 보좌 가운데와 주위에 네 생물이 있는데, 앞뒤에 눈이 가득했고, 첫째는 사자, 둘째는 송아지, 셋째는 사람 얼굴, 넷째는 날아가는 독수리 같았다. 네 생물은 각각 여섯 날개를 가졌고 그 안과 주위에 눈이 가득했다.

네 생물들은 밤낮을 쉬지 않고 거룩하신 주 하나님을 찬양하고, 영광과 존귀와 감사를 드릴 때, 24장로들도 자기들의 면류관을 드리며 존귀와 영광을 받기에 합당하신 창조주 하나님을 경배하고 있다. 모든 것을 다 보시고, 다 아시는 하나님 영광 앞에서 하나님의 명령을 따라 역사가 시작된다.

5장: 일곱 인으로 봉한 책 – 책의 인을 떼실 어린양

하나님의 오른손에 일곱(완전함) 인으로 봉한 책이 있는데, 하늘 위나 땅 위에서 그 책을 펴서 볼 수 있는 사람이 없었다. 그래서 요한이 큰 소리로 울었더니 장로 중 하나가 유다지파의 사자 다윗의 뿌리가 이겼으니 그 책과 일곱인을 뗄 것이니 울지 말라고 했다.

보좌와 네 생물과 장로들 사이에 어린양(예수님)이 있고, 일찍 죽임을 당한 것 같았는데, 그가 일곱 뿔과 일곱 눈을 가지고 있었다. 일곱 눈은 온 땅에 보내심을 받은 하나님의 일곱 영(성령)이다.

그 어린양이 하나님의 오른손에서 책을 취하실 때에 네 생물과 24장로들이 어린양 앞에 엎드렸는데, 각자 거문고와 향이 가득한 금 대접을 가지고 있었는데, 이 향은 성도들의 기도이다. 그들은 주님이 봉인을 떼기에 합당하시며, 십자가의 보혈로 모든 사람들을 구속하셔서 하나님 앞에서 제사장이 되게 하셨으니, 그들이 땅에서 왕 노릇하게 될 것이라고 새 노래로 찬양했다. 그때에 보좌와 네 생물과 장로들을 둘러싼 수많은 천사들이 큰 소리로 주님이 영광 받는 것이 당연하다고 찬양했는데, 그 수가 헤아릴 수 없이 많았다. 또 하늘과 땅과 바다와 모든 피조물들도 주께 찬양할 때, 네 생물이 아멘하고 장로들은 엎드려 경배하였다.

6장: 일곱인 중에 여섯째인까지 공개 – 복음의 승리와 진노의 징계

주님이 일곱인 중에 첫 번째인을 떼실 때, 네 생물 가운데 하나가 "오라!"고 천둥같이 외쳤다. 보니까 흰 말이 있었고, 그 위에 탄 사람이 활을 가졌고, 면류관을 받고 이기고 또 이기려 했다(복음의 승리).

두 번째인을 떼실 때, 붉은 말이 나왔고 그 위에 탄자에게 땅에서 화평을 제하고 서로 죽이는 권세가 주어졌고, 큰 칼이 주어졌다.

세 번째인을 떼실 때, 검은 말이 나왔고, 그 위에 탄자가 저울을 들고 있었다. 네 생물 사이에서 밀 한 되가 하루 품삯이며, 보리 석 되가 하루 품삯이다. 그러나 올리브기름과 포도주는 해치지 말라는 소리가 들렸다.

네 번째인을 떼실 때, 푸르스름한 말이 나왔고, 그 위에 탄자의 이름은 사망이요, 음부가 뒤를 따랐다. 그들에게 칼과 기근과 사망과 땅의 짐승으로 4분의 1을 죽일 권세가 주어졌다.

다섯 번째인을 떼실 때, 제단 아래에서 하나님의 말씀과 그 증거로 인하여 죽음을 당한 영혼들이 보였다. 그들이 하나님께 피 값을 갚아 달라고 기도할 때, 흰옷을 주시며, 자신들처럼 죽임을 당하기로 되어 있는 사람들의 수가 차기까지 더 쉬라고 말씀하셨다.

여섯 번째인을 떼실 때, 큰 지진이 일어나고, 해가 검은 털로 짠 상복같이 검어지고 달은 온통 피같이 되며, 하늘의 별들은 설익은 무화과나무 열매가 강한 바람에 떨어지듯 했고, 하늘은 두루마리가 말리듯 떠나가고 각 산과 섬이 제자리에서 옮겨졌다. 큰 심판의 날에 땅에 속한 모든 자들이 동굴과 산속 바위틈에 숨어서 산들과 바위들을 향하여 어린양의 진노로부터 숨겨달라고 애원하였다.

7장: 여섯째인과, 일곱째인 사이의 삽입부 - 인치는 천사

그 일 후에 네 천사가 땅의 네 모퉁이에 서서 땅의 네 바람을 붙잡아 땅이나 바다나 나무에 불지 못하게 막고 있는 것을 보았다. 그리고 다른 천사는 살아계신 하나님의 인을 가지고 해 돋는 데로부터 올라와서 네 바람을 잡고 있는 천사를 향하여 하나님의 종들의 이마에 인치는 일이 끝날 때까지 해치지 말라고 외쳤다. 인침을 받은 자는 이스라엘 12지파 가운데 1만 2천 명씩 14만 4천 명이었다.

인침 후에 보니 모든 나라와 민족과 백성과 언어에서 아무도 셀 수 없는 큰 무리가 흰옷을 입고 종려나무 가지를 들고 보좌와 어린양 앞에서 큰 소리로 "구원은 하나님과 예수님께 속한 것입니다."라고 외쳤다. 그때 모든 천사들도 찬양하였다. 장로 중 하나가 요한에게 흰옷 입은 큰 무리는 큰 환난으로부터 나오는 사람들인데, 그들은 어린양의 피로 씻어 희게 되었다고 가르쳐 주었다. 이제 그들은 하나님 보좌 앞에서 보호받기 때문에 어떤 환난도 당하지 않고, 주님이 목자가 되셔서 그들을 생명수 샘으로 인도하시고, 하나님께서 모든 눈물을 씻어 주실 것이다.

8장: 일곱째인과 나팔 재앙 - 회개를 위한 징계, 심판은 마지막에...

인을 떼실 때, 하나님 앞에 일곱 천사가 일곱 나팔을 받았다. 또 다른 천사는 향이 가득한 금향로를 들고 제단 앞에 섰는데, 그 향의 연기는 천사들의 손에서 성도들의 기도와 함께 하나님께 올라갔다. 그 천사가 향로에 제단 불을 담아서 땅에 쏟으니 천둥과 음성과 번개와 지진이 일어났고, 일곱 나팔이 준비되었다.

첫째 천사가 나팔을 불 때, 피 섞인 우박과 불이 땅에 쏟아졌고, 땅과 수목의 3분의 1이 불탔고 각종 푸른 풀들도 타버렸다.

둘째 천사가 나팔을 불 때, 불타는 큰 산 같은 것이 바다에 던져져서 바다의 3분의 1이 피로 변하고, 바다의 생명체 3분의 1이 죽고, 배들의 3분의 1이 부서졌다.

셋째 천사가 나팔을 불 때, 횃불처럼 타는 큰 별이 강들의 3분의 1과 물 샘에 떨어졌는데, 그 별은 "쑥"이다. 물의 3분의 1이 쑥이 되어 많은 사람들이 그 물을 먹고 죽었다.

넷째 천사가 나팔을 불 때, 해, 달, 별의 3분의 1이 타격을 입어 3분의 1이 어두워져서 낮의 3분의 1이 빛을 잃고, 밤도 그랬다.

공중에 날아가는 독수리 한 마리가 아직 세 천사가 불어야 할 나팔 소리로 인하여 화 세 번이 남았다고 외쳤다.

9장: 다섯째 나팔과 여섯째 나팔의 재앙

천사가 나팔을 불 때, 하늘에서 무저갱의 열쇠를 받은 별이 떨어졌다. 그 별이 무저갱을 열자 큰 화덕의 연기 같은 연기가 올라와서 해와 공기가 어두워졌다. 연기 속에서 올라온 메뚜기가 전갈과 같은 권세를 받았는데, 그들은 풀이나 나무는 해치지 말고 이마에 하나님의 인을 받지 않은 사람들만 해치되, 죽이지 말고, 5개월 동안 전갈에 쏘여 괴로움을 당하는 것처럼 괴롭게 하라고 명령을 받았다. 그날에는 죽고 싶어도 죽임이 피해가는 고통이 있다.

메뚜기는 전투채비를 한 말 같고, 머리에 금관이 있고, 얼굴은 사람 얼굴 같고, 머리털은 여인의 머리털 같고, 이빨은 사자 같다. 철 흉갑을 두르고 있어서 날개 소리가 전쟁을 위해 달리는 많은 병거와 말들이 달리는 소리 같았다. 전갈처럼 꼬리에 있는 독침으로 5개월을 괴롭힐 권세를 가지고 있다. 그 메뚜기들의 왕은 무저갱의 사자 아블루온(파괴자) 이었다.

여섯째 나팔을 불 때, 하나님 앞에 금제단의 네 뿔에서 여섯 번째 천사에게 "큰 강 유프라테스에 묶여 있는 네 천사를 풀어 주어라"라는 음성이 들렸다. 네 천사가 정해진 연월일시에 사람 3분의 1을 죽이기 위해 준비된 자들로 그들이 거느린 기병대는 2억 명이나 된다는 것이다. 그 위에 탄자들은 붉은빛과 자주빛 유황빛 나는 흉갑을 둘렀고, 말들의 머리는 사자 머리 같고 그 입에서는 불과 연기와 유황이 나오는데, 그것으로 사람 3분의 1이 죽임을 당하였다. 그 말들의 힘은 입과 꼬리에 있었다. 꼬리는 뱀 같은데 꼬리에 머리가 있어서 그것으로 사람을 해쳤다. 여섯 번째 재앙으로 죽임을 당하지 않은 자들이 자신들이 저지른 죄를 회개하지 않고 귀신들과 손으로 만든 우상에게 절하고, 살인과 복술과 음행과 도둑질도 회개하지 않았다.

10장: 여섯째 나팔과 일곱 대접 사이의 삽입부 10-11장 14절

힘센 다른 천사가 구름에 싸여 하늘에서 내려오는데, 그 위에 무지개가 있고, 얼굴은 해 같고 다리는 불타는 기둥과 같았다. 그의 손에 작은 책 하나가 펼쳐져 있었다. 오른발은 바다를, 왼발은 땅을 밟고, 사자처럼 울부짖을 때, 일곱 천둥이 각기 소리를 내며 말하였다. 요한이 그 소리를 듣고 기록하려고 했더니 기록하지 말라고 하였다.

그 천사가 하늘을 향해 오른손을 들고 "더 지체하지 않을 것이다. 일곱째 천사가 나팔 불 때 선지자들을 통하여 전하여 주신대로 하나님의 비밀이 이루어질 것이다." 라고 하나님께 맹세하였다.

요한은 그 천사의 손에 있는 두루마리를 취하라고 해서 천사한테 달라고 했더니 주면서 이것을 먹으면 네 입에는 꿀과 같이 달지만 네 배에는 쓰게 될 것이라고 하였는데, 실제 먹었더니 입에서는 꿀같이 달았고, 배속에서는 썼다. 그 천사가 말하기를 "너는 많은 백성과 나라와 언어와 왕들에게 다시 예언해야 한다."라고 하였다.

11장: 두 증인의 역사

요한에게 지팡이 같은 갈대를 주고 성전 제단과 그 안에서 경배하는 자들을 측량하되, 이방인들에게 주어 42개월 동안 짓밟힐 성전 바깥 뜰은 측량하지 말라고 하였다.

그 천사가 권세를 주어 세운 두 증인은 굵은 베옷을 입고 1,260일을 예언하는데, 그들은 이 땅의 주 앞에 선, 두 올리브나무요, 두 촛대이다. 두 증인을 해치고자 하는 자는 죽임을 당할 것이며, 그들은 그들이 예언하는 날 동안에는 비가 오지 않게 하고, 물이 피로 변하게 하고, 원하는 대로 땅을 칠 권세를 가지고 있었다.

두 증인이 증거를 마칠 때, 무저갱에서 올라오는 짐승이 그들과 싸워 이기고 두 증인을 죽이고, 그 시체가 영적으로 소돔이라고도 하고, 애굽이라고도 불리는 큰 도성거리, 곧 주님 십자가에 못 박혔던 곳에 놓일 것이다. 모든 백성들과 족속과 언어와 민족에 속한 사람들이 3일 반 동안 보며, 장사를 못하게 하고, 그들을 괴롭혔던 두 선지자가 죽은 것을 기뻐하며 예물을 보내지만, 3일 반 후에 하나님의 생기가 들어가 일어설 때 그들이 두려워하였다. 그들이 하늘에서 "이리로 올라오라"는 음성을 듣고 원수들이 지켜보는 가운데 구름을 타고 하늘로 올라갔다. 그때 지진이 일어나 도성의 10분의 1이 무너졌고, 7천 명이 죽었다. 살아 있는 자들도 두려워하였다.

일곱째 천사가 나팔 불 때, 하늘에서 "세상 나라가 주님나라가 되어 주님이 영원토록 왕 노릇 하실 것이다."라고 큰 음성으로 외쳤고, 보좌 앞에 24장로들이 엎드려 하나님을 찬양하며, "주의 이름을 경외하는 자들에게 상주시며, 땅을 망하게 한 자들을 멸망시킬 때가 되었다"라고 경배하였다.

그때 하늘에 있는 하나님의 성전이 열리고, 그 안에 언약궤가 보이면서 번개와 음성과 천둥과 지진이 일어나고 우박이 떨어졌다.

12장: 하늘의 영적 전쟁과 미카엘의 승리, 사탄의 추방과 땅의 영적전쟁

하늘에 태양을 옷 입고, 달을 밟고, 12별의 면류관을 쓴 한 여자가 임신하였는데 해산 진통으로 부르짖고 있었다. 또 다른 이적은 일곱 머리에 일곱 면류관을 쓰고, 열 뿔을 가진 큰 붉은 용이 나타나서 하늘의 별 3분의 1을 끌어다가 땅에 내 던졌고, 여자가 아이를 낳으면 삼키려고 노리고 있었다. 여자가 아이를 낳았는데, 쇠 지팡이로 만국을 다스릴 남자이다. 그 아이는 하나님 보좌 앞으로 올려가고, 여자는 1260일 동안 돌봄을 받을 예비 된 광야로 도망쳤다.

하늘에서 미카엘과 그의 천사들이 용과 그의 사자들의 싸웠는데, 용이 패하여 땅으로 쫓겨났다. 그 용은 옛 뱀 곧 마귀, 사탄이라고 하는 온 천하를 미혹시키는 자이다.

이제 하늘에서 하나님의 구원과 능력과 나라와 주님의 권세가 이루어졌고, 형제들을 밤낮 참소하던 마귀가 쫓겨났다. 우리 형제들은 생명을 아끼지 않고, 주의 보혈과 증거의 말씀으로 마귀를 이겼으므로 하나님께 속한 자들은 즐거워하지만, 마귀가 자기 때가 얼마 남지 않을 줄 알고 크게 분내고 세상으로 쫓겨났기 때문에 세상에 속한 자들은 화를 입게 된다.

쫓겨난 용이 남자를 낳은 여자를 박해함으로 그 여자가 독수리의 두 날개를 받아 광야에서 뱀의 낯을 피하여 한 때, 두 때, 반 때를 양육 받을 때, 뱀이 여자 뒤에서 물을 강같이 토해서 떠내려가게 하지만, 땅이 물을 흡수하여 여자를 도왔다. 용이 여자를 분노하여 여자의 남은 자손, 곧 하나님의 계명을 잘 지키며 예수님의 증거를 가진 자들과 싸우려고 바닷가 모래 위에 서 있었다.

13장: 하늘에서 추방당한 용과 짐승의 역사

바다(세상)에서 열 뿔과 일곱 머리를 가진 짐승이 올라왔는데, 열 뿔에는 열 면류관이 있었고, 하나님을 모독하는 이름이 있었다. 그 짐승은 표범처럼 생겼고, 곰의 발 같고, 사자의 입 같은데, 용이 자기의 능력과 보좌와 큰 권세를 그 짐승에게 주었다.

짐승의 머리 하나가 치명상을 입어 죽게 된 것 같다가 상처가 치유되자 온 땅이 놀랍게 여겨 짐승을 따르고, 용이 짐승에게 권세를 줌으로 용을 경배하고 누가 짐승같이 강하겠느냐고 경배하였다. 짐승은 오만하고 하나님을 모독하는 말을 받고 42개월 활동할 권세를 받아서 하나님을 비방하고 하늘에 거하는 자들을 모독하였다. 그가 성도들과 싸워 이김으로 예수님의 생명 책에 창세 전부터 기록되지 않은 자들은 모두 짐승에게 경배하게 된다. 사로잡힐 자들은 사로잡히게 되고, 칼에 죽을 자는 칼로 죽임을 당한다. 여기에 성도들의 인내와 믿음이 필요하다는 것을 귀 있는 자는 깨달아야 한다.

어린양같이 두 뿔이 있고 용처럼 말하는 다른 짐승이 땅에서 올라왔다. 그는 첫 번째 짐승을 대신하여 모든 권세로 행하되 첫 번째 짐승을 경배하게 하였고, 심지어 불이 하늘에서 내려오게 하고, 짐승 앞에서 받은 이적으로 땅에 거하는 자들을 미혹하였다. 그리고 첫 번째 짐승을 위해 우상을 만들게 하고, 우상에게 생기를 주어 말하게 하고 우상을 경배하지 않는 자들은 모두 죽이게 하였다. 그가 모든 자에게 오른손이나 이마에 표를 받게 하고 표 없는 자는 매매도 하지 못하게 하였다. 그 표는 짐승의 이름 또는 짐승의 이름을 나타내는 수인데, 그 짐승을 상징하는 수는 666이다.

14장: 순결한 믿음의 승리, 알곡추수, 심판의 추수

예수님이 시온 산에 섰고, 그와 함께 14만 4천 명이 있는데, 그 이마에 예수님과 하나님의 이름이 쓰여 있었다. 그들이 보좌 앞에 네 생물과 장로들 앞에서 큰소리로 새 노래를 불렀는데, 구속받은 14만 4천 명 밖에는 배울 수 없다. 그들은 순결한 신앙을 소유하고 예수께서 어디로 인도하든지 따라가며 사람 가운데서 속량 받은 첫 열매로 하나님과 예수님께 속한 자들이며, 거짓이 없고 흠이 없는 자들이다.

요한은 다른 천사 하나가 모든 나라와 족속과 언어와 백성에게 전한 영원한 복음을 가지고 날아가는 것을 보았다. 그 천사가 심판 때가 이르렀으니 만물을 창조하신 하나님을 경배하라고 권고하였다.

두 번째 천사가 바벨론 성이 음행으로 무너졌다고 외쳤다.

세 번째 천사가 누구든지 짐승에게 경배하고 표를 받으면 진노의 불 심판을 받고 밤낮 쉼을 얻지 못할 것임을 경고하였다. 하나님의 계명과 예수께 대한 믿음을 지키는 성도들에게는 인내가 필요하다. 이제부터 주 안에서 죽는 자들은 복이 있다. 성령께서 "그들이 행한 일이 그들을 따르기 때문에 그들이 수고를 그치고 안식할 것이다"라고 말씀하셨다.

구름위에 인자 같은 분이 금 면류관을 쓰고 손에 예리한 낫을 들고 있는데, 다른 천사가 "추수할 때가 되었으니, 낫을 휘둘러 추수하라."고 외쳤다. 인자 같은 분이 낫을 휘둘렀더니 추수가 되었다.

다른 천사가 하늘 성전에서 나와서 예리한 낫을 들고 있었다. 불을 다스리는 천사가 낫을 가진 천사에게 낫을 휘둘러 땅의 익은 포도송이를 거두라고 외칠 때, 천사가 낫을 휘둘러 포도를 거두어 진노의 포도주 틀에 던졌다. 성 밖에서 그 틀을 밟으니 피가 말의 머리에 씌우는 굴레 높이까지 닿았고, 약 1천6백 스다디온(300Km−1스타디온 192m)이나 퍼졌다.

15장: 하늘의 증거의 장막 성전에서 마지막 일곱 진노의 대접 준비

하늘에서 일곱 천사가 하나님의 진노를 마칠 마지막 일곱 재앙을 가지고 있는 것을 보았다. 불이 섞인 유리바다 같은 것이 있고, 그 위에 짐승과 우상과 그 이름의 수를 이긴 자들이 거문고를 가지고 하나님의 종 모세의 노래 어린양의 노래를 부르고 있었다.

이 일 후에 하늘에 증거 장막의 성전이 열리고 일곱 재앙을 가진 일곱 천사가 성전에서 나왔다. 그들은 맑고 빛난 세마포 옷을 입고 가슴에 금띠를 띠고 있었다. 네 생물 중 하나가 진노가 가득 담긴 일곱 대접을 일곱 천사에게 주었다. 성전에 하나님의 영광으로 가득 차있었고, 일곱 재앙이 마치기까지 아무도 성전에 들어갈 수 없었다.

16장: 마지막 일곱 대접 재앙 – 땅, 바다, 강과 물 근원, 해, 짐승과 그 왕좌, 유프라테스 강, 공중에 대접재앙

일곱 천사에게 진노의 일곱 대접을 쏟으라고 명령하였다.

첫째 천사가 대접을 땅에 쏟았다. 짐승의 표 받은 자, 우상숭배자들에게 악하고 독한 종기가 났다.

둘째 천사가 대접을 바다에 쏟았다. 바다가 죽은 사람의 피같이 되어 바다의 모든

생물이 죽었다.

셋째 천사가 대접을 강과 물 근원에 쏟았더니 물이 피가 되었다. 물을 차지한 천사가 그렇게 심판하는 것이 당연하고 의로운 것이라며 외쳤다. 그들이 성도들과 선지자들의 피를 흘렸기 때문이다.

넷째 천사가 대접을 해에 쏟으니 해가 권세를 받아 불로 사람들을 크게 태웠다. 그러나 그들은 하나님을 모독하고 회개하지도 않았고, 영광을 하나님께 돌리지도 않았다.

다섯째 천사가 짐승과 그 왕좌에 쏟았더니 짐승의 나라가 어두워지고 그들이 괴로움을 못 이겨 혀를 깨물고, 아픈 것과 종기로 인하여 하나님을 모독하고 그 행위를 회개하지 않았다.

여섯째 천사가 대접을 유프라테스 강에 쏟았더니, 강물이 마르고 동방에서 오는 왕들의 길이 예비 되었다. 용과 짐승과 거짓 선지자의 입에서 개구리 같은 세 더러운 영이 나왔다. 그들은 귀신의 영으로 이적을 행하면서 하나님의 큰 날 전쟁을 위해 온 세상의 왕들을 아마겟돈(므깃도)이라고 하는 곳으로 모았다. 주께서 도적같이 오시기 때문에 깨어서 자기의 옷을 지켜 수치를 드러내지 않는 자가 복이 있다.

일곱째 천사가 대접을 공중에 쏟았더니, 번개와 천둥과 엄청나게 큰 지진이 일어나면서 큰 바벨론이 세 갈래로 갈라지고 각 나라의 성들도 무너졌다. 모든 섬과 산들이 사라지고, 무게가 한 달란트(약60Kg)나 되는 엄청난 우박이 떨어지는 재앙으로 하나님을 비방하였다.[74]

17장: 창녀와 물과 짐승의 비밀 – 바벨론, 세상 나라들, 권력자, – 짐승과 주님과의 싸움에서 주님이 이기시고, 택하신 자들도 이김

일곱 대접을 가진 천사 하나가 많은 물 위에 앉은 큰 창녀(바벨론)가 받을 심판을 보여 주겠다고 말했다. 땅의 왕들이 그녀와 음행하였고, 땅에 거하는 자들도 음행의

---

74) 한 달란트는 그리스 26kg, 로마 32.3kg, 이집트 27kg, 바벨론 30.3kg, 고대 이스라엘은 바벨론의 달란트를 사용. 신약시대 달란트는 58.9kg이었다.

포도주(세속문화)에 취하였다.

성령에 이끌려 광야로 가서 한 여자가 타고 있는 붉은 짐승을 보았는데, 하나님을 모독하는 이름으로 가득하였고, 일곱 머리와 열 뿔이 있었다. 화려하게 보석으로 꾸몄는데, 가증스러운 것과 음행의 더러운 것으로 가득 차 있었고, 이마에는 "비밀, 큰 바벨론, 음녀와 가증한 것들의 어미"라고 쓰여 있었다.

성도들의 피와 예수님의 증인들의 피에 취해있는 여자를 보고 놀랄 때, 천사가 이 여자와 일곱 머리와 열 뿔을 가진 짐승의 비밀을 말해 주겠다고 말했다. 짐승은 전에 있었다가 지금은 없으며 무저갱에서 올라와서 멸망에 들어가게 된다. 생명책에 기록되지 않은 자들은 짐승을 보고 놀라게 된다. 그가 장차 다시 나타날 것이기 때문이다. 일곱 머리는 여자가 앉은 일곱 산, 일곱 왕이다. 다섯은 망하였고, 하나는 있고, 나머지 하나는 와도 잠시 동안만 있을 것이다. 전에 있다가 지금은 없는 짐승은 여덟 번째 왕인데, 일곱에 속한 것으로 결국 망할 자이다. 열 뿔은 열 왕인데, 아직 나라를 얻지 못하지만, 한 동안 짐승과 함께 권세를 받을 것이다. 열 왕은 한마음이 되어 능력과 권세를 짐승에게 주었다. 그들이 예수님과 싸우지만, 만왕의 왕이신 주께서 이시기고, 그의 부르심과 택하심을 받은 신실한 자들도 이길 것이다.

여자(창녀)가 앉은 물은 백성과 무리들과 나라들과 언어들이다. 이 열 뿔과 짐승은 창녀를 미워하여 파멸시키고 벌거벗게 하고 그의 살을 먹고 불살라 버릴 것이다. 그들에게 하나님의 뜻을 행할 마음을 주셔서 한 뜻을 이루게 하시고, 그들이 한마음이 되어 그들의 나라를 짐승에게 주게 하시되 하나님의 말씀이 성취될 때까지 하신다.

그 여자(창녀)는 땅의 왕들을 다스리는 큰 성(바벨론)이다.

18장, 큰 성 바벨론(창녀)의 심판

이 일 후에 권세를 가진 다른 천사가 내려왔는데, 그 영광으로 땅이 환해졌다. 그 천사가 큰 바벨론(창녀)이 음행과 사치로 무너져서 귀신들의 처소, 모든 더러운 영들의 소굴, 가증한 새들의 소굴이 되었다고 외쳤다.

그때에 하늘에서 "내 백성들아 그녀의 죄악에 참여하지 말고 재앙을 받지 않도록 그 여자(바벨론, 창녀)에게서 나오라. 그 창녀의 죄가 하늘에 사무쳐서 그가 준 대로, 행한 대로 두 배나 갚아 주고, 그 여자가 자신을 영화롭게 하고 사치한 만큼 고통과 슬픔을 갚아 주라. 나는 보좌에 앉은 여왕으로 과부가 아님으로 슬픔을 겪지 않으리라고 교만하기 때문에 그 여자(바벨론)에게 사망과 슬픔과 재앙이 한 날에 임하고, 그 여자는 불에 타 버릴 것이다. 그를 심판하시는 하나님은 강하시기 때문이다."라고 외쳤다.

그 여자와 함께 음행하고 사치하던 땅의 왕들은 그가 불타는 연기를 보고 울며 가슴을 치며, 고통을 무서워하여 멀리 서서 "큰 성 바벨론아 한 순간에 화가 이르렀구나."라고 말할 것이다. 땅의 상인들도 상품을 사는 자가 없기 때문에 바벨론을 위해 울고 애통할 것이다.

바벨론이 영혼으로 탐하던 열매와 사치와 화려함이 다 사라져서 다시는 볼 수 없을 것이다. 바벨론으로 말미암아 부를 쌓던 상인들이 바벨론의 고통을 무서워하여 멀리 서서 울고 애통하며 "큰 성 바벨론아 그 화려했던 부가 한순간에 사라졌구나."라고 말할 것이다. 모든 선장과 선객들과 선원들과 바다에서 일하는 자들도 불타는 바벨론을 보면서 티끌을 머리에 뿌리며 "모든 자들이 바벨론으로 인해 부를 축적했는데 한순간에 망했구나."라고 외칠 것이다.

하늘과 성도들과 사도들과 선지자들은 그로 인해 즐거워해야 한다. 하나님께서 그들을 위해 바벨론을 심판했기 때문이다.

한 힘센 천사가 큰 맷돌 같은 돌을 바다에 던지면서 "큰 성 바벨론이 이같이 던져져 다시는 보이지 않을 것이며, 즐거워하는 소리, 번영하는 소리가 결코 다시 들리지 않을 것이다. 그 이유는 바벨론의 권력자들인 상인들이 복술로 모든 나라를 미혹했고, 그 성에서 선지자들과 성도들과 땅에서 죽임을 당한 모든 자의 피가 발견되었기 때문이다."라고 외쳤다.

19장: 어린양의 결혼잔치, 짐승과 우상숭배자와 거짓 선지자들의 심판

이 일 후에 하늘에서 "할렐루야 하나님의 심판은 참되고 공의로우시다." 라고 많은 무리들이 큰 함성으로 바벨론의 심판을 찬양하였다.

두 번째 "할렐루야 그 연기가 영원토록 올라갈 것이다." 외칠 때 24장로와 네 생물이 하나님께 경배하며 "아멘 할렐루야"를 외쳤다.

보좌에서 하나님의 모든 종들과 경외하는 모든 사람들은 찬양하라는 음성이 들렸고, 큰 무리가 큰 소리로 "할렐루야 하나님의 통치를 즐거워하고 기뻐하며 영광을 돌리자. 어린양의 결혼식과 신부가 준비되어 빛나고 깨끗한 세마포를 입도록 허락받았는데, 그 세마포는 성도의 옳은 행실이다."라고 외쳤다. 천사가 요한에게 "어린양의 결혼 잔치에 초대받은 사람들은 복이 있다. 이것은 하나님의 참된 말씀이다."라고 말하였다. 천사에게 경배하려 할 때, 천사가 "나도 예수의 증언을 가진 종이니 오직 하나님만 경배하라"고 만류했다. 예수님의 증언은 예언의 영이다.

하늘이 열렸고, 흰말과 탄자를 보았는데, 그 이름이 "충신과 진실"이었다. 그는 공의로 심판하며 싸웠다. 불꽃 같은 눈과 많은 면류관이 있는데, 자신밖에 모르는 이름이 쓰여 있었다. 그가 피 뿌린 옷을 입었는데 그 이름은 "하나님의 말씀"이라고 하였다. 하늘 군대가 희고 깨끗한 세마포 옷을 입고 그를 따랐다. 그 입의 예리한 칼로 만국을 치고, 친히 쇠 지팡이로 다스리며, 친히 하나님의 진노의 포도주 틀을 밟을 것이다. 그 옷과 다리에는 "만왕의 왕, 만주의 주"(예수님)라고 쓰여 있었다.

한 천사가 태양 안에 서서 공중의 새들에게 "하나님의 큰 잔치에 모여 왕, 장군, 힘센 자들, 말과 탄자, 자유인, 종들, 큰 자, 작은 자, 모든 사람들의 살을 먹으라."고 외쳤다. 짐승과 땅의 왕들과 군대가 흰말 탄자와 그 군대와 전쟁을 일으켰다. 결국, 짐승과 짐승의 표를 받게 하고, 우상을 숭배하도록 미혹하던 거짓 선지자, 이 둘이 함께 잡혀서 산채로 유황불 못에 던져졌다. 나머지는 흰말 탄자의 입에서 나오는 칼로 죽었고, 새들의 밥이 되었다.

20장: 사탄의 결박과 마지막 심판, 첫째 부활, 최후의 심판

하늘에서 무저갱의 열쇠와 큰 쇠사슬을 가진 천사가 내려와서 용이라고 하는 옛 뱀, 마귀, 사탄을 잡아서 무저갱에 천년 동안 가두고 만국을 미혹을 못하게 하였다. 그 후에 잠깐 풀려날 것이다.

보좌와 그 위에 예수의 증거와 하나님의 말씀으로 인해 목 베임을 당한 자들의 영혼들과 짐승과 우상에게 굴복하지 않고, 짐승의 표를 받지 않은 사람들이 심판하는 권세를 가지고 앉아 있었다. 그들은 다시 살아나서 그리스도와 함께 천년동안 왕 노릇하는데, 이것이 첫째 부활이다(나머지 죽은 자들은 천년이 차기까지 살지 못했다). 첫째 부활에 참여하는 자는 둘째 사망의 해를 당하지 않고 주와 함께 왕 노릇하기 때문에 복이 있고 거룩하다.

천년이 차면 사탄이 옥에서 풀려나서 바다의 모래 같이 많은 땅의 사방 민족을 미혹해서 전쟁을 준비시키고, 올라와서 성도들의 진지와 사랑하시는 성을 둘러싸지만, 하늘에서 불이 내려와 그들을 삼켜 버렸다. 그리고 그들을 미혹하던 마귀도 짐승과 거짓 선지자가 있는 불과 유황 못에 던져져서 영원토록 밤낮 고통을 당하게 된다.

희고 큰 보좌에 앉으신 분(하나님)을 보았는데, 그 앞에 땅과 하늘이 흔적도 없이 사라졌다. 죽은 사람들이 모두 그 보좌 앞에 있었고, 책들이 펴졌는데 생명 책도 있었다. 죽은 사람들은 책에 기록된 행위대로 심판을 받았고, 사망과 음부 속에 있던 죽은 자들도 각자 행한 대로 심판을 받았다.

사망도 음부도 불 못에 던져졌는데, 이것이 둘째 사망이다. 누구든지 생명책에 기록되지 못한 자는 불 못에 던져졌다.

21장: 새 하늘과 새 땅, 거룩한 성 새 예루살렘

새 하늘과 새 땅을 보았는데, 처음 땅과 하늘은 사라지고 없었다. 거룩한 성 새 예루살렘이 하나님께로부터 내려오는데, 신부가 남편을 위해 단장한 것 같았다. 보좌에서 "하나님의 장막이 사람과 함께 있으므로 하나님도 함께 계실 것이며, 그들은 하나님의 백성이 되고, 하나님이 친히 함께해서 모든 눈물을 닦아 주시고, 죽음도 슬픔도 아픈 것도 없을 것이다. 이는 처음 것들이 지나갔기 때문이다."라고 말씀하셨다.

보좌에서 "보라 내가 만물을 새롭게 한다. 이 말은 신실하고 참되니 기록하라.""다 이루었다. 나는 알파와 오메가요, 시작과 끝이다. 내가 목마른 자들에게 생명수를 값없이 줄 것이다. 이기는 자가 이것을 상속하고, 나는 그들의 하나님이 되고 그는 내 아들이 되리라. 그러나 두려워하는 자들, 부정하고 악한 자들은 불과 유황 못, 곧 둘째 사망에 던져질 것이다."라고 말씀하셨다.

일곱 재앙의 대접을 가진 일곱 천사 중 하나가 어린양의 신부를 보여 주겠다며 성령으로 이끌어 하늘에서 내려오는 거룩한 성 예루살렘을 보여 주었다. 그 성은 하나님의 영광으로 빛나고 벽옥이나 수정같이 맑았다. 크고 높은 성벽과 동서남북으로 세 개씩 12대문이 있는데, 12대문은 천사가 지키고 있고, 12지파의 이름이 쓰여 있었다. 성벽에는 12기초석이 있고, 그 위에 예수님의 12제자의 이름이 쓰여 있었다. 그 천사가 성과 문들과 성벽을 측량하기 위해 금 갈대를 가지고 있었다. 성은 네모가 반듯하고 가로세로가 똑같았고, 1만 2천 스타디온(2,200Km)이었다. 성벽은 사람의 치수로 144규빗(약65m)으로 천사의 치수이기도 하다.

성벽의 재료는 벽옥이며, 성은 유리같이 맑은 정금으로 지어졌다. 성벽의 12기초석은 12종류의 보석으로 장식되어 있었다. 12대문은 문마다 하나의 진주로 이루어져 12진주이고, 성의 길은 유리같이 투명한 순금으로 돼 있었다. 성 안에 성전은 없었는데, 이는 하나님과 예수님이 성전이시기 때문이다. 성에는 하나님의 영광이 그 성을 밝혀주고, 예수님이 등불이 되시기 때문에 해와 달의 비침이 필요 없었다. 민족들이 그 빛 가운데 다닐 것이며, 땅의 왕들이 그들의 영광을 성으로 들여올 것이다. 그 성은 밤이 없기 때문에 문이 항상 열려 있다. 사람들이 영광과 존귀를 들여오되, 속되고 악한 자들은 못 들어가고, 예수님의 생명책에 기록된 사람들만 들어갈 수 있다.

22장: 영원한 샬롬의 축복, 이 예언의 지켜 행하라, 겉옷을 빨아라.

그 천사가 하나님과 어린양의 보좌로부터 흘러나오는 수정같이 맑은 생명수 강을 보여주었는데, 그 강은 성 길 한가운데로 흘렀고, 좌우에 생명나무가 매달 열두 가지 열매를 맺고 나뭇잎은 모든 민족을 치료하기 위해 있었다.

다시는 저주가 없고 하나님과 예수님의 보좌가 성에 있어서 그의 종들이 하나님을 섬기며, 하나님의 얼굴을 보게 되고, 이마에 하나님의 이름이 있을 것이며, 그들은 영원히 다스릴 것이다. 그곳은 하나님께 비추시므로 다시 밤이 없고, 등불도 햇빛도 필요 없다.

이 말씀은 하나님께서 천사를 보내셔서 그 종들에게 보여주신 속히 일어날 신실하고 참된 말씀이다. 주님이 속히 오실 것이기 때문에 이 책의 예언의 말씀을 지키는 사람이 복이 있다.

요한이 말하는 천사에게 경배하려고 하니까 자신도 선지자들과 말씀을 지키는 자들과 함께 한 종이니까 하나님만 경배하라고 하였다.

때가 가까우니까 이 책의 예언을 봉하지 말고, 불의하고 더러운 자는 그대로 더럽고, 의를 행하고 거룩한 자들은 그대로 거룩하게 해야 한다. 주님이 속히 오시면 각 사람이 일한 대로 상을 줄 것이다. 주님은 알파와 오메가요, 처음과 마지막이시며, 시작과 끝이시다.

생명나무에 나가며, 문들을 통해 성에 들어갈 권세를 얻을 수 있도록 자기의 겉옷(인격과 성품)을 깨끗이 빠는 자는 행복하다. 그러나 개들, 점술가, 음행하는 자, 살인자, 우상숭배자 거짓말 하는 자들은 성 밖에 있게 될 것이다.

예수님은 교회를 위해 천사를 보내서 이 증거를 전하게 하셨다. 주님은 다윗의 뿌리요, 자손이며, 빛나는 샛별이시다. 성령과 신부가 듣는 자나, 목마른 자나, 원하는 자는 와서 값없이 생명수를 받으라고 초청하였다.

누구든지 이 책의 예언 외에 더하면 이 책의 재앙을 더하게 되고, 제하면 이 책에 기록된 축복의 몫도 제하여 버릴 것이다.

진실로 주님이 속히 오실 것이다. "아멘! 주 예수여 오시옵소서."

닐 R. 라이트풋. 「성경의 탄생」 장기은 역. 서울: 미션월드라이브러리, 2012.

존 드레인. 「성경의 탄생」 서희연 옮김. 옥당, 2011.

고든 D. 피/더글라스 스튜어트. 「성경을 어떻게 읽을 것인가?」 오광만 옮김. 서울: 성서유니온선
교회, 2006.

장-피에르 이즈부츠. 「성서 그리고 역사」 이상원 옮김. 서울: 황소자리, 2010.

김성. 「성서고고학이야기」 서울: 동방미디어, 2002.

김동주. 「기독교로 보는 세계역사」 용인: 킹덤북스, 2012

Achtemeier, P. J., Green, J. B., Thompson, M. M. 「현대적 방법을 적용한 새로운 신
약성서 개론」 소기천 · 윤철원 · 이달 역. 서울: 대한기독교서회, 2007.

Bell, Jr. Albert A. 「신약시대의 사회와 문화」 오광만 역. 서울: 생명의말씀사, 2007.

Ferguson, Everett. 「초대교회배경사」 박경범 역. 서울: 은성, 1993.

Lohse, Eduard. 「신약성서 배경사」 박창건 역. 서울: 대한기독교출판사, 2000.

김희성. 「신약의 배경사」 서울: 대한기독교서회, 2012.

정태현. 「성서입문」 광주: 일과놀이, 2002.

Banks, Robert. 「바울의 그리스도인 공동체 사상」 서울: 여수룬, 1995.

Beker, J. C. 「사도바울」 장상 역. 서울: 한국신학연구소, 1991.

장종현, 최갑종. 「사도바울」 서울: 기독교연합신문사, 2001.

이광호. 「바울의 생애와 바울서신」 서울: 도서출판 깔뱅, 2007.

서중석. 「바울서신해석」 서울: 대한기독교서회, 2002.

차정식 외 12인. 「신약성서개론」 서울: 대한기독교서회, 2003.

리차드 A. 버릿지. 「네편의 복음서, 한분의 예수」 김경진역. 서울: 기독교연합신문사, 2000.

김영진외 15인. 「구약성서개론」 서울: 대한기독교서회, 2009.

안영복. 「구약요람」 서울: 성광문화사, 1991.

허셜 섕크스. 「고대이스라엘」 김유기옮김. 서울: 한국신한연구소, 2005.

찰스F. 화이퍼. 「구약사 개론」 김영배역. 서울: 기독교문서선교회, 1994.

정규남. 「구약개론」 서울: 개혁주의신행협회, 2001.

F.F. 브루스. 「구약사」서울: 기독교문서선교회, 1991.

존.H.세일해머. 「모세오경 상」김동진 역. 서울: 새순출판사, 1994.

존.H.세일해머. 「모세오경 하」김동진 역. 서울: 새순출판사, 1995.

G. 허버트 리빙스톤. 「모세오경의 문화적 배경」김의원 역. 서울: 기독교문서선교회, 1990.

레온 우드. 「이스라엘의 선지자」김동진 역. 서울: 기독교문서선교회, 1995.

목회와 신학편집부. 「욥기, 어떻게 설교할 것인가」서울: 두란노아카데미, 2008.

김종기. 「지도로 본 이스라엘 역사」서울: 기독교연합신문사, 2002.

권혁승. 「성서지리」부천: 서울신학대학교 출판부, 2001.

알란 스트링펠로우. 「책 별 성경연구」서울: 도서출판 두란노, 1998.

테리 홀. 「성경파노라마」배응준 역. 서울: 규장문화사, 2008.

이애실. 「어? 성경이 읽어지네!」서울: 도서출판 성경방, 2009.

조병호. 「쉬운 성경통독」서울: 국제성경통독원, 2008.

조병호. 「통 성경 길라잡이」서울: 통독원, 2012.

토마스 V. 브리스코. 「HOLMAN BIBLE ATLAS」서울: 두란노, 2011

이원희. 「성서지도」서울: 지계석, 2007.

아가페큰글성경편찬위원회. 「오픈 II 주석성경」박형용, 유대원, 윤형탁 감수. 서울: 아가페출판사, 1995.

「개역개정판 성경」서울: 대한성서공회, 2007.

「개정판 공동번역 성서」 서울: 대한성서공회, 1999.

「표준새번역개정 – 새번역」 서울: 대한성서공회, 2001.

J. A. 모티어 외 3인. 「IVP 성경주석」서울: 서울기독학생회출판부, 2015.

존 월튼 외 3인. 「IVP 성경배경주석」서울: 서울기독학생회출판부, 2015.

이야기로 풀어가는
성경
파노라마

초판 1쇄	2016년 7월 30일
지은이	가풍현
그림	김두진
발행인	김재홍
편집장	김옥경
디자인	박상아, 이슬기
마케팅	이연실
발행처	도서출판 지식공감
등록번호	제396-2012-000018호
주소	경기도 고양시 일산동구 견달산로225번길 112
전화	02-3141-2700
팩스	02-322-3089
홈페이지	www.bookdaum.com
가격	20,000원
ISBN	979-11-5622-200-2 03230

CIP제어번호 CIP2016017287
이 도서의 국립중앙도서관 출판도서목록(CIP)은 서지정보유통지원시스템 홈페이지
(http://seoji.nl.go.kr)와 국가자료공동목록시스템(http://www.nl.go.kr/kolisnet)에서
이용하실 수 있습니다.